中石题

跬步之行

——国企软实力的探索

樊友山 著

人民出版社

作 者 近 照

跬步之行 格物致远

为《跬步之行——國有企業软实力的探索》出版题

丙戌 王文元

不积跬步，无以至千里

题赠《跬步之行——国企软实力的探索》一书的作者樊友山同志

厉以宁

二○○六年十二月二十一日

陸步之行

國企軟實力的探索

為樊友山題

丙戌冬康下陳秉寶

獨闢蹊徑
揚帆遠航

目录

鉴达治体篇

攻防开略篇

决断用谋篇

识变从宜篇

辨学论理篇

序 一

近年来，在党中央国务院的正确领导下，中国兵器工业集团公司党组深入贯彻落实科学发展观，坚持一手抓扭亏解困，一手抓改革发展。经过努力，顺利实现了由“解困型”向“发展型”的战略转变，集团公司步入了良性发展的快车道。在这一过程中，一大批同志在党组的带领下，在所从事的领域内进行了积极探索和实践，取得了显著业绩。

樊友山同志就是这样一位在兵器工业系统成长起来的年轻干部。近年来，他认真领会并积极贯彻党组意图，立足于集团公司改革发展的实践，在国有企业软实力构建，尤其是在国有企业新型人才工作机制建设方面进行了一些探索，取得了比较明显的效果，对于推动集团公司人才工作转型升级，提升人力资源基础能力发挥了积极作用。今年年初，组织上安排友山同志参加中央党校一年制中青年干部培训班的学习。在此期间，他将系统的理论学习与切身的工作实践结合起来，进行了认真思考与研究，形成了这本集子《跬步之行——国企软实力的探索》，从理论、实践和感悟等几个方面，比较系统地反映了他在国企软实力，尤其是人力资源能力建设方面的思考和体会，我觉得很有价值，也很有必要。

古人云：“学而不思则罔，思而不学则殆。”善于学习、勤于思考、大胆实践、及时总结，这对于在国有企业从事管理的同志来说是一种应该具备的素质。友山同志这些体会，对在国有企业从事管理的同志具有一定的参考价值。希望友山同志在今后的工作中，继续关注和研究企业发展的深层次问题，继续保持和发扬不怕困难、勇于探索的工作作风，不断创造出无愧于组织、无愧于事业的工作业绩。

2006 年 12 月 20 日于北京

序　二

樊友山同志是中国兵器工业集团公司的一位领导。他长期从事企业管理工作，在公司治理、人才队伍建设、企业文化建设、企业党建工作等方面进行了很多有价值的探索和思考。尤其是近年来，他参与了中国兵器工业集团由“解困”向“发展”阶段转变的艰难过程。在实践中，他越来越深刻地领悟到建设企业“软实力”的至关重要性，提出了打造企业可持续发展的十大能力。在企业改革难度最大的人才工作领域，逐步探索形成了一套关于国有大型企业人才队伍建设的意见，提出了体系化人才工作新机制、“新三项制度”改革等国有企业人才工作思路，很有新意。

这本《跬步之行——国企软实力的探索》是友山同志结合近年来在企业软实力构建，尤其是国有企业人才队伍建设方面的思考与实践，提炼形成的一本体会之作。此书立足中国兵器工业集团人才工作的实践，从理论探讨、思路研究、实践操作、工作感悟等几个方面，对如何构建企业软实力，尤其是如何加强企业人力资源能力建设进行了详细阐释。其最大特点就是，源于理论而非纯粹的理论研究，立足实践但非刻板的操作手册。

中国正处于工业化最重要的时期。培育具有国际竞争力的领先企业，是中国工业化进程必须实现的历史性任务。改革开放后我们为此做出了极大的努力，但离目标还相距很远。恰恰在这一时期，科技革命和全球商业革命风起云涌，迅速地改变了全球产业分工，也改变了企业竞争地位。工业化国家的一批企业脱颖而出，它们通过经营模式创新、技术创新、品牌战略，不仅壮大了“硬实力”，而且增强了“软实力”；又利用国际化经营、跨国并购，大规模整合全球资源，放大了自己优势，迅速成为全球范围产业链、价值链的“系统集成者”，占据了各个产业的皇冠地位。

在新的分工模式下，由跨国公司主导，资源密集型、劳动密集型和环境成本高的加工环节向发展中国家大规模转移；高技术含量、高附加值的设计、研发、技术集成和关键零部件制造则向发达国家大规模集中。表面看，发达国家制造业产值份额下降、发展中国家上升，但实质上市场和生产能力迅速向跨国公司集中，不仅跨国公司的产业竞争力、盈利能力空前提高，而且通过技术、品牌、投资、关键装备、关键零部件等，越来越强地领导和控制着发展中国家的产业和企业。

到目前为止，“引进来”还是中国参与全球化的主要形式。这种形式从微观层面看，是跨国公司以它的全球战略为目标，以资本、技术、品牌、市场以及关键零部件等实力，整合中国的产业、企业和资源。在这种模式下，跨国公司处于主导地位，分享了更多的利益。目前，除垄断行业外，国内高技术含量的行业大都处于外资实际控制之下。尽管我们作为东道国也是受益者，但这毕竟只是跨国公司低成本的“海外车间”。在我们工业化初期，这是难得的历史机遇，但如果就此止步，中国工业化的目标就不能实现。

工业化时期是培育具有全球意义领先企业的最有利时期。目前好的经济政治形势，使我们有较大的回旋余地。我们是大国，有改革和发展所创造的较雄厚基础，有较多可动用资源。重要的是要把培育具有国际水平的企业人才当做一项国家战略并通过有力政策促其成长。

英国剑桥大学中国专家彼得·诺兰教授写道：“后来居上的工业化国家，不论是19世纪的美国还是20世纪后期的韩国，每个国家都产生了一批具有全球竞争力的企业。中国却是唯一一个没有产生这样企业的后来居上者。”

在这个迅速变化的时代，企业竞争已经进入了更高的层次。企业竞争力不仅表现在资本实力、生产能力，更重要的表现为企业的领袖才智、决策能力、技术能力、品牌影响力和企业价值观、企业文化等构成的“软实力”。可以说，以优秀人才为基础的“软实力”已经成为跨国公司国际竞争力的核心。他们正是利用强大的“软实力”，集成和整合全球资源，登上了所在产业的领导地位。成功企业的实践证明，人才越来越成为企业核心竞争力的基本要素。从这个意义上说，企业的竞争，深层次讲就是人才的竞争。

中国企业的弱势不仅在资本实力和产业规模，更重要的是缺乏“软实力”——由核心技术、品牌影响力、企业文化、价值观和高水平的企业家、管理者和员工队伍构成的“软实力”。

韩国和中国台湾地区很成功的一点是，在引进技术的过程中培育了自主创新的能力；在利用外资的过程中培育出了本地资本为主体、具有国际竞争力的公司；在快速发展中锻炼出了高素质的职工队伍；在市场竞争中造就出了世界水平的企业家，并由他们带出了具有世界影响的公司。如韩国的李秉哲和他的三星、郑周永和他的现代、朴泰俊和他的浦项；如中国台湾地区的王永庆和他的台塑、施振荣和他的台基电、高清愿和他的统一集团等。这是很值得我们思考的。

在全球各行业产业集中度迅速上升的时候，中国企业崛起面临的挑战比想像的还要严峻；培育具有全球竞争力的产业和企业必须从集聚高水平的企业人才做起。

在全球化大背景下，中国工业化中很多资源都可以从全球获得，但企业人才却只能主要靠自己。有了优秀的企业人才，就可能改变一切；没有高水平的科技人才，就不能创造核心技术；没有优秀的员工队伍，就不能提供良好的产品和服务；没有优秀的管理团队，绝产生不了优秀的企业；没有达到世界级的企业家，就出不了世界级的企业。

20 世纪 80 年代初，中国人均国内生产总值仅 300 美元。为解决温饱，改革开放之初不得不以大量劳动力和资源、环境代价换取当期经济增长。这种粗放的经济增长模式，使人们的生活保障条件有了改善的同时，也制造了大量的经济与社会的不平衡、人与资源环境的不平衡。现在，一些地方连呼吸上新鲜空气、喝上清洁的水、吃上放心的食物都成了问题。

粗放的经济增长方式积累了大量矛盾，已经走到了尽头。从某种意义上说，中国经济增长方式粗放，实质是企业发展模式落后；人与资源环境的矛盾突出，实质是企业高消耗、重污染生产方式的结果；经济增长质量不高，实质是企业效率比较低。

转变经济增长方式，就是由主要依赖资金、资源和劳动力投入，通过规模扩张取得经济增长，转向主要依靠提高人的素质，通过科技进步，以提高效率实现经济增长。以教育程度不高，但廉价并可"无限供给"的劳动力投入求得经济增长的时代终将过去。对中国企业来说，无论是提高科技进步对效益增长的贡献率，还是提高资源、资本和劳动效率，关键的一点都是聚积人才、提高管理者和劳动者的素质、充分发挥人力资源的能动性。并以此焕发广大职工的巨大创造力、创业精神、创新思维。

中国人力过剩，但人才短缺。中国廉价劳动力的优势，很大一部分却被较低的教育、培训程度吞食了。面对持续高速的经济增长，企业人才准备不足的矛盾凸显。特别在工业领域，无论企业高管、技术带头人还是高级技术工人，都呈现出数量不足、结构失衡和水平有待提高的局面。人力资源开发薄弱已经成为中国企业竞争力的一个瓶颈。改革企业人事管理体制、强化人力资源开发，提高人力资源素质水平，是提高企业竞争力的一个关键，已经成为社会关注的热点。

早在2003年中央政治局会议就提出"人才问题是关系党和国家建设事业的关键问题"，并发布了《关于进一步加强人才工作的决定》。提出要"加快人才结构调整，优化人才资源配置，促进人才合理分布，发挥人才队伍的整体功能"。党中央提出"以人为本"、"人才强国"战略的目的是使我们这个人口大国，转变成人力资源富国，发展为人才强国，并以此支撑经济的持续发展。

人力资源是经济社会发展中有能动性的最宝贵资源。中国人不乏聪慧的基因，但使人变得聪明，需要对潜在的才智进行精心的、持续的能力开发；而经过开发的人才资源能不能创造财富、创造多少财富、能在多大程度上推进社会进步，还取决于适宜的政策环境、市场环境、企业环境和社会人文环境等众多的配套条件。

企业是人力资源开发和管理的一个主战场。近二十多年的企业改革证明，涉及“人”的改革是触及旧体制深层次矛盾的领域，有极大的难度。樊友山同志以所在的大型国有企业为舞台，边实践、边探索、边提炼，不仅在工作上有了突破，更难能可贵的是总结出了一些规律性的东西。体现了作者实事求是、学以致用的务实品格和孜孜以求的敬业精神，让我深受感动。

本书命名为《跬步之行》，体现了友山同志“不积跬步，无以至千里，不积小流，无以成江海”的不懈追求态度。他深知国有企业改革和发展任重而道远，虽历数年奋斗，取得了一些成绩，但在国有企业改革的征途中也只是迈出了一小步，仍需不懈努力、不懈探索。

我相信本书的出版一定能为深化国有企业改革、增强国有企业软实力提供有价值的借鉴和参考。

陈清泰

2006年12月18日

序　三

改革开放以来，我国社会各界有识之士围绕深化国有企业改革、发展壮大国有经济进行了艰难的探索和实践。置身于国有企业改革实践中的企业家、经营管理者，立足于改革实际，在着眼于企业硬件建设的同时，紧紧抓住机制变革、技术创新、管理创新、人力资源能力建设、品牌建设、企业文化建设等软实力建设等实践，把先进的企业管理理论与国有企业改革实践紧密结合，既注重发挥理论的指导性，又注重在实践中创新思路、总结经验、升华理论，丰富和完善了我国国有企业改革发展理论的思想体系，不断推动国有经济的发展壮大。浏览了一遍《跬步之行》书稿，我感到樊友山同志就是这样一位在国有企业软实力建设方面孜孜以求、不懈努力的探索者。

国以才立，政以才治，业以才兴。在当今世界多极化和经济全球化深入发展的新形势下，人才资源已成为经济社会发展最重要的战略资源，世界各国之间的竞争说到底是人才竞争。作为中国兵器工业集团公司党组成员、副总经理的樊友山同志，历经多年的企业管理实践，深深领会到人力资源是国有企业改革发展的战略性资源，是国有企业发展壮大的战略支撑力量，如何盘活、积聚和发挥好人才资源的支撑能力，是关乎国有企业全面、协调和可持续发展的重大课题。樊友山同志立足于中国兵器工业集团人才工作的实践，着眼于国有企业的改革、稳定和发展，对如何抓好人力资源软实力建设，从理论研究、思路探索、实践操作等多个层面进行了积极的探索，形成了一整套既符合现代人力资源管理理论，又体现企业自身实际特点的思路和方案，而且在推动中国兵器工业集团实现由“解困型”向“发展型”转变的战略转型中发挥了积极作用。应该说，这种探索是非常有意义的。我觉得，无论是对专门从事管理理论研究的人员，还是对具体从事企业管理的企业经营管理者，这本《跬步之行》都值得静心品读。我相信，这本书必定能为大家思考和探索国有企业改革发展开启新的视野、提供良好借鉴。

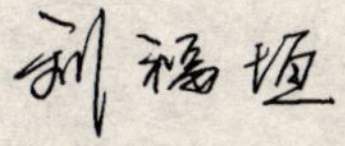

2006 年 12 月 8 日于北京

鉴达治体篇

全面贯彻落实科学发展观　打造可持续发展十大能力

建立完善“小核心”型混合控股经营体制　推动企业多元主业协调发展

论企业创新型骨干人才团队建设

打造企业文化力　提升企业软实力

积极适应现代企业制度的要求　创新国有企业党组织工作机制

关于西部欠发达地区人才队伍建设的调研报告

全面贯彻落实科学发展观
打造可持续发展十大能力

——关于国有重要骨干企业贯彻落实科学发展观的几点思考

以胡锦涛同志为总书记的党中央提出的科学发展观，是我们党坚持以邓小平理论和“三个代表”重要思想为指导，在准确把握世界发展趋势、认真总结我国发展经验、深入分析我国发展阶段性特征的基础上提出的重大战略思想，是对经济社会发展一般规律认识的深化，是马克思主义关于发展的世界观和方法论的集中体现，是推进社会主义经济建设、政治建设、文化建设、社会建设全面发展必须长期坚持的指导方针。2006 年 7 月到 8 月，我有幸参加了中央党校组织的一年制中青班学员赴四川、青海的调研以及中央企业青联组织的“香港行”和“东北行”活动。结合对科学发展观和十六届六中全会精神的学习与理解，我就国有重要骨干企业贯彻落实科学发展观，实现又好又快发展等问题做了一些思考，主要有以下几点体会。

一、抓好当期经营与可持续发展能力建设是国有重要骨干企业在新时期的两大历史使命

党的十六届六中全会通过的《中共中央关于构建社会主义和谐社会若干重大问题的决定》指出：“社会和谐在很大程度上取决于社会生产力的

发展水平，取决于发展的协调性。必须坚持用发展的办法解决前进中的问题，大力发展社会生产力，不断为社会和谐创造雄厚的物质基础。”社会要和谐，发展是前提。作为国民经济的重要支柱和党执政的重要经济基础，国有重要骨干企业贯彻落实科学发展观，必须着眼于“全面、协调、可持续”的发展要求，坚持把企业在未来竞争中持续获得竞争优势的能力建设作为发展的第一要务，千方百计地协调好企业当期经营与长远发展的关系，以强大的竞争实力跻身为全球市场竞争的主流力量，才能真正在构建社会主义和谐社会和保障国家经济安全中承担起特殊使命和重要职责。

发展需要能力作支撑。纵观国内外企业的演变历史，大凡健康发展、基业常青的企业，无不着眼于企业的长远发展，在抓好当期经营的同时，高度重视企业可持续发展能力建设。反之，如果只顾眼前和局部利益，缺乏可持续发展能力，企业只能享有短暂的“辉煌”。被《财富》誉为全球最受尊敬公司的美国通用电器公司（简称 GE），历百年而不衰，就是因为其始终如一地加强可持续发展能力建设。现任首席执行官伊梅尔特强调，实现企业“有机增长”① 的核心在于“非凡的技术、卓越的营销、全球化的市场开发、增长型的领导人、良好的客户关系、持续的创新”② 等发展能力建设，而不是通过简单并购来实现规模扩大和无序发展。江苏悦达集团在短短 27 年的时间里，能从 55 元的家底发展为拥有固定资产 155 亿元、营业收入高达 209 亿元的江苏省重点规模企业，关键是其秉承了“发展是为了回报社会”这样一个可持续的发展理念，在企业战略定位上选择了

---

① 有机增长：其实质源于企业可持续增长理论。当今企业界，企业发展大致可以划分为两种类型，一种是无机增长，主要通过企业并购扩张来实现；另一种是有机增长，主要依靠创新、发展现有业务来实现。有机增长有三大特点。一是重复性、可持续性，可赢得投资人的信任；二是有较低的不确定性，可降低风险；三是有利于获取整体价值，无需在并购时向外部各方支付过高的成本。

② 《解读 GE 的发展构想》，中共中央组织部干部教育局《全国干部教育通讯》，2006 年第 5 期。

"公司 + 农户 + 零售渠道"[①] 的经营思路，在承担社会责任的过程中也获得了强大的核心竞争能力。

相反，也有一些企业，不注重发展战略、科技创新、品牌建设、体制机制等关系企业可持续发展的能力建设，片面地追求一时的规模和利润，结果在市场大潮中昙花一现。美国安然公司曾创造过16年时间里成长为世界500强第十六位的发展奇迹，然而就是这样一个企业巨人在一夜间轰然倒塌。安然公司的倒闭留给我们许多警示和反思，但发展能力"空心化"是最值得我们吸取的深刻教训之一。资料表明，安然公司16年间经营业务品种高达1400多种，但却没有真正突出的核心业务，虽然连续举资大肆拓展新业务，却留下了170多亿美元的巨额亏损。盲目扩张、无序经营是安然公司快速膨胀的主要原因，而缺乏正确的战略定位、健全的诚信机制，没有持续发展的支撑能力也注定了安然公司难逃瞬时倒塌的厄运。在中国摩托车制造领域创造了诸多神话的济南轻骑集团，从一个名不见经传的小厂迅速发展为拥有140亿元庞大资产的企业集团，曾经成为盛极一时的国企典范，但由于自身技术含量偏低、旗下众多品牌良莠不齐甚至相互打压、在繁盛时期盲目扩张、与上市公司长期两块牌子一套人马无序运作，结果仅十几年的时间，就陷入欠款40多亿元的泥沼不能自拔。还有当前国内许多DVD生产企业，由于不重视核心技术的发展，单纯依靠低廉人工成本大打价格战，结果在国际市场中不断招来专利收费和反倾销指控，始终处于十分被动的境地。

不难看出，加强在未来竞争中持续获得竞争优势的能力建设是企业实现长远发展、基业常青的根本保证。作为市场竞争的主体，企业不仅要重视当期经营，更应该关注长远发展。当期经营是长远发展的基础保障，长远发展是当期经营的目标方向，二者互为依存、缺一不可。但是，不管是

① 江苏悦达集团在发展汽车业的同时，还兼营农副产品的销售。他们利用与家乐福合资掌握销售渠道的优势，不断扩大盐城农副产品的销售。公司为农户统一建造鸡舍，提供种鸡和饲料，产出的鸡蛋由悦达集团统一销售。

当期经营还是长远发展，核心还是发展能力，如果没有在未来竞争中持续获得竞争优势的能力做支撑，谋求企业发展只能是一句空话。国有重要骨干企业关系国家安全和国民经济命脉，是全面建设小康社会的重要力量，贯彻落实科学发展观，应该义不容辞地肩负起两大历史使命：一是要坚定不移地抓好企业的经济效益，不断提高企业的经济实力，确保企业当期经营目标的实现；二是要坚定不移地加强企业在未来竞争中持续获得竞争优势的能力建设，不断增强企业竞争实力，保证企业可持续发展。

二、打造在未来竞争中持续获得竞争优势的十大能力是国有重要骨干企业全面、协调、可持续发展的内在动力

随着国有资产管理体制改革的进一步深化和新的国有资产管理体制的基本建立，国有企业改革与发展取得了令人瞩目的新成就。关闭破产、分流富余人员、股份制改造等工作取得重大进展，技术创新步伐逐步加快，调整国有经济布局和结构的效果开始显现，企业的整体规模和效益显著增强。据国务院国资委有关资料表明，截止至2005年底，中央企业实现销售收入67312.9亿元，同比增长19.8%；实现利润6276.5亿元，同比增长27.9%；实现净利润3361.6亿元，同比增长34.5%，净资产收益率9.7%，完成增加值19755亿元，同比增长20.8%，均创历史最好水平。[①] 2006年，有13户国务院国资委监管的企业进入了《财富》杂志公布的世界500强。应该说，国有企业，尤其是国有重要骨干企业在当期经营中已经取得了显著业绩。但是，与世界上先进的跨国公司相比较，国有重要骨干企业的发展能力还比较弱，近年来的发展主要还是建立在高能源消耗、低人工成本等基础上的粗放型发展。因此，贯彻落实科学发展观，实现国有重要骨干企业全面、协调、可持续发展，必须统筹考虑影响企业可持续发展的各种因素，着力打造企业在未来市场竞争中持续获得竞争优势的能

① 李荣融：《全面贯彻落实科学发展观　实现中央企业更快更好发展》，《求是》2006年第6期，第7页。

力。结合近年来的实践和思考，笔者认为，当前和今后相当长一个时期，国有重要骨干企业应该以抓好以下十大能力建设为重点，不断增强竞争实力，努力实现持续快速健康发展。

（一）要强化战略思维，构建战略决策的导引能力

战略是远交近攻决胜之本，是实现企业可持续发展的目标先导。被称为"最受推崇的商学大师"之一的美国哈佛商学院教授迈克尔·波特[①]认为，"制定一项竞争战略也就是为某一企业规定一种广泛适用的程式以便指导企业如何投入竞争，应当有什么样的竞争目标，以及在贯彻执行这些目标时需要采取什么样的方针。"[②] 可以理解，战略是基于对企业的价值标准、优势与劣势、产业机会与威胁以及社会的期望等内外部因素综合分析的基础上形成的适宜企业发展的目标导向，是企业奋斗目标以及实现这些目标途径的结合物。战略的最大作用就在于，它具有一种很强的导引功能，能够避免企业职能部门根据其业务性质和负责人的个人兴趣各自为政，引导各部门在政策上与企业整体目标协调一致，并自觉接受这些目标的指导。GE、海尔、联想等国内外知名企业的发展实践表明，随着市场竞争的日趋激烈，战略决策的导引能力越来越成为影响企业兴衰成败的关键因素。

企业竞争战略涉及产业定位、技术创新、市场营销、人才开发、市场环境等诸多内外部因素，但由于竞争战略的目标是要让企业在产业内部处于最佳定位，形成自己独特和强大的竞争优势，因此，选择合理的产业定位就成为构建战略决策导引能力的首要问题。国有重要骨干企业与民营企业相比，虽然在市场反应、决策速度、运营成本、营销手段等方面处于天然劣势，但管理体系比较规范、决策和运行机制比较健全，而且长期以来

---

① 迈克尔·波特（Michael E. Porter）：美国哈佛商学院终身教授，是当今世界上竞争战略和竞争力方面公认的第一权威。作为最受推崇的商学大师之一，波特教授撰写过17部专著及100多篇文章。他提出的"竞争五力模型"、"三种竞争战略"在全球广为接受和实践。

② 《竞争战略》，迈克尔·波特（Michael E. Porter），华夏出版社，2005年10月北京第一版。《竞争战略》是迈克尔·波特的代表作，该书风靡全球，已经再版了53次，并被译为17种文字。

积淀的技术、人才和社会资源相对丰富，投资整合及规模化批量生产等方面实力比较雄厚，加之在国民经济建设中的重要地位，国家在产业政策方面的支持力度也相对较大。因此，在产业发展定位上，一定要扬长避短，注重发挥自身的竞争优势。一是要选择进入门槛较高的长线产业，力争进入一次性投资数额大、产业准入要求高、规模化发展优势明显、需求市场和利润回报相对稳定，对国家经济安全发挥保障作用的上游产业领域或关键零部件加工制造等中游产业领域，而对于市场需求变化莫测、产品更新淘汰较快的短线或终端产品则应谨慎涉足。二是要实行"集中差异化战略"①，重点进入集团性消费领域，为特定消费对象和集团性消费群体提供具有特殊用途和价值特点的产品与服务，以产品的高系统性和集成性、复杂的工艺技术结构以及高投入长周期的制造流程等，形成独特而强大的竞争优势，培育相对稳定的消费市场。三是要通过规模化经营和发展专有的产品技术，强化产业竞争优势。对市场前景广阔、小规模生产成本较高的产品，要集中力量做大规模，形成规模竞争优势。对企业的支柱产品，要大力培育和发展专有技术、核心技术，通过专利或保密方法，保持产品专有知识和设计特性的独享性，提高产品的集成性。通过抓牢产业链的顶端，提高对产业链条上其他企业的控制能力，掌握市场竞争主动权。

（二）要加强自主创新，构建科技创新的牵引能力

科技创新水平是企业核心竞争优势的集中体现和主要标志，而自主创新能力则是支撑科技创新的源泉动力。由于我国工业基础比较薄弱，从建国伊始到改革开放的二十多年里，国有重要骨干企业在重大设备和关键技术方面一直走着引进吸收的路子。虽然通过对外引进对在一定时

---

① 迈克尔·波特（Michael E. Porter）提出的三大战略之一。波特教授在《竞争战略》中提出了"成本领先战略（overall cost leadership）、差异化战略（differentiation）和集中差异化战略（focus）"三大战略。其中，集中差异化战略是指主攻某个特定的顾客群、某产品链的一个细分区段或某一个地区的市场，它是围绕着很好地为某一特定目标服务这一中心建立的，它所制定的每一项职能性方针都要考虑这一目标。

期内改善技术水平，促进经济发展起到重要作用，但是，实践证明，“在激烈的国际竞争中，真正的核心技术是市场换不来的，也是花钱买不到的，引进技术设备并不等于引进创新能力”。[①] 从长远发展来看，引进吸收只能成就偏安一隅一域的短期繁荣，并不能从根本上解决企业可持续发展的问题。

所以，国有重要骨干企业要在激烈的国际竞争中掌握主动权，就必须改变单纯依靠对外引进和跟踪仿研仿制的老路子，把科技创新的重点放在自主创新能力建设上，真正在若干重要领域掌握一批核心技术、拥有一批自主知识产权，形成市场竞争的制胜“法宝”。一是要突出主业的自主创新主体地位。把“支撑发展”[②] 作为国有重要骨干企业自主创新的立足点，通过采取对外引进与自主研发相结合的手段，挖掘国有重要骨干企业自身在专业领域自主创新潜力，力争在关键领域、关键技术方面形成高水平的“专业化＋产业链”拓展的新格局，推动主导产业和优势产品优化升级。二是要把自主创新的重点放到原始创新和集成创新上。原始创新、集成创新和引进消化再创新是自主创新的三种基本方式，但从三种创新活动的特点来看，引进消化再创新有利于快速缩短与发达国家间的差距，而原始创新和集成创新则更有利于形成企业自身的专有技术，形成自己的核心竞争力。世界上许多跨国公司都是通过原始创新形成专有技术，通过集成创新在某一产业领域奠定“盟主”地位，超出产权和公司的界限行使市场“指

---

① 温家宝：《在全国科技大会上的讲话》，《认真实施科技发展规划纲要　开创我国科技发展的新局面》，载于《推进自主创新　建设创新型国家文件汇编》，国家行政学院出版社 2006 年版，第 90 页。

② 《国家中长期科学和技术发展规划纲要》指出，“今后 15 年，科技工作的指导方针是：自主创新，重点跨越，支撑发展，引领未来。”自主创新，就是从增强国家创新能力出发，加强原始创新、集成创新和引进消化吸收再创新。重点跨越，就是坚持有所为、有所不为，选择具有一定基础和优势、关系国计民生和国家安全的关键领域，集中力量、重点突破，实现跨越式发展。支撑发展，就是从现实的紧迫需求出发，着力突破重大关键、共性技术，支撑经济社会的持续协调发展。引领未来，就是着眼长远，超前部署前沿技术和基础研究，创造新的市场需求，培育新兴产业，引领未来经济社会的发展。

挥权”。因此，对国有重要骨干企业来说，加强自主创新能力建设，关键是要把重点放在发展潜力较大、竞争能力较强的原始创新和集成创新上，鼓励和支持科技人员在引进吸收的同时，大力提升原始创新和集成创新能力，逐步走出一条缩短、赶超、引领的自主创新之路。三是要改变单打独斗、闭门造车的传统研发模式。通过采用借脑、合作、协作等方式以及在人才集聚、科技创新条件和氛围较好的大中城市建立研发中心等措施，充分整合国内外、行业内外的专业研发机构以及高校等研发资源，增强企业自主创新的研发实力。四是要特别强调自主创新的市场化导向。市场是企业自主创新的风向标。企业自主创新要以不断适应和满足市场需求为目标，积极开发市场急需、用户青睐、性能优良的新产品，大力开拓新市场。同时，要随时跟踪用户反应，及时掌握反馈信息，不断根据用户需求对产品进行改进和完善，以创新的性能、卓越的品质赢得稳定的客户群。要重视培养科研人员了解市场、分析市场、跟踪市场的能力，建立和完善以科研成果产业化水平衡量科研人员工作业绩的机制导向，使企业的自主创新活动始终保持蓬勃的生机。

（三）要推动体制变革，构建管理体制的应变能力

体制是企业适应特定发展环境的组织结构模式，是决定企业能否全面协调可持续发展的保障基础。经过多年的体制改革，国有重要骨干企业虽然在发展方向上初步解决了与市场经济体制之间的适应力问题，但是从应对竞争的效果来看，涉及企业发展活力、动力和效率等根本性问题仍没有解决。一方面，旧体制下形成的以完成生产任务为主要目的管理模式，在一定程度上束缚了核心业务的优化升级与新业务的拓展，导致企业缺乏发展活力；另一方面，现行体制与市场规律不符，导致企业无法很好地融入市场经济环境，这给企业整合外部资源和实现多元化发展等带来了阻力，使企业难以走出“大而全、小而全”的旧圈子。

“物竞天择，适者生存”。要真正使国有重要骨干企业成为具有核心竞争能力的市场主体，关键是要解决制约企业发展的体制性障碍，构建管理体制的应变能力。一，要从企业内部体制建设入手，改变以单一业务经营及资源配置为主、以完成生产任务为目标的直线职能式“大母体”[①]型管理模式，强化母公司的战略决策功能，赋予子公司在核心业务方面的经营自主权，使各个子公司都直接面向市场，获取资源、参与竞争。通过体制变革，实现企业内部管理层次扁平化，同时进一步把主业的高水平、专业化经营及产业链拓展和新业务发展结合起来，建立有利于企业“专业化+多元化”发展的“小核心”[②]型管控模式，在提高战略协同性的基础上，赋予企业内部经营管理以更多的活力。二，要从外部体制建设入手，以产权多元化改革为突破口，增强体制建设的开放度，将国有重要骨干企业的产业经营纳入国民经济和全球经济大系统中，建立符合市场竞争中平等经济主体地位要求的生产要素流入流出机制，使企业能够更好地面向市场获取资源和寻求支撑，增强企业在技术、管理、投融资以及制度、文化等方面的适应性创新，主动寻求符合自身特点的分岔发展[③]道路。

（四）要创新内部机制，构建运行机制的推动能力

管理大师彼得·德鲁克认为，无论管理层多么懂得经营企业，如果企

---

① “大母体”是指在混合控股公司中，母公司直接组织核心业务的经营，并主要以分公司或工厂等形式运行，它既是决策中心，也是利润中心和成本中心。非核心业务主要以子公司形式运行，并根据管理的需要分别实行独资、控股或参股等不同形式来分类管理，它们是公司的利润中心和成本中心。“大母体”型混合控股公司更多地强调对核心业务的经营和控制，控股母公司在资源配置上更多地关注和考虑核心业务的发展，多见于核心业务单一、其他业务相对较弱的企业。这种组织形态虽然有利于母公司对核心业务的控制，但是由于管理的不对称也会不同程度地制约其他业务的发展，同时总部规模也比较庞大。

② “小核心”是指在混合控股公司中，控股母公司主要是进行战略管理、投资管理和经理人员的选用，不再直接组织核心业务的经营，主要发挥决策中心的功能。原先由控股母公司直接经营的核心业务，与其他业务一样，都按子公司实行专业化经营。“小核心”型混合控股公司更多地强调公司各项业务的协调发展，在资源配置上兼顾公司各项业务的发展需求，比较适用于核心业务多元的企业，有利于各项业务的专业化经营和协调发展，但对总部的战略决策、运行监控等也提出了更高的要求。

③ 近几年来，一些科学家根据新的科学发展，继系统论之后又提出一种新的方法论——分岔论，认为分岔是自然、社会、工程和精神现象中普遍存在的现象，分岔论就是研究分析这种现象。

业不能健全运作，也就没有绩效可言。战略和体制决定企业的发展方向和运行模式，而真正推动企业绩效目标实现的动因在于健全运作的内部机制。机制存在于组成企业因素的各个模块之中，它在控制各项业务经营效果的同时也影响着企业的整体发展。因此，在国有重要骨干企业内部推动机制创新显得格外重要。当然对于机制建设不能就事论事，一定要将机制建设与企业的经营发展需求紧密结合起来，将关键机制建设与相关机制建设结合起来，将机制的关键功能作用与支撑功能作用结合起来，通过加强影响企业核心经营目标的管理机制建设带动相关机制建设，从而推动整体经营目标实现，最终形成协调运作的完整机制体系。

GE 把业绩作为企业经营的核心。伊梅尔特认为，实现企业“有机增长”，成就企业良好经营业绩所面临的最大挑战在于构建“合理的流程”。借鉴国内外绩优公司经验，笔者认为，国有重要骨干企业进行机制建设必须坚持以保证企业的良好经营业绩为中心，通过构建“合理的流程”来实现机制优化，从而解决长期制约企业发展的速度、质量、效率及可持续性等方面的突出问题。其中关键要做好三个方面工作。一是要打好机制建设基础。要根据经营业务板块，在对企业内部人、财、物、技术、市场诸要素进行准确的功能定位、分类梳理的基础上，把关系生产力发展的关键要素纳入到统一的运作机制之中，形成合理的业务流程和完整的机制体系，确保企业各项业务有序、完整、健康、科学地流转，防止经营中的顾此失彼和短期行为。二是要进行机制优化。要将与企业业绩保障有关的机制进行优化重组，并进行合理配置，有效剔除影响机制运行效果的不利因素，完善不足之处，缩短机制链条，优化运作流程，提高机制的运转效率和质量。三是要重视发挥关键机制的引导和带动作用。通过抓好市场营销机制和财务管理机制等关键机制建设，使各项机制齿轮能够按照作用力大小有机啮合在一起，以企业的业绩目标为动力，体制为链条有机整合在一起，推动企业高效协调运转，实现持续快速发展。

（五）要优先人才开发，构建人才资源的支撑能力

明末清初著名思想家王夫之说："才以用而日增，思以引而不竭"。[①] 随着国家人才工作改革的不断深化和人才成长环境的不断优化，人才资源储备得到极大丰富，人才的流动使用也更加灵活多样。新形势下，国有重要骨干企业人才队伍建设工作的重心已不再是解决"人才进不来、留不住"的问题，而是如何按照企业的战略发展需求培养、选拔和用好创新型骨干人才，以及如何通过有效的手段和措施激发人才潜能，提高人才的增值贡献。

所以，在人才开发中要以满足企业的战略发展需求为目标，从人才开发的重点、体制和机制上进行统筹变革。一是要突出建设任务能力型企业的发展需求，把人才开发的重点放在创新型骨干人才的选拔培养和创新型骨干人才团队建设上。通过创造富有市场竞争力的环境氛围、搭建良好的事业平台，将适应企业核心能力发展需求的创新型经营管理人才、专业技术人才和关键技能人才集聚到企业，形成推进企业技术进步和产业发展的新型创新团队和智力支撑动力。二是要改变传统的人才管理体制，按照事业发展需求，分层分类编制人才战略预算和经营预算，从降低用人成本，提高人才拥有质量和满足使用需求角度进行配比结构优化，建设一支精干高效的人才队伍。三是要转变传统用人机制，推进以激发人才增值贡献为核心，以用人制度、考评制度和激励制度为主要内容的"新三项制度"改革，逐步建立起以突出岗位增值贡献和创新能力的考评机制为基础，以渠道畅通、形式多样、以能为本的用人机制为核心，以即期激励与中长期激励相结合、物质激励与精神激励相结合、薪资奖励与保障奖励相结合的"多位一体"激励机制为动力的体系化新型人才开发新机制，有效激发人才的工作动力和创新激情，为国有重要骨干企业持续发展提供坚实保障。

---

① 王夫之：《周易外传·震》。意思是人的才干越是使用越会日益增长，人的思维越是多思越不会枯竭。

（六）要加强资本运作，构建资本运作的整合能力

资本运作是企业适应市场经济体制，进行经营方式转型的重要标志，同时也是企业规模扩张、集约化经营和多元化发展的关键措施。党的十六届三中全会以来，随着现代产权制度改革的逐步深化，国有重要骨干企业的资本运作取得了一定成效。通过资本运作，国有重要骨干企业的市场主体地位得到逐步确立，产业结构进一步优化，经营管理品质稳步提升，发展活力和竞争实力不断增强。但是由于在实际运行中对国家政策理解存有偏差、对自身发展定位缺乏清晰认识，加之操作的规范性还不够高，因而在一些国有重要骨干企业中也出现了盲目扩张、无序并购、一味追求规模增长和发展速度的短期行为，不但造成部分国有资产的流失，形成资源浪费，打乱了企业内部正常的经营管理秩序，而且影响了主导产业发展，削弱了原有经营实力，阻碍了企业的健康发展。

所以，加强资本运作，关键是按照企业战略发展需求，在发展能力的整合上突出效果，真正通过资本运作实现增强能力、激发活力、蓄积动力的目的。一是要以核心竞争力的提高和增强为中心，围绕主导产业的发展能力建设进行资本运作，通过有效整合相关资源，促进主导产业上规模、上效益、上水平，满足其做强做大的目标需求。二是要明确企业的发展定位，根据企业的战略发展规划开展资本运作，要从有利于新的产业优势形成角度考虑，有鉴别地整合增值潜力大、竞争能力强的新业务，有针对性地整合不同的客户和市场资源，提高企业的竞争实力和市场地位。三是要将企业的规模化、集约化发展与企业的全面协调可持续发展紧密结合起来，在资本运作中既要坚持“强强联合”“优势互补”的原则，又要做到“有所为，有所不为”，确保整合资源的优化配置和良性循环，特别是要做到有效管控，切实解决企业发展中产业结构不合理、发展不平衡、不协调等问题。

（七）要加强市场运作，构建市场运作的品牌能力

品牌是企业市场竞争力的体现，是企业市场运作的成果结晶。号称

“美国股神”的沃伦·巴菲特[1]有句名言，“树立良好的声誉需要20年的时间，而要毁掉它仅仅需要5分钟时间”。品牌不仅反映企业的发展定位、经营价值取向与市场需求之间的关联度、紧密性，而且反映了客户对企业综合能力素质的认可度和对企业本身消费需求的忠诚度和依赖性。

构建市场运作的品牌能力，关键是要有针对性地解决国有重要骨干企业在市场营销战略中轻视无形资产价值贡献，对品牌培育重视不够、措施不力、方法不当等问题，通过充分发挥市场运作机制在提高企业无形资产价值与改进企业管理品质之间的桥梁纽带作用，真正实现企业的标本兼治和可持续发展。一是要强化品牌建设的市场需求导向。通过市场运作发掘促进主导产业发展的特色需求目标，推进企业进行经营结构调整、产业发展定位、新产品开发、新业务拓展，增强企业的品牌竞争力。二是要提升品牌价值。通过市场运作收集品牌增值的技术手段、质量控制标准、市场营销策略等方面的信息，推进企业有针对性地开展技术创新活动，改善经营业务和产品的质量与性能，完善相应的运行流程和管理措施，提升企业的经营品质，不断提高品牌的无形资产价值。三是要扩大品牌的影响力和竞争力。通过市场运作一方面创新营销策略、增加特色服务、完善服务手段、保障服务效果，另一方面有计划地开展企业品牌宣传和加强企业员工的诚信教育，在客户面前树立良好的品牌形象。通过品牌价值的辐射和渗透，逐步整合和控制市场，引导市场上同类企业在业务上向本企业集聚，实现由产品经营向品牌运作的转变，以强势的品牌能力在市场竞争中占据主动。

（八）要加强基础建设，构建工艺装备的保障能力

“工欲善其事，必先利其器”。工艺装备是企业生存的物质基础。先进的工艺装备不仅能够加快新技术的应用及科研成果的转化速度，促进企业

① 沃伦·巴菲特，1930年出生，美国著名投资家。1957年年末掌管资金50万美元，到1964年增至2200万美元。1965年巴菲特收购伯克希尔－哈撒韦公司，到1994年底发展成230亿美元的伯克希尔工业王国。30年间，巴菲特的股票上涨2000倍，平均每年增值26.77%。

经济增长方式的转变，而且可以降低生产成本，提高工作效率，增加产品附加值和利润率。国有重要骨干企业大多拥有数十年的建企历史，由于历史等原因，企业维护资金和技术投入不足，工艺装备更新改造缓慢，基础能力建设一直处于维持正常生产能力的“半饥饱”状态。特别是随着传统产业的逐步淡出和信息技术的飞速发展，国有重要骨干企业现有的工艺装备保障能力受到严峻挑战，成为制约企业可持续发展的突出问题。

从现实情况来看，由于大部分国有重要骨干企业的产品都以长线生产流程建制，工艺装备数量繁杂、规模庞大，要从整体上快速提高工艺装备水平，无论是资金来源还是技术支撑都存在很大困难。所以，在工艺装备基础能力建设上，要将核心生产任务的保障与企业工艺装备保障能力建设有机结合起来，根据实际情况采取突出重点、分层分类、先易后难、持续推进的渐进方式来进行。一是要对现有生产能力进行有机整合，将产品雷同、工艺相近、技术相似的业务进行战略重组，按照产品的市场竞争力和发展潜力进行结构优化，淘汰工艺技术落后、更新改造难度大、产品制造销售成本高、缺乏发展潜力的落后生产线，并通过有偿转让、出售出租等方式进行资产变现，筹集资金投入到优势产业的基础能力建设中。二是要突出重点，加强关键生产工艺、生产设备的技术改造，通过核心生产能力的建设逐步带动整体基础能力建设水平的提高。三是要建立开放式的基础能力建设模式，通过产权多元化、股份制改制、技术引进、合作协作等形式吸引外来资金、技术和优势资源加强基础能力建设，带动工艺装备水平和保障能力的提高。

（九）要培育企业文化，构建企业文化的凝聚能力

俗话讲，一流的企业做文化，二流的企业做品牌，三流的企业做项目和产品。企业文化对于一个企业的成长来说，看起来不是最直接的因素，但却是最持久的决定因素。企业文化通过改变员工的旧有价值观念，培育他们的认同感和归属感，建立起员工与组织之间的依存关系，使个人行为、思想、感情、信念、习惯与整个组织有机地统一起来，凝聚成一种合力与整体趋向，激发员工为达成组织的共同目标而努力奋斗。当前，随着国家经济转型步伐的加快，国有重要骨干企业的发展也处在转型升级的关键时期。面对经营管理体制的变革、产业发展重心的转移、经济增长方式的转变以及科技创新能力的强化所带来的艰巨任务和严峻挑战，企业发展亟需一种力量来统一思想、凝聚人心，激发员工为既定战略目标实现提供动力，这个力量就是企业文化。

构建企业文化的凝聚能力，关键是要把企业文化建设与企业创新发展紧密结合起来，与企业经营管理中的具体工作结合起来，与企业的制度建设结合起来，在相互融合中共促共生，形成合力，发挥其对企业发展战略实施和具体经营目标实现的功能作用。一是要坚持以邓小平理论和“三个代表”重要思想为指导，借鉴国外优秀文化成果，结合中国国情，充分吸收儒、道、法等优秀中国传统文化的思想精华，构建以诚信文化、规则文化、创新文化、竞争文化、和谐文化、人本文化为主要内容的文化内核，把传统文化的精华熔铸于企业文化之中，形成和谐与竞争一体、精神与物质互动、人文与发展共济的文化体系。二是要把企业主导经营思想和具体经营战略举措作为企业文化建设的物化指标，在员工中突出企业文化的业绩成就导向和危机激励效果。一方面有针对性地突出员工在企业发展中的重要作用和角色贡献，在主观思想上激发员工的工作动力和创业热情；另一方面，通过加大对以业绩贡献为导向的激励约束措施和效果的宣传，使员工明确个人奋斗目标，并从工作中获得贡献回报和奖惩激励。三是要以教育、制度等非物化手段建设为保障，通过改变员工的学习习惯、思维习惯和行为习惯，使企业文化从规范员工行为的范畴上升到道德约束的高度，形成人们的潜意识和组织的潜规则。要将制度建设和企业价值理念融合在一起，将制度的行为约束力与文化的思想渗透力融合在一起，在管理方式上充分体现价值标准与制度标准的协同性，使员工既能够在思想上感受到企业文化所倡导价值观的导引性，又能够在实际工作中感受到相应管理制度的约束性，从而将企业员工的价值取向凝聚成与企业命运与共的荣辱观。四是要增强企业文化的渗透力，贴近生产、贴近经营、贴近管理构建企业文化，使文化融入班子、融入车间、进入市场，在企业生产经营和市场开发的实践中不断丰富、充实和发展，最终转化为现实的生产力，达到“铸魂、塑形、强本”的目的。

（十）要重视环境优化，构建和谐环境的吸引能力

只有社会和环境的问题得到有效解决，企业才能获得长久的利益。和谐是发展的基础。国有重要骨干企业要适应激烈的市场竞争，实现可持续发展，必须注重环境优化，积极构建和谐环境的吸引能力，走和谐发展的道路。一是要大力实施“绿色”战略，有效保护自然环境。要大力发展循环经济①，注重资源的节约和再生利用，在资源开采、加工、运输、消费等环节建立全过程和全面节约的管理制度。积极推行新的工艺和技术，改进落后生产制造工艺，最大限度地降低资源消耗速率，防止环境污染和资源浪费。二是要在抓好经济发展的同时，积极履行好企业的社会责任。要按照“服务用户、造福社会”的要求，加强产品的质量、安全和环保标准，高质量地满足用户与社会的需求。按照国家有关规定，积极落实职工的劳动保护、社会保障、子女教育、医疗保健、收入分配、安全生产等方面的有关政策，维护和保障职工合法权益。要关注企业弱势群体，维护企业内部治安，让全体员工共享企业改革发展的成果，保持企业的和谐稳定。三要坚持以人为本，建立和谐、共赢、发展的人文环境。在重视企业经营战略、发展目标实现的同时，要注重员工职业规划，关注员工个人成长与发展，把员工个人发展与组织目标的实现结合起来。要尊重个性、尊重创造，在保证企业共同价值观得到充分体现的同时，给员工提供施展才华、彰显个性、发挥特长的空间，鼓励员工创新、创造、创业。要建立协

---

① 循环经济本质上是一种生态经济，循环经济模式摒弃了传统的线性经济的大量消耗、大量生产、大量废弃、效率低下的粗放型发展模式，而转变为低开采、高利用、低排放，资源最优利用、循环利用的集约型经济发展模式，它是一种与环境友好的经济发展模式。党和国家高度重视发展循环经济，把发展循环经济提高到落实科学发展观和全面建设小康社会的战略高度，纳入了政府工作的重要议事日程。

商、共赢的人际环境和工作氛围，倡导员工之间相互尊重、相互理解、相互包容、求同存异、共同发展。

上述十种能力是企业健康发展不可或缺的基本素质。国内外无数企业的实践表明，任何成功企业都是均衡发展、协调发展的产物，都是正确的战略决策、不懈的技术创新、合理的体制机制、坚实的人才基础、有效的资本运作、良好的市场品牌、先进的基础装备、特色的企业文化以及和谐的环境氛围等因素共同作用的结果。

三、统一思想、转变作风、完善考评是国有重要骨干企业可持续发展能力建设的重要保障

胡锦涛总书记在青海考察时指出，实现经济社会又快又好发展，很重要的一点就是要“增强贯彻落实科学发展观的自觉性和坚定性，注重从思想上、组织上、作风上和制度上形成贯彻落实科学发展观的有力保障。”国有重要骨干企业贯彻落实科学发展观，必须端正思想认识，转变工作作风，完善考评制度，切实将企业可持续发展能力建设落到实处。

（一）要端正思想，切实把十大能力建设作为推进企业可持续发展的工作重点

促进企业可持续发展，首先要从思想上提高企业领导人员对发展能力建设重要性的认识。国有重要骨干企业领导人员，要牢固树立科学发展、持续发展的观念，高度关注企业可持续发展，常谋企业之强，常思企业之久，坚持把企业在未来竞争中持续获得竞争优势的十大能力建设作为推动企业实现又快又好发展的重要措施和工作重点，把做强做大企业作为自己毕生的事业追求。要牢固树立危机意识、责任意识、大局意识和紧迫意识，切忌骄傲自满、好大喜功、盲目乐观，既不能因抓住了一时的机遇就沾沾自喜，更不能因取得了暂时的成绩就忘乎所以。要时刻保持清醒的头脑，时刻关注企业的长远发展，立足当前，放眼长远，按照全面、协调、均衡的思路部署安排具体工作，推动企业健康持续发展。

（二）要转变作风，切实把国有重要骨干企业可持续发展能力建设落到实处

加强企业在未来竞争中持续获得竞争优势的能力建设是企业领导者的重要使命。国有重要骨干企业领导人员，一定要努力改进工作作风，从提高国有企业整体竞争能力、夯实国家经济基础、巩固党的执政地位的高度出发，积极致力于企业可持续发展能力建设。首先要以加强企业可持续发展的能力建设为使命，认真研究和把握企业参与市场竞争、国际竞争的内在规律，制定企业可持续的发展战略，以推动企业可持续发展为目标开展工作，既要防止求稳怕变、不努力、不作为，因循守旧的保守作风，也要克服只顾当期利益，不注重长远发展的短期行为。其次要深入实际，认真分析企业发展过程中存在的体制、机制等深层次问题，研究提出构建企业在未来市场竞争中持续获得竞争优势的有效措施，求真务实、不骄不躁、扎实推进，既要克服不深入调查研究、不因企制宜，盲目扩规模、铺摊子，只追求“显性”业绩的飘浮作风，也要反对不顾全大局、不考虑国家利益，片面强调局部利益、本企业利益的狭隘主义行为。三要善于营造和谐氛围，通过加强民主决策、完善激励机制、畅通发展渠道，充分调动每一位员工的积极性、主动性和创造性，鼓舞团队的创新激情和创新活力，举企业之力、集员工智慧，推动企业可持续发展。

（三）要建立完善科学的考评制度，确保国有重要骨干企业可持续发展能力建设取得实效

“求木之长者，必固其根本；欲流之远者，必浚其源泉。”促进国有重要骨干企业实现全面、协调、可持续发展，必须建立科学的考评制度，以正确的机制导向激发企业发展素质和能力的提高，实现企业发展能力最大化。

首先，要以完善考评制度为手段，通过改变考评方式，促进企业可持续发展能力建设。对国有重要骨干企业的考核，要改变单纯关注企业经济效益和当期经营的年度考核的做法，将年度考核与任期考核有机结合起来，将企业的当期经营成效与长远的可持续发展能力建设结合起来。年度考核以企业当期经营成效为重点，任期考核则以企业发展能力建设为重点。切实通过考核制度的完善，形成正确的机制导向、舆论导向，促进企业自觉加强发展能力建设。

其次，要以强化考评效果为重点，通过合理设置考核指标，促进企业可持续发展。在指标的设置中，既要重视主营业务收入、净资产收益率等当期经营的效果型指标，又要重视战略策划效果、科技创新实力等长远发展能力型指标；既要重视利润率、投资收益率等可量化的财务型指标，也要重视体制机制建设、和谐环境构建等难以量化的非财务型指标；既要重视产业结构、产品结构等发展的状态型指标，也要重视价值增量、平均增幅等发展的过程型指标；既要重视硬件建设、资本积累等硬实力指标，也要重视文化底蕴、品牌价值等软实力指标；既要重视经济规模、发展速度等企业自身发展的指标，也要重视国有资产保值增值、提供就业机会等对国家的贡献度指标。要将结果考核与过程考核结合起来，通过合理设定考核指标，并对各项指标进行合理细化，引导企业在关注当期效益的同时关注发展能力，在重视经济效益的同时关注社会效益，在做好当前工作的同时不断改进工作质量和品质，推动企业实现全面发展、协调发展和可持续发展。

企业在未来持续获得竞争优势的十大能力建设涉及企业的方方面面，是一项长期的系统工程，不可能一蹴而就。国有重要骨干企业在具体工作中，要结合自身实际情况，系统构思，整体谋划，突出重点，有序推进，不能简单搞“一拨哄”或“一刀切”。要结合企业的自身特点和所处发展阶段的工作重点，有针对性地对十个方面的问题进行深入细致研究，提出符合企业实际的个性化措施，在推进发展能力建设的同时，有效防范风险、趋利避害、增强效果。同时，要坚持持之以恒、常抓不懈，防止和避免临时心理、急于求成的心理，通过建立长效机制，逐步把可持续发展能力建设落到实处，打造国有重要骨干企业强大的市场竞争优势，推动企业实现全面、协调、可持续发展。

建立完善“小核心”型混合控股经营体制推动企业多元主业协调发展

——混合控股公司与子公司的体制创新

母公司决策、子公司经营，各项业务协调发展的“小核心”型混合控股经营体制，是企业主业多元化发展到一定阶段的产物。从GE、淡马锡、联想、宝钢、上海仪电等国内外知名企业组织管理体制创新与演变历程看，按照混合控股公司的模式，积极推进和抓好国有大型企业集团组织管理体制的调整和创新，以体制创新推动和实现各项主业协调发展，具有十分重要的意义。

一、混合控股公司的基本特征及其基本组织形态

（一）混合控股公司的基本特征

混合控股公司是既实施股权控制又进行产品经营，资本经营与产品经营在企业内部有机结合的现代企业组织形式。随着企业经营规模的扩大、业务领域的扩展和市场区域的扩张，特别是业务管理专业化程度要求的提高，除少数业务比较单一的企业外，大部分企业都逐步采用混合控股经营的管理模式，以提高管理效率和经营的专业化水平，不断推进各项业务的经营发展实现专业化和规模化。

一般来说，混合控股公司具有以下三个典型特征：

一是产品多元、业务多元。混合控股公司中，既有支撑企业发展壮大

的传统产品、传统业务，又有在企业发展壮大过程中不断产生的新产品、新业务。各业务单元大都采用子公司形式，实行专业化经营。

二是具有统一的战略目标和核心业务领域。无论是产品经营业务，还是资本经营业务，都是为了提升核心业务的竞争力和实现企业的整体战略目标。资本经营业务与产品经营业务有着很强的战略协同性，开展资本经营的目的，除了把握机会获取较高的投资收益外，更主要的是着眼于做大做强核心业务。

三是对不同业务采用不同的管控方式。现代企业管理的三种基本形

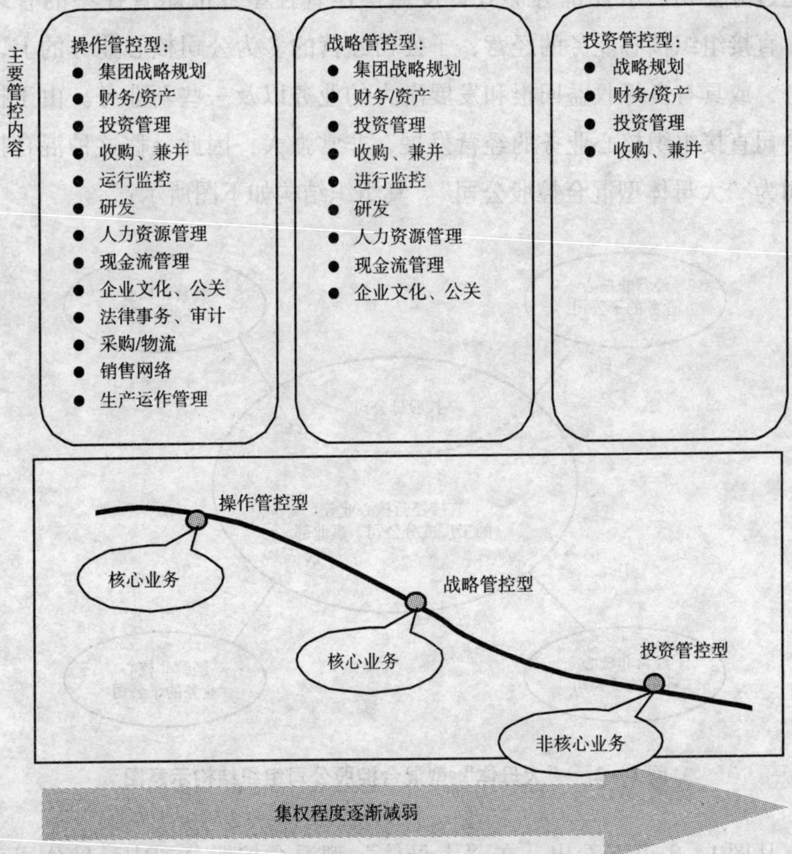

图1-1　现代企业管控的三种基本形式及管控的主要内容

式，即：操作管控型、战略管控型，以及投资管控型（也称财务管控型）。混合控股公司对不同的业务采用不同的管控模式。如：对核心业务以及与核心业务相关的资本经营业务，一般采用战略管控型或操作管控型模式进行管理；对非核心业务，一般采用投资管控型模式进行管理。

（二）混合控股公司的基本组织形态

混合控股公司的组织管理是随着企业的发展和管理理论的创新而不断演变发展的。在早期，为较好地实现对核心业务的有效管理控制，混合控股公司大都采用分公司、子公司结合的“大母体”型组织形态，控股母公司通过分公司、事业部等形式，按照操作管控型或战略管控型的管理模式，直接组织核心业务的经营，子公司经营的多为公司核心业务的上下游业务，或具有良好收益回报和发展潜力的业务以及一些新业务。由于控股母公司直接组织核心业务的经营发展，非常强大，因此，称这种混合控股公司为“大母体型混合控股公司”。其组织结构如下图所示：

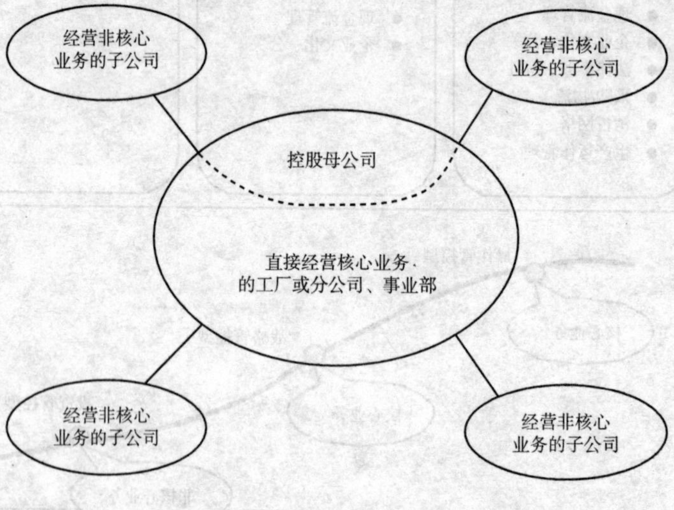

图 1－2　“大母体”型混合控股公司组织结构示意图

从图 1－2 可以看出，在“大母体”型混合控股公司中，母公司直接组织核心业务的经营，并主要以分公司或工厂等形式运行，它既是决策中心，也是利润中心和成本中心。非核心业务主要以子公司形式运行，并根据管理的需要分别实行独资、控股或参股等不同形式进行分类管理，它们是公司的利润中心和成本中心。“大母体”型混合控股公司更多地强调对核心业务的经营和控制，控股母公司在资源配置上更多地关注和考虑核心业务的发展，多见于核心业务单一、其他业务相对较弱的企业。这种组织形态虽然有利于母公司对核心业务的控制，但是由于管理的不对称也会不同程度地制约其他业务的发展，同时总部规模也比较庞大。

随着业务领域的不断拓展和规模的不断扩大，为了推动和实现各项业务的专业化经营和协调发展，混合控股公司的组织管理体制也在不断发生变化，不少企业把核心业务从母体中分离出来并建立子公司，与其他业务一样，按子公司对核心业务实现专业化经营。通过上述调整后，原来的“大母体”型混合控股公司就变成了“小核心”型混合控股公司。在“小核心”型混合控股公司体制下，控股母公司进行战略管理、投资管理和经理人员的选用，不再直接组织核心业务的经营，主要发挥决策中心的功能。原先由控股母公司直接经营的核心业务，与其他业务一样，都按子公司实行专业化经营。“小核心”型混合控股公司组织结构如下图所示：

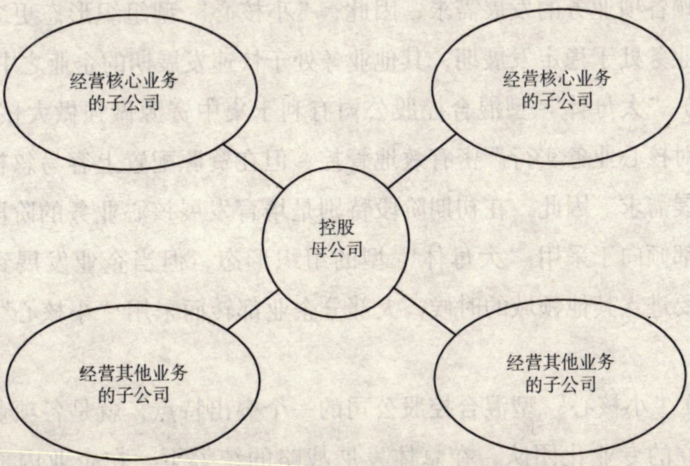

图1－3　“小核心”型混合控股公司组织结构示意图

从图1-3可以看出，在“小核心”型组织形态中，控股母公司不再直接组织核心业务的经营，主要承担决策中心的功能，核心业务与其他业务一样，都按子公司组织实施专业化经营，子公司是经营主体，母公司相对比较精干，因此，称之为“小核心”型混合控股公司。“小核心”型混合控股公司更多地强调公司各项业务的协调发展，在资源配置上兼顾公司各项业务的发展需求，比较适用于核心业务多元的企业，有利于各项业务的专业化经营和协调发展，但对总部的战略决策、运行监控等也提出了更高的要求。

比较分析“大母体”型混合控股公司与“小核心”型混合控股公司，可以得出以下结论：

(1) 混合控股公司分“大母体”型与“小核心”型两种基本组织形态，这两种组织形态适用于企业的不同发展阶段。

(2)“大母体”型混合控股公司强调对核心业务的控制，在资源配置上更多地关注核心业务的发展，因此，“大母体”型组织形态更多地出现在核心业务处于成长发展期的企业之中。

(3)“小核心”型混合控股公司强调各项业务的协调发展，在资源配置上兼顾各项业务的发展需求，因此，“小核心”型组织形态更多地出现在核心业务处于稳定发展期，其他业务处于快速发展期的企业之中。

(4)“大母体”型混合控股公司有利于集中资源做强做大核心业务，有利于对核心业务实行严密有效地管控，但在资源配置上容易忽视其他业务的发展需求。因此，在初期阶段特别是培育发展核心业务的阶段，大部分企业都倾向于采用“大母体”型的组织形态，但当企业发展到一定阶段，需要进入其他领域的时候，大部分企业都转而采用“小核心”型的组织形态。

(5)“小核心”型混合控股公司的一个突出特点，就是各项业务作为一个独立的专业化团队，在总体发展战略的统筹下，在企业内部并行发展，使各项业务获得更大的发展空间。在“小核心”型组织形态下，控股母公司主要是进行战略统筹和战略决策，谋划企业要进入或退出哪些领域、发展哪些业务，至于企业发展则是各子公司的职责。

(6) 在“小核心”型组织形态下，控股母公司虽然不再直接经营核心业务，但由于对核心业务通常实行全资或绝对控股经营，控股母公司仍然可以对核心业务实行严密有效的管控，使核心业务的发展主导权牢牢掌握在控股母公司的手中。特别是核心业务相对多元的企业，创新建立“小核心”型的组织形态，更有利于实现各项核心业务的专业化经营和发展。

二、中外企业组织管理体制演变创新的案例分析与借鉴

组织管理体制属于生产关系的范畴，是根据生产力的发展不断演变创新的。从现代企业组织管理体制的演变创新看，随着企业业务领域的不断拓展和经营规模的不断扩大，混合控股公司作为现代企业的基本组织管理模式也随之而生。在初期，由于核心业务比较单一，其他业务正处在发展期，这时混合控股公司大都以“大母体”型的组织形态存在。但随着其他业务的不断发展特别是企业核心业务的不断拓展和充实，为使各项新业务更好地获得资源支持，不少“大母体”型混合控股公司都逐步演变为“小核心”型混合控股公司，在控股母公司的战略统筹下，各项业务都继而向市场获取和配置资源。联想控股有限公司、新加坡淡马锡股份有限公司、GE 等中外企业在由单一业务向多元业务的发展过程中，在组织管理体制上都经历了类似的调整与转变。

联想控股有限公司。在发展初期，联想控股只有个人 PC 业务，由当时的联想电脑公司直接经营管理。随着公司内部 IT 服务业务的逐步发展壮大，单一母体的组织架构已经不能适应管理决策的需求，2000 年，联想实行了组织管理体制变革，将 IT 服务业务分拆出来组建“神州数码有限公司”，原有的个人 PC 业务组建“联想集团公司”。分拆主要带来了四个好处，一是各业务获得了独立的法人地位，便于筹集发展所需的资金和实现集团母公司的控股经营（2001 年 6 月 1 日，神州数码在香港成功上市，募

集了3.7亿港元资金）；二是分拆使总裁柳传志能够从繁杂的日常管理事务中抽出身来，集中精力筹划联想的大战略；三是分拆减少了公司新业务发展的决策层次，提高了经营管理的效率和效果；四是分拆减少了新旧业务经营中的文化冲突。

分拆成功后，联想开始由单一产品业务向多元产品业务发展，之后又涉足投资业务和房地产业务，逐步形成了以个人PC和IT服务为核心业务，兼有资本经营、房地产开发等业务的多元化的经营发展格局。相应地在组织管理体制上，建立了由联想控股有限公司为母公司，控股经营联想集团（PC产品制造）、神州数码（IT服务）、联想投资（高科技风险投资）、融科智地（综合性地产公司）、弘毅投资（投资银行业务）五个子公司的“小核心”型混合控股公司组织形态。如图1-4所示：

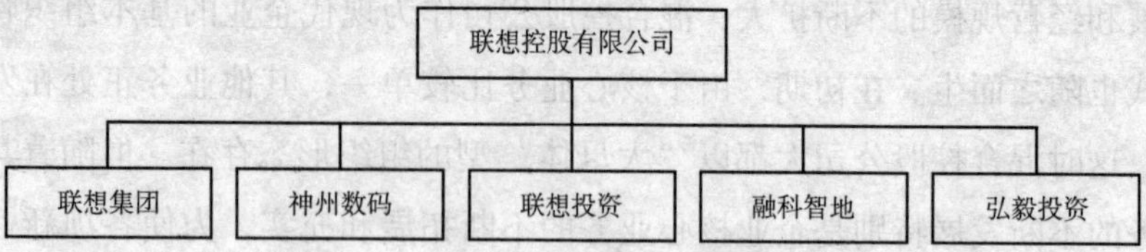

注：除上述五大主要业务外，联想控股有限公司还经营物流、餐饮、医药等产业。

图1-4 联想控股有限公司组织结构

在这种组织形态下，联想控股主要从事战略统筹、投资决策和重要人事管理，因此总部非常精干，包括董事会、总裁和相关职能部门在内，人员总数在50人左右。各子公司在联想控股的授权范围内独立经营、并行发展，又共同为联想控股发展成为世界500强的战略目标而努力。

新加坡淡马锡股份有限公司。淡马锡公司是新加坡政府最大的国有控股公司，目前，其业务经营范围已经广泛渗透到金融业、交通运输业、贸易业、文化娱乐业、船舶制造业、房地产和旅馆业、建筑业、石油化工业、咨询业、服务业等众多产业领域。它主要通过股权管理方式直接控制着44家子公司，又分别通过产权投资活动以子公司方式控制着500多家公司，逐步发展形成了一个“小核心”型的大型国有控股企业集团。

在这种组织形态下，其公司总部高度精干，共有职员42名，主要从事战略与投资管理，总部职能部门根据管理需要仅设置了策略发展部、企业发展部、资本资源管理部三个部门。

美国通用电气公司（GE）。GE通过不断的业务重组和优化结构，在管理层次上由原来的5个层次减少至3个，在业务经营上逐步形成了目前以13个业务集团（包括医疗系统、全国广播公司、动力系统、工业系统、特殊材料、运输系统、消费品、塑料、飞机发动机、商业融资、消费者融资、设备管理、保险业）为主的多元化的产业经营格局。对13个业务集团，GE实行投资决策高度集权而业务经营决策高度授权的集散结合的管理模式，其组织形态呈现出“小核心”型的特点，13个业务集团在GE强有力的战略管控下实行专业化经营，并取得了优异的经营业绩。同时，GE总部机构和人员得到了精干，总部人员约200人左右，主要执行战略与投资管理。

生产力水平决定着生产关系，生产关系又反过来作用于生产力，促进生产力的发展。通过上述三个案例可以看出，“小核心”型混合控股公司是企业在原有核心业务发展到一定规模，希望在新的业务领域实现更大的发展的关键时刻，在管理体制上进行的一次重大调整和变革，是生产力发展需求推动的。

“大母体”型组织形态关注核心业务的发展，资源配置优先考虑核心业务发展需求。新业务要获得更大的发展，进而成为新的核心业务，必须突破这种体制束缚和制约。通过这一体制调整和变革，不但新业务发展获得了重大突破，而且整个企业的发展也进入了一个新的阶段。以联想控股为例，联想在体制变革前的2001年度的全部业务收入为272.2亿港元，其中个人PC业务收入186.5亿港元，占68.5%，数码业务收入85.9亿港元，占31.5%。体制调整后的2003年度，全部业务收入327.4亿港元，其中个人PC业务收入202.3亿港元，占61.8%，数码业务收入125.1亿港元，占38.2%。在3年中，数码业务收入增长了46%，联想控股的全部业务收入增长了20.3%。不但数码业务成了联想控股新的核心业务，而且促进了整个联想的持续快速发展。GE通过体制调整和变革，在工业制造、高科技、金融服务等多个领域获得了高速的发展。同时，分析联想控股、淡马锡、GE等中外企业体制调整变革的历程，虽然“小核心”型组织形态有利于企业更好地发展新的业务，使企业保持持续快速增长，但要成功实现这一调整和变革，也要具备一定的条件。

一是企业原有的核心业务已进入成熟期，企业如何保持持续快速发展，必须更多地关注新业务的发展。联想控股就是在自己已有个人PC业务领域站稳脚跟后才开始谋划这一调整的。

二是要有一批能够在市场风云中独立作战的领军人物和经营团队。联想控股是在经过长期考察和认为郭为等人能够忠于联想，又能独立领导经营团队的情况后才进行这一调整的。GE各产业集团的主要负责人，全部由GE的高级副总裁担任。

三是控股母公司要做好职能转换。在“小核心”型组织形态下，控股母公司主要是进行战略统筹和投资决策，经营工作则由各业务团队独立去完成。

当前，国有企业的改革发展正处于一个十分关键的时期，各项主营业务上水平、上规模是企业面临的主要任务。面对这一新的任务，按照“小核心”型混合控股公司模式对管理体制进行创新完善，既十分必要，也是推动企业多元主业协调发展的重要举措。

三、当前国有大型企业集团改革对体制创新的基本要求

国有大型企业集团是伴随着改革开放产生的一种适应市场经济和社会化大生产的经济组织，从20世纪80年代中期开始，经过近20年的改革和发展，已在我国经济发展和结构调整中发挥了重要的作用，并逐步成为国民经济的骨干力量和国际竞争的主力军。随着经济全球化和科技进步的不

断加快，国家对发展企业集团提出更高的要求，通过市场和政策引导，着力培育实力雄厚、具有国际竞争力的，跨地区、跨行业、跨所有制和跨国经营的大型企业和企业集团，加快小康社会建设、实现经济社会的全面进步和国民经济的持续、健康、快速发展，已成为我国经济结构战略性调整的重要目标。加快企业组织结构调整，积极推动企业多元主业协调发展，培育和发展具有跨国经营能力的大公司、大集团，也成为国有大型企业集团的重大历史使命。

然而，当前国有大型企业集团在推进主业多元，实现做强做大方面仍然面临许多问题。其中，有国家经济体制改革和市场环境建设进程中的问题，也有企业自身改革与发展的问题，尤其在企业组织管理体制方面还存在不利于多元主业协调发展的问题，突出表现在以下三个方面：

一是非核心业务的发展从体制上重视不足，地位相对弱势。在"大母体"型的母子公司体制下，企业的大部分精力放在核心业务发展上，非核心业务的决策管理层次低，管理链条长，实质上处于从属地位，不利于直接面向市场获得更快更好的发展。

二是经济发展上过多依赖核心业务，重核（核心业务）轻非（其他业务）现象普遍。企业核心业务经营良好的形势和较强的投入，必将使企业不同程度地忽视非核心业务的发展，"大母体"型的组织形态客观上也加重了对非核心业务发展的体制约束。

三是母公司集权程度过强，不利于非核心业务子公司面向市场获取和配置资源。"大母体"型母子公司体制是一个相对比较集权的体制，操作管理是其主要管控手段。在这种体制下，其他业务虽然已经改制成为子公司，但由于母公司集权程度较强、管控较严，决策资源和经营资源主要集中在母公司，这一方面造成了其他业务子公司对母公司的依赖，难以面向市场去获取和配置资源。同时，也不利于母公司转变体制、创新机制，管理机构多、人员臃肿、效率低下以及用"工厂制"的管理手段去干预子公司经营等问题在不少企业中仍不同程度地存在。

发展是根本、是目的，体制是手段、是保证。体制没有好坏之分，只有适应与不适应之分，适应并能促进生产力发展的体制，就是好的体制、有效的体制。在经济全球化和科技进步快速发展的形势下，我国大型企业集团要在国际竞争中不断增强实力，必须适应多元主营业务发展的要求，加快体制的调整和创新，为培育和发展具有跨国经营能力的大公司、大集团奠定组织基础。

四、主业多元型企业体制创新的基本方向与模式选择

主业多元型企业一般指企业的产品或业务多样化，各项产品或业务均在企业的经营收入规模中占有一定份额。总的来看，这类主业多元型企业在组织管理上有以下几个特点：

（1）在组织体制上，大部分企业实行的都是“大母体”型体制，母公司通过分公司、分厂等形式直接经营控制着主业产品和业务，子公司经营的大都是企业一般性产品和业务；

（2）在管理模式上，这些企业大部分实行的都是直线职能制的操作管控型管理模式，母公司集权特征比较强，不但直接经营控制着主要产品和业务，而且对子公司通常也习惯于沿用分公司、分厂的模式去管理；

（3）在资源配置上，由于主要业务的决策层次比较高，在企业中的地位比较重要，因此，主要资源如优秀人才等容易向主要业务集中，其他业务的发展则相对难以获取有效的资源支持。

这些特点决定了大部分企业在经营发展和资源配置上“重核（核心业务）轻非（其他业务）”。借用生物圈中的“食物链”来比喻目前的体制状况，可以说，在大部分企业中，核心业务处于“食物链”的顶端，而其他业务则处于“食物链”的底层，难以获取有效的资源支持。

加快非主业的发展，推动多元主业协调发展，是企业集团实现做大做强的必然要求。提升非主业的经营和决策层次，创新建立多元主业协调发展的体制，则是大型企业集团体制创新要解决好的主要问题。那么，怎么

样才能提升非主业的经营决策层次，建立多元主业协调发展的体制呢？借鉴联想控股、淡马锡、GE 等中外企业体制演变创新的成功实践，针对当前体制中存在的“重核轻非”等主要问题和弊端，我们认为，对大部分产品多元的企业来说，体制调整创新的基本方向应当是——建立产品为单元专业化经营、体制上并行发展的“小核心”型混合控股经营体制。在这一体制下，核心业务从母公司中分拆出来，并按产品组建一个或若干个专业化子公司，这些核心业务子公司与非核心业务子公司一起作为独立的业务经营单元，在体制上并行、协调发展，母公司则提升调整为一个主要负责战略统筹和投资决策的“小核心”。这一体制与原来的“大母体”型体制相比，有以下调整和变化：

（1）核心业务与非核心业务在体制上并行发展。在原来的“大母体”型体制下，作为核心主业构成母体控制经营着非核心业务子公司；在“小核心”型体制下，核心业务与非核心业务分别按产品组建若干专业化子公司，在体制上并行发展。

（2）非核心业务的决策和经营层级得到提升。在原来的“大母体”型体制下，核心业务母体控制经营非核心业务；在“小核心”型体制下，非核心业务与核心业务经营决策处在同一个层级上，统一由母公司实施战略统筹和重大决策。

（3）母公司决策、子公司经营，资源配置服从服务于整体战略。在原来的“大母体”型体制下，母公司既实施决策又直接经营核心主业，在资源配置上强调支持核心主业；在“小核心”型体制下，母公司对核心与非核心业务发展进行战略统筹，子公司在母公司战略统筹下对核心业务、非核心业务分别实施专业化经营，不但缩短了非核心业务的管理与决策链，而且有利于资源在体制内根据企业的战略目标面向核心与非核心业务合理配置，使资源配置更好地服务于企业的发展战略。

这些调整与变化的核心是：通过创新建立“小核心”型混合控股经营体制，使得核心与非核心业务能在相同的层级和平台上去获取资源，从而从体制上消除“重核轻非”等弊端。多元产品型企业体制调整创新前后组织管理架构如图 1－5 所示：

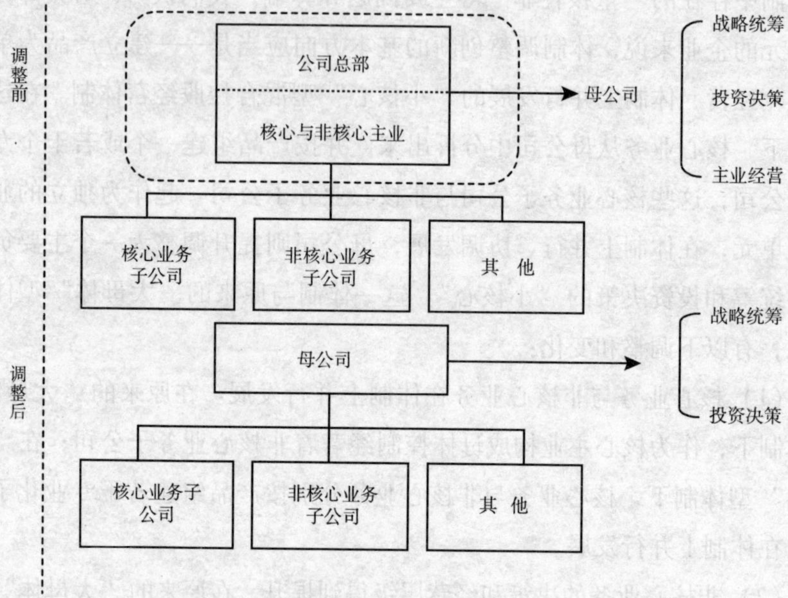

图 1－5　主业多元型企业调整前后组织管理架构对比图

通过这一体制调整和创新，将使企业集团从体制上进一步解决好以下问题：

一是从体制上进一步解决了非核心业务经营从属依附于核心业务母体的问题。在“小核心”体制下，核心与非核心业务处在同一个层级上，非核心业务不再从属依附于核心业务主体，不但缩短了非核心业务的管理链，而且进一步提升了非核心业务在企业发展中的地位。

二是从体制上进一步解决了多元主业在企业内部协调快速发展的问题。主业多元是我们大部分企业产品结构现状。“多元化＋专业化”的发展方针是从企业集团产品结构现状出发提出的，也是大部分企业发展必须长期坚持的基本方针。通过建立完善“小核心”型体制，使各项主业处在同一个层级上并行发展，解决了“大母体”型体制下对多元主业抓一个、放一个的问题，有利于多元主业协调发展。

三是从体制上进一步消除了专业化重组和投资主体多元化的体制障碍。在“小核心”型体制下，核心与非核心业务都按产品组建专业化子公司，在控股母公司的战略统筹下，各子公司独立经营、并行发展，不但为非核心业务的合资合作和投资主体多元化创造了更为有利的环境，而且也为核心业务的重组整合等创造了条件。

四是从体制上进一步消除了“工厂化”管理的体制土壤。公司制企业“工厂化”管理，是企业集团尤其是国有大型企业集团进一步深化改革要着力解决好的问题之一。在“小核心”型体制下，控股母公司作为决策中心，主要负责战略统筹和投资决策。子公司则是经营主体，不但有利于实现管理扁平化，而且对国有大型企业集团在管理上实现由传统工厂化管理向股权管理、法人治理的转型提出了新的要求，将使传统“工厂化”管理逐步失去体制土壤。

五、“小核心”型体制下组织管理与治理机制建设

成功实现由“大母体”型向“小核心”型的转型，真正实现母公司决策、子公司经营，多元主业协调并行发展，必须在体制创新的同时，对组织管理与治理机制实施相应的创新与变革。

(一)“小核心”型体制下控股母公司的建设

建立完善“小核心”型混合控股公司体制，控股母公司的功能定位首先要明确。从联想控股、淡马锡、GE 等中外企业的实践看，在“小核心”型体制下，控股母公司必须做到“三个精干、一个转变”。

1.“三个精干”

一是功能要精干。在“小核心”型体制下，控股母公司作为决策中心，主要是实施战略统筹和投资决策，重点是要履行好“三大功能”，即投资管理与决策、财务监控、子公司经营团队的建设。

作者解析：

1. 在投资管理上，联想控股、GE等都有十分严格的措施和制度。联想控股在投资管理上，首先是管好子公司的投资方向。对没有超出经营范围的投资项目，实行预算审批制；对超出经营范围的投资项目，无论投资额大小，都必须由控股母公司统筹论证和审批，避免投资失误，避免子公司间相互竞争。其次是管好投资回报，项目必须获得收益回报才能投资。

2. 虽然在一般意义上，控股母公司主要是要履行好“三大功能”，但对国有企业来说，控股母公司还要履行好党建功能，抓好整个控股公司党的建设。同时，在当前，控股母公司还应当好各子公司的“后方”，履行好存续企业的功能，为各子公司建立市场化的灵活用工机制创造条件。

二是机构要精干。机构精干，功能才能精干。控股母公司要建成“小核心”，首先机构要精干。联想控股公司总部只设置了总裁办公室、投资管理部、攻关外联部、人事管理部、财务会计部、综合事物部等6个职能管理部门；淡马锡公司总部只设置了策略发展部、企业发展部、资本资源管理部等3个主要职能管理部门。为真正实现由“大母体”型向“小核心”型的转型，我们在机构设置上也要尽可能精干，控股母公司原则上应重点设立发展改革部、投资管理部、财务部、人事部、党群工作部以及办公室等“五部一室”。其中：发展改革部主要负责企业的发展和规划、经营管理、改革改制以及企业文化建设等工作；投资管理部主要负责投资项目论证、项目实施与管理、投资收益管理等工作，并协助董事会考核与提名委员会做好子公司经营团队建设工作；人事部主要负责做好控股母公司自身的人事管理工作。同时，为当好各子公司的“后方”，使子公司建立起灵活的用工机制，控股母公司还应设置人才资源中心或人力资源开发中心，一方面，为各子公司提供人才服务；另一方面，对各子公司解聘的员工，组织培训再就业。“小核心”型混合控股公司体制下母公司机构示意图如图1－6所示：

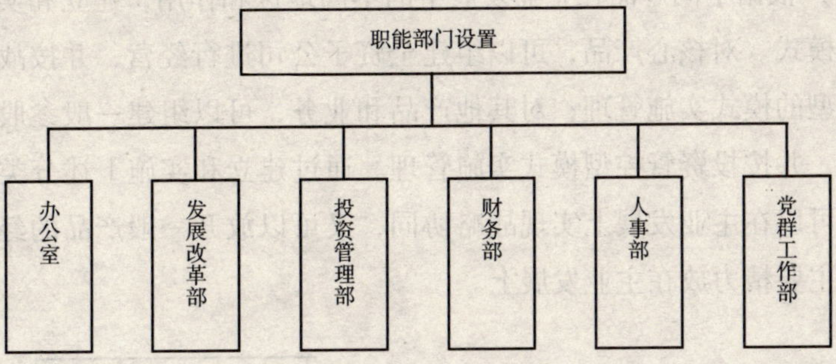

图1－6　“小核心”型混合控股公司体制下母公司机构示意图

三是人员要精干。职能精干，机构精干，必然要求人员精干。联想控股公司总部人员只有50人左右，淡马锡公司总部也只有42人，GE总部人员相对多一些，但也只有两百多人。我们的情况虽然与联想控股等不完全相同，改制后母公司要履行存续企业的功能，因此，母公司人员可以略微多一些，但也应尽可能精干。其中，对规模比较小的企业，母公司人员应控制在50—60人左右；对少数规模比较大的企业，母公司人员应控制在150人左右；对大部分企业，母公司人员应控制在100人左右。

2. “一个转变”

一个转变就是要实现管理方式的转变。对核心业务子公司，母公司可按战略管控型或操作管控型的模式对其实施管理；对其他子公司，母公司应当按投资管控型的模式对其实施管理。但无论是采用哪种类型的管控模式，母公司对子公司的管理都要转变原来的“工厂化”的直接管理模式，使各子公司获得相对独立的运行发展空间。

（二）“小核心”型体制下子公司的建设

子公司作为企业发展的战略单元，是否真正能成为市场竞争主体，是否能面向市场自主经营和发展，是“小核心”型体制发挥作用的关键。必须按“母公司决策、子公司经营”的要求，规范新体制下控股母公司与子公司的关系。

（1）根据不同产品在企业发展中的不同地位和作用，建立和实施不同的管控模式。对核心产品，可以组建全资子公司进行经营，并按战略或操作管控型的模式实施管理；对其他产品和业务，可以组建一般参股公司进行经营，并按投资管控型模式实施管理。通过建立和实施上述分类管控模式，既可以在主业发展上实现战略协同，又可以放开一般产品的经营，使我们把主要精力放在主业发展上。

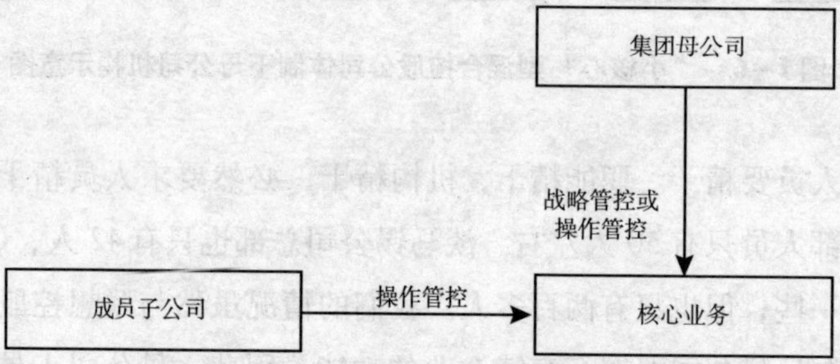

图1－7　核心业务矩阵型管控模式

作者解析：

核心业务既是各子公司的核心业务，也是企业集团的核心业务。母公司对核心业务实施战略管理，子公司对核心业务实施操作管理，既确保各子公司的利益，又通过集团化运作，使企业集团整体利益最大化。

（2）按照经营实体的要求，完善子公司的功能。在“小核心”型混合控股公司体制下，控股母公司主要是要抓好战略统筹和投资决策，把握好子公司的投资方向，确保投资和资金收益，产品研发、市场开发、生产组织、售后服务以及质量安全等与产品经营相关的业务，都应由子公司去完成。为此，子公司应建立企划部（包括发展规划和经营计划）、财务部、人力资源部、市场营销部、科研生产部（包括产品研发、生产组织、质量安全管理）以及研发中心等部门，重点履行好经营实体的各项功能，党建以及纪检、生产、审计等工作，可以主要由控股母公司统一管理。子公司组织机构框如图1－8：

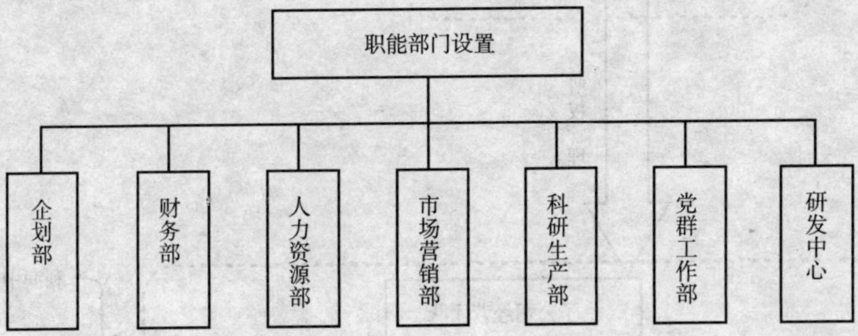

图1－8　“小核心”型混合控股公司体制下子公司机构示意图

(3) 建立完善出资人代表制度和子公司法人治理结构，实现由“工厂化”直接管理向股权管理的转变。实现由直接管理向股权管理的转变，从控股母公司来说，要通过董事等出资人代表向子公司传达战略意图，既依法维权、行权，又确保子公司经营功能的完整、独立。为有效维权、行权，联想控股建立实施了责任董事制度。责任董事可以是董事长，也可以是一般董事。在董事会中，公司可能有若干个董事，但只有责任董事代表公司，其他董事必须与责任董事保持一致。上海仪电也建立实施了委派董事等类似的制度。从子公司来说，作为一个独立的经营实体，也要建立完善法人治理结构，在子公司内部实现决策、经营分离。“小核心”型体制下母子公司关系及子公司组织结构如图1－9所示：

(4) 建立完善以子公司经营为主、母公司职能管理为辅的矩阵管理模式，确立子公司在企业发展中的主体地位。在“小核心”型混合控股公司体制下，子公司经营是主线、是主体，在业务经营管理上必须以子公司为主，母公司职能部门职能管理为辅。为确立子公司在企业发展中的主体地位，联想控股、GE的子公司的主要负责人都由母公司的副总裁出任，既提升了子公司在企业发展中的地位，又强化了母子公司的战略协同性。

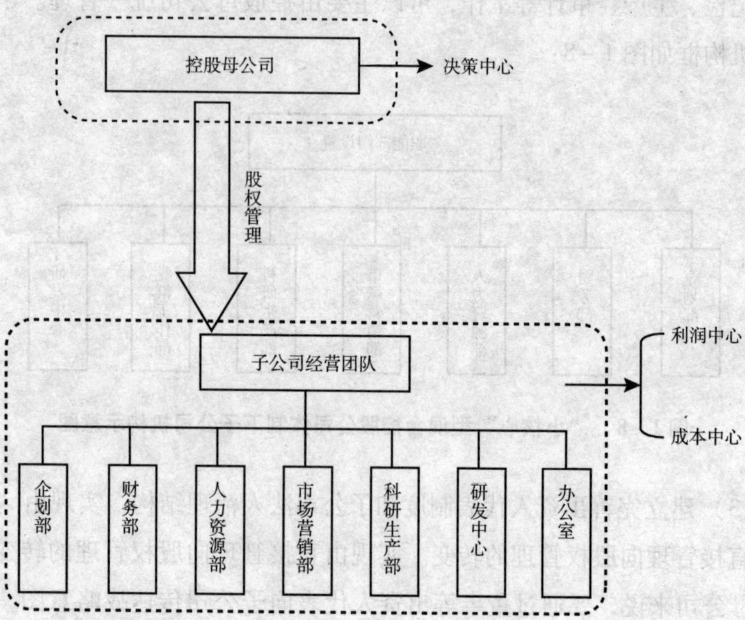

图1－9　“小核心”型体制下母子公司关系及子公司组织结构框图

(三)“小核心”型体制下治理结构与治理机制建设

“小核心”型体制下能否真正实现“母公司决策、子公司经营”，能否真正推动和促进各项主业协调、快速发展，治理结构和治理机制建设至关重要，甚至决定体制调整创新的成效。

1. 董事会的建设与完善

董事会是企业的决策机构，从总体上看，由于历史的原因和发展的需要，目前，大部分企业的董事会是“参与、建议型”的，没有很好承担起决策机构的功能。在“参与、建议型”董事会功能定位下，总经理承担了很多本应由董事会承担的决策职能，导致决策和执行都集中在经理层，导致很多总经理仍然在按“厂长”的模式去当总经理，既不利于制定科学合理的决策，也不能建立科学有效的制度和机制。

决策权与经营权相分离是现代企业治理的基本方向和基本要求。我们要全面建立以股权管理为核心的现代企业制度，全面提高企业的管理、治理和决策水平，必须积极推进决策权与经营权的两权分离，积极推进董事会由“参与、建议型”向“决策型”的转变，建立起董事会决策、经理层经营的治理机制。从联想控股、GE 等中外企业的实践看，推进董事会由“参与、建议型”向“决策型”的转变，建立董事会决策、经理层经营的治理机制，必须从以下几个方面推进和抓好董事会的调整与建设。

（1）进一步落实董事会的决策功能，建立完善董事会领导下的总经理负责制。根据经营权与决策权两权分离的要求，董事会行使决策权，包括决定企业的发展战略、投资计划、经营目标以及经理层的建设（包括经理层的选聘、考核与激励）等，总经理根据董事会确定的发展战略、投资计划、经营目标等组织实施企业的日常经营管理，完成董事会确定的企业经营和发展目标，真正实现董事会决策、经理层经营。

（2）进一步完善董事会成员的构成及任职资格标准，不断提高董事会的议事和决策能力。研究分析国内外知名企业的治理结构可以看出，大部分企业的董事会成员构成中，既有代表出资人利益的股东代表，又有企业的总经理（或总裁）或财务负责人等高级经营管理人员。英美国家的公司由于股权的高度分散，为了维护众多小股东的利益，还强调设置相当比例的外部董事或独立董事。在国资委当前推进的央企董事会制度改革中，最重要的一项内容就是聘请高水平的外部专职董事进入企业的董事会，与企业的内部董事一道，共同完善和加强董事会的决策职能。因此在董事会中，应主要由以下四类人员组成：一是出资人向企业派出的出资人代表，目的是维护出资人权益；二是企业的部分高管人员，目的是提高决策制定后向下组织实施的有效性；三是根据我国《公司法》的要求，要有职工代表进入，以维护企业员工的利益；四是可以聘请一定数量的外部董事，但在现阶段，外部董事数量不应过多。在国有全资公司或控股公司中，聘请外部董事的主要目的不是为了维护众多小股东的利益，而是为了完善董事会组成人员的专业构成，以提高董事会科学决策的能力。

提高董事会的议事和决策能力，除了要适当聘请一定数量的外部董事外，从当前的实际情况看，更重要的是要建立完善董事的任职资格标准，特别是母公司向企业派出的出资人代表，在董事会决策中起主要作用，必须是既懂市场、懂经营，又懂产品、懂技术的复合型人才，应当具有很强的战略思维和分析预测能力，还应当具备一定的财务、金融等方面的知识。同时，为了提高董事会的决策效率和决策质量，降低董事会的决策成本，董事会的规模也应当尽可能精干。我国《公司法》规定，国有独资公司和有限责任公司的董事会规模为3—13 人。从实际情况看，国有独资公司的董事会规模应控制在5—7 人左右，多元投资主体的董事会应控制在5—9 人左右。

作者解析：

董事按不同的划分方法可以有多种类型，如非独立董事和独立董事、内部董事和外部董事、执行董事和非执行董事、专职董事和兼职董事等。其中：

1. 董事按是否有股东背景及其利益关联被划分为独立董事和非独立董事。

2. 非独立董事是指有股东背景及利益关联的董事。非独立董事又包括执行董事和非执行董事。执行董事指在公司高管层中担任执行职务的董事；非执行董事指不在公司中担任任何执行职务的董事，非执行董事主要是通过董事会下设的各专业委员会发挥作用。执行董事和非执行董事是英国的称谓，在美国则称为内部董事及外部董事，两者的含义类似，即内部董事和执行董事、外部董事和非执行董事基本对应。还有一种划分方法认为内部董事是指公司专职董事，负责各项具体工作；外部董事是指兼职董事，通常为各方面的专家，参加董事会议，为公司经营决策提供咨询和建议。

3. 独立董事指没有任何股东背景以及与公司业务没有任何关联关系，即独立于所受聘的公司及其主要股东，由董事会聘任的董事。独立董事不在公司担任除独立董事外的任何其他职务。独立董事属外部董事范畴，但他和非独立的外部董事不同，与公司在一定年限内不能有就职、交易、股权等关系，以及任何在其履行董事职责时可能影响其独立判断的关系。

（3）进一步完善对董事会的考核与激励，提高董事履职的责任心和事业心。董事会成员是企业经营团队的重要组成部分。决策科学、正确是企业持续发展、基业长青的重要保证。必须建立完善董事考核与激励机制，重点考核其在企业决策中发挥作用情况。同时，董事的收入和待遇，不但要与企业经营情况挂钩，而且也要与本人的工作相挂钩，并要实行短期激励与中长期激励相结合。

（4）进一步建立完善董事会的组织机构，提高董事会决策的专业化能力和水平。为提高董事会决策的专业化能力和水平，很多企业都在董事会下设立了一系列专业委员会，为董事会决策提供专业化的决策支撑。GE董事会设立了审计、财务、管理发展与薪酬、提名、经营运作、公共责任、技术与科学等7个专业委员会。宝钢作为中央企业中进行规范董事会试点的企业，也将在董事会下设立薪酬与考核、提名、内部审计等3个专业委员会。许多成功企业的实践证明，专业委员会的设立对董事会决策职能的发挥和提高董事会决策的科学性、合理性具有重要作用。国资委在推进国有独资公司建立和完善董事会试点改革中提出，董事会下要设立战略、提名、薪酬与考核等专门委员会。

抓好决策是“小核心”型混合控股公司体制下母公司的主要任务。同时，企业集团按“小核心”型模式进行体制变革和创新后，董事会中也应相应设立战略与投资委员会、财务与运营监控委员会、提名委员会、薪酬与考核委员会等专业委员会，为董事会决策提供支撑。当然设置专业委员会也不应当一刀切，在设与不设、设置多少、设置哪些的问题上，可以根据各企业的实际需要来确定。如对规模比较大、产品比较复杂的企业，可以设立相应的委员会，而对于业务比较单一，决策复杂性相对不强的企业，不设置委员会就能够很好地实现董事会的科学决策职能时，为避免增加无谓的机构设置和人员规模，则可以不设。董事会组织机构如图1－10所示：

在各专业委员会中，战略投资委员会主要负责制定公司的发展战略、

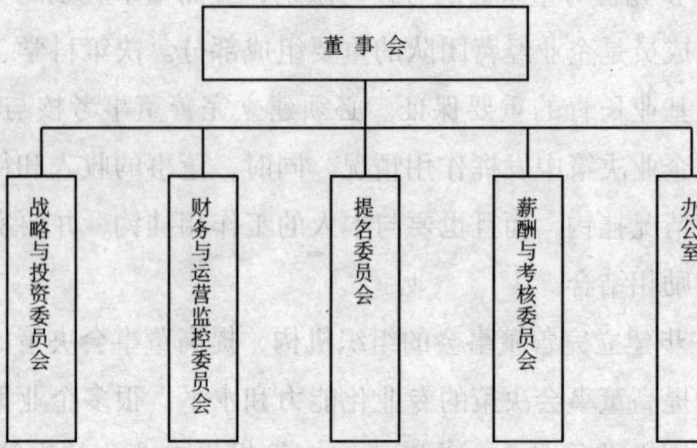

图1－10　董事会组织机构示意图

经营目标，确定公司的投资方向、投资计划等；财务与运营监控委员会主要负责审议批准公司的财务预算并对运营情况进行监控；提名委员会主要负责母公司经理层的提名及子公司经营团队的选聘；薪酬与考核委员会主要负责董事、监事及公司高管人员业绩考核与薪酬制度设计。各专业委员会主席（主任）由董事出任。当前，战略与投资委员会主席一般由董事长出任。

作者解析：

1. 在国外，提名委员会、薪酬与考核委员会的主席一般由独立董事担任，以确保决策的公平、公正。

2. 为实现人员精干、高效，各专业委员会成员及其工作人员可以与职能部门人员适当融合。为精干机构和人员，联想控股提出，对一些可以由少数人完成的工作，可以给职务、给待遇，但不设机构。如为了全面了解掌握联想集团的经营发展情况，联想控股设立了一个总裁助理，全权代表联想控股的总裁了解掌握联想集团的运营情况，并为联想控股决策提供信息和建议。

2. 监事会的建设和完善

监事会是法人治理结构中的重要组成部分，监事会由股东会选出并对其负责。国有企业改制后，大部分改制为国有独资公司，根据我国《公司法》规定，国有独资公司不设股东会，因此，监事会应由出资人选出并对出资人负责。

为了进一步强化监事会对企业财务状况、董事和经理人行为的监督职能，提升监事会的地位，解决监事会从属依附于董事会的问题，从国内外有关企业监事会的建设情况看，监事会在人员构成上，必须由目前以原单位内部人员为主，调整为由出资人代表、职工代表和外部监事三类人员组成。同时要注意解决好两个问题：一是要求其成员具备较高水平的财务、审计、法律等专业知识，以保证监事会监督作用发挥的有效性；二是要探索建立“大监督”机制，使监事会有效融合和行使纪检监察、内部审计等职能，形成监督合力，解决好许多企业存在的监事会、纪检监察、审计等部门各自为政、相互独立、互不联系、业务重叠的问题。同时，为充分发挥监事会的监督功能，我们认为，应在监事会下设立审计委员会，为监事会开展工作提供业务支撑。

作者解析：

通过大量的案例分析可以看到，为了实现监事会的独立监督职能，解决普遍存在的监事会从属依附于董事会的问题，许多企业将公司职能部门中的审计部划归监事会领导，实行审计部对监事会负责，在监事会领导下独立执行内部审计各项职能的制度，实践证明，这种制度能够有效地实现监事会对企业财务状况、董事和经理人行为的独立监督。

六、“小核心”型体制下企业子公司经营团队和党的建设

抓好企业的经营发展是董事会、监事会、经理层、党委、纪委的共同

目标和任务。董事会决策是经营，监事会监督、党委的政治核心作用、纪委的纪律监督等也是企业经营管理的重要组成部分。企业的经营团队不但包括经理层，还包括董事会、监事会、党委、纪委。同时，由于在“小核心”型混合控股公司体制下，改制成立的控股母公司是决策中心，主要负责战略统筹和投资决策，因此，在经营团队建设上，应做到有机融合、精干高效。

（1）为强化母公司作为决策中心的定位，建议控股母公司的董事会统一称作“董事局”，总经理统一称“总裁”，子公司相应称“董事会”、“总经理”。

（2）为把董事局决策与党对企业的政治领导统一起来，把董事局选人用人与党管干部统一起来，建议董事局主席、党委书记由同一个人出任并兼任公司总裁。同时，董事会专业委员会与党委工作部门、公司职能部门可以适当重合，如党委组织人事部门可以与董事会提名委员会适当重合，董事会战略与投资委员会在人员构成上可以与发展改革部、投资管理部适当重合，财务与运营监控委员会可以与财务部适当重合。

（3）为有效整合监督资源，建议监事会与纪委融合，监事会主席与纪委书记由同一个人出任，统一负责财务监督、纪律检查、行政监察、内部审计等工作。

（4）为加强母子公司之间的战略协同性，使母公司决策尽快传递到子公司并转化成为子公司的经营主线，建议母公司的副总裁出任各主要业务子公司的董事长或总经理。这样，既有利于精干经营团队，又有利于子公司尽快形成强有力的经营团队。

作者解析：

GE在人事管理制度方面实行链条式控制，其每一个产业集团的主要负责人都是GE的高级副总裁，而产业集团的副职都是其主要职能部门的负责人，这种链条式的控制，既可以使产业集团负责人更好地理解和贯彻执行公司的总体战略，也可以使总公司更清楚地了解各产业集团的情况和意见。

(5) 为使子公司轻装上阵，集中力量抓好经营工作，建议子公司党的工作以及有关社会化职能等，统一由控股母公司负责。

通过上述调整后，“小核心”型混合控股公司的组织治理架构如图1－11所示：

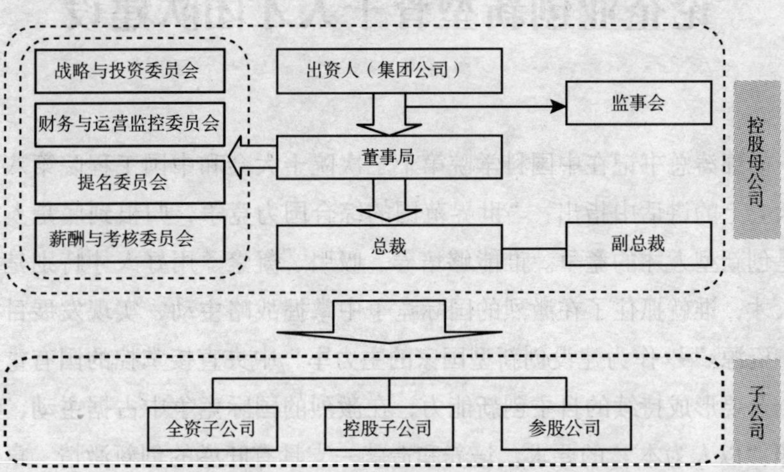

图1－11　主业多元型企业组织治理架构示意图

论企业创新型骨干人才团队建设

胡锦涛总书记在中国科学院第十三次院士大会和中国工程院第八次院士大会上的讲话中指出："世界范围的综合国力竞争，归根到底是人才特别是创新型人才的竞争。谁能够培养、吸引、凝聚、用好人才特别是创新型人才，谁就抓住了在激烈的国际竞争中掌握战略主动、实现发展目标的第一资源。"① 作为建设创新型国家的主力军，中央直接掌控的国有重要骨干企业要形成持续的自主创新能力，在激烈的国际竞争中占据主动，必须按照"以人为本"的要求，培养和造就一支具有旺盛的创新激情、卓越的创新素质、良好的创新素养的创新型骨干人才团队。

一、创新型骨干人才团队在企业发展中的地位

随着世界科技的迅猛发展，产业结构日趋智能化，知识对经济增长贡献的比重日趋上升，创新型骨干人才团队越来越成为企业自主创新的主体力量，成为推动企业发展的核心动力源泉。

有学者从社会分层意义上，把人分为骨干群体与一般群体。骨干群体主要指靠知识、能力和业绩在社会中具有重要地位的群体，他们是社会进步的重要力量，是社会发展的火车头。一个社会是否具有活力，很大程度上取决于骨干群体的创新能力与贡献。② 按照这一观点，企业员工也可以

① 胡锦涛：《在中国科学院第十三次院士大会和中国工程院第八次院士大会上的讲话》，人民出版社2006年版，第6页。

② 韩庆祥：《论以人为本》，《中共中央党校学报》2006年第1期。

分成两个群体：一个是普通型的大众群体，即一般员工群体，他们在企业从事常规性工作，是企业发展的基础力量。另一个是创新型的骨干群体，即创新型骨干人才团队。这一群体具有很强的创新能力，能够运用知识、技术、管理等进行创新，不断超越企业现有的技术与管理水平，引领和带动企业实现跨越式发展，使企业始终充满蓬勃发展的朝气与活力。

胡锦涛总书记指出："国际一流的科技尖子人才、国际级科学大师、科技领军人物，可以带出高水平的创新型科技人才和团队，可以创造世界领先的重大科技成就，可以催生具有强大竞争力的企业和全新的产业。"[①]中国"杂交水稻之父"、并作为中国农业科学界首位入选美国科学院外籍院士的袁隆平，率领科研团队靠智慧和创新发明了"东方魔稻"，以占世界7%的土地养活了占世界22%的人口，打破了美国经济学家布朗[②]在20世纪90年代关于中国粮食安全危机的预言。被誉为"汉卡之父"的倪光南[③]，曾带领科研团队经过4年多的潜心研究，成功研制出了"LX－80联想式汉字系统"，为联想集团打开国内市场奠定了基础。创新型科技人才团队作用巨大，其他领域的创新型骨干人才团队也同样如此。海尔的创始人张瑞敏带领其管理团队依靠管理创新，把原来一个只有800人、亏损147万元的集体小厂，发展成为年营业收入超过1000亿元（2005年营业收入为1039亿元人民币）的国际知名企业。青岛港工人许振超刻苦钻研技术，与他的工作团队创造出世界一流工作效率，使大港公司昼夜的吞吐量由过去的4万多吨增长到目前的9万多吨。不难看出，创新型骨干人才团队是企业活力的源泉，是企业蓬勃发展的主要推动力量。他们在人才中所

① 胡锦涛：《在中国科学院第十三次院士大会和中国工程院第八次院士大会上的讲话》。

② 莱斯特·布朗，美国世界观察研究所前所长，地球政策研究所所长，1994年，他曾以"谁来养活中国"的惊世疑问警醒中国时刻关注粮食安全。

③ 联想"LX－80联想式汉字系统"的主要发明者之一。由于他的努力，"联想汉字系统"的销售量一直以年均70%以上的速度增长着。到1992年10月份，汉卡累计销售已超过60000套，这意味着全国微机中每10台就有1台装了联想汉卡。引自《联想风云》凌志军著，中信出版社2005年版，第155页。

占比例虽小，但对企业的贡献却是巨大的和不可替代的，有时甚至是不可估量的。19 世纪末 20 世纪初的意大利经济学家和社会学家维弗烈度·帕累托①提出的“马特莱法则”（即“80/20”定律）认为：在任何特定群体中，80% 的价值是来自 20% 的因子。这一定律十分形象地揭示了创新型骨干人才团队在企业发展中的核心地位与关键作用。目前，世界上越来越多的国家开始重视创新型骨干人才团队的重要作用，并以此来保持强势的竞争实力。20 世纪 90 年代以来，日本企业依靠创新型骨干人才团队的科技和管理创新，维持着强大的竞争优势，使日本每年的贸易顺差基本上都保持在 1000 亿美元上下。美国之所以在 20 世纪的科学技术中占据绝对统治地位，也与其依靠跨国公司在世界范围内抢夺创新型骨干人才直接相关。据统计，二战后全球诺贝尔奖获得者有一半以上在美国。

事实证明，当今时代没有任何一种资源能够像创新型骨干人才这样，对企业乃至经济社会发展产生如此巨大的推动力量。创新型骨干人才团队毋庸置疑地成为推动企业快速发展、提高企业核心竞争力的主体力量。但目前我国企业创新型骨干人才团队建设还相当薄弱，原因是多方面的：一是对创新型骨干人才具有“自我实现需要”的规律认识不足，在人才培养、使用、考评和激励中，没有体现企业发展与个人发展和谐一致的“以人为本”的思想，未能充分调动其创新创业的积极性；二是对创新型骨干人才在企业发展中的团队效应缺乏认识，因而在人才队伍建设上，要么“眉毛胡子一把抓”，分不清重点，要么只重视个别领军人物，未能在各领域形成创新型骨干人才群体。三是还没有形成鼓励创新、支持创新创业的

---

① 19 世纪末 20 世纪初的意大利经济学家和社会学家，他认为在任何特定群体中，80% 的价值是来自 20% 的因子，其余 20% 的价值则来自 80% 的因子。为此，他提出了著名的马特莱法则（也称“80/20”法则），其主要内容为：一是管理法则，即企业应以主要问题为突破口，带动整个企业的发展，提高企业的经济效益。企业要把主要精力放在 20% 的业务骨干的管理上，抓企业发展的骨干力量，再以 20% 的少数去带动 80% 的多数，以提高工作效率；二是营销法则，即抓住企业存在的普遍问题中最关键的问题进行决策，以达到纲举目张的效用；三是信息法则，即企业应对 20% 左右的信息进行重点整理分析，并依此作为决策依据；四是融资法则，即企业要将有限的资金投入到生产经营的重点项目上，以此不断优化资金投向，提高资金使用效率。

文化氛围，“枪打出头鸟”、容不得失败、求全责备、缺乏关爱的现象在一些企业还不同程度地存在着，如此等等。由于这些原因，目前我国企业的创新型骨干人才还十分匮乏，人才创新素质不高，还没有形成团队效应。据《2005 年中国人才报告》，我国人才综合指数为 0.35，在美国等 48 个国家中排第 37 位。人才国际竞争能力不足，导致企业自主创新能力还不强。据统计，以中国企业 500 强为代表的大企业新增利润的 80% 左右来自生产规模扩大、销售收入增加和价格上涨等因素，只有 20% 来自加强管理、技术创新和降低消耗。目前，国内企业只有一成左右的企业有科技活动，拥有自主知识产权的企业仅占万分之三。

创新型骨干人才是企业发展的引领者和开拓者，是企业最宝贵的战略资源。企业要提升核心竞争能力，为国家经济发展和安全保证提供支撑，必须高度重视并牢牢抓住创新型骨干人才这个重中之重，加快建设一支符合企业发展要求、具有良好创新品质的创新型骨干人才团队。

二、创新型骨干人才的类型、特点和创新环境

企业人才种类繁多，但归结起来不外乎三大类，即经营管理人才、专业技术人才和专门技能人才。与此相对应，企业创新型骨干人才也可以分为三种类型：第一类是以优秀企业家为主体的经营管理类创新型骨干人才，他们能够根据企业发展需要，不断创新管理理念、管理思路，引领企业实现良性发展。第二类是以企业科技带头人为主体的专业技术类创新型骨干人才，他们善于跟踪最新技术发展趋势，熟练运用自己掌握的知识进行技术创新，推动企业产品更新换代或产业升级。第三类是以企业关键技能带头人为主体的专门技能类创新型骨干人才，他们能够在设备改造、工艺改进等方面进行创新，改善生产效率，降低加工成本、提高产品质量。一个企业的创新团队就是由这三类人才中的骨干群体构成的。

创新型骨干人才有其独特的素质特点。有专家把创新型科技人才的特点归结为六个方面：广博而精深的知识结构，极为敏锐的观察力，严谨的

科学思维能力和对事物做出系统，综合分析与准确判断的能力，敢于创新的勇气和善于创新的能力，发散开放的思维模式等。[①] 也有学者把创新型人才的素质总结为三个方面：即创新的意识和能力以及良好的专业素质，良好的心理素质、品德修养和奉献精神，组织协调管理能力[②]。这些论述从不同方面分析了创新型骨干人才的素质特点。其实，无论是哪一种类型的创新型骨干人才，尽管他们的工作性质、业务领域、创新内容各不相同，但其素质特点是一致的。

一是都有旺盛的创新激情。创新激情是创新型骨干人才的理想、抱负、责任、兴趣等引发的探究事物内在规律的热望和冲动，是创新行为的心理动因，是发动和维持创新活动的内在力量。创新激情决定了创新的方向和持久性，是解决愿不愿创新、为什么创新的问题。

二是都有卓越的创新素质。创新素质是创新型骨干人才能否创新的关键，包括创新型思维模式、知识积累。其中，创新型思维模式是引发创新行为的思维习惯和思维方式，是形成创新思想的意识基础。知识积累是创新所必须的知识、经验、信息等的储备，是形成创新思想、实施创新活动的知识基础。运用创新型思维对积累的知识和信息进行处理，就可能迸发创新灵感。创新型思维模式是创新的前提，缺乏创新型思维模式，再多的知识积累也是死水一潭，不会产生新的发展；反过来，知识积累又是创新的基础，离开知识积累，再好的创新型思维都是无源之水、无本之木。创新型思维模式和知识积累相辅相成，共同构成创新素质。

三是都有良好的创新素养。创新素养是保证创新型骨干人才的创新行为得以顺利实现的精神、品质和修养，是创新活动顺利完成的品质和意志保证。比如坚忍不拔、永不言败的精神，不惧权威、敢于怀疑的勇气等等。创新型骨干人才，就是靠这种精神和勇气，大胆创新、积极进取、锲而不舍，把创新坚持到底的。

① 康家：《什么是创新型科技人才》，《上海科技报》科普周刊第三版，2005 年 11 月 11 日。
② 史翎、孟根发：《论知识经济与创新人才培养》，《科学进步与对策》，2000 年第 6 期。

创新激情、创新素质和创新素养，属于创新型骨干人才的创新显能（见图1－12）。创新显能是已经表现出来的创新能力，它是个人努力与企业培养形成的，其强弱、大小和优劣随事业平台、人才机制、文化环境等外部因素的变化而变化。除此之外，创新型骨干人才还具有一定的创新潜能。创新潜能是创新型骨干人才特有的探究未知的内在潜力，是尚未被开发和挖掘的创新能力。创新潜能也受创新环境的影响，在良好的政策和文化环境下，创新潜能就能有效地发挥出来，转化为创新能力。创新显能和创新潜能共同构成创新型骨干人才的创新能力（见图1－13）。

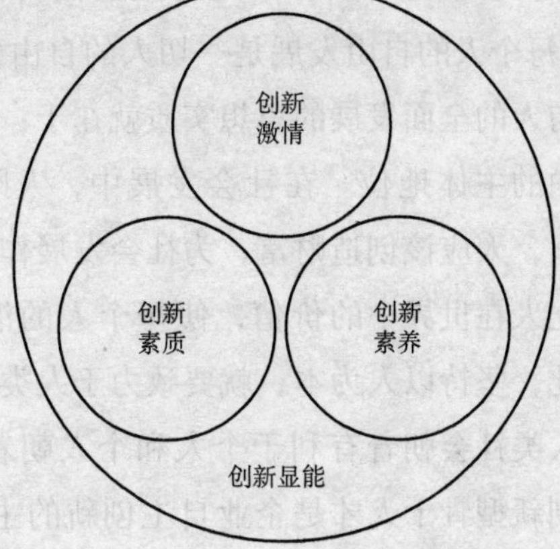

图1－12　创新型骨干人才创新显能构造示意图

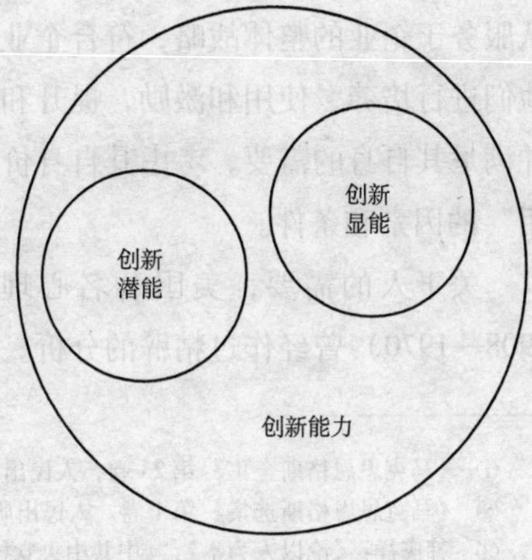

图1－13　创新型骨干人才创新能力构造示意图

培养和用好创新型骨干人才，就是要不断提升他们的创新能力，最大限度地调动和挖掘他们的创新潜能，把他们的创造性保护好、发挥好、利用好。这既是建设创新型企业的客观需要，也是实现创新型骨干人才自身价值的本质要求，与“以人为本”的科学发展观的思想是一致的。

马克思把人的自由和全面发展作为社会发展的最高目标。他认为，未来社会就是“以每个人的全面而自由的发展为基本原则的社会形式”。[①]“每个人的自由发展是一切人的自由发展的条件”。[②] 马克思关于人的解放与人的全面发展的思想实质就在于：把人看作世界的主体，确立人在世界中的主体地位。在社会发展中，人既是目的，又是手段。作为发展的手段，人应该创造财富，为社会发展作出贡献；作为发展的目的，又必须确立人在世界中的价值，使每个人的潜能、能力的发展成为目的本身。因此，坚持以人为本，就要致力于人类社会发展和个人发展的和谐一致，使人类社会朝着有利于个人和个人朝着有利于人类社会的方向健康发展。[③]创新型骨干人才是企业自主创新的主体，作为推动企业发展的关键力量，培养他们的创新能力，发挥他们的创新才干，就是要提升企业的核心竞争力，促进企业快速发展。同时，这一过程又是创新型骨干人才自身潜能、能力得到发展，自身价值得以实现的个人“自由而全面发展”的过程。因此，对创新型骨干人才而言，一方面，他们的能力建设、自身发展必须服从服务于企业的整体战略，符合企业创新发展的要求；另一方面，企业对他们进行培养、使用和激励，提升和发挥他们的创新能力时，又必须考虑并满足其自身的需要，考虑其自身价值的实现，找到影响创新能力最“管用”的因素和条件。

关于人的需要，美国著名心理学家马斯洛[④]（Abraham h. maslow，1908—1970）曾经作过精辟的分析。他把人的需求分为“生理需要、安全

---

① 《马克思恩格斯全集》第23卷，人民出版社1972年版，第649页。

② 《马克思恩格斯选集》第1卷，人民出版社1995年版，第294页。

③ 韩庆祥：《论以人为本》，《中共中央党校学报》2006年第1期。文章认为，“马克思关于人的解放与人的全面发展的思想实质主要在于：一是把人当做主体，确立人在世界中的主体地位，达到自由生存、自主活动；二是把人作为发展的目的，使人在世界中确立自己的价值，使每个人的潜能、能力的发展成为目的本身；三是致力于人类社会发展和个人发展的和谐一致，使人类社会朝着有利于个人和个人朝着有利于人类社会的方向健康发展。”

④ 马斯洛（Abraham h. maslow，1908—1970），美国著名心理学家，人本心理学创始人。1954年他在《人类动机的理论》（A Theory of Human Motivation Psychological Review）中提出著名的五层次需求理论，把人的基本需要，从低级到高级，依次是生理需要、安全需要、归属与爱的需要、尊重的需要和自我实现的需要。

需要、社会需要、尊重需要、自我实现需要”共五个层次，其中，“自我实现需要”是人的最高需要，而且从激励的意义上看，“满足了的需要不再是激励因素”。创新型骨干人才作为企业“人”的一部分，他们同样也具有满足生理需求的物质需要、最起码的安全需要和与人交往的需要，但同时，作为企业高层次的骨干群体，他们更需要的则是被尊重的需要和自我价值实现的需要，是能够在适合自己的工作岗位上创新创业，并且使自己的创新贡献和创新价值得到广泛认可。因此，对创新型骨干人才而言，一切有利于提升他们的创新能力、实现他们的创新抱负、体现他们的创新价值，使他们的创新活动和创新事业受到关注、受到尊重等因素与条件，都是影响他们创新能力、激发他们创新活力的重要条件。影响创新型骨干人才创新能力的因素有很多，但综合起来，最主要的就是事业平台、人才机制和文化环境。

事业平台是创新型骨干人才施展才华、实现抱负的舞台，是创新活动赖以实现的事业载体。良好的事业平台有利于提升创新型骨干人才的创新激情，帮助他们排除干扰、愉悦身心、增强创新的信心和勇气，使之更加专注于自己所热爱的创新事业。事业平台是创新型骨干人才积极性、创造性得以充分发挥的基础。

人才机制是创新型骨干人才所处的人才政策环境，是创新型骨干人才积极性、创造性得以充分发挥的政策保证，包括用人机制、考评机制、分配机制、培养机制及团队建设等内容。创新型骨干人才能否脱颖而出，其工作业绩和创新成果能否得到业内认可、组织认可，其劳动所得能否与自己的角色贡献、创新贡献相匹配，能否使他们得到及时和必要的培养、能否使他们有机组合，发挥人才聚合效应等等，都直接关系到创新型骨干人才的创新激情、创新活力和创新效果。

文化环境是创新型骨干人才从事创新活动所处的文化氛围和舆论背景。创新就好比种子，需要适宜的土壤和环境。离开湿润的气候和肥沃的土壤，再优良的种子也难以生根发芽。创新不但需要素质精湛的创新型骨干人才，而且也需要尊重创新、支持创新、鼓励创新的文化氛围。深圳华为积极营造良好创新环境，支持鼓励科技人员自主创新，在短短三年内就拥有2700多项3G专利，其中94%为发明专利，并在强手如林的竞争中，成功跻身于英国电信、法国电信、德国电信、荷兰的KPN等全球顶级电信运营商的供货商行列。

事业平台、人才机制和文化环境，共同构成创新型骨干人才的创新环境。创新是创新主体与创新客体的对立统一。就创新活动本身而言，创新主体的创新能力这一内因是创新活动的根据，而事业平台、人才机制、文化环境等外部因素则是创新活动的条件。

三、创新型骨干人才团队的建设途径

企业自主创新能力取决于创新型骨干人才的创新能力与创新环境。从上述分析可以看出，影响创新能力的外部因素主要是事业平台、人才机制、文化环境等因素，创新能力是创新型骨干人才通过自身努力与组织的自觉培养、正确引导和有效使用形成的。这一关系可以用下面的公式来表示：

企业自主创新能力 =（个人努力 + 创新能力）×（事业平台 + 人才机制 + 创新氛围）

其中，

人才机制 = 团队建设 + 创新价值评价 + 特色激励 + 有目的的培养

上述公式表明，企业自主创新能力的强弱，除个人因素之外，主要取决于企业的人才政策和文化环境（见图1－14）。

胡锦涛总书记指出，要“创造良好环境，培养造就富有创新精神的人才队伍”。[①] 对企业而言，培养和造就高素质的创新型骨干人才团队，全面提升企业自主创新能力，核心是要进一步创新人才工作机制，建设创新文

① 胡锦涛：《推进自主创新　建设创新型国家》，载于《推进自主创新　建设创新型国家》（文件汇编），国家行政学院出版社2006年版，第81页。

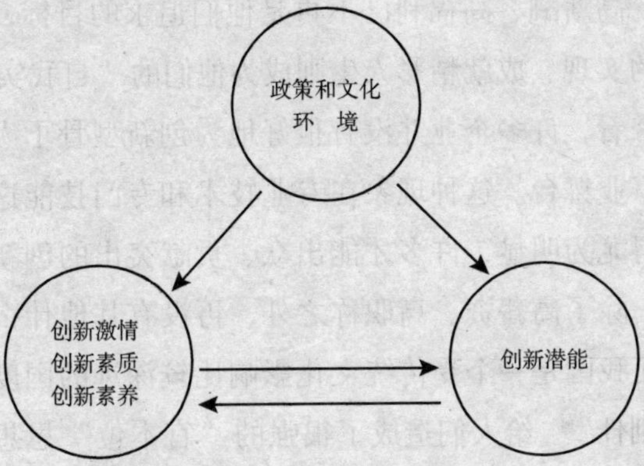

图1－14 创新能力与创新环境关系示意图

化，为创新型骨干人才发挥创新优势、充分施展才干营造宽松、和谐的政策和文化环境。

（一）畅通事业渠道，促进各类创新型骨干人才协调发展形成团队

对创新型骨干人才而言，实现个人的自由而全面发展，关键是要有创新创业、施展才华、体现价值的事业舞台。这正是马斯洛“五层次需求”理论中提出的“自我实现需要”。英国著名管理大师查尔斯·汉迪[①]也有这方面的论述，他在论创新型人才激励因素时指出：“那些在业务上取得成功的创新型人才的确为自己赚到了一笔小财富，但这笔财富不是推动他们前行的原动力，甚至不是持续的动力。是开创自己新天地、在自己信奉的领域独创一格的强烈愿望激励着他们。对未来财富和地位的期许并不能激励这样的人。他们所需要的是能为之奉献自我的事业、自由的空间、以及创新的机会。”不难理解，对企业创新型骨干人才来讲，随着物质文化生

---

① 查尔斯·汉迪，欧洲著名的管理思想大师，1932年出生于爱尔兰一个神职家庭。英国《金融时报》说他是欧洲屈指可数的“最像管理哲学家”的人，并把他评为仅次于彼得·德鲁克的管理大师。他在英国完成大学教育后先后在东南亚和伦敦的壳牌公司工作，并升任高级管理职务。后进入美国麻省理工学院斯隆管理学院学习，开始对组织管理及其运作原理产生了兴趣。后来他返回英国创办了英国首家管理研究生院——伦敦商学院，并成为该学院的全职教授，专注于管理心理学的研究、教学和咨询。主要著作有《理解组织》、《大象与跳蚤》等。

活的日益丰富，高薪酬、高福利已不再是他们追求的目标，而事业上的成功、创新目标的实现、成就精彩人生则成为他们的“自我实现需要”。

但从目前来看，许多企业并没有很好地为创新型骨干人才搭建充分体现自身价值的事业舞台。这种现象在专业技术和专门技能这两类创新型骨干人才中体现得尤为明显，许多才能出众、贡献突出的创新型骨干人才发展到一定程度，除了高薪资、高职称之外，再没有其他什么可以体现自己的社会价值。而我国是一个受传统文化影响比较深远的国度，儒家思想倡导的“学而优则仕”① 给人们造成了很强的“官本位”思想惯性，许多专业技术和专门技能类的创新型骨干人才正值创业的黄金时期，当他们找不到体现自己价值的合适位置时，就必然一门心思“谋官位、入仕途”。这种人才通道上的“瓶颈”，制约了创新型骨干人才的自由和全面发展，造成了严重的人才浪费，在很大程度上阻碍了企业自主创新。

虽然各类创新型骨干人才的气质、禀赋、志趣和爱好不同，但追求“自我实现”的需要和愿望是一致的。因此，激发创新型骨干人才的创新激情和创新活力，首要的问题是畅通渠道，为他们搭建施展才干、体现价值的事业平台。搭建创新型骨干人才的事业平台要注意三个方面的问题：一要明确重点、分类管理。要把专业技术和专门技能类的创新型骨干人才作为重点，确保他们发展到较高水平时，都有与其自身价值相匹配的工作岗位。比如，中国兵器工业集团公司建立了科技带头人制度和关键技能带头人制度，并在此基础上建立了“兵器工业首席专家”制度；一汽集团建立了技能人才“操作师”分级管理制度，对促进创新型骨干人才协调发展都发挥了积极作用。二是在设立创新型骨干人才事业发展平台时，既要保证有竞争力的物质待遇，还必须给予相应的政治待遇，以体现组织认可、社会认可。兵器工业集团公司规定，“两个带头人”在政治待遇上分别比照成员单位班子成员副职和助

① 语出《论语·子张》：“子夏曰：‘仕而优则学，学而优则仕。’”这一思想对中国社会、中国人的心理意识以及中国知识分子的人生追求，有着非常广泛而深远的影响。《四书五经》，中国文史出版社 2003 年版。

理进行管理，“首席专家”在政治待遇上比照成员单位班子成员正职进行管理，而且本单位职工董事、职工监事以及“咨询审议委员会”中的专家委员等也要从科技带头人和关键技能带头人中优先选用。三是设立事业发展平台要注重与重大科研和重大工程项目、重大产业攻关项目等结合起来，确保这些岗位都是实实在在的事业平台，而不仅仅是一种荣誉。兵器工业集团规定，凡集团公司重点项目的总设计师、副总设计师等，原则上要从集团公司和成员单位两级科技带头人中选用。

畅通事业发展渠道，既是最大限度地调动创新型骨干人才创新激情和创新活力的需要，也是促进创新型骨干人才分类构建创新团队、形成企业核心竞争力的有效途径。建设创新型企业，仅靠个别的领军人物是远远不够的，只有分领域、分学科、分专业，构建以创新型骨干人才中的领军人物为核心、以数量充足的创新型骨干人才为主体的门类清晰、结构合理、素质精良、充满活力的创新团队，才能大幅度提高企业的基础创新能力，促进企业核心竞争力的形成。因此，畅通各类创新型骨干人才的事业发展渠道，应该按照创新团队建设的要求，对创新型骨干人才进行合理分类和配比结构设计，有目的地构建不同领域、不同专业、不同学科的创新型骨干人才团队，并不断提升这些创新团队的整体素质和基础能力，形成引领和应对各项工作任务的能力建设型团队。同时，要紧紧围绕某一项具体工作任务，对创新型骨干人才进行合理整合，形成不同组织形式、不同功能类型的任务攻关型团队。

（二）突出创新特性，建立以品德和知识为基础、以创新能力和创新业绩为导向的考核评价机制

胡锦涛总书记指出：“要完善品德、业绩、知识、能力等要素构成的全面的人才评价体系，对创新型科技人才的贡献实施目标化管理，进一步克服人才评价中重学历资历、轻能力业绩的倾向。”① 科学评价是准确识别

① 胡锦涛：《在中国科学院第十三次院士大会和中国工程院第八次院士大会上的讲话》，人民出版社 2005 年版。

人才、合理使用人才、有效激励的人才的基础，也是创新型骨干人才创新价值得到认可的重要方式。对创新型骨干人才的评价，应该突出创新的特点，体现创新的要求，建立以品德和知识为基础、以创新能力为导向、突出创新业绩的分类与量化考评机制。

一要重视以品德和知识为基础。立人以德为先，以品德为基础的思想政治素质始终是人才素质的基础。作为企业的骨干群体，创新型骨干人才应该更加忠诚于事业、忠诚于组织，具有卓越的职业素养和创新精神。因此，评价创新型骨干人才，应该把品德作为基础性内容。同时，要把知识水准作为评价和识别创新型骨干人才的重要内容。丰富的理论知识和经验积累是创新的基础，评价创新型骨干人才的知识水平，要重学历、但不唯学历，重阅历、但不唯资历。要把对本学科、本专业、本领域专业知识、发展趋势的熟悉程度，善不善于提出有见地的见解和观点，能不能拿出解决问题的有效思路等作为考评的重要依据。

二要强调以创新能力和创新业绩为导向。创新型骨干人才的本质特征是创新，业绩表现也是创新，应该鼓励的还是创新。因此，在评价指标的设置上，要突出创新的特点，切实把创新型骨干人才的创新能力和创新角色贡献作为考核的重点。比如，对经营管理类的创新型骨干人才的考核评价，不能简单笼统地看其任期内的经营业绩，要仔细区分哪些业绩是正常的经济增长因素形成的，哪些业绩是通过自己的管理创新形成的。对专业技术类的创新型骨干人才的评价，不能简单地看其参与了哪个研究项目和项目产生的效益，而要仔细区分其在该项目研究中的角色贡献和创新成果。

三要坚持分类考核、量化评价。创新是一项用已知认识未知、用已知研究未知、用已知解决未知的复杂而艰苦的智力过程，不同的基础、条件、时间和空间，对创新活动的难度、效果等都会产生直接的影响。因此，对创新型骨干人才的考核评价应该坚持分类的标准，历史地、发展地去评价。既要考核创新成果当前的价值和贡献度，也要考核其创新业绩和发展前景；既要考虑创新成果的先进程度，也要考虑所处的环境和条件；既要考虑创新成果的效益，也要考虑创新的思维水平。同时，为提高考评的公正与准确，在指标设置上应尽量采用可量化的财务指标，以量化的标准来衡量创新型骨干人才的创新价值。

四要放在一个相对较长的时间段内进行考核。创新活动往往具有一定的周期，有时甚至是一个相对较长的过程。尤其是一些难度较大的重大技术创新，有时甚至要经历很多次失败才能成功。因此，对创新型骨干人才的评价，应该在一个相对较长的时间段内来进行，避免以一时的成败论英雄。美国 NIH 的科研人员进入“tenure track”获得终身研究员职位后，每 4 年接受一次科学顾问理事会的评估，以决定是否提级。[①] 一般而言，对经营管理类的创新型骨干人才，应该以一个任期为一个考核周期；对专业技术和专门技能类的创新型骨干人才，应该以所承担的项目研制（生产）周期或其担任技术职务任期为一个考核周期。

（三）强化要素激励，构建即期激励与中长期激励、物质激励与精神激励相结合的“多位一体”特色激励机制

“当人凭其能力为社会做出了贡献，他就必然要求社会给予应有的回报。这种回报是对人的能力和贡献的尊重和肯定，同样是以人为本的体现。”[②] 与一般人才不同，创新型骨干人才既有最基本的物质生活需要，也有更高层次的自身价值实现的需要。因此，对创新型骨干人才的分配激励，应该坚持“尊重劳动、尊重知识、尊重人才、尊重创造”的导向，强化生产要素按贡献参与分配，构建即期激励与中长期激励、物质激励与精神激励相结合的“多位一体”特色激励机制。

首先，要进一步完善即期激励制度，满足创新型骨干人才的基本物质生活需要，解决好他们的安居乐业问题。马克思曾经说过：“当人们还不

① 胡志坚、冯楚健：《国外促进科技进步与创新的有关政策》，《新华文摘》2006 年第 9 期，第 144 页。

② 韩庆祥：《论以人为本》，《中共中央党校学报》2006 年第 1 期。

能使自己的吃喝住穿在质和量方面得到充分保证的时候，人们就根本不能获得解放”。[①] 在这点上，创新型骨干人才与一般人才的需要是一致的。没有基本的物质生活作保证，创新型骨干人才就不能专心致力于创新工作。因此，对创新型骨干人才进行激励，首先要解决的仍然是在量化考核、分类评价的基础上，进一步完善以创新岗位收入和创新绩效收入为主体的即期分配激励制度，这是整个分配激励体系的基础。

其次，要强化生产要素按贡献参与分配，发挥中长期激励的作用，解决创新型骨干人才持续创新的动力问题。党的十六大报告指出：要“确立劳动、资本、技术和管理等生产要素按贡献参与分配的原则，完善按劳分配为主体、多种分配方式并存的分配制度”。[②] 一方面，生产要素按贡献参与分配，体现了创新型骨干人才的创新价值在经济上的实现。创新型骨干人才是优良的人力资本，他们运用自己的知识、技术、智力参与企业价值的创造过程，而且这种资本越来越成为企业财富的主要来源。按照马克思的劳动价值理论，决定分配的是所有制关系。谁拥有了对生产资料的所有权，谁就有收益权。创新型骨干人才是知识、技术、管理等生产要素的所有者，因此，让他们的知识、技术、管理要素按贡献参与分配，就是其自身价值在经济上的充分体现。另一方面，从激励的目的和效果来看，即期激励主要解决的是当期激励的问题，而对于在企业发展中发挥关键作用的创新型骨干人才而言，企业更希望他们保持持续的创新激情和创新活力，希望他们与股东的利益追求尽可能趋于一致。因此，让创新型骨干人才的知识、技术、管理等智力要素按贡献参与分配，就是企业朝着有利于创新型骨干人才和创新型骨干人才朝着有利于企业方向健康发展在分配方面的充分体现。

在发达国家，创新型骨干人才的智力要素按贡献参与分配已经成为一种趋势。20 世纪 60 年代以来，日本、美国的一些大企业就开始推行“持

---

① 马克思恩格斯：《〈德意志意识形态〉第一卷手稿片断》（1845 年 11 月—1846 年初），《马克思恩格斯全集》第 42 卷，人民出版社 1979 年版，第 368 页。

② 《十六大报告辅导读本》，人民出版社 2002 年版，第 14 页。

股计划”，根据创新型人才的不同贡献，分别赠送数额不等的股份。美国微软公司是一个奉行创新文化的公司，他们对创新型的人才大都采取了持股激励的手段。因此，激励创新型骨干人才创新创业，就要“让一切劳动、知识、技术、管理和资本的活力竞相迸发，让一切创造社会财富的源泉充分涌流，以造福于人民。”①

生产要素按贡献参与分配，核心是要将创新型骨干人才的知识、技术、管理等智力资本体现到分配当中，建立长效激励机制。因此，企业应该根据自身发展状况选择适当的激励模式，以保证激励的效果。比如，对专业技术类的创新型骨干人才，在技术方面具有发明专利和研究成果，已经产生良好效益的，可以采取成果效益提成的方式进行激励；还没有产生效益的，则可以采取成果入股的方式进行激励。对技术上比较突出，具有良好的创新潜能的创新型骨干人才，还可以采取技术入股的方式，直接奖励其一定的股份或期股。对经营管理类的创新型骨干人才，可以根据企业发展状况，直接奖励其一定的股份，也可以奖励一定的期股或期权。

第三，要积极探索非物质的激励形式。根据创新型骨干人才的需求特点，除了对他们进行即期和中长期的物质激励之外，还应当探索精神激励、事业激励等其他激励途径，不断提高激励效果。比如，对一些特殊领域的专业技术类创新型骨干人才，可以奖励他们一定的科研开发基金，或帮助他们建立单独的实验室或工作室；对在一些重大科研成果中做出主要贡献的，可以以他们的名字命名研究成果或研究基金；对在某一研究领域贡献突出，享有较高声望的，可以评为系统内“首席专家”，或推荐参加院士评选；对长期表现突出的创新型骨干人才，还可以签订终身制的劳动合同，或享受终身创新津贴等等。

总之，要整合运用各种激励手段，探索建立即期激励与中长期激励相结合、物质激励与精神激励相结合的“多位一体”激励机制，充分调动创

---

① 《十六大报告辅导读本》，人民出版社2002年版，第14页。

新型骨干人才创新的积极性、主动性，挖掘他们的创新潜能，推动企业的创新事业。

（四）坚持“知行合一”，开放式地培养创新型人才的创新素质

“尊重人、解放人、依靠人、为了人”①，是以人为本的价值取向。对创新型骨干人才而言，与自身发展相结合、与个人职业生涯设计相适应的培养培训，也是被尊重、被解放和自我价值实现的需要。培养创新型骨干人才，要把理论学习和实践锻炼有机结合起来，以开放的思路、开放的眼光、开放的手段，着重在激发创新激情、提升创新素质、培育创新素养上下功夫。

激发创新激情重点要加强理想信念教育。理想追求和事业心是人才创新的内在动力。爱因斯坦曾经说过：“人只有献身社会，才能找出那实际上短暂而有风险的生命的意义”、“对真理和知识的追求并为之奋斗，是人的最高品质之一。”正是由于投身科学、服务人类和平与正义事业的理想信念，才使得他一生为科学和真理奋斗不已，成为20世纪举世公认的科学巨人。因此，对创新型骨干人才的培养，首先要加强理想信念教育，引导他们树立正确的世界观、人生观、价值观、业绩观和荣辱观，培养他们忠诚敬业、报国奉献的事业追求，以崇高的理想信念激发他们的创新激情。

提升创新素质，转变思维模式是重点，加强知识积累是关键。有研究表明，普通人的思维模式一般是单一或单向的思维模式，而创造型思维则是多维和立体式的思维结构。创造型的思维结构中往往同时具备发散思维、形象思维、直觉思维、逻辑思维、辩证思维和纵横思维等思维模式。这些不同的思维模式在创新活动中分别发挥着不同的作用。比如，发散思维主要解决思维目标指向；辩证思维和纵横思维为高难度复杂问题的解决提供哲学指导思想与心理加工策略；形象思维、直觉思维和逻辑思维则是创新的主体思维模式。② 因此，培养创新型骨干人才，要把培养多元和立

① 韩庆祥：《论以人为本》，《中共中央党校学报》2006年第1期。

② 何克抗：《创造性思维理论—DC模型的建构与论证》，北京师范大学出版社2000年版。

体思维模式作为工作重点。在知识积累方面，要以形成合理的知识结构和过硬的专业素质为重点。广博的知识结构和精深的专业素质是人才创造力的基础，只有在大脑中存储了大量的知识、经验、信息后，才有可能进行高水平的理性的思考、研究和创新。提升创新型骨干人才的创新能力，要根据他们的成长规律，研究各类创新型骨干人才的知识结构，有目的地加以培养。比如，对专业技术类的创新型骨干人才，不仅要加强本学科和相关学科基础理论知识的学习，了解和掌握本学科当前国内、国际的最新技术发展趋势，还要积累丰富的科研实践经验。对经营管理类的创新型骨干人才来讲，不但要熟悉和掌握现代管理的基本理论，了解所在行业的技术优势、产品优势和市场行情等情况，还要积累丰富的工作阅历和管理实践经验。只有以坚实、雄厚的知识做后盾，创新才能成为可能。

培养创新素养，要重点培养五种精神：一是不迷信、不盲从、敢于挑战权威的精神。怀疑是创新的前奏，不迷信权威和已有的结论，敢于提出疑问，探求究竟，才能有新的发现、才能得出新的结论。二是敢于否定自我、超越自我的精神。创新的最大障碍不是外来的阻力和挫折，而是自身的局限和束缚。只有不断否定自己、否定过去，创新才有动力。三是坚忍不拔、永不言败、持之以恒的精神。创新的过程是一个艰苦的探索过程，接踵而来的失败和坎坷是家常便饭，如果不能从一次次失败后振作起来、调整自己，创新必然会半途而废。四是善于总结、善于思考、善于吸收的精神。失败是成功之母，善于从每一次失败中查找不足、总结经验、发现问题，才能不断提出新思路、新方案。五是团结协作、敬业奉献的精神。随着学科划分越来越细致，创新也越来越依赖团队的力量。只有信任他人、团结他人，才能形成创新团队，创新的目标才能实现。华罗庚曾经说过，“如果说科学上的发现有什么偶然的机遇的话，那么这种偶然的机遇只能给那些学有素养的人，给那些善于独立思考的人，给那些具有锲而不舍的精神的人”。因此，培养创新型骨干人才，必须把提升他们的创新素养作为重要一环。

在培养方式上，要坚持理论学习与实践锻炼相结合，坚持在学习培养中塑造人才，在创新实践中发现人才，在创新事业中造就人才。当今世界科学技术发展日新月异，新知识、新思维不断涌现，培养和造就创新型骨干人才，不但要求他们要善于学习、勤于学习，努力掌握创新所必需的理论知识，而且由于创新活动的探索性和创造性，也决定了创新型骨干人才必须坚持不懈地进行创新实践与尝试。因此，要在坚持岗位培训、专题培训等各种业务培训的同时，加大对创新型骨干人才实践锻炼的力度。对专业技术类的创新型骨干人才，要有意识地安排他们参加大型科研生产项目，对相对比较成熟的要大胆安排他们担任项目总师、副总师，在具体的科研实践中增长创新才干。对经营管理类的创新型骨干人才，要采取岗位交流、岗位轮换和挂职交流的方式，尤其要安排他们到体制外、系统外企业挂职锻炼，开阔他们的视野，丰富他们的阅历，提高管理创新的能力。要通过多范围、多层次的实践锻炼，打破创新型骨干人才对创新的神秘感，启发、引导和挖掘他们的创新潜能，提高他们的创新能力。

（五）鼓励支持创新，建设“敢于探索、尊重个性、支持创造、宽容失败”的创新文化

文化环境是组织和团队的软环境，是一种无形的鼓舞和约束力量。对于企业来讲，良好的人文环境是滋养创新型骨干人才的最肥沃的土壤。没有坚定的创新理念和良好的创新文化，企业的创新行为就会缺乏足够的精神意志。胡锦涛总书记在全国科学技术大会的讲话中强调指出，“要在全社会培育创新意识，倡导创新精神，完善创新机制，大力提倡敢为人先、敢冒风险的精神，大力倡导敢于创新、勇于竞争和宽容失败的精神，努力营造鼓励科技人员创新、支持科技人员实现创新的有利条件。”① 企业要以构建新型企业文化为契机，积极建设创新文化，努力培育创新精神，为推动自主创新营造良好的文化氛围。

---

① 胡锦涛：《坚持走中国特色社会主义创新道路，为建设创新型国家而努力奋斗》，人民出版社 2005 年版。

构建创新文化，首先要大力弘扬敢于探索的创新精神。要在企业全体员工范围内，广泛宣传和倡导“勇于探索、甘于冒险、敢为天下先”的创新精神，把创新转化为员工的一种习惯和行为，变成员工的思维方式、工作方式。其次要形成尊重个性的工作氛围。创新型骨干人才往往具有一些特殊的习惯和性格，要尊重他们的个性特点，理解他们的行为习惯，鼓励他们在学术上、在工作中充分发表新见解、新主张，努力创造宽松自由、团结和谐的工作机制。三要坚定不移地支持创新。要积极为创新型骨干人才创造条件，支持和关心他们的创新活动，主动帮助他们解决创新过程中的困难和问题。要关心他们的生活，改善他们的工作和生活条件，帮助他们解决各种后顾之忧，在企业内部形成人人关心创新、人人支持创新的良好风尚。四要形成宽容失败的文化氛围。创新具有很强的风险性和不可预见性，出现失败是正常的，也是不可避免的。要允许和宽容创新型骨干人才的创新失败，支持他们在总结经验教训的基础上继续前进，使创新型骨干人才有用武之地而无后顾之忧，工作有动力，创新无压力。总之，要通过建设创新文化，在企业内形成“事业吸引创新、岗位成就创新、培养提升创新、政策激励创新、情感关爱创新”的良好文化氛围。

构建创新文化要坚持把宣传教育与制度建设结合起来。制度可以约束行为，行为日久则变成习惯。在企业建设创新文化，就要把鼓励探索、尊重个性、支持创造、宽容失败的理念，贯彻到各项政策当中，以制度建设催生创新文化的形成。

打造企业文化力 提升企业软实力

——关于国有重要骨干企业文化力实现途径的几点思考

胡锦涛总书记在中国文联八次文代会和作协七次全代会上指出，“当今时代，文化在综合国力竞争中的地位日益重要。谁占据了文化发展的制高点，谁就能够更好地在激烈的国际竞争中掌握主动权。”① 随着技术进步和全球经济一体化进程的日益加快，国与国之间经济实力的竞争越来越表现为大型企业集团之间核心竞争力的竞争。作为国民经济的重要支柱、全面建设小康社会的重要力量和党执政的重要经济基础，国有重要骨干企业要想在激烈的国际竞争中占据主动，真正履行好维护国家经济安全的神圣使命，必须高度重视企业文化建设，通过打造卓越的企业文化力，全面提升企业软实力，进而增强企业的核心竞争能力，推动企业全面、协调、可持续发展。

一、企业文化是企业保持基业常青的长寿基因

随着经济全球化时代的到来，作为社会文化重要组成部分的企业文化，正在融入以企业为主体的现代经济发展观念之中，成为企业在激烈市场竞争中探求发展出路和实现永续发展的重要途径。

---

① 胡锦涛总书记在2006年11月10日召开的中国文学艺术界联合会第八次全国代表大会、中国作家协会第七次全国代表大会上作讲话时指出的。

事实证明，企业文化是企业发展的灵魂，是企业保持基业常青的长寿基因。纵观国内外企业的发展历程不难发现，大凡成功的企业，无不以其深厚的文化沉淀，传承着企业的价值标准和行为取向，凝聚着企业的共同信念与整体合力，无不以其优秀的企业文化，激励着员工的创新梦想与工作激情，推动着企业的日益兴盛和持续发展。倍受企业界推崇的美国GE，是美国道·琼斯工业指数1896年设立以来惟一一家在榜的公司。在GE的改革发展过程中，无论公司的业务板块和经营体制如何调整变化，都始终秉承着“坚持诚信、注重业绩、渴望变革”三个优良传统，使诚信、业绩、变革的意识深深扎根于员工思想，从而使公司在业务上保持了“不是第一就是第二”的“长胜记录”，连续数年被《财富》杂志评为“全球最受推崇的公司”，连续多年位居《金融时报》票选的世界“最受尊敬的公司”首位。GE稳定的业绩表现以及在多元业务领域取得成功的能力和创新、创意、变化、进取、灵活的策略，其实是来源于公司对信任与诚信、以客户为中心的思想方式等根本原则的承诺。它成功与长寿的理由，在于公司有着简洁而符合常理的文化，得到公司上下一致的强烈认同，成为员工自觉遵循的潜意识和潜规则。美国哈佛商学院兰·普教授说：“过去看一个公司的业绩仅仅看账面，而现在更多的是看公司的文化及其产生的凝聚力，这是公司能持久发展的关键。”我国最具文化底蕴的百年老店同仁堂，是一个诞生于1669年的老字号制药企业。300多年来，同仁堂始终秉承着“济世养生”的精神和“修合无人见、存心天地知”的理念，矢志不移地践行着“炮制虽繁必不敢省人工，品味虽贵必不敢减物力”的古训，在跨越三个世纪的改革发展过程中，创造出一个又一个为世人瞩目的辉煌。究其原因不难发现，在同仁堂，凡是新进员工都被要求把这些价值观和经营理念熟记于心，并在实践中认真履行这些思想，感受它的内涵。这一措施，使同仁堂独特的企业文化深深扎根于每位员工的意识里，成为统一和规范员工行为的无形约束力，成为被广大员工自觉遵守的潜规则，从而为企业的产品质量和市场信誉提供了重要保障。这充分表明，同仁堂保持百年不衰和魅力恒久的重要秘诀，并不是那些历代传授的制药秘方，而是历代传承于员工血脉之中的潜意识和潜规则，即优秀的企业文化。

相反，如果没有建立良好的企业文化，或者良好企业文化没有得到很好地传承，企业在激烈的市场竞争中往往是昙花一现。据有关统计显示，20 世纪 70 年代《财富》杂志所排出的世界 500 强企业，到目前约有 1/3 的公司已经销声匿迹。研究发现，导致这些企业从世界强企之林消失的原因就在于企业文化没有得到员工的自觉实践，从而导致企业文化失去了发挥作用的根基。美国安然公司曾是美国最大的天然气和能源交易商，曾连续 4 年被《财富》杂志评为“美国最具创新精神的公司”。2000 年《财富》世界 500 强排名第 16 位，被哈佛商学院认为是旧经济向新经济成功转变的典型范例。就是这样一个公司，由于内部惟利是图文化、“压力文化”、“成则为王，败则为寇”文化、腐败文化的滋生与蔓延，使员工形成了弄虚作假和一味追求高利润、高回报的潜意识，最终导致了“安然帝国梦”的迅速破灭。《财富》指出，正是由于安然公司的主管们建立了以盈利增长为核心的文化，经理们才有了很大的动力去涉险。美国著名教授、企业文化专家约翰·科特在《企业文化与经营业绩》一书中提出，企业文化对企业长期经营业绩有着重大的作用，在下个 10 年内，企业文化很可能成为决定企业兴衰的关键因素。因“陈馅月饼”事件在全国掀起轩然大波的南京冠生园公司，曾经是一家中国老字号企业，但是在激烈的市场竞争和不法利益面前，南京冠生园放弃了秉承多年的“质量是企业生命”的优良传统和企业赖以生存发展的诚信文化，“年年出炉新月饼，周而复始陈馅料”[①]，从而使企业的信誉一败涂地，并最终在民众一片哗然和各界齐声痛斥中走向倒闭的结局。南京经济学院副教授戴庆华曾一针见血地指出，“南京冠生园的破产其实是信誉破产。”这些深刻的教训说明：一旦缺乏良好理念作引领，或者良好的理念得不到有效落实，必然导致员工形成不健

① 中央电视台《新闻 30 分》曾以此标题对冠生园事件进行了特别报道。

康的潜规则、潜意识，如此一来，即便是享誉百年的老店，最终也难逃崩溃的厄运。

由以上案例不难看出，企业文化是企业保持长盛不衰和实现永续发展的重要秘诀，它可以转化为推动企业发展的强大内驱力，是企业的核心竞争力的关键。

二、企业文化的建设过程其实是企业文化力形成并提升企业核心竞争力的过程

大量事实证明，企业文化能否形成强大而持久的核心竞争力，最终使企业成为基业常青的百年老店，关键在于企业能否通过有效的企业文化建设，形成良好的组织潜规则和员工潜意识。这种潜规则、潜意识就是企业文化力。可以看出，企业文化对企业发展产生的巨大作用只有通过企业文化力才能体现出来。加强企业文化建设，最终就是要构建并形成强大而持久的企业文化力。这是打造企业软实力，增强核心竞争力，推进国有重要骨干企业可持续发展的基础。

了解企业文化力的形成过程，首先应该弄清楚企业文化的基本内涵。关于企业文化，目前社会上有很多种理论，但多数观点都认为，企业文化是精神文化、制度文化（或行为制度文化）、物质文化的总和。如果只从内容上看，这一观点有一定的道理，也对人们认识和理解企业文化起到了积极的指导作用。但由于这种理论并没有研究企业文化到底如何才能转化为推动企业发展的文化力，没有解决企业文化与企业核心竞争力的对接关系问题，因而在实际工作中未能发挥应有作用，导致许多企业在构建企业文化过程中找不到实现途径、缺乏有效措施，只能停留在空洞的口号和干涩的理念上，在重视企业文化的呼声中做简单的表面文章。

企业文化的实质并不在于它包含了哪些内容，而在于不同层面内容之间的内在关系和相互作用。研究企业文化，应该着眼于企业文化最终作用的发挥，立足于企业文化力的构建来分析其内部要素及相互间的关系。为

此，笔者认为，企业文化的内容虽包罗万象，但总体可以将其划分为精神层文化、非物化层文化和物化层文化三个层面的内容（见图1－15）。其中：

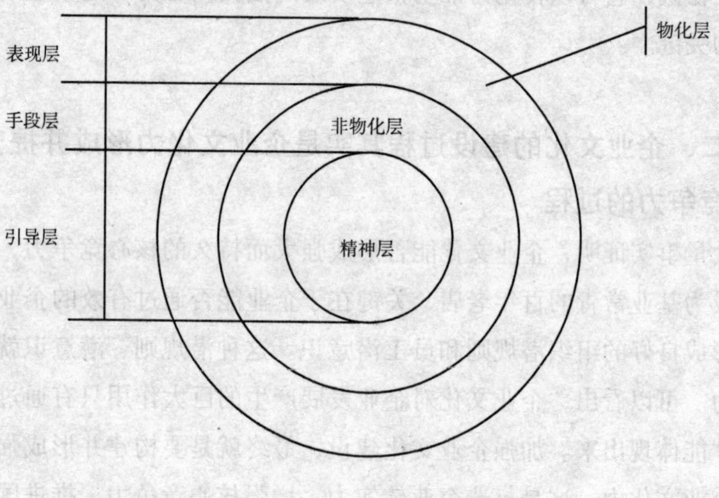

图1－15　企业文化构成示意图

精神层文化是能够引领企业沿着正确方向和健康道路发展、引导员工树立正确理想信念和价值追求的精神理念，主要包括企业的核心价值观、经营理念等内容。它是企业文化建设的先导，在企业全部活动中起根本的指导作用。

非物化层文化是企业文化建设的手段，是把核心价值观、经营理念等精神层面的内容融入企业组织、植根员工思想，进而转化为组织潜规则和员工潜意识的所有措施性内容。包括企业的战略规划、战术推进、制度建设、培训教育活动开展等内容。非物化层文化的最大作用就在于，它能够有效发挥各种措施性手段的引导、教化、熏陶和强化等功能，真正将企业文化建设付诸实践，把精神层文化中提出的良好精神理念渗透于组织的各个方面，从而改变员工固有的学习习惯、思维习惯和行为习惯（简称“三大习惯”），形成良好的组织潜规则和员工潜意识，最终形成企业文化力。

物化层文化则是企业精神层文化的外化和最终体现，是企业文化转化为核心竞争力的外在形式。它既包括企业的体制实力、机制实力、人才实力和创新实力等软物化内容，也包括经济实力、产品实力、装备实力和技术实力等硬物化内容。企业文化建设的最终效果就体现为企业软实力和硬实力，体现为物化层文化的内容。

精神层文化、非物化层文化和物化层文化是企业文化的基本内容。其中，精神层文化是核心，非物化层文化是手段，物化层文化是结果。三种文化相互作用、相互依存、相互转化，共同构成企业文化的有机统一整体。

企业文化的建设过程，其实就是从企业的精神理念到物化层的外在表现的演进过程，也是企业文化力形成并作用和提升企业核心竞争力的过程。将企业文化提炼并确定的精神理念，通过非物化层的引导、熏陶、约束和强化等手段建设，改变员工的固有学习习惯、思维习惯和行为习惯，进而变成传承于员工血脉之中的组织潜规则和员工潜意识。这些潜意识、潜规则就是企业文化力。企业文化力的形成过程可以用图 1－16 来表示。

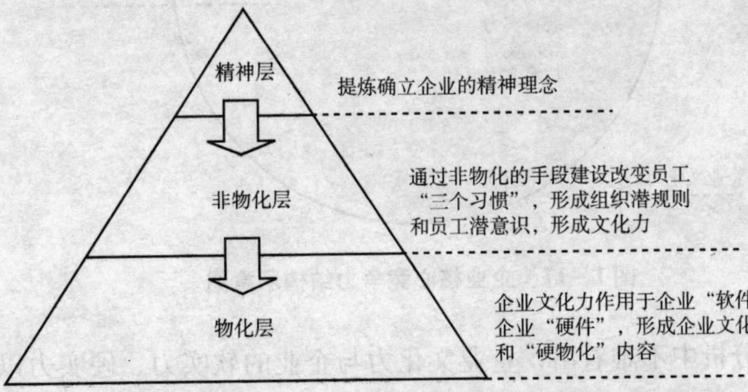

图 1－16　企业文化力形成并发挥作用过程示意图

企业文化之所以能够起作用，就是由于组织的潜规则和员工的潜意识（即企业文化力）能够通过组织和人的行为渗透并作用到企业的管理体制、运行机制、创新活动等“软件”之中，提升企业“软件”运行的质量和效率，形成强大的企业软实力（即企业文化的软物化形态）。同时，企业的软实力又作用和影响于企业“硬件”，并使这些“硬件”所具有的优势升华为企业“看得见”的硬实力。企业的硬实力与软实力，既通过文化力相互作用，又通过文化力密切联系，共同构成“偷不去，买不来、拆不开、带不走、流不掉”的核心竞争力①。可以看出，企业的软实力可以转化为企业的硬实力，企业的硬实力也反观和影响企业的软实力。在企业软实力和硬实力相互作用、相互影响，形成企业核心竞争力的形成过程中，企业文化力发挥着至关重要的作用，它是影响和提升企业核心竞争力的关键因素（见图1－17）。

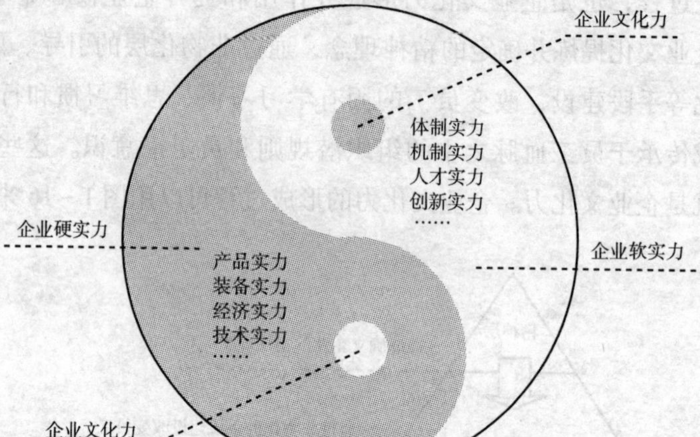

图1－17　企业核心竞争力结构示意图

从上述分析中不难看出，企业文化力与企业的软实力、硬实力以及企业的核心竞争力具有一定的内在机理，它们之间的关系可以用下面一组公式来表示：

---

① 北大光华管理学院副院长张维迎教授认为，企业的核心竞争力具有“偷不去，买不来、拆不开、带不走、流不掉”五大特征。

核心竞争力 = 软实力 + 硬实力

企业硬实力 =（经济实力 + 产品实力 + 装备实力 + 技术实力 + 其他实力）× 企业文化力

企业软实力 = 文化力 ×（人才实力 + 体制实力 + 机制实力 + 创新实力 + 其他软件实力）

文化力 = 组织潜规则 + 员工潜意识

通过企业文化建设形成文化力，文化力作用于企业“软件”形成企业软实力（即企业文化的软物化形态），对企业“硬件”产生影响，优化和提升企业硬实力，最终影响企业核心竞争力。这一关系和过程可以用下面的公式来表示：

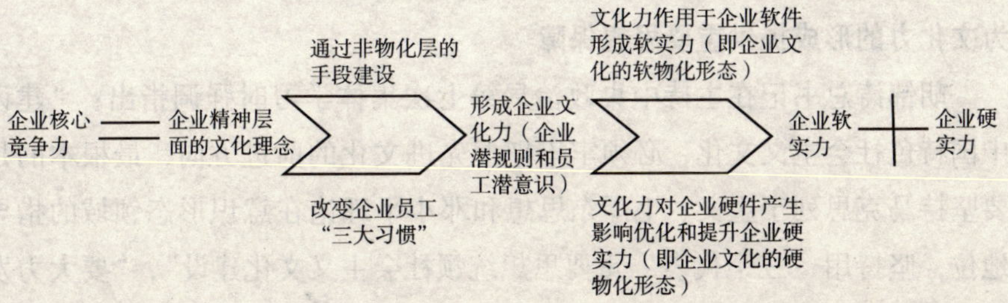

综上所述，企业文化的建设过程其实就是企业文化力形成并作用和提升企业核心竞争力的过程。企业文化建设的关键环节，就是通过有效手段，使企业的精神理念转化为组织潜规则和员工潜意识，从而形成文化力。而企业文化的最终效果体现在企业软实力的形成和硬实力的提升上。加强企业文化建设，打造强大而持久的企业文化力，应该围绕企业文化力形成并发挥作用的各个环节，整体构思，有序推进。

三、把握“三个环节”，打造符合国有重要骨干企业特点的企业文化力

企业文化建设是国有重要骨干企业建设的重要组成部分。随着企业所

处的社会环境和竞争条件的不断变化，企业文化已经受到国有重要骨干企业的普遍关注和高度重视，特别是随着企业文化赖以发展的物质基础的日益雄厚，如何提升企业文化建设水平，发挥企业文化作用，提升企业软实力，从而增强企业核心竞争力，已经成为摆在国有重要骨干企业面前的一个重大现实课题。因此，国有重要骨干企业加强企业文化建设，应该着眼于"形成企业文化力"这一关键，牢牢把握"精神层面理念的提炼和确定、非物化层手段的构建以及潜意识潜规则的物化显现"三个环节，创新思路、改进方法，提升效果，使先进的精神理念有效融入企业组织和员工思想，变革员工的"三大习惯"，形成企业文化力，最终达到增强核心竞争力的目的。具体来讲，要抓好以下三个方面的工作：

（一）培育先进的文化理念，构筑变革员工"三大习惯"的精神动力，为文化力的形成提供重要思想保障

胡锦涛总书记在主持中央政治局第七次集体学习时强调指出："建设中国特色社会主义文化，必须牢牢把握先进文化的前进方向，最根本的是要坚持马克思列宁主义、毛泽东思想和邓小平理论在意识形态领域的指导地位，坚持用'三个代表'重要思想统领社会主义文化建设"，"要大力发扬中华文化的优秀传统，大力弘扬中华民族的伟大精神，使中华民族的优秀文化成为新的历史条件下鼓舞我国各族人民不断前进的精神力量"，"同时要积极吸收借鉴国外文化发展的有益成果，更好地推动我国文化的发展繁荣"①。国有重要骨干企业是国有企业文化建设的主体。这一群体组织的文化观念，对我国社会主流文化的形成和发展有着重要影响，在相当程度上决定着中国特色社会主义文化建设能否取得预期成果。因此，必须把精神层面理念的培育和提炼，作为加强企业文化建设的重要基础工作来抓，坚持以科学的理论为指导，吸收国内外优秀文化的成果，联系企业自身实际，提炼确立既健康向上、充满活力，又符合中国特色和企业实际的优秀

---

① 胡锦涛：《始终坚持先进文化的前进方向，大力发展文化事业和文化产业》，载于《人民日报》2003 年 8 月 13 日第一版。

文化理念，为形成良好的企业文化力提供思想保障。

一是要坚定不移地坚持以马克思主义理论为指导。马克思主义理论是科学的理论体系，以毛泽东思想、邓小平理论、“三个代表”重要思想、科学发展观、和谐社会建设为主要内容的马克思主义最新成果，既是指导我国经济社会实现又好又快发展的重要理论宝库，也是引领社会主义文化建设的行动指南。坚持以马克主义理论为指导，不但要以这一科学的理论统领国有重要骨干企业文化建设，而且要积极吸收马克思主义理论体系中蕴涵的“实事求是”、“与时俱进”、“以人本为”、“科学发展”等先进的思想理念，将这些体现党的先进性的科学理念融入到企业文化建设之中，融入到企业文化精神层面理念的提炼之中，以马克思主义理论的最新成果，保证国有重要骨干企业文化建设的正确方向，丰富企业文化的精神内涵。

二是要传承中华民族传统文化的思想精华。中华民族的传统文化博大精深、源远流长。许多优秀的文化理念至今还影响着中华民族的心理和性格，对民族凝聚力的形成起着重要的维系作用。国有重要骨干企业根植于民族的沃土，培育和提炼企业文化理念，必然离不开优秀的传统文化，必然要吸收和传承中华民族传统文化的精华。儒、道、法、墨、兵等传统文化的代表流派所倡导的忠诚、诚信、人本、规则、和谐、创新、团结等理念，都是中华民族传统文化的精萃。传承这些优秀的文化理念，融入国有重要骨干企业的精神理念之中，无疑会对构建员工共同价值观、变革员工“三大习惯”，形成良好的组织潜规则和员工潜意识起到不可替代的重要作用。

三是要吸纳国外优秀文化的思想精华。西方在经历了文艺复兴、工业革命和现代知识经济的高速发展之后，也积累了大量灿烂的人类文明。随着企业竞争国际化趋势的日益加快，国有重要骨干企业要在竞争中占据优势，就必须以开放的胸怀兼收并蓄，充分吸收借鉴世界上一切优秀的文明成果，充实和丰富企业文化的内涵。与中国文化一样，西方文化也有许多独具特色的精神理念，比如崇尚民主与科学、追求变革与创新、关注细节和质量、强调诚信与市场、重视服务与责任、关注环境与自然等等，这些优秀的文化理念是世界文化的优秀成果，也是国外许多企业基业常青的动力源泉。吸纳借鉴这些优秀的文化理念，对于健全国有重要骨干企业的文化体系、丰富企业文化的精神内涵、强化企业文化的时代特征具有十分重要的意义。

四是要继承和创新企业自身的文化积淀。国有重要骨干企业大多见证了我国的经济发展，在长期艰苦的创业和实践中，形成了以忠诚、报国、团结、奉献、创新、坚毅等为主要内容的企业精神，为国有重要骨干企业的发展壮大提供了重要的精神支柱和思想动力。在建设社会主义和谐社会的伟大实践中，继承和发扬这些精神，仍然具有十分重要的现实意义。

总之，国有重要骨干企业要以继承和创新的精神，坚持以科学发展为前提，兼收并蓄、择善而从，吸收借鉴一切人类文明的优秀成果，在忠诚的理念、诚信的理念、规则的理念、人本的理念、创新的理念、务实的理念、竞争的理念、和谐的理念、精细的理念、服务的理念、责任的理念、奉献的理念等诸多优秀文化理念的基础上，提炼形成反映马克思主义基本要求、符合中国国情特点、顺应时代发展潮流、体现企业发展实际的精神理念体系，为合理变革员工“三大习惯”、形成良好文化力提供重要的思想先导。

（二）实施有效的手段举措，构筑变革员工“三大习惯”的行为动力，为文化力形成提升重要行为保障

扎实有效的非物化手段建设，是企业精神层面的理念能够入脑入心，形成良好组织潜规则和员工潜意识的重要保证。国有重要骨干企业打造强大而持续的企业文化力，必须高度重视非物化手段的建设，本着务实、渐进、持续、有效的原则，不断创新手段和措施，从企业的战略规划、战术推进、制度实施、宣传教育、活动开展等方面进行积极的引导、教化、熏陶和强化，确保企业确立的精神理念真正融入员工思想，影响和优化员工的“三大习惯”，改变员工的心智模式。

一是要把企业的精神理念贯穿于战略规划的全过程。战略是企业发展的先导，决定着企业的基本定位和发展方向，也彰显着企业的内在精神。国有重要骨干企业在战略规划的制定和实施过程中，要充分考虑企业的价值取向和发展要求，把诚信、规则、人本、创新、和谐、精细、竞争、服务、责任、奉献等反映企业自身品格的核心理念和既定精神贯穿到科学发展的战略之中。通过战略规划的导引作用，使企业所倡导和尊崇的核心理念融汇并体现到体制、机制、产品、市场等各个方面，不但使企业的经营行为在核心理念的引导下逐步实现规范化、个性化、特色化，而且也使企业员工个人的学习习惯、思维习惯、行为在企业精神的感召下得以改进和优化。

二是要把企业的精神理念纳入到培训教育的内容之中。企业的精神理念蕴含着企业推崇的丰富思想和价值要求，需要通过有效的诠释和宣贯才能为员工理解、所接受，进而引发员工习惯的变革。国有重要骨干企业应该把培训作为提升员工基本素质、调整员工心智模式的重要手段之一，既要组织专门的企业文化理念教育培训，也要结合企业的科研、管理、生产、营销等各类业务培训积极宣讲企业文化理念，通过多种形式的教育培训诠释理念、教化员工，使员工在长时间的灌输中对企业文化的精神理念消化理解，熟记于心。

三是要把企业的精神理念融入到丰富多彩的活动当中。健康向上、形式多样的文化、教育和娱乐活动是企业精神理念的有效载体，对企业精神理念深入员工思想意识，实现入脑入心具有潜移默化的作用。国有重要骨干企业要结合企业自身实际，积极创新和开展各种喜闻乐见、寓教于乐、通俗易懂、体现企业精神理念的文化、教育和娱乐活动，在多种形式的活动之中，将具有深刻内涵的精神理念植根于员工的潜意识，达到“润物细无声”的神奇效果。

四是要把企业的精神理念体现到制度的建设与执行中。制度是通过强制手段规范组织行为和员工个人行为，使之符合企业发展要求，维系企业正常运转的重要手段。企业倡导什么、抑制什么、支持什么、反对什么都会通过适当的制度体现出来，并通过制度的强制作用逐步将其变成组织和员工的自觉行动。国有重要骨干企业在企业文化力的构建过程中，应该充分利用好制度建设这一有效手段，将企业确定的精神理念具体到员工的行为标准和工作流程之中。同时，要建立严格的考核与奖惩机制，旗帜鲜明地表彰和奖励符合企业精神理念的行为，反对违背企业精神理念的表现。通过制度强化和政策激励，把员工的“三大习惯”调整到企业的统一要求上来。

（三）发挥文化力的能动性，构筑企业软物化要素的竞争能力，为核心竞争力的形成提供动力保障

形成企业软实力、优化企业硬实力，进而提升企业的核心竞争力，这是企业文化力的作用所在，也是企业文化建设的终极目的。因此，当企业的精神理念转化为组织潜规则和员工潜意识之后，企业文化建设的主要工作就转入到企业文化软物化形态的形成中来。也就是说，要引导和发挥好企业文化力对企业“软件”的作用，以形成企业强大而持久的软实力。通常来讲，一个企业卓越的文化力，往往通过积极向上的员工行为、宽松和谐的工作氛围、高效灵活体制机制、适应市场的创新活动等软物化形式体现出来，即通过企业良好的软实力得以彰显。因此，国有重要骨干企业在企业文化建设过程中，要积极发挥企业文化力的能动作用，将组织的潜规则和员工的潜意识最大限度地作用于企业的“软件”，影响企业的“硬件”，形成企业的软实力，优化企业的硬实力。具体来讲，要做到以下几个方面：

一是借助良好的文化力，催生员工积极主动的行为表现。再好的潜意识也只是意识层面的内容，只有外化为员工积极而自觉的行动，才能真正发挥企业文化的作用，使企业的精神理念得到显现。因此，当符合企业精神理念的员工潜意识形成以后，要鼓励员工自觉学习，大胆实践，主动探索。通过自觉学习，一方面不断提升自身的素质和能力，另一方面将员工热爱学习的潜意识，转化为员工为适应企业发展要求、满足事业发展需要而不断提升自己、充实自己的自觉行动。通过鼓励员工大胆实践、大胆探索，将员工自身的潜能充分发挥出来，外化为创新实力、管理实力等推动事业进步的企业软实力。

二要借助良好的文化力，催生宽松和谐的工作氛围。相互尊重、相互理解、相互支持、相互配合，这是优秀企业团队工作特质的具体表现，也是先进的企业理念所倡导的工作氛围的主要特征。国有重要骨干企业要在形成员工相互尊重、团结协作的潜意识的基础上，鼓励员工在工作中自觉践行，争做团结协作的典范、相互配合的典范、互敬互爱的典范，共同营造健康向上、互敬互爱、宽松和谐的工作氛围。

三要借助良好的文化力，催生企业蓬勃的创新活力。创新是一种观念，也是一种行动。当创新从观念转化为行动，进而成为推动企业技术进步的蓬勃动力时，它就不再是文化的意识力，而成为实实在在的软实力。国有重要骨干企业要通过政策引导、事业激励，鼓励员工着力开展以原始创新、集成创新为主要方式的自主创新，把员工积极创新的意识转化为自主创新的行动，把员工个人创新的动力转化为团队创新的合力，从而形成促进企业发展的强大创新推动引力。

四要借助良好的文化力，优化企业体制机制的效能。良好的体制和机制是企业正常运转的前提，也是企业软实力的重要内容。但是，由于种种原因，任何体制和机制都不可能十全十美、完备无缺，在运行过程中都会出现一些衔接上的缺失和不足。这些不足只能通过员工良好的职业素养、强烈的责任意识、良好的配合态度等后天因素进行弥补。因此，要鼓励员工在工作中积极发挥自己的主观能动性，在体制机制运行过程中，及时发现问题，认真研究问题，主动解决问题，以员工良好的潜意识和职业素养，优化体制机制的整体效能，提升企业软实力。

除此之外，国有重要骨干企业还要积极把企业文化力作用于企业的质量控制、安全管理、市场开拓、售后服务、节能降耗等各个方面，通过改善企业的组织行为，形成企业发展的软实力。同时，要积极发挥企业文化力对企业产品研发、基础装备等“硬件”的影响，更好地发挥“硬件”功能，提升和优化企业硬实力，最终增强企业核心竞争力。

四、以企业文化为载体，实现思想政治工作实效化

“党的思想政治工作，是经济工作和其他一切工作的生命线”[①]。长期以来，思想政治工作一直是国有重要骨干企业统一思想、凝聚人心、鼓舞士气的重要手段，为推动企业改革发展发挥了积极作用。但是，随着经济社会发展和企业转型步伐的日益加快，思想政治工作越来越远离中心工作，难以找到与中心工作的契合点。创新工作机制，提高工作效能，已经成为国有重要骨干企业思想政治工作面临的一项新的历史任务。与此同时，企业文化则以其在培养员工良好的学习习惯、思维习惯和行为习惯方面的独特效果，越来越为更多的企业所重视。由于思想政治工作与企业文化在目的、对象、途径等方面有着极大相通性，在内容、功能、方式等方面也存在很强的互补性，因此，国有重要骨干企业应该以企业文化建设为载体，将思想政治工作寓于企业文化建设之中，积极创新工作机制，实现思想政治工作与企业文化建设的功能融合，不断创新思想政治工作的内容和方式，提高思想政治工作的实效性。

一是要形成思想政治工作与企业文化相衔接的工作机制。思想政治工作与企业文化建设的主体不同，以企业文化建设为载体，提高思想政治工作的实效性，必须从组织上、内容上、形式上建立起思想政治工作与企业文化建设相衔接的工作机制，实现两者在功能上的有机融合。首先，在组织形式上，建立“齐抓共管、各负其责”的机制。企业党组织要与董事会一道共同研究企业文化力的实现途径和工作思路，共同参与和推进企业文

---

① 《江泽民文选》第三卷，人民出版社 2006 年版，第 74 页。

化建设工作。其中，企业党组织要在企业文化力形成和发挥作用的过程中承担起主要责任，积极调动各方面的力量齐抓共管，共同推动企业文化建设。董事会、监事会、经理层也要积极关注企业文化力的形成效果和作用的发挥情况。其次，在工作内容上，建立“相互渗透、相互融合”的机制。在国有重要骨干企业，思想政治工作所倡导的内容与企业文化的精神理念在方向上是一致的，应该实现有机融合。企业在提炼确立企业文化的精神理念时，要把思想政治工作倡导和弘扬的思想、观念和精神等吸纳进来，形成既符合思想政治工作要求、又体现企业内在精神的精神理念，使思想政治工作所倡导的思想、观念和精神通过企业文化的理念融入员工的脑海之中。再次，在工作方式上，建立“彼此依托、相互促进”的机制。要紧紧围绕企业生产经营活动，深入开展有利于企业文化力形成的思想政治工作，特别要把思想政治工作的培训、教化等手段整合到企业文化非物化层的手段之中，作为促进企业文化力形成的重要手段。同时，党组织还要利用党员先进性教育、党员组织建设、民主法制建设等有效的活动方式，推动企业文化建设，拓宽企业文化力的实现途径。

二是要把文化力的形成状况和作用力的效果作为思想政治工作的重要考核指标。从某种意义上讲，文化力形成状况和作用效果，决定着企业文化建设的最终成果，反映着思想政治工作的成效。因此，国有重要骨干企业要把文化力形成状况和作用效果，作为检验企业文化建设和思想政治工作是否取得成效的标准。在指标的设置上，要重点考虑员工“三大习惯”的改进效果，组织潜规则和员工的潜意识的基本表现、企业文化软物化形态和硬物化形态的彰显情况等内容。要建立相应的考核奖惩机制，对重视企业文化建设，文化力作用明显、效果突出的单位要给予表彰奖励。同时要帮助在企业文化建设方面思路不清、措施不当、方法不力的单位积极改进，不断提升思想政治工作的实效性。

三是要建设一支既精通思想政治工作又熟悉企业文化建设技术的高素质复合型人才队伍。企业文化建设与思想政治工作虽然目标一致、功能相通，但其具体的工作内容和工作方法上还是有一定区别的。因此并不能简单地说，了解企业思想政治工作就懂得企业文化建设工作，也不能说，熟悉了企业文化建设工作，就是思想政治工作的行家里手了。国有重要骨干企业要打造强大的企业文化力，提高思想政治工作的实效性，必须完善工作标准，创新人才工作机制，通过扩大选人范围、加强业务培训、增进岗位交流等手段，努力建设一支既精通思想政治工作、又熟悉企业文化建设技术，具备“两种素质、两种能力”的高素质复合型人才队伍，以满足事业发展的需要。

总之，企业文化建设关键是要构建企业文化力。企业文化只有转化为企业文化力，才能在提升企业核心竞争力的过程中发挥关键和持久的作用。国有重要骨干企业提升企业软实力，增强核心竞争力，必须牢牢抓住企业文化力建设这一关键，认真抓好精神层理念的提炼、非物化层手段的构建和物化层效果的显现三个层面的内容。当然，企业文化力的建设并不是一劳永逸的，还有许多问题需要结合企业的实际情况具体研究解决，尤其是物化层的手段建设，尚需做大量的探索和研究。同时，由于企业所处的发展阶段不同，在进行精神理念提炼、非物化方式构建上也应有所区别，不能千篇一律。国有重要骨干企业要把企业文化建设纳入到企业整体发展规划之中，制定明确的总体目标和阶段性目标，与其他工作共同部署、共同推进、共同落实，确保企业文化建设取得实效。

（本文发表于2006年12月28日《中国青年报》）

积极适应现代企业制度的要求
创新国有企业党组织工作机制

——关于发挥好国有企业党组织政治核心作用的几点思考

《中国共产党党章》（以下简称《党章》）规定，“国有企业和集体企业中党的基层组织，发挥政治核心作用，围绕企业生产经营开展工作。”国有企业是国民经济的重要支柱，是全面建设小康社会的重要力量，是党执政的重要经济基础。国有企业党组织“发挥政治核心作用”，既是确保党对国有企业政治领导的重要保障，也是全面贯彻落实科学发展观，促进国有企业全面、协调、可持续发展的根本需求。但是，随着以现代企业制度建设为主要途径的国企改革不断深入和适应经济全球一体化激烈竞争环境所带来的国家经济转型步伐的日益加快，国有企业党组织政治核心作用的发挥也面临新的挑战。积极创新国有企业党组织的工作机制，充分发挥党组织的政治核心作用，不断加强党对国有企业的政治领导，已经成为新形势下国有企业党建工作面临的一个重大而又紧迫的课题。

党的十五届四中全会通过的《中共中央关于国有企业改革和发展若干重大问题的决定》指出，“国有企业党组织要适应建立现代企业制度的要求，完善工作机制，充分发挥政治核心作用。”笔者认为，充分发挥国有企业党组织的政治核心作用，当前关键是要把建立现代企业制度，完善公司治理结构与企业党建工作有机结合起来，创新和建立既有利于企业生产经营，又有利于党组织政治核心作用充分发挥的工作机制，使企业党组织的政治核心与公司治理结构的经营决策中心有机结合，彼此依托，形成合力，从而构建起符合中国特色的国有企业运行机制和管理模式，为更好更快地促进国有企业改革发展，加强党对国有企业的政治领导奠定坚实基础。

一、国有企业党组织发挥政治核心作用的内涵及在现阶段面临的挑战

《党章》对国有企业党组织政治核心作用作了十分清晰的规定和描述。《党章》第三十二条规定："国有企业党组织要保证监督党和国家的方针、政策在本企业的贯彻执行；支持股东会、董事会、监事会和经理（厂长）依法行使职权；全心全意依靠职工群众，支持职工代表大会开展工作；参与企业重大问题的决策；加强党组织的自身建设，领导思想政治工作、精神文明建设和工会、共青团等群众组织。"《党章》中的五句话要求，按照党组织自身的职责范畴和工作特点，分别对国有企业党组织发挥政治核心作用的最终目的、基本要求、群众基础、实现途径和组织保证进行了明确规定。其核心内容就是：通过参与企业重大问题的决策，保证监督党和国家的方针、政策在本企业的贯彻执行。这是企业党组织发挥政治核心作用的关键所在，也是保证党对国有企业政治领导的根本要求。

从党的十三届四中全会规定国有企业党组织发挥政治核心作用的17年来，国有企业党组织在企业改革发展中发挥了积极作用。据国务院国资委有关资料表明，2005年国有企业实现销售收入67312.9亿元，实现利润6276.5亿元，实现净利润3361.6亿元，完成增加值19755亿元，不但改革发展取得了重大进展，总体实力不断增强，而且企业内部基本稳定，职工的凝聚力、向心力明显增强。应该说，国有企业党组织的政治核心作用，对于加强党对国有企业的政治领导、巩固党的执政基础确实发挥了重要作用，也取得了显著成效。

但是必须看到，随着社会主义市场经济体制的建立和国有企业改革的进一步深化，特别是随着股权多元化和现代企业制度的建立，国有企业党组织的工作面临的内外部形势、工作环境等都发生了深刻变化。面对新形势新任务，国有企业党组织政治核心作用的发挥面临严峻挑战。例如，随着企业内部改革的深化和运行机制的转变，国有企业党组织的工作离经济建设这个中心越来越远；企业党组织参与企业重大问题决策的难度越来越大，作用越来越不明显；企业党组织的工作机构对优秀人才的吸引力越来越弱等等。出现这些问题的原因是多方面的，但究其根本，主要是因为企业党政之间，无论是在工作职能、机构设置，还是在思想观念方面，都不同程度地存在着“两张皮”现象，这是导致国有企业党组织政治核心作用发挥不到位、党组织的工作机构在企业地位不高、作用不强、底气不足的主要原因。

《中共中央关于国有企业改革和发展若干重大问题的决定》指出：“坚持党的领导，发挥国有企业党组织的政治核心作用，是一个重大原则，任何时候都不能动摇。”因此，必须高度重视国有企业党建工作，认真研究解决影响国有企业党组织发挥政治核心作用的深层次问题，积极探索企业党组织发挥政治核心作用的实现途径，为加强党对国有企业的政治领导、巩固党的执政基础、提高党的执政能力提供坚实保证。

二、实现“三个融合”，创新国有企业党组织发挥政治核心作用的工作机制

“围绕中心做工作，进入管理起作用”，这是目前理论界、企业界探讨比较多的问题，也是各方面普遍认为有效发挥国有企业党组织政治核心作用的实现途径。但是，到底如何围绕中心做工作、如何进入管理起作用，这些问题并没有得到实质性的解决。《中央组织部、国务院国资委党委关于加强和改进中央企业党建工作的意见》提出，要“适应现代企业制度的要求，将党的工作与经营管理工作相结合”，“以加强企业领导班子思想政

治建设为关键，以建立健全企业党组织充分发挥政治核心作用的有效机制为重点，把维护出资人利益、企业利益和职工群众合法权益统一起来，为实现国有资产保值增值，促进国有资产管理体制改革和中央企业改革发展稳定提供有力的政治保证和组织保证。”因此，要真正把国有企业党组织政治核心作用落到实处，必须紧紧抓住建立现代企业制度，完善公司治理结构这一有利时机，认真研究企业党组织与董事会、监事会协调一致、形成合力的工作思路，通过职能融合、机构融合、观念融合，彻底解决企业党建工作与中心工作“两张皮”的问题，建立健全有利于国有企业党组织“围绕中心做工作，进入管理起作用”的工作机制，保证企业党组织政治核心作用的充分发挥。

（一）实现企业党组织与董事会、监事会的职能融合，从工作内容上保证党组织政治核心作用的充分发挥

“参与企业重大问题的决策”是国有企业党组织发挥政治核心作用的主要实现途径。但在现行体制下，国有企业党组织与董事会、监事会在工作体系、工作内容上基本上是各自独立、相互分离的，党组织参与企业重大决策难以真正落到实处。因此，充分发挥国有企业党组织政治核心作用，首先应该从工作职能上寻找结合点，通过职能融合，确保企业党组织以合法的身份和地位全面参与企业经营决策，通过深度的过程参与把握方向、实施监督、提供保证。

研究表明，实现国有企业党组织与董事会、监事会的职能融合是必要的，也是可能的。虽然国有企业党组织与董事会、监事会各自职责不同，但总的目标是一致的，都是为了维护国有资产安全，促进企业经济效益提高，确保国有资产的保值增值，培育健康向上的企业文化、不断提高职工群众的物质文化生活水平，推动企业持续、健康、快速发展。特别是从保证和监督的职能来看，国有企业党组织与董事会、监事会更是具有较强的一致性。

首先，国有企业党组织（党委）与董事会在职能定位上具有较强的一致性。《公司法》对董事会的职权共有十一条规定，归纳起来主要有两个方面的内容（也就是平时所讲的“三重一大”）：一是负责企业重大事项的决策。比如，决定公司的经营计划和投资方案；制订公司年度财务预决算方案；决定公司内部管理机构的设置；制定公司基本管理制度等重大事项的决策等。二是负责公司高级经营管理人员与其他重要经营管理人员的选拔、任用、考核及奖惩。董事会在企业主要通过行使对重大事项的决策权和重要人事任免权发挥作用，它的一切活动必须符合股东大会的利益，符合企业的发展要求。而按照《党章》的规定，国有企业党组织（党委）的职能中也有两项重要内容：一是保证企业的重大决策符合党和国家的方针、政策；二是按照“党管干部”的原则，对经营管理人员的选拔、任用、考评、激励、培养等也负有重要责任。国有企业是社会主义制度的重要经济基础，在国有企业，国家是最大的股东，董事会对股东会负责，实质上就是对国家负责、对人民负责。而企业党组织保证监督党和国家的方针、政策在本企业的贯彻执行，则是从另外一个角度对党、对国家、对人民负责。二者虽然在职能上各有侧重，但都是要保证企业重大决策符合国家利益。从对经营管理人员的选聘和考评激励上来看，虽然董事会负责具体操作和实施，但按照“党管干部”原则，董事会在经营管理人员的选拔标准、选拔程序、选拔机制以及人选范围等方面都要接受党组织的指导和监督。所以，从这个意义上讲，国有企业董事会与党组织在职能上具有较强的一致性。

其次，国有企业党组织（纪委）与监事会在职能上也具有较强的一致性。监事会是公司的监督机构，《公司法》规定，监事会有权检查公司财务；对董事、高级管理人员执行公司职务的行为进行监督，对违反法律、行政法规、公司章程或者股东大会决议的董事、高级管理人员提出罢免建议；当董事、高级管理人员的行为损害公司利益时，要求其予以纠正；监事列席董事会会议，对董事会决议事项提出质询或者建议等等。可以看出，监事会主要是从财务和制度等层面，依照法律或者公司章程的规定，对公司董事以及高级管理人员实施监督，确保股东利益得到保障。而企业党组织（纪委）则是从党纪的角度对企业党员干部的行为实施监督。《党章》规定，党的基层组织负责“监督党员干部和其他任何工作人员严格遵守国法政纪，严格遵守国家的财政经济法规和人事制度，不得侵害国家、集体和群众的利益。”因此，从对企业经营管理人员的监督来看，企业党组织（纪委）与监事会的职能也具有较强的一致性。

另外，从决策方式上看，国有企业党组织与董事会也有很多相似之处。按照《党章》规定，党组织讨论决定问题，必须执行少数服从多数的原则。决定重大问题，要进行表决。对于少数人的不同意见，也要认真考虑。而《公司法》规定，董事会进行决策时，需要由董事投票表决。除公司章程另有规定外，原则上实行一人一票制。可以看出，企业党组织与董事会在决策机制上，都采取集体决策，实行“少数服从多数”的原则，而且每个人都要对自己发表的结论性意见负责。两者的决策方式也十分相似。

企业党组织是“中国特色”的现代企业制度的重要组成部分，也是党的政治优势在企业的具体体现。虽然国有企业党组织本身并不属于公司治理结构的组成部分，但是，如果能够有效整合企业党组织与董事会、监事会的职能，形成合力，就能放大党的政治优势在公司治理中的效果，更好地推动公司治理结构各方面协调运转、有效制衡，推动国有企业又好又快发展。反之，如果处理不当，形成相互扯皮、相互牵制的局面，则会适得其反。从上述分析可以看出，企业党组织与董事会、监事会职能融合是完全可行的。通过职能融合，不但可以有效解决企业党组织与中心工作“两张皮”的问题，保证企业党组织以合法的身份和有效的途径参与企业重大问题的决策，保证监督党和国家的方针、政策的贯彻执行，从工作内容上形成党政团结一致的工作合力，而且还能有效减少干部职数，精干领导人员队伍。

实现国有企业党组织与董事会、监事会职能融合，应该做到“两个主体进入”，通过人员上的高度重合实现工作职能的相互融合。一是要保证党委会组成人员主体进入董事会担任内部董事。其中，党委书记与董事长原则上可由一人担任。董事会讨论重大问题时，党委多数成员都能以合法的身份参与其中，从董事和党委委员两种角度对决策内容提出意见，保证决策的科学性。二是要保证纪委会委员组成人员主体进入监事会担任专职监事。纪委书记与监事会主席原则上也可由一人担任。纪委委员可以以合法身份参与到企业日常的财务监督、制度监督等业务中来，形成党政监督的合力。通过董事会成员（内部董事，但非职工董事）与党委委员主体重合、监事会成员（非职工监事）与纪委委员主体重合，从人员上保证了企业党组织与董事会、监事会的职能融合，为企业党组织以合法的身份和有效的途径参与企业重大决策奠定了良好基础。

（二）实现企业党组织与董事会、监事会的工作机构融合，从组织上保证企业党组织政治核心作用的充分发挥

机构是职能的支撑和载体。企业党组织和董事会、监事会的职能发挥都离不开它们的工作机构。因此，要真正实现企业党组织与董事会、监事会的职能融合，还必须在保证“两个主体进入”的基础上，实现企业党组织与董事会、监事会的工作机构融合，从组织上解决党政“两张皮”的问题，保证党组织政治核心作用的有效发挥。从国有企业党组织的工作机构与董事会、监事会工作机构的职责特点来看，应该实现几类机构的融合。

一是实现党委办公室与董事会办公室相融合。从工作职责上看，董事会办公室主要负责董事会的日常事务。党委办公室与董事会办公室虽然在职责上有一定的区别，但作为党委和董事会的日常办事机构，两者在工作性质和服务职能上具有相似之处。同时，由于董事会与党委会组成人员高度重合，且董事长和党委书记多由一人担任，因此，把党委办公室与董事会办公室进行融合，实行“一套人马、两块牌子”，不但可以减少机构设置、精干人员队伍、提高工作效率，而且有利于党组织在日常工作中更多地了解和支持董事会的工作，更好地参与企业重大决策的全过程，有利于董事会在党组织的支持和监督下更好地开展工作。

二是实现组织部门与董事会下设的人力资源委员会（含提名委员会、薪酬委员会）相融合。组织部门是企业党组织（党委）落实具体管理职责的主要机构，是企业主管组织、干部工作，加强企业党建的重要职能部门。从职责权限来看，企业组织部门除党员管理的职责之外，还有其他两项重要职责：一是管干部，主要负责干部的选拔任用、考核评价、薪酬激励和能力培养。二是管人才，“党管人才”是新时期我国人才工作的一项重大原则，“管宏观、管大事、管政策、管协调”是组织部门落实“党管人才”原则的基本要求，也是在人才工作方面的重要职责。而董事会下设的人力资源委员会（含提名委员会、薪酬委员会）则主要帮助董事会挑选经理层人选，负责考核经理层的经营业绩和提出薪酬建议。这与组织部门管干部、管人才的职责联系紧密，与组织部门代表党委向上级组织考察和推荐后备干部的职责是一致的。因此，将组织部门与董事会下设的人力资源委员会（含提名委员会、薪酬委员会）进行融合，共同负责企业经营管理人才的选拔任用、绩效考评和薪酬激励以及企业整体的人才战略是完全可行的，而且通过机构融合，必将有效促进企业党组织对人才工作的统一协调和指导，有利于“党管人才”原则在企业的贯彻落实。

三是实现宣传部门与董事会下设的公共关系委员会（企业文化建设委员会或企业形象建设委员会）相融合。宣传部门是企业党组织（党委）主管意识形态和思想政治工作重要职能部门，是企业党组织（党委）的喉舌。它的主要职责是宣传党的路线、方针、政策，通过有效的舆论宣传，引导广大党员干部和职工群众统一思想、明确任务、顾全大局、形成合力，营造良好的舆论氛围。而公共关系委员会（企业文化建设委员会或企业形象建设委员会）则是在董事会领导下负责企业形象策划和对内对外关系协调的工作机构，它的主要职责是，对外树立良好的企业形象，对内构建健康的企业文化。通过构建体现企业核心价值观的精神、非物化和物化三个层面的企业文化，逐步改变员工的学习习惯、思维习惯和行为习惯，建立起员工与组织之间的依存关系，激发员工为达成组织的共同目标而努力奋斗。可见，企业党组织的宣传部门与董事会下设的公共关系委员会（企业文化建设委员会或企业形象建设委员会）在职责上具有较高的一致性，它们都是通过在精神层面做工作，最终达到统一人心、凝聚力量的目的。因此，实现两者融合，将思想政治工作寓于企业文化建设之中，不仅创新了思想政治工作的思路和手段，而且赋予思想政治工作以新的内容，有利于党组织政治核心作用的有效发挥。

四是实现党组织的纪检工作部门与监事会下设的效能监察和审计监督委员会相融合。纪检部门是企业党组织直接领导下的党风党纪监督机构，它主要通过开展党风廉政教育，对党组织和党员违反党的章程和其他党内法规的案件进行查处等手段来行使党内监督职能。而监事会下设的效能监察和审计监督委员会，则是通过效能监察和财务审计的手段，对经理层执行董事会决策和企业内部规章制度、执行国家财经纪律和企业财务制度等情况进行监督的机构。可以看出，企业党组织领导下的纪检部门与监事会领导下的效能监察和审计监督委员会分别从党纪和政纪、财经纪律等方面对相关部门和个人实施监督，都是行使监督职能。因此，实现党组织的纪检工作部门与监事会下设的效能监察和审计监督委员会相融合，不仅能够有效整合监督资源、减少机构设置，而且可以进一步丰富企业党组织的监督手段，改善监督效果。

除此之外，党组织领导的工会、团委等群团机构则可以与董事会下设的公共事务委员会进行融合。这两类部门的有机融合，不仅可以有效整合资源、精简机构、提高效率，而且从工作机构上解决了党政工作“两张皮”的问题，有利于形成强大的党政工作合力，促进企业党组织政治核心作用的有效发挥。

（三）实现企业党组织成员与董事会、监事会、经理层相关人员观念的融合，从思想上保证企业党组织政治核心作用的充分发挥

除了机制方面的原因之外，长期以来，形成企业党组织与中心工作

"两张皮"，其实还有观念方面的原因。由于我国国有企业在领导体制上经历了50年代普遍实行的党委领导下的厂长（经理）负责制以及十二届三中全会以后的厂长（经理）负责制，这两种模式的长期沿用使企业党政双方在对各自的职责认识和理解上都存在一定的片面性，产生了一些模糊认识。比如，一些人认为，在市场经济体制下，企业主要依靠公司治理结构管理企业，可以不设党组织；还有一些人认为，企业党组织抓好党员管理和思想政治工作就行了，没有必要参与企业重大问题决策。这些主观上的模糊认识和错误观念，也使企业党政"两张皮"的现象越来越严重、党组织的工作体系越来越远离中心工作而独立运转的重要原因。因此，解决国有企业党政"两张皮"的问题，充分发挥企业党组织的政治核心作用，除了实现职能融合、机构融合之外，还必须在观念上实现融合。

实现观念融合，要求企业党组织与董事会、监事会、经理层的相关人员必须牢固树立四种观念：一要牢固树立"党政工作目标一致"的观念。企业党组织与董事会、监事会、经理层在企业虽然充当不同角色，承担不同责任，发挥不同作用，但他们的最终目标是一致的。因此，无论是企业党组织的成员，还是董事会、监事会、经理层相关人员，都要强化共同的目标意识，坚持把促进企业全面、协调、可持续发展作为共同追求的目标和衡量各自工作是否取得成效的标准。二要牢固树立"相互尊重、相互支持、相互配合"的观念。企业党组织与董事会、监事会、经理层在共同的目标之下发挥作用、行使职能，在工作中应该相互理解、相互支持、相互配合，求同存异，形成合力，为推动企业实现良性发展、可持续发展共同努力。三要树立"全面履职，不缺位、不越位"的观念。企业党组织的相关人员，既要积极参与企业重大问题的决策，抓好企业思想政治工作，认真履行好自身的各项职责，同时，也要积极支持经理层开展工作，在检查保证经理层正确执行董事会决策的同时，充分调动他们的积极性，为经理层正常开展工作创造宽松和谐的环境，支持他们在职责范围内大胆开展工作。四要牢固树立"双重责任、双重使命"的观念。企业党组织与董事会、监事会在工作职能和工作机构融合以后，许多人员身兼两职，身负双责，一定要强化“双责”观念，学会从两个方面思考问题，从两个角度研究问题。比如，担任董事的党委会成员参加董事会对企业重大问题的决策时，既要从维护股东利益、促进企业快速发展的角度来考虑，也要从决策是否符合党和国家的方针、政策的角度来衡量，在保证企业利益最大化的同时，保证党组织政治核心作用的充分发挥。要通过观念融合，真正形成企业党组织与董事会、监事会、经理层相互支持、相互配合、和谐运转的新格局。

三、加强党组织自身建设，为更好地发挥政治核心作用提供基础保障

党组织自身建设是一项重要的基础工作，对发挥政治核心作用起着重要支撑作用。国有企业党组织与董事会、监事会在职能、机构上融合以后，党组织的工作机制发生了根本变化，以更加合法的身份和便捷的途径“围绕中心做工作，进入管理起作用”，这无疑给国有企业党组织提出了新的和更高的要求。在这种情况下，企业党组织原有的队伍状况、工作方式、工作作风已经难以适应新机制的要求，迫切需要进行改进。

（一）加强队伍建设，提升“两种素质”，提高工作的适应性

企业党组织与董事会、监事会的职能和工作机构融合以后，企业党建工作不是削弱了，而是加强了，不是无事可做了，而是任务更重了。对党组织的领导人员来讲，由于党组织参与重大决策的渠道进一步畅通，党组织领导人员不仅要做好企业党务工作的领导和指导，而且还要认真负责地对关系企业改革、发展、稳定的重大问题提出意见和建议。企业党务工作者不仅要完成党务工作的各项任务，还要承担相应的行政职责。这就要求企业党组织领导人员和党务工作者必须是具备“两种素质、两种能力”的高素质、复合型人才。首先，应该具有较强的政治素质和从事党务工作的能力。面对新形势下的党建工作，企业党务工作者不仅应该具有坚强的党

性、较高的理论和政策水平，还要具备在实际工作中解决矛盾、处理问题的技巧和艺术。其次，应该具有较强的企业经营管理素质和业务工作能力。企业党组织正式以合法身份参与企业重大决策和中心工作之后，党务工作者必须懂经营、善管理，了解和掌握企业经营管理的基本知识，具备参与决策的能力和水平。因此，企业党组织必须适应时代的发展，按照“两个素质、两种能力”的要求，创新培训方式，加大选拔力度，努力建设一支既能从事经营管理，又能承担党建工作的复合型、高素质新型党务人才队伍。对在职的党务工作者，要依据其素质状况进行分类，能够满足要求的继续使用；不能满足要求的，要及时进行培训，在提高他们党的理论、党建知识的基础上，有计划地安排他们学经济、学管理，完善知识结构。对过去长期在党群岗位上工作、技能单一的人员，要尽快安排他们到不同岗位挂职锻炼，增加经营管理岗位的工作经历。要建立竞争择优、能上能下、能进能出、新老交替的人才选拔和流动机制，面向企业、面向社会，广纳贤才，积极选拔政治素质高、业务能力强，懂党务、善经营的复合型优秀人才充实党务工作人员队伍，保证队伍后继有人、充满活力。

（二）进一步强化工作职责，创新工作方式方法，提高工作的有效性

在企业发挥政治核心作用，这是党的十三届四中全会和《党章》规定的企业党组织的主要职责和主要任务，任何时候都不能动摇。随着企业党组织新型工作机制的建立，国有企业党组织的职能将由单一党务管理型转变为党政复合型，党组织的工作涉及党政两方面。但不论其工作方式和工作环境如何变化，企业党组织的使命是不会变化的。保证监督党和国家的方针、政策在本企业的贯彻执行，确保党对国有企业的政治领导，始终是国有企业党组织发挥政治核心作用的根本所在。因此，国有企业党组织一定要创新工作方法、明确工作标准、严格考核监督，确保党组织与董事会、监事会的职能和工作机构融合以后党组织作用的正常发挥。一要将党组织及其工作机构与董事会、监事会及其工作机构的工作职责结合起来，重新进行梳理和明确，统一纳入到新的部门和机构之中严格履行。二要明确工作标准，对党组织工作机构的每一项工作职责，都要根据《党章》要求和企业实际情况，制定严格标准，提出明确要求，使企业党建工作整体有目标，过程有要求，措施有落实。三要严格考核奖惩。党组织与董事会、监事会的工作机构融合以后，对新的工作机构履行职责情况要严格考核，尤其要把履行党务工作职责的情况作为考核的重点，严格奖惩兑现，确保党建工作的各项目标都能落到实处。

（三）转变工作作风，积极研究新情况、解决新问题，提高工作的针对性

新形势新任务给企业党建工作带来了许多新挑战，新的工作机制也给党建工作提出了许多新要求。国有企业党组织要积极转变作风，不断适应现代企业制度的特征和运行规范要求，立足于企业生产经营的实际，从更好地发挥党组织政治核心作用的角度出发，认真研究工作中的新情况、新问题，提高工作的针对性和有效性。一要找到工作的切入点。企业改革的重点、生产经营的难点、职工思想中的疑点和生活中的热点都是企业改革发展稳定中的关键点，也是党组织政治核心作用最易见到成效的环节。企业党组织要以此作为党建工作的切入点，使党建工作活动有载体、工作有内容，真正融入中心工作发挥作用。二要深入调查研究，不断研究新情况、解决新问题。新形势下，企业在发展过程中面临许多新情况、新问题，许多问题只有通过卓有成效的党建工作才能解决。企业党建工作要认真研究，当前尤其要认真研究解决企业改革发展中“四好”领导班子建设问题、党员队伍的战斗力问题和职工队伍的凝聚力问题，要结合实际情况，提出解决问题切实可行的措施。真正通过解决实际问题，推动企业全面、协调、快速发展，强化党组织的政治核心作用。三要把追求实效、促进发展作为工作的落脚点。创新党组织工作机制是为了更好地推动企业发展，在实际工作中，要把是否推动企业全面、协调、可持续发展，是否提升了企业领导班子的感召力、向心力、战斗力，是否很好地发挥了党支部的战斗堡垒作用和共产党员的模范带头作用，是否充分调动了全体员工为企业发展荣辱与共的积极性等作为检验企业党建工作的标准。

总之，国有企业党组织如何发挥好政治核心作用是现代企业制度建设过程中必须高度重视和认真解决的重大问题，这一问题解决得好坏程度直接关系到党对国有企业的政治领导，关系到党的执政能力，关系到国有企业的可持续发展。实现企业党组织与董事会、监事会的职能、机构和观念融合，从机制上保证企业党组织“围绕中心做工作，进入管理起作用”，这是发挥好企业党组织政治核心作用的有效途径。当然，在机制创新过程中，尚有许多具体问题需要在工作中不断研究解决，还要结合企业的特点和实际情况差别化地加以处理。

（本文发表于《企业文明》2007 年第 1 期）

关于西部欠发达地区人才队伍建设的调研报告

21世纪是一个以发展为主题，以创新为特征，以人才为核心的时代。中央提出实施人才强国战略，目的就是要通过改进人才管理，挖掘人才潜力，激发人才活力，让人才的能力得以充分发挥，让人才的价值得以充分体现，把我们这个人口大国转变为人才强国，并以此为动力推进经济社会的快速发展。根据中央党校培训部的安排，7月中下旬，我作为第22期中青班第3课题组的成员，分别到四川、青海等地进行了为期十多天的调查研究。调研期间，我重点围绕“贯彻落实科学发展观，构建社会主义和谐社会”这一主题，针对西部欠发达地区人才队伍建设和经济社会发展，结合自己平时工作的实践进行了调研和思考。为进一步了解西部欠发达地区人才工作的基本情况，我在实地调查的基础上，还查阅了重庆、广西、内蒙、云南等西部省区市人才工作的相关资料。现将调研了解的基本情况进行总结分析，并尝试提出西部欠发达地区人才队伍建设的对策和建议。

一、西部欠发达地区人才队伍建设的现状及问题

近年来，在中央的正确领导下，西部欠发达地区高度重视人才工作，特别是全国人才工作会议召开之后，西部欠发达地区坚持“党管人才”的原则，加强对人才工作的组织领导，加大“引智”力度，重视人才的培训教育，采取了一系列卓有成效的措施，不但使人才总量有所增加，人才素

质有所提高，而且人才队伍的整体结构也趋于优化，为西部大开发做出了重要贡献。从调研情况来看，西部欠发达地区人才工作有如下几个特点：

一是各级党委和政府普遍高度重视人才工作。从调查情况看，西部大开发政策实施以来，中央有关部门高度重视西部人才开发的政策研究和宏观指导工作，加强对西部地区人才开发工作的组织领导，始终把人才工作作为西部开发的一项重要基础性工作来抓，人才开发越来越成为西部经济发展的重要带动因素。西部各省地市党委和政府紧紧抓住这机遇，积极实施“人才强省”战略，不但把人才工作上升到推动地方经济社会全面发展的战略任务来抓，积极出台有利于人才引进、人才培养等优惠政策，而且切实加强对人才工作的组织领导，把人才开发纳入地方经济和社会发展计划，纳入各级党委、政府的年度工作目标，在研究制定政策、创新人才工作机制等方面做了大量富有成效的工作。比如，青海省建立和启动了专家联系直通车制度，旨在及时听取专家对青海人事人才工作的意见和建议，加强与各个行业、各个领域专家的沟通和联系，为青海人才工作开展和经济社会发展建言献策。四川省加大政府支持力度，强化人才创业和投资环境建设。比如，九寨沟自然风景区起初投资不到位，环境得不到有效改善，为有效保护世界自然遗产资源，更好地吸引人才，四川省采取政府担保、国家开发银行贷款的方式，投资数十亿元加强景区基础设施建设和环境保护，使九寨沟成为中外闻名的“人间仙境”，为建设“人才洼地”创造了良好的硬件环境。目前多数西部省份都把各地市人才工作状况作为一项重要指标，纳入到相关部门和领导人员的业绩考核范畴，这在很大程度上促进了西部欠发达地区人才工作的顺利开展。

二是“人才资源是第一资源”的观念渐入人心。全国人才工作会议以来，随着西部地区改革开放的不断深入和经济建设、社会事业的不断发展，西部欠发达地区的人才观念也发生了深刻变化，“人才资源是第一资源”、“小康大业，人才为本”的观念渐入人心，尊重劳动、尊重知识、尊重人才、尊重创造的氛围日益浓厚。从实地调研的两个省份来看，无论是党政机关，还是企事业单位，都开始关注和重视人才工作，许多地区和单位都把人才作为地方经济发展的基础资源和重要动力。比如青海循化撒拉族自治县在青海省委省政府的正确领导下，坚持以人才促发展，结合当地实际和经济发展特点，大力培养实用型人才，制定政策鼓励发展地方特色经济。目前，该县生产的辣椒酱和回民号帽已具有相当规模，产品远销省内外、国内外，成为地方经济的支柱产业。

三是以优惠政策引才、聚才已成为西部欠发达地区普遍采用的人才政策。为迅速缓解人才短缺的窘况，更好地参与西部大开发，促进当地经济快速发展，几乎所有的西部省区市都积极发挥政策、环境、机制的优势，着力营造广纳八方英才的人才环境，努力形成人才流入门槛降低、流动成本减少、人才环境良好的人才吸引机制。比如，四川省为吸引海外留学人员赴川创业，先后制定《四川省鼓励海外留学人员来川服务办法》、《关于留学回国人员服务工作的暂行规定》等政策，加快留学人员创业园建设，积极搭建海外人员赴川创业的“快车道”，仅2003年就引进留学归国人员469人。重庆市推出了改革户籍管理和放宽出入境证照办理政策等20条新举措，为引才入渝创造条件。这些政策规定：国家级有突出贡献的专家、享受政府特殊津贴人员、获得省部级荣誉称号和科研成果奖的人员，包括有博士、硕士和双学士学位的人员，到重庆工作可随时落户。这些人员的配偶和未成年子女也可随时迁来，办理落户手续，且不收取任何征容费。个体和私营企业业主也将享受户口优惠政策。在渝投资创业和在城镇购买商品房并居住一年以上的人员，可以和一起居住的直系亲属，申请在城镇落户。陕西省对调入省内的高层次人才，由人事部门推荐联系用人单位，迅速办理调动手续；对要求进陕进行高新技术攻关的高层次人才，由政府负责收集、汇总后，面向社会发布相关信息，提供中介服务，人才交流中心办理有关手续；对引进硕士以上的高层次人才，可不受单位编制和职称比例的限制，引进的硕士及50岁以下副高级职称以上人员，准予其配偶、子女及父母等随迁户口；对愿意赴陕就业的全日制大学本科学历人员允许其在全省范围内先落户，后找工作；对非全日制大学以上学历，或者具有中级以上职称非本科毕业的人才，以及省内急需的有特殊才能的人才，其所学专业符合陕西省产业结构调整方向的，由接受单位报人才交流中心批准，享受引进同类人才同等待遇。广西壮族自治区规定，凡两院院士、博士生导师、博士、硕士、省级以上优秀专家，高新技术、重点工程和新兴学科带头人，持有个人发明、专利、技术成果的专业技术人员，国内外名牌大学毕业的研究生和本科生、海外留学人员，以及金融、证券、引资、电子商务、信息市场、风险投资、外贸等方面的高级经营管理人才，既可以调入广西工作，也可以采取聘用、技术入股、技术承包、聘请讲学、咨询、成果转让等形式进行短期合作。对到广西落户工作的，分别一次性发给5000至3万元的安家费，免收其本人和配偶、子女的城市建设配套费，并对其配偶的工作安排、子女入园入学给予优惠政策。同时对科研人员的科研启动经费、住房待遇、津贴补助等也作了明确规定，如两院院士将获得不低于100万元的科研启动经费、一套不少于150平方米的住房和每月1万元的补助津贴等。这些政策对西部欠发达地区吸引高素质人才、改善人才队伍整体结构发挥了积极作用。

四是有计划地进行高层次人才培养培训已逐步成为西部省份人才工作的重点。近年来，西部地区各省区市紧紧结合当地高层次人才不足的实际，根据三支队伍的不同特点和需要，认真制定人才培训计划，确定培训目标和内容，加大培训力度，大力加强高层次人才的培养。比如，四川省制定了《关于加强高层次人才队伍建设的意见》、《关于培养学术和技术领军人才的意见》和《加强高技能人才工作的意见》，启动实施了“天府英才”计划、“科技创新人才团队计划”、“企业家素质提升计划”、“天府能人”培养计划和“新技师培养带动计划”，努力培养高层次创新人才、国际一流的杰出科学家和工程技术专家、优秀企业家和高水平的技能人才。结合建设社会主义新农村建设，四川省还大力推行农村科技特派员试点等经验，推广“支部+协会”模式，积极培养大批“田秀才”、“土专家”。

内蒙古自治区则每年选拔一批能够达到国际先进水平的学术带头人、中青年科技人才，由政府重点资助培养。云南省则成批组织专业技术人员到国外进行培训，为专业技术人员创造了更多到国内著名高校深造的机会。

五是人才市场迅速成长，市场在人才资源配置中的基础性作用正在加强。近年来，西部各省区市高度重视市场在人才配置中的基础性作用，大力培育和发展人才市场，各级政府也积极支持和引导人才市场的发育和成长。据调查，近年来西部地区挂牌的人才市场已达到上千家，其中，由国家人事部和地方共建的国家级人才市场共有10家左右，各级政府人事部门所属的人才交流机构占据了主体地位，有力地带动了西部人才市场的蓬勃发展。目前，西部200多个市、区（县）实现了计算机联网，初步实现了联网地区人才资源共享，人才流动呈现旺盛发展势头，市场在人才资源配置中的基础性作用正在加强。

应该说，经过近年来的努力，西部欠发达地区的人才队伍不断壮大、人才队伍的结构逐步改善、人才市场迅速发育和发展，市场在人才资源配置中的基础性作用也不断加强，人才工作呈现出良好的发展势头。但总的上看，由于历史原因和一些客观因素的影响，西部欠发达地区人才开发还存在一些亟待解决的突出问题，人才仍然是制约西部欠发达地区经济社会发展的重要因素。

第一，人才总量依然不足，人才素质有待进一步提高。近年来，虽然西部欠发达地区在人才培养和引进方面投入了较大的财力物力，人才的基本素质、人才总量较以前有了一定的提升，但与东部发达地区相比，人才总量依然不足，人才素质与西部大开发的事业要求仍然不相适应。以青海为例，目前就业人口受教育年限为6.14年，比全国平均水平低1.85年，每百人中受大专及以上教育的不足6人，直接影响到人才资源的积累。根据统计，截止至2004年底，青海省共有各类人才22.6万人，其中党政人才4.3万人，企业经营管理人才1.6万人，专业技术人才13.3万人，高技能人才3.4万人。以四川为例，截止至2005年末，全省各类人才总量为

552.5 万人，其中党政人才 39.8 万人，专业技术人才 204.3 万人，经营管理人才 68.7 万人，技能人才 190.5 万人，农村实用人才 49.2 万人。据 2005 年《中国统计年鉴》数据显示，青海、四川两省接受过大专以上教育的人口与人口总量之比分别为 4.1% 和 3.4%，而浙江、江苏、广东 3 省则分别为 7%、4.7% 和 4.8%。与东部地区相比，西部欠发达地区不但人才绝对量要少，而且人才比例相对较低（见图 1－18）。

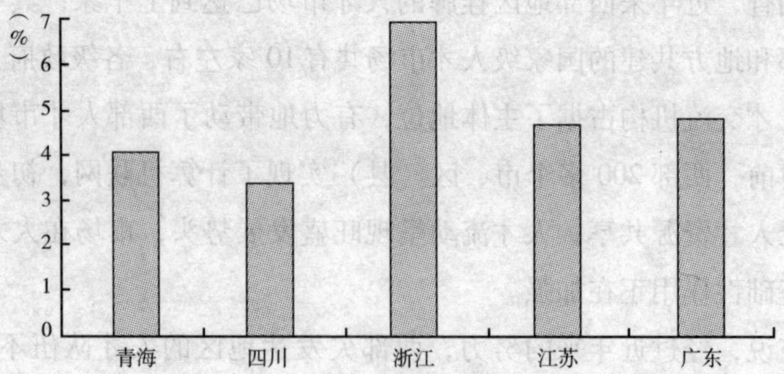

图 1－18　青海、四川与浙江、江苏、广东大专以上学历人口占人口总量比例情况对比示意图

第二，领军人才短缺，人才的创新能力有待进一步增强。调查发现，西部欠发达地区人才队伍中高学历、高职称人员比例偏低，高层次人才比较短缺。其中，尤其缺乏熟悉市场运作、了解国际化经营和现代商业运作模式的高层次经营管理人才和能够引领技术创新的高层次专业技术人才，人才队伍的创新能力仍显不足。据了解，青海省专业技术人才中，具有研究生学历的仅占 0.9%，具有大专学历的占 42%，其中大多数是成人教育学历。从职称结构来看，高级专业技术人员仅占技术人员的 3.35%，其中，学科建设重点领域的相关度较高的专家仅 91 人，中级专业技术人员占 23.94%，初级专业技术人员占 72.52%（见图 1－19）。科技带头人、高层次经营管理人才严重缺乏，技术创新缺乏人才支撑，这在西部欠发达地区是一个普遍现象。

第三，人才分布不尽合理，存在结构性矛盾。调研发现，西部欠发达地区的人才分布存在“中央军”胜过“地方军”的现象，在所有制结构、产业分布、地区分布等方面均存在结构性矛盾。以青海为例，国有企事业单位拥有的专业技术人员占总数的14.7%，第一产业占8.59%，第二产业占10.48%，第三产业占80.93%，

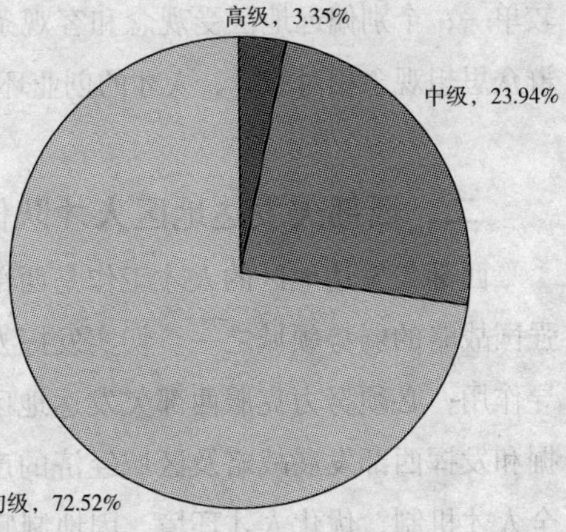

图1－19　青海省专业技术人员结构示意图

而且，人才资源主要集中在西宁、海西等经济相对发达地区，自然条件、交通状况较差，经济发展水平较低的青南地区人才的绝对数量、学历层次、综合素质都居全省之末。与青海省相类似，四川省的人才也多集中在国有企事业单位，且主要集中在少数211高校、国家级科研院所。而地方高校、地方科研院所和企业由于实力薄弱，经费项目较少，人才也相对比较短缺。统计表明，四川省电子信息业、水电业、机械冶金业、医药化工业、饮食业、旅游业等行业的人才仅占人才总量的14.3%，而且，复合型人才欠缺，精通财会、法律、外语、计算机及国际企业运作的人才缺口大，难以满足需求。人才布局不合理和结构型矛盾突出，在很大程度上成为影响西部欠发达地区建设社会主义新农村、走新型工业化道路的障碍。

第四，人才机制和政策环境有待进一步完善。从调查情况看，近年来，西部欠发达地区虽然在人才的培养、吸引和稳定等方面出台了不少好的政策，但整体来看，人才机制和政策环境仍有待于进一步完善。比如，人才社会保障体系还不够健全，由于财力有限，西部欠发达地区社会保障覆盖面相对较窄；传统的用人制度、分配制度及人事管理模式，对西部地区的影响仍然比较大，一些单位人才考评体系不健全、用人机制不够灵活、激励手段比

较单一；个别偏远地区受观念和客观条件制约，政策支持力度不完全到位，群众思想观念相对滞后，人才的创业环境受到限制等等。

二、西部欠发达地区人才队伍建设的对策建议

西部欠发达地区的人才工作是西部大开发的难点所在，也是实施人才强国战略的弱势领域之一。切实发挥人才工作在西部大开发中的基础和先导作用，必须努力克服西部欠发达地区存在地域劣势、经济劣势，充分发掘和发挥西部发展战略及区域经济的产业优势，进一步创新人才理念，健全人才机制，优化人才环境，因地制宜，系统构思，有序推进，切实提高西部欠发达地区的人力资源基础能力。根据上述总结分析，现就西部欠发达地区人才工作提出如下建议：

（一）中央应进一步加大对西部欠发达地区人才引进、人才培养的政策支持力度

西部欠发达地区长期在国家区域经济发展格局中处于弱势地位，人才外流现象严重，吸引人才面临地域、经济等多重困难。西部大开发，人才是关键。实施西部大开发战略，振兴西部经济，人才的培养、吸引与招商、引资同等重要。从调研情况看，人才越来越成为制约西部快速发展的瓶颈，尤其是在高层次经营管理人才和创新型科技人才的引进、培养和使用上，如果没有国家的相关政策支持，仅靠西部欠发达地区自身的力量，很难引导人才向西部流动，也很难在较短的时间内大幅度地提高现有人才的整体素质。因此，建议中央进一步加大对西部欠发达地区人才工作的政策支持力度：（1）加大项目支持力度，在人才开发、人才培训等国家资助项目上，多为西部欠发达地区分配名额，或者专门增设一些西部人才培训项目，加大对西部人才的培训培养力度。（2）在人事制度以及工资、福利、社会保障等方面放宽、放活政策，让西部地区有更多的自主权。同时，加大政策支持力度，提高西部艰苦和边远地区的工资福利水平。（3）在户籍、税收等方面给予政策支持，鼓励东中部人才向西部流动。比如，对

东部沿海地区科技人才通过技术入股、承包经营等多种形式参与西部建设的，国家可实行“户口不迁、身份保留、来去自由”的政策。也可以利用东部人才培训基地、借鉴东部地区人才培训经验为西部地区培养人才。（4）通过转移支付、“戴帽下达”，加大对西部地区人才培养、引进及人才工作项目等方面的初始性投入，对已实施的人才项目，如新世纪百千万人才工程、“四个一批”人选、“一村一居一名大学生”等，要匹配资金予以支持。

（二）地方党委政府应积极营造吸引、支持和鼓励人才到西部创业的良好环境

人才成长和发展环境的优化是成功实施“人才强国”战略的关键。地方党委和政府作为改革的引领者和推动者，应该在管理体制、政策法规、社会环境、舆论氛围、创业条件、薪酬待遇和社会保障等方面积极发挥作用，努力创造人才健康成长、事业渠道畅通、创业氛围和谐、人才各尽所能的良好环境，使西部欠发达地区真正成为人才向往、事业所在的乐园。此次调研发现，一些地方党委和政府积极营造人才创新创业环境，对一些重要项目实施政府支持，出台了许多好的政策。比如，四川省委、省政府出台了《关于加快人才资源向人才资本转变的若干意见》及其配套文件，明确规定鼓励人才创新的优惠政策：自主创业的事业单位人才，3 年内保留身份，到农村和艰苦边远地区创业的，保留 3 年工资待遇，自主转化职务发明的，发明人最高可得到 65% 以上的转化收益，单位转化职务发明的，发明人最高可得到 50% 的转化收益。这些政策对鼓励外地人才到西部欠发达地区创业以及本地区人才创新创业无疑将发挥重要作用。但也有个别地区，在人才和项目引进时，忽视人才创业环境的改善，对当地群众思想教育引导不够，在一定程度上影响了人才作用的有效发挥。因此建议：(1) 西部欠发达地区的党委、政府要进一步强化“人才资源是第一资源”的观念，支持和关心人才的工作和事业，主动帮助他们解决工作中的困难和问题，尤其要教育和帮助当地群众克服“嫉富”心理和“揩油”心理。政府在引进项目、引进人才时也要克服“临时”心理和“政绩”心理，要在全社会营造宽容个性、宽容失败，支持人才干事业的氛围，为人才在西部创业创造宽松、和谐的政策、人文和硬件环境，真正做到既留人，又留心。(2) 积极拓宽渠道、完善机制，吸引和建立优秀人才到西部地区发展创业。建立和完善"不求所有、但求所用、来去自由"的人才使用机制，实行人才柔性流动政策，引导人才通过兼职、短期服务、承担委托项目、参与开发等方式到西部服务。进一步完善有利于人才到西部地区干事创业的激励机制，在事业平台、薪酬待遇等方面制定特殊政策。比如，在国有企业和科研机构中逐步实行知识、技术和管理等生产要素按贡献参与分配，充分调动各类人才的积极性和创造性。(3) 深化财税体制改革，通过改革西部地区财税制度筹集资金，设立人才开发专项资金，并在税费减免、税率确定等方面对西部地区实行优惠政策，提高西部地区地方税的留成比例，充分利用地税调控激励人才创业的功能。(4) 深化投融资体制改革，为人才创业提供融资服务。大力拓宽融资渠道，加快发展西部地区的风险投资体系，为西部人才创业提供金融支持。

(三) 人才的引进和培养要突出高层次的领军人才和专业人才这两个重点

高层次人才是人才队伍的核心，也是推动科技创新和各项事业发展的重要力量。西部地区具有较为丰富的自然资源和劳动力，具有广阔的发展空间和良好的发展潜力。调查发现，制约西部欠发达地区快速发展的根本原因之一，就是缺乏能够引领企业或特色产业发展的领军人才和熟悉资本运作、精通高新技术的高层次专业人才。因此，加强高层次人才队伍建设，对实施人才强国战略，推动西部大开发，促进西部欠发达地区快速发展具有十分重要的意义。建议：(1) 进一步明确西部欠发达地区人才培养和引进的重点。当前，西部欠发达地区要重点培养和引进两类人才：一是懂经营、善管理，具有较强的创业精神，能带动地方特色产业和区域经济迅速发展的领军人才；二是能够推动西部地区技术进步、高新技术产业发展的专业技术人才以及熟悉资本运作、善于运用金融工具，推动西部与其他地区进行项目合作的复合型创新人才和专业管理人才。(2) 高层次人才的培养、引进要与西部大开发的事业结合起来。依托西部大开发的重点项目和西部地区的优势产业，充分利用国内外人才市场和其他各种渠道，积极引进急需的高层次领军人才和紧缺的各类实用和专业技术人才。要拟定具有较强操作性的办法，采取特殊政策，重点引进高新技术、金融、贸易、管理等方面急需紧缺的高层次人才。(3) 积极利用国家政策，大力培养青年拔尖人才。西部欠发达地区在吸引人才的同时，要立足本地实际，积极开发和利用好当地人才。其中，尤其要利用国家政策和资金支持，重点抓好各个领域青年拔尖人才的培养。依托国家重大人才培养计划、重大科研和建设项目、重点学科和科研基地以及国际学术交流与合作项目，积极推进创新团队建设，加大学科带头人的培养力度，为西部地区可持续发展储备力量。(4) 建立以能力和业绩为主、符合高层次人才特点的评价机制。研究西部地区高层次人才的特点和规律，确立科学的人才评价标准，不唯学历，不唯职称，不唯资历，不唯身份，把是否干成了事业、是否促进了当地经济发展作为衡量人才的主要标准。要突出人才的知识、能力和业绩，打破专业技术职务终身制，按照分类管理的原则，研究建立高层次人才评价体系，制定符合各类高层次人才特点的评价标准，积极探索各种方式的科学公正的评价方法。

（三）吸引人才要因地制宜，力戒“贪大、贪多、贪名、贪高、贪洋”

西部欠发达地区经济实力弱，自然条件和基础建设较差，与东中部地区经济社会发展存在较大差距，在人才工作上要坚持实事求是，按照科学发展观的要求，认真研究当地的实际情况，因地制宜，科学推进。因此建议：(1) 在人才队伍建设上，坚持“两条腿走路”，一方面要根据西部地区经济发展的需要，加强对急需人才、稀缺人才和高层次人才引进的力度；另一方面，要高度重视对本土人才的培养、开发和使用，盘活、稳定和用好现有人才资源。(2) 人才引进要与西部地区开发建设的重点任务相结合，与当地经济发展需要相结合，要结合重点项目开发、先导产业培育、结构优化调整等需要，分领域、分专业合理引进、有序引进，防止人才引进上的盲目性。(3) 进一步强化市场对人才的配置作用。市场是人才需求的“晴雨表”，促进人才的合理流动、有序流动，要进一步完善市场机制，规范市场行为，健全市场体系。通过市场化的手段，鼓励各类人才通过各种途径，跨地区、跨部门、跨行业、跨单位服务，促进人才向西部流动或以适当方式为西部服务。(4) 积极宣传科学的人才观，鼓励人人都做贡献，人人都能成才，努力建设一支规模适当、素质精良、结构合理、适应区域经济社会协调发展需要的人才队伍。

（四）重视解决人才队伍的结构问题

西部欠发达地区人才队伍存在结构性矛盾，在专业结构、能级结构、产业分布、行业分布、地区分布、所有制间的分布等方面都有不同表现。做好人才队伍的基础性工作，使人才资源的宏观结构适应西部地区产业结构优化的需要，适应西部经济、社会与环境协调发展的需要，必须认真解决人才队伍的结构问题。建议：(1) 明确人才资源配置的重点和方向，充实加强关键和重要领域的人才队伍建设，人才资源开发、吸引，要重点向西部地区的资源开发、产业结构优化升级的方向倾斜，推进重点领域的科技创新和产业技术水平升级。(2) 重视农村人才队伍建设，西部农村是社会主义新农村建设的攻坚之处，要按照新农村建设的需要，加强对农民的种植、养殖等科技培训，重视对农民市场意识和经营能力的培训，努力培养有文化、懂技术、会经营的新型农民。(3) 重视基层人才队伍建设，大力培养基层的实用性人才，拓宽脱产培训、出外研修、挂职锻炼、帮扶培训等多种人才培训渠道，认真组织实施各种形式的培训项目，培养基层技能型实用人才。(4) 积极改善人才队伍的专业结构和学历结构。根据西部大开发和西部产业特点，研究和改善人才队伍的配比结构，其中，要重点调节人才的专业结构和学历结构。鼓励和动员优秀大学毕业生到西部工作，通过实施“大学生志愿服务西部计划”、从高等院校选调优秀应届毕业生到西部地区基层单位工作等方式，优化基层人才队伍结构。

攻防开略篇

- 实施人才先行战略　构筑人才强企之路
- 积极适应企业发展战略需要　构建体系化人才工作新机制
- 深入推进“新三项制度”改革　促进人力资源管理转型升级
- 加强国有企业领导人员管理　建设高素质的领导人员队伍
- 加强领导人员监督约束　保障国有企业健康发展
- 统筹规划　备用结合　动态管理　建设高素质的后备领导人员队伍
- 畅通高层次人才的发展渠道　增强企业人才资源竞争能力
- 以创新团队建设为牵引　提升企业人才资源能力
- 深化考评制度改革　建立正确机制导向
- 探索新型用人机制　增强人才队伍活力
- 深化激励制度改革　再造国企发展动力
- 全面实施素质建设工程　增强人才队伍竞争实力
- 加快人力资源管理信息化建设　全面提升人力资源管理的水平

实施人才先行战略 构筑人才强企之路

人才是企业兴盛之基、发展之本。随着经济全球化和科技进步的日益加快，人才在企业竞争和发展中越来越发挥着决定性作用，人才竞争日趋激烈，人才资源已成为最重要的战略资源。国有企业特别是国有重要骨干企业要在竞争中赢得主动、获得优势，真正成为具有国际竞争力的大公司和大企业集团，必须进一步加强和改进人才工作，大力开展战略性人力资源开发，实施"人才先行"战略，走人才强企之路。

一、加强和改进国有企业人才工作是一项重大而紧迫的任务

进入新世纪新阶段，国有企业人才工作面临难得的发展机遇。经济全球化不断深入，科技进步日新月异，国际产业转移和结构调整，为我国加快发展提供了有利时机。国有企业改革不断深化，国有重要骨干企业经济实力进一步增强，国有经济不断发展壮大，为人才工作开展提供了比较雄厚的物质技术基础。目前正是我国全面建设小康社会、开创中国特色社会主义事业新局面的重要战略机遇期，党和国家顺应时代潮流，大力实施了人才强国战略，明确了新的历史条件下人才工作的基本思路和宏观布局，为国有企业人才工作指明了方向，提供了良好的政策环境。国有企业只有紧紧抓住机遇，把人才工作放在更加重要和优先的位置，才能有效推动企业改革、加快企业发展。

机遇与挑战并存。国有企业人才工作面临难得的发展机遇的同时，也将面对严峻的挑战。经济全球化，首先是人才的全球化。随着经济全球化趋势的加速发展，特别是我国加入 WTO 后国际国内两种资源的加速融合和国外跨国公司人才本土化政策的加速实施，人才全球化趋势进一步增强，人才的国际竞争将日趋激烈，人才竞争将在人才个体、人才群体和国家战略层面上全面展开，人才流动和人才资源重组将进入一个新的时期。国有企业特别是国有重要骨干企业要参与国际竞争，顺利实现企业发展的战略构想，必须以战略和全局的眼光进一步创新人才工作机制，从现代化、市场化、国际化的高度全面实施人才战略，加速建立与现代化、国际化相适应的，有竞争力的人才工作新机制。

面对经济全球化步伐不断加快和我国加入 WTO 新形势，面对国有企业提升自主创新能力，增强核心竞争力，全面建设有国际竞争力大公司和大企业集团的战略任务，国有企业在人才工作方面还存在较大的差距。一是少数企业和企业负责人观念陈旧，对人才工作的重要性认识不足，没有从战略层面思考和规划人才工作。二是企业人才总量、配比结构和素质仍不能适应企业改革与发展的需要，人才队伍结构性矛盾比较突出，高层次、高技能和复合型人才短缺，各类人才队伍发展建设还不平衡，没有形成事业发展与人才发展相协调的和谐局面。三是前瞻性体系化思考不足，体系化的人才工作机制还没有完全建立，选人用人方式比较单一，市场配置人才资源的基础性作用还没有充分发挥，科学有效的人才评价和激励约束机制尚未形成。

国有企业特别是国有重要骨干企业必须充分认识加强和改进人才工作的重要性和紧迫性，在深化企业改革、发展壮大国有经济的宏伟事业中，进一步增强责任感和使命感，抓住机遇，应对挑战，大力实施“人才先行”战略。要把实施“人才先行”战略作为推进企业改革与发展的关键环节纳入到企业发展战略中，逐步形成广纳群贤、竞争择优、能上能下、能进能出、充满生机与活力的用人机制，把企业人力资源有效转化为人才优势，努力造就一大批适应企业改革与发展的各类高素质人才，开创人才辈出、人尽其才的新局面。

二、新时期国有企业人才工作必须大力实施“人才先行”战略

加强和改进国有企业人才工作，实施“人才先行”战略，必须坚持以邓小平理论和“三个代表”重要思想为指导，贯彻落实党的人才工作路线、方针和政策，坚持党管干部、党管人才原则，坚持以人为本理念，以加强人力资源能力建设为核心，以创新人才工作机制为动力，以优化人才队伍结构为主线，以高层次人才队伍建设为重点，紧紧抓住人才工作的关键环节，积极开发利用国内国际两种人才资源，集聚各类优秀人才，为实现企业持续快速健康发展提供坚实的组织保障和强有力的人力资源基础。

（一）“人才先行”战略的基本内涵

“人才先行”战略是国有企业对走人才强企之路的全局性、长远性和系统性的思考，充分体现了人才工作在国有企业科技创新和经济发展中的基础和先导作用。科技要创新，经济要发展，关键是人才要先行。没有人才的先行，科技创新、经济发展就将成为无本之木。特别是在国际间竞争主要是科技与知识创新能力竞争的今天，人才的培养和积累更是科技和经济腾飞的先决条件。要紧紧抓住本世纪头20年的重要战略机遇期，全面实践企业发展的经营理念，实现以科技创新为核心的跨越式发展，必须率先实现人才的现代化、国际化，牢牢确立、全面实施“人才先行”战略。这既是全球化的新形势对人才工作提出的新任务、新要求，也是顺利实施企业发展战略构想的基本前提。

“人才先行”战略是战略型人力资源管理的本质要求，充分体现了人才工作的战略意义。将人才工作上升到战略层面，全面地与国有企业发展战略相匹配，使人才资源能够成为国有企业发展的战略伙伴，使人才工作步入了一个新的阶段。国有企业特别是国有重要骨干企业实施“人才先

行”战略是人才队伍建设适应新形势、迎接新挑战的战略举措，是落实人才强国战略和人才强企战略、促进国有企业改革发展和全面进步的客观要求，也是建设有国际竞争力的大公司和大企业集团，发展壮大国有经济，发挥国有企业的骨干作用、支柱作用和保障作用的重要保证。

“人才先行”战略是现代人力资源开发与管理理论的实践成果，充分体现了人力资源开发的内在规律。“人才先行”战略来源于人才资源是第一资源的科学论断。人才资源是重要战略资源、动力资源和优质资源，世界上物力资源的开发程度，取决于人才资源的开发程度，而人才开发是没有止境的。“人才先行”战略强调以人为本，充分吸收了人力资本理论、能力建设理论等理念，将现代人力资源开发与管理理论与国有企业人才工作实践紧密结合，是理论和实践在工作中的统一，是科学人才观在国有企业改革发展中的充分展示。

（二）实施“人才先行”战略的总体目标

实施“人才先行”战略的总体目标就是要实现人才工作的“四个转变”。

一是要实现由基础保障型向能力先导型的转变。基础保障型人才工作是需要什么解决什么、缺什么补什么；能力先导型人才工作则需要企业根据科技和经济发展趋势，前瞻性地制定实施人才培养发展规划，超前做好人才培养工作，以人才创新能力的提升来保证和促进企业改革发展事业。

二是要实现由拥有型向开放型的转变。长期以来，国有企业在用人上一直强调对人才的拥有，强调有什么样的人办什么样的事，从而在一定程度上束缚了企业发展的手脚。要用市场化机制，以现代化手段和国际化眼光，有效激活、优化和整合国内国际两种人才资源，建立面向国际国内两个市场的人力资源配置体系和开发机制，逐步实现国有企业人才工作由传统人事劳动管理工作向市场化、现代化、国际化人力资源开发的转变。

三是要实现由留住用好单个人才向建设创新团队的转变。人才资源既是第一资源，也是一种稀缺资源。全面实施“人才先行”战略，要激励人才的创造性、挖掘人才资源的潜力，营造良好的环境和条件，充分把各类人才的积极性调动起来。特别是要从过去着眼于人才个体的稳定和激励向着眼于人才团队的聚合效应的转变，实现发挥创新团队整体效应的跨越。

四是要实现以人才规模调整为主向以提升素质和优化配比结构为主的转变。面对发展任务和要求，人才工作要把工作重点放到优化人才配比结构、提高团队创新创造能力、提升全员素质上来，不断提升人力资源基础能力，推动国有企业现代化、国际化进程。

（三）实施“人才先行”战略的主要任务

——战略前瞻、整体规划。根据企业发展战略、内外部环境对人力资源的需求进行前瞻性分析，同时采用对标管理方法，与国内外先进企业进行对比，明确所需人员数量、结构和素质要求，然后对企业各类人才的现状进行客观评价，科学分析人才的成长性、发展性需求，提出人才工作的整体规划，并制定分步实施方案。

——畅通渠道、协调发展。根据事业发展需要和不同人才自身的能力素质特点，合理构建、积极畅通经营管理、专业技术和专门技能人才的发展渠道，形成三支队伍协调并进、分类发展的局面，最大限度地发挥人才效用。

——优化结构、合理配置。以企业整体规划和结构调整需要为前提，用积极的政策和正确的导向，加强整体调控，建立人才结构与经济发展相协调的动态机制。在人才工作中，既要注重人才数量和素质，又要突出强调优化人才结构、合理配置资源，通过按需引进、合理使用、优化配置、有序流动，保持各个类别、各个层次人才的合理结构比例。

——系统构思、创新机制。围绕企业发展目标，大力推进人力资源开发和管理工作中的制度创新和机制创新，构建“整体规划、严把入口、合理使用、科学考评、有效激励、及时培训、疏通出口”的体系化人才工作新机制，实现由粗放型的传统人事劳动管理向精细化的现代人力资源开发与管理的根本转变，实现人才工作的规范化、制度化、科学化。

（四）实施“人才先行”战略的基本要求

——必须坚定不移地贯彻党管干部、党管人才的原则，始终坚持党对人才工作的领导。要坚定不移地贯彻中央的路线、方针、政策和党组的决策。人才工作政策性、原则性强，必须始终把握正确的政治方向，树立大局意识和全局观念，坚持党管人才的原则，一切工作必须在党的统一部署下进行。

——必须牢固树立科学的人才观，始终坚持“人才资源是第一资源”的理念。牢固树立以人为本的观念，使人才工作始终着眼于促进各类人才的健康成长，着眼于调动各类人才的积极性、主动性和创造性。牢固树立人才工作先行的观念，在企业各项工作中始终把人才工作放在优先考虑的战略位置，做到先行一步。牢固树立人才市场化、国际化的观念，充分利用国内国际两种人才资源，使各类优秀人才充分施展才干。牢固树立竞争择优的观念，坚持把品德、知识、能力和业绩作为衡量人才的主要标准，不拘一格选人才。牢固树立人人都可以成才的观念，鼓励广大员工爱岗敬业，人人争作贡献，人人力争成才。

——必须围绕改革发展大局和企业的中心任务，始终保持与时俱进的创新精神。企业的中心任务是人才工作的出发点和落脚点，不论是领导班子建设，还是三项制度改革，都必须服从和服务于这个中心，这样工作才能做到有的放矢。要保持与时俱进的精神状态。人才工作处于改革攻坚的最前沿，面对各种复杂的矛盾和问题，必须解放思想，永远保持与时俱进的精神品格和工作状态，勇于否定自我、超越自我，积极应对不断变化的形势与环境，以创新的观念审时度势，以创新的勇气直面难题，以创新的精神开创工作的新局面。

——必须坚持前瞻谋划与循序渐进相结合，始终保持实事求是的工作态度。人才工作牵一发而动全身，必须从战略全局的高度出发，用系统思维的方法，全瞻性地进行谋划，全方位地进行统筹。同时，要结合企业自身的实际情况，认真研究工作中的难点和热点问题，确保整体工作稳步开展，取得实效。

——必须坚持走体系化的人才工作之路，始终保持人才工作机制的活力。要开创人才工作的新局面，建设一支适应事业发展的人才队伍，必须保证人才工作体系化和规范化。这需要按照战略前瞻、系统构思、整体规划、分步实施、过程控制、追求实效、力争卓越的工作思路，建立一个人才工作新体系。只有坚持创新人才工作机制，才能不断健全充满生机与活力的人才工作机制。

三、大力实施“人才先行”战略，开创人才工作新局面

大力实施“人才先行”战略，必须分阶段突出重点，抓落实整体推进，要按照“指导探索，理清新思路；规范运作，建立新体系；全面深化，再上新台阶”的总体工作思路开展各项人才工作。

——指导探索，理清新思路，就是要与时俱进，试点探索，夯实基础，制定一系列构建人才工作新体系的指导意见，确立企业人才结构全面调整优化的思路、目标与任务。

——规范运作，建立新体系，就是要积极建立和完善以业务发展体系为核心、以基础支撑体系为保障的八项子体系，逐步使人才工作业务发展和基础支撑两大体系运转自如、相得益彰，共同构建适应企业战略构想和现代化、国际化发展要求的人才工作新体系。

业务发展体系，由可持续发展的领导人员和高层次骨干人才管理子体系、动态的人才结构优化子体系、渐进的人才素质建设子体系、有效的人才考核评价与激励约束子体系等四个子体系构成。

基础支撑体系，由前瞻性的政策研究子体系、市场化的中介服务子体系、灵活实用的信息网络子体系、坚强有力的团队建设子体系等四个子体系构成。

——全面推进，再上新台阶，就是要全面推进人才工作体系建设，不断总结经验，不断创新完善，力求实际效果，促使人才工作再上新台阶、

实现新跨越，为企业实现改革发展目标提供坚强的组织保障和人力资源支撑。

结合总体工作思路，国有企业特别是国有重要骨干企业推进“人才先行”战略，必须进一步加强以下十个方面的具体工作。

（一）全面实施领导干部队伍“素质建设工程”，为实现企业发展目标提供强有力的组织保证

领导班子和干部队伍建设是保证企业各项工作顺利开展的关键，是“三支队伍”建设的核心。领导干部队伍的素质建设问题，是关系到能否与时俱进、奋发有为地推进企业改革发展的根本性问题。全面实施领导干部队伍“素质建设工程”是今后一段时间内领导班子建设工作的重中之重。

制定新形势下实施领导干部队伍“素质建设工程”的新内涵、新标准。根据党的十六大和全国组织工作会议精神的要求，今后一段时期，领导班子建设要紧紧围绕企业新的改革发展形势，有针对性地制定出新形势下实施领导干部队伍“素质建设工程”的新内涵、新标准。政治素质建设的核心是“靠得住”，重点是要坚持不懈地用“三个代表”重要思想武装我们的头脑、统领我们的思想，在思想上、政治上、行动上与党中央保持一致，始终保持谦虚谨慎、不骄不躁的作风，始终保持艰苦奋斗的作风，教育和引导领导人员树立正确的权力观、地位观、利益观，在领导班子中形成讲党性、讲大局、讲团结的氛围，把爱党、爱国、爱人民落实在忠诚企业的各项事业之中，在重大原则问题上分得清是非、经得起考验，坚决按照中央和企业的要求去办。业务素质建设的核心是“有本事、肯干事、干成事”，重点是进一步培育和锤炼好领导企业改革发展的五项基本能力：即科学判断形势和分析竞争对手的战略预见能力、按市场经济要求与时俱进推进企业改革发展的业务能力、从容应对困难复杂局面和突发事件的应变能力、知人善用的选人用人能力、总揽全局的组织协调能力。

调整与优化领导班子结构。在坚持革命化的基础上，继续大力度推进领导人员年轻化、专业化和知识化。在企业中，要逐步达到至少有一名以上的40岁以下、全日制大学本科及以上学历且熟练掌握国际国内两个市场运作规则、有效运用一门外语的领导人员；与此同时，结合领导班子调整工作，重点发现补充一批战略发展研究、科技创新、国际国内市场经营、资产与资本运作等方面工作的人才。

改革创新领导人员选拔任用和考核评价方式与方法。加大领导人员选拔任用方式改革与创新力度，进一步规范考核责任制、署名测评与推荐、竞争上岗、公开招聘、任前公示、资产经营责任制等办法，实现领导人员管理工作的制度化、程序化和科学化。要进行按岗位量化考核的试点探索，总结经验，逐步推开，实现科学量化考核。

（二）整体规划人员结构调整优化方案，促进人力资源能力建设

要对企业现有人力资源总量、质量、结构、岗位设置等状况进行一次全面的调研、分析、评估。创建企业“人力资源信息报表制度”，及时准确地反映企业人力资源全面信息和人力资源能力建设最新进展，系统掌握人力资源配置的现实能力。

要根据企业发展战略，围绕企业改革发展的需要，加强人力资源开发的前瞻性研究，组织专门力量，做好各类人员特别是重点领域、骨干人才的需求预测工作，提出企业人力资源能力建设的总体目标与任务。在此基础上，制定科学合理、切实可行的人员结构调整优化的整体思路、目标及推进措施方案。同时，积极吸引高层次人才，把接收和引进大学本科及以上学历、专业对口的人才数量和各类人员结构调整优化的比例等作为考核领导班子的重要指标，以保持人员各个类别、各个层次的合理结构比例。

（三）深化用人制度改革，促进各类人才的合理使用

畅通渠道。要从思想观念和制度安排上彻底打破传统的“干部”和“工人”身份界限，变“身份管理”为“岗位管理”。根据事业发展需要和不同人员自身的能力素质特点，构建适应市场经济发展要求的企业家和经营管理者队伍、适应高新技术发展要求的专业技术人才队伍、适应先进工艺发展要求的专门技能人才队伍等三支队伍分类建设与发展的框架，积极拓展并畅通三支队伍分类发展的渠道。三支队伍人员可以互相流动，但不得相互交叉任职，尤其是要把企业家和经营管理者与科技带头人、“两师系统”人员等骨干专业技术人员分离开来。在三支队伍中，企业家和经营管理者是核心，专业技术人才是关键，专门技能人才是基础。三支队伍不可或缺，不可替代，共同构成现代企业人力资源的整体。

科学设岗。按事业发展需要和员工正常成长要求设立岗位。在不断调整和优化管理体制和组织结构模式的基础上，引入岗位管理理念，按照职位分类（岗位分类）的原理和方法，根据企业发展战略和科研、生产、经营的需要，科学设置不同类型岗位。在此基础上，要制定不同类型人员的岗位分析和职位说明，从而明确每个岗位的职责权限、工作标准、管理标准，明确岗位工作特征，明确上岗人员的标准和条件、权利和义务等等。

合理聘用。根据不同岗位的特性和不同人员的特点，分别采取不同的聘用方式。

对各类初级人员，要逐步做到面向企业和社会公开招聘，通过市场化机制予以配置；对各类中高级人员，要逐步借鉴职业生涯设计制度的一些理念，在组织培养和实践锻炼中，考核其素质与能力，根据其素质与能力以及业绩表现分类设计其成长发展之路，从而有组织、有计划地进行针对性培养、使用。

对高级经营管理人员，要在开展职业生涯设计，完善组织选拔的基础上，积极创造条件，积极引入竞争上岗和面向国内外公开招聘等手段。

对专业技术人员，要不断改革，引入竞争机制和目标管理制度，激发科技人员的创新活力。要逐步推行专业技术人员执业资格制度。要结合技术创新，不断为核心关键人才构筑良好的事业平台，要积极支持和鼓励专业技术人员直接深入市场经济第一线引领项目、承包工程，使主要专业领域都有1—2个在国内外同行业中具有一定知名度的专家，不断提高企业高新技术产业化的规模和水平。

对专门技能人员，要根据企业生产经营需要，参照国内外同行业先进水平，科学测定岗位工作量，合理确定劳动定额定员标准，面向社会、条件公开、平等竞争、择优录用。要建立健全劳动合同动态管理制度，依法规范劳动关系。要进一步树立“专门技能人员也是人才”的观念，下大力抓好数控装备等高科技装备操作人员的培养培训，进一步增强专门技能人员的成就感和荣誉感。要建立新型“拜师学技”机制，继承特殊、关键技能人才的“绝活”或一技之长，确保生产任务的顺利完成。

积极推进“协议用人”制度和人才使用“契约”制度的建立，根据实际工作需要，不拘一格，广纳各类有用之才，充分挖掘各类人才的潜力，调动海内外各种优秀人才的积极性，探索“不求所有，只求所用，借脑发展”的实现途径。

通过用人制度的改革和创新，充分发挥人力资源的整体优势和个性特质，真正实现“人适其岗、岗适其人，各尽其能、各得其所”，建立用人机制市场化、用人制度科学化、用人形式多样化、用人管理现代化的新型用人观念，提高人力资源市场化配置的程度和水平。

（四）完善法人治理结构，建立现代企业“均衡决策、合理监督”的新型组织领导体制

要根据党的“十六大”精神，积极推进国有资产管理体制改革。要按照建立现代企业制度的要求，积极跟踪国家关于国有资产管理体制改革的发展趋势要求，积极推动各级企业实行规范的公司制改造，大力推进企业的体制、技术和管理创新。要不断改革国有独资或国有控股条件下委托代理办法，进一步调整现行出资人代表委派办法，探索新的出资人代表委派方式；严格董事、监事和经理人员“准入”资格和“禁入”限制以及工作业绩考核，提高其依法决策、依法监督、依法经营的素质与能力；完善公司董事会、监事会、经理层议事规则和工作规范。在此基础上，切实促进董事会、监事会、经理层人员责、权、利真正到位，有效履行各自岗位职责。同时，建立健全董事会、监事会、经理层决策、监督和经营责任追究制度和领导人员分类述职、报告制度。通过有效的制度建设，使企业各管理层级形成各司其职、协调运转、均衡决策、合理监督的组织领导体制。

（五）建立健全以经营绩效和工作业绩为核心的考核评价指标体系，构建科学的考核评价机制

对企业经营绩效的考核，要围绕企业发展战略的要求，逐步建立以促进企业持续快速发展的发展性指标为核心的新型考核指标体系，把净资产收益率、人均销售收入和重大资产重组、人员结构调整任务、高科技产业化能力建设、国际化经营水平等指标作为考核评价企业经营绩效和领导人员素质与能力的重要指标，加大考核与奖惩力度。同时，要区别不同单位、不同发展阶段的不同特点，制定有不同侧重的、差别化的考核评价指标体系。如，对正处于成长期的单位，主要考核其发展速度和经济增量；对处于成熟期的单位，主要考核其基础管理水平、骨干产品市场占有率和可持续发展能力；对处于产品衰退期的单位，主要考核其新产品和新技术、新工艺、新材料的研制状况，重点看其发展后劲。

对员工的考核评价，要在岗位分析和职位说明的基础上，根据其承担的岗位职责，建立健全各类人员个性化、差别化的考核评价指标体系。考核指标体系要尽可能地予以量化，确实一时难以量化的，要根据经营业绩和工作实绩，准确评价其个人的角色贡献和努力程度。

对领导人员在全面推行述职、报告制度的基础上，建立起以经营绩效、社会贡献与管理成效、履职素质与能力等为主要内容的考核评价指标体系，实施按岗位量化考核评价。一般情况下，对董事会成员要考核其资产运营和投资决策方面的业绩，主要以资产保值增值为评价标准；对经理层成员要考核其履行经营管理职责和取得业绩情况；对其他经营管理人员要根据其岗位职责及工作业绩，分类建立按岗位量化考核评价指标体系并严格考核。对经营管理人员的考核评价要重点分析企业经营绩效和个人工作业绩之间的关系，历史、客观、准确地评价出个人在企业经营中的贡献。

对专业技术人员主要是建立起以科研成果及其产业化效益和科技创新能力为主要内容的考核评价指标体系，实施按科研或工程项目量化考核评价。

对专门技能人才主要是建立起以有效劳动的数量、质量和特殊技能为主要内容的考核评价指标体系，实施按劳动成果量化考核评价。

各类人员的考核评价结果要与职位调整、薪酬分配、奖惩、培训挂钩。

（六）建立以效益和贡献为核心的灵活多样的新型分配制度，促进有效激励机制的形成

按照建立现代企业新型分配制度的要求，突破传统岗位技能工资制弊端，确立劳动、资本、技术和管理等生产要素按贡献参与分配的原则，完善按劳分配为主体、多种分配方式并存的分配制度。坚持效率优先、兼顾公平，既要提倡奉献精神，又要落实分配政策，既要反对平均主义，又要防止收入悬殊。

对不同层次、岗位、条件的人员，要着眼于促进人员结构调整优化、畅通三支队伍发展通道，积极建立以岗位工资为基础、以效益工资为核心的灵活多样的分配形式，向骨干人才、短缺人才和关键岗位、特殊岗位倾斜。岗位工资要综合考虑岗位技能、责任、劳动强度、工作环境和人心流向等要素；活性收入主要依据企业整体经营效果和员工个人工作业绩确定，活性收入的比重要逐步加大到60%以上。

进一步健全经营者收入分配激励和约束机制。对经营者普遍建立岗位绩效工资制，鼓励和促进经营者立足本职岗位，努力创造优良的业绩，实现个人自身价值与集团发展需要的统一。

对市场营销人员，要完善按产品销售收入提成或实际销售货款回收提成的分配办法，通过特殊政策激励，加大新产品市场开发、推销库存积压产品或回收逾期货款效果显著的营销人员奖励力度。

进一步加大对专业技术人员的激励力度。实行按岗位定酬、按任务定酬、按业绩（科技成果）定酬的分配办法。对有贡献的专业技术人员可实行项目成果奖励、技术创新和新产品产业化新增净利润提成、技术转让收入提成等，有条件的可实行协议工资、年薪制等分配方式。对少数关键专业技术人才，可设立特殊专项技术津贴或实行其他更加灵活的工资福利政策。

对企业管理人员和无定额考核的生产工人实行岗位效益工资制；对有劳动定额考核的生产工人实行计件工资制，以产品市场价格确定成本，合理推定计件单价，按照完成任务的质量和数量确定收入水平。

在完善即期激励机制的基础上，制定有效的中长期激励办法和措施，进一步加大中长期激励力度，积极构建持续发展机制。要结合企业改革实践，积极探索企业经营者持股、职工持股、技术入股和资本、技术要素参予收益分配等中、长期激励的实现途径，促使经营者和职工群众与企业发展"同生死、共命运"，构建共同利益一体化机制。

要运用市场手段调节收入分配，合理调整分配结构，提高骨干人员收入水平的市场竞争力。同时要坚持收入唯一的原则，进一步规范分配秩序，净化收入渠道，完善收入分配管理。

（七）进一步加大岗位培养培训力度，不断提高职工队伍的知识创新能力

要全面构建分层分类的培训体系。培训重点是突出培育员工对企业共同价值观的归属感和适应企业战略要求的、具有国际国内两个市场运作能力以及技术创新素质的经营管理和骨干专业技术人才。要充分利用现有培训资源，实现各类人员综合素质培训与专业能力培训相结合。

突出抓好领导干部的培养培训。一手抓政治素质的提高，特别是要把"三个代表"重要思想的学习教育摆在首位；一手抓知识更新和业务培训，重点是抓好适应企业发展要求的现代科技知识、市场经济知识、国际惯例知识和外语知识的培训。坚持在工作中学习，在学习中工作，并力争每年有20%左右的领导干部参加多形式、多层次的培训学习，争取5年内逐步使领导人员普遍接受一次培训，以培养一批熟悉国际市场运作、了解现代科技和管理发展趋势的外向型、复合型人才。

要进一步建立健全培训制度，严格规范培训要求。今后每一位新上岗或转岗员工，必须接受一次系统的岗前培训，明确工作任务、工作方式和工作目标，并取得合格的上岗资格；在同一岗位或同一职务连续任职超过三年以上的，必须接受一次比较系统的岗位培训。通过建立系统化、制度化的全员培训机制，构筑“员工终身教育体系”，努力创建“学习型企业”。

（八）制定积极的员工动态流动措施，保持员工队伍整体活力

要进一步拓宽人员流动通道，主要通过交流或岗位轮换、公开招聘、竞争上岗、调整工作分工、随项目迁移、分配急难险重任务、选派到基层担任重要领导职务、挂职等有序流动形式，逐步实现企业整体人力资源合理、自如的配置。要进一步细化、完善人员流动配套政策，正向激励，切实解决员工后顾之忧。要把员工流动与合理使用紧密结合起来，努力培育复合型人才队伍。

要加强企业人才“蓄水池”建设。把企业重点部门建设成为企业高级经营管理者的摇篮和基地；把重点科研部门建设成为企业高层次专业技术人才和科技管理人才的摇篮和基地；把营销部门建设成为企业运作国际国内两个市场的高层次人才的摇篮和基地。

（九）积极疏通员工“出口”渠道，促进经营管理者“能上能下”、员工“能进能出”机制的建立

对领导人员，要进一步明确不称职、不胜任本职工作和不适合继续担任领导职务的认定标准和调整办法，进一步加大调整不称职、不胜任本职工作领导人员工作的力度；因年龄、任期和回避等政策限制的，必须适时进行调整；对技术精湛、业务拔尖的专业技术型的行政领导人员可以保持原有待遇，改任科技带头人，构建领导人员“退出”机制。

大力促进下岗职工再就业和富余职工分流安置工作。对因产品、产业结构调整，现有岗位不适应新要求，本人原上岗条件不复存在又不能适应新岗位要求的富余人员，通过采取主辅分离、辅业改制、破产重组、自主创业、自谋职业等途径妥善解决其再就业和分流安置通道。

（十）加强自身队伍团队文化建设，努力创建前瞻性、体系化的人才工作新机制

要进一步细化组织、人事、劳资工作者上岗资格和条件，建立明确的岗位工作责任制和考核评价指标体系，按照团队文化建设的总体要求，紧紧围绕企业战略发展的需要，培育和塑造人才工作者正确的思维方式，形成“战略前瞻、系统构思、分步实施、过程控制、追求实效、力争卓越”的工作模式。对人才工作者要严格要求，严格管理，通过严格的制度规范，提高人才工作的科学化水平，把人才工作全部融入到企业中心工作之中，自觉服从并服务于企业改革与发展大局，把各方面的积极因素凝聚成为推动人才工作不断改革创新的合力，努力创建前瞻性、体系化的人才工作新机制。

积极适应企业发展战略需要
构建体系化人才工作新机制

人才队伍的活力取决于人才工作机制的灵活性和适应性。随着社会主义市场经济体制的建立和完善，国有企业的发展步入了一个新的阶段。一方面，企业真正成为市场竞争的主体，直接面向国际国内两个市场参与竞争，而且竞争环境日趋激烈；另一方面，随着国有企业实现由“解困型”向“发展型”的转变，企业的发展战略发生了重大转移。人才资源的支撑能力越来越成为决定企业竞争实力的重要软实力之一。在这种情况下，以干部管理和人事管理为特点的传统人事管理工作机制以及企业在解困初期采取的“头痛医头，脚痛医脚”的应急式人才工作方式，已经很难适应企业的发展要求。人才工作机制是企业人才队伍建设中具有根本性、全局性、稳定性和长期性的问题。培养造就高素质的企业人才队伍，推动企业全面、协调、可持续发展，必须遵循人才资源开发的基本规律，综合考虑影响人才工作的各类因素，建立符合企业发展与市场化特点、充满生机与活力的体系化人才工作新机制。

一、构建体系化人才工作机制的背景

20 世纪 90 年代前后，国有企业改革处在一个特殊的发展阶段。当时，众多企业摊子大、人员多、历史包袱重，企业长期严重亏损、主业不精不强、经济效益差。同时，高层次人才进不来、留不住的现象十分严重。在这种情况下，许多企业一方面积极定战略、理思路，大力培育核心业务，另一方面积极出台人才吸引、稳定和激励的政策措施，千方百计地吸引和稳定骨干人才。应该说，通过一些“应急性”的特殊政策，一些企业初步遏制住了人才进不来、留不住的问题，促进了企业的扭亏和解困。但是，随着企业由“解困型”向“发展型”转变，过去长期在计划经济条件下形成的传统的人事劳动工资管理制度和机制定式，与企业新的战略发展目标要求相比，已经出现了严重的不适应：一方面，人才结构不尽合理、整体素质不高，人员总量过剩与高层次人才相对短缺的结构性矛盾比较突出；另一方面，人才工作以重点突破和个体激励为主要特点，制度不健全、不系统，“头痛医头，脚痛医脚”的现象比较普遍，不利于发挥团队的整体效应。

新世纪新阶段，国有企业人才工作面临着良好的机遇。全国人才工作会议的胜利召开，全面确立了“人才资源是第一资源”的思想理念，提出要“坚决破除那些不合时宜、束缚人才成长和发挥作用的观念、做法和体制，推动人才工作体制和机制的全面创新”，人才工作进入了全面创新发展的新阶段。国有企业要及时解决在发展转型过程中出现的矛盾和问题，实现人才工作由“点的突破”到“整体推进”，更好地适应企业的发展要求，必须按照科学发展观的要求，综合考虑影响人才工作的各种因素，系统完善人才工作的各个环节，积极构建体系化人才工作新机制，努力实现由基础保障型向能动先导型、由拥有型向开放型、由留住用好单个人才向建设创新团队、由以规模调整为主向以提升素质和优化配比结构为主的“四个转变”。

二、体系化人才工作新机制的基本内涵

（一）体系化人才工作新机制的整体框架

新时期，国有企业构建体系化人才工作新机制，就是要以领导班子和人才队伍建设为主线，以优化人才结构、提升人才素质为目标，以全面构

建“七个环节、七个制度、五个机制协调并进，业务发展体系、基础支撑体系相济互促”的人才工作新体系为“总抓手”，促进人才工作规范运行、协调发展，通过体系化、科学化的新型工作机制的建立，实现人才工作由“点的突破”到“整体推进”。其中：

七个环节是指人才工作的核心流程，主要包括整体规划、严把“入口”、合理使用、科学考评、有效激励、及时培训和疏通“出口”等七个方面。

七个制度是指人才工作主体的七个制度群，主要包括均衡的决策制度、合理的监督制度、科学的考评制度、有效的激励制度、准确的职业生涯设计制度、体系化的人才队伍建设制度、正常的减人增人制度等七个方面。

五个机制是指经营管理者能上能下机制、员工能进能出机制、收入能高能低机制、科学合理的监督约束机制以及前瞻性、体系化的人才开发机制。

业务发展体系是指由可持续发展的领导人员和高层次骨干人才管理子体系、动态的人才结构优化子体系、渐进的人才素质建设子体系、有效的人才考核评价与激励约束子体系等四个子体系构成。

基础支撑体系是指由前瞻性的政策研究子体系、市场化的中介服务子体系、灵活实用的信息网络子体系、坚强有力的团队建设子体系等四个子体系构成。具体结构和关系如图2－1：

（二）体系化人才工作新机制的内部基本关系

1. 业务发展体系中四个子体系间的关系

业务发展体系包涵四个发展子体系。其中，领导人员和高层次骨干人才管理子体系是业务发展体系中的核心业务体系；素质建设体系、结构优化体系、激励约束体系是基本业务体系。核心业务体系是由三个基本业务体系的核心部分组成的，换句话说，领导人员和高层次骨干人才管理子体系包含有素质建设体系、结构优化体系、考核评价与

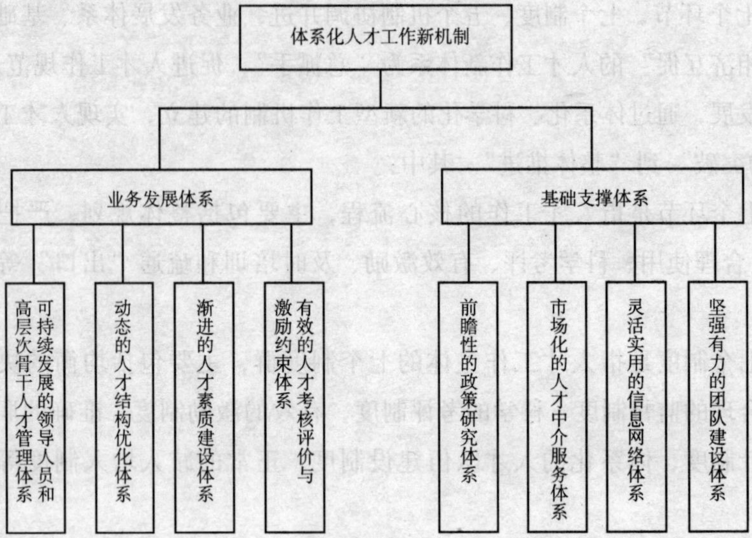

图2-1 体系化人才工作新机制示意图

激励约束体系的部分内容，是三个基本业务体系的顶层部分，也是牵引三个基本业务发展体系的纲。素质建设体系、结构优化体系、考核评价与激励约束体系三个基本业务发展体系是业务发展体系中的基础，三者共同组成整个业务而又共同支持着人才工作的主线——即领导人员和高层次骨干人才管理工作。

2. 基础支撑体系中四个子体系间的关系

基础支撑体系的核心体系是前瞻性的政策研究体系，它是统领整个基础支撑体系的纲，坚强有力的组织人事劳资团队建设体系是整个基础支撑分体系中的基础，是基础中的基础，而体系市场化的人才中介服务体系和灵活实用的人力资源信息网络体系则是整个基础支撑体系中的基本体系和辅助体系。从基础支撑体系整体看，是“一首一体两翼”型结构。政策研究体系是头；组织人事劳资团队建设体系是体；人才中介服务体系和人力资源信息网络体系是两翼。

3. 业务发展体系与基础支撑体系间的关系

业务发展体系是核心，基础支撑体系是保障。业务发展体系为基础支撑提供需求牵引，基础支撑体系为业务发展体系提供必要的发展支撑。业务发展体系与基础支撑体系相互依存，而又相互促进。没有业务发展体系，基础支撑体系就成为无本之木。没有基础支撑体系，业务发展体系将失去支撑，成为无源之水。因此，业务发展体系和基础支撑体系是辩证的统一体，不可孤立地存在，也不可以单独发展。必须使两个体系互为基础和前提、互为补充和支持，才能成其为一个体系。业务发展体系和基础支撑体系是组成人才工作体系的两大基础要素，缺一不可。

（三）体系化人才工作新机制的内涵

体系化人才工作新机制是一种工作方法和工作模式，是一种工作状态和工作目标，与以人为本的科学发展观的内涵是相一致、相统一的，这就是全面、协调、可持续。实现可持续发展，是科学发展观的重要体现，也是国有企业特别是国有重要骨干企业建设有国际竞争力大公司大企业集团的必然要求。企业发展战略的核心是实现企业经济、事业和员工的全面发展。人才支撑发展，发展孕育人才。经济的增长和事业发展在很大程度上取决于对物质资源的开发和利用。物质资源的开发利用是人类社会发展的基础，而人类智慧和能力的发展决定着对物质资源开发的深度、广度和效率。因此，只有达到事业和人才的和谐统一，才能保持事业和经济的持续快速增长。体系化人才工作新机制作为统筹谋划和系统推进人才工作的有效方法，不仅能全面推进人才队伍建设，使每位员工得到全面发展，而且能够充分发挥人力资源优势，并以人力资源优势促进企业各项事业的发展。从这个意义上讲，体系化人才工作新机制是可持续发展的根本机制，是开发和利用好人力资源，推进企业实现战略构想的根本前提，是实现人才工作与企业战略构想协调统一的重要保证。

（四）体系化人才工作新机制的本质和核心

马克思主义认为，未来社会应该是以每个人的全面和自由发展为基本原则的社会形式。随着经济的发展、社会的进步和生活的改善，促进经济社会的发展，不仅是物质财富的积累，更重要的是实现人的全面发展。人才工作体系是促进人才充分发挥主观能动性和创造性，实现全面发展和个人价值的工作方法，是促进人力资源得到全面发挥的工作方式，是促进和实现组织与个人和谐、全面发展的工作机制。因此，以人为本是贯穿人才工作体系的主线，是人才工作体系的本质和核心。

（五）体系化人才工作新机制的根本目的

提升人力资源能力，促进组织和人的全面发展是构建人才工作体系化的根本目的。当今世界，人才和人的能力建设在各种竞争中越来越具有决定性的意义。人力资源并不是有了一定数量的人员就能自动生成的，而是需要去开发和建设。因此，人力资源能力建设是人才工作的根本途径。建立体系化人才工作新机制，根本目的也是提高人才资源能力建设。人才成就事业，事业造就人才。人才需要通过组织提供事业平台和事业环境才能吸引过来、培养起来、造就出来。

三、构建体系化人才工作新机制的总体目标和基本思路

（一）构建体系化人才工作新机制的总体目标

构建体系化人才工作新机制的总体目标是建立“一个机制”，优化“三个结构”，畅通“七个环节”，实现“九个和谐”。

建立“一个机制”，就是围绕企业发展目标，大力推进人力资源开发和管理工作中的制度创新和机制创新，构建一个体系化的人才工作新机制，实现由粗放型的传统人事劳动管理向精细化的现代人力资源开发与管理的根本转变，实现人力资源开发与管理工作的规范化、制度化、科学化。

优化“三个结构”，是针对“三支队伍”而言，就是根据事业发展及时对“三支队伍”进行宏观和微观的动态结构调整和优化。三支队伍是指

适应市场经济发展要求的企业家和经营管理者队伍、适应高新技术发展要求的专业技术人才队伍、适应先进工艺发展要求的专门技能人才队伍。具体讲，就是要“优化整体结构，优化配比结构，优化专业结构”。优化整体结构，就是以人员顶层设计方案为牵引，通过人力资源预算和产业结构调整，进一步优化人员的整体结构；优化配比结构，就是通过动态的人员流动和进出机制，使三支队伍中各类人员数量配比逐步适应企业战略发展需求；优化专业结构，就是通过引进、培养等措施，逐步使专业技术和专门技能人才的结构满足“三步走”战略的要求，达到国际化、高科技、现代化的需要。

畅通“七个环节”，就是要逐步打通“整体规划、严把入口、合理使用、科学考评、有效激励、及时培训、疏通出口”这七个环节，使人力资源开发与管理形成一个有机整体，并保持协调、顺畅、高效地运转。

实现“九个和谐”，就是要实现在组织机构上“和谐管理”，在人岗匹配上的“和谐进出”，在素质提升上的“和谐培训”，在管理岗位上的“和谐上下”，在人力资本上的“和谐配置”，在能力业绩上的“和谐考评”，在薪酬激励上的“和谐高低”，在体制机制上的“和谐运行”，在企业文化上的“和谐发展”。

具体来讲，就是通过组织结构调整、优化和再造，使资源得到优化配置，从而实现组织机构上的“和谐管理”；

通过开展岗位分析和职位说明工作，确定岗位数量和上岗条件，并在此基础上按照“双向选择”的原则进行竞争上岗，实施全员劳动合同制和契约化岗位管理，逐步做到“能者上岗，平者让岗，庸者出岗”，从而实现岗位与人员的“和谐进出”；

通过开展员工职业生涯设计、开发和管理及开展大规模的全员培训，不但把培训与组织发展、个人发展及其个人的业绩考核、薪酬激励结合起来，而且逐步使培训成为组织对员工激励的一种有效手段，逐步使培训工作走上一条体系化、制度化、规范化轨道，逐步建立起全员终身培训学习的机制，从而实现素质提升上的“和谐培训”；

对经营管理者，在通过组织培养选拔和职业生涯设计选拔经营管理人才的同时，进一步发挥中介服务机构的作用，加强对全球人才的猎取和对人才资质与绩效的评估，建立高级经营管理者竞争择优机制，使“能者上，平者让，庸者下”，从而实现在管理岗位上的“和谐上下”；

通过建立企业的人才“蓄水池”和“人才盆地”，从整体上合理调配各类人力资本，使优秀的人力资本配置到关键领域、关键岗位和最需要的事业上，最大限度地发挥人力资本的效能，从而实现在人力资本上的“和谐配置”；

通过借助中介评价机构的力量，建立适合事业发展需求的合理的考评指标体系、规范的量化考核评价标准和严格的考核评价机制，确保能够及时有效地对各类人员素质、能力、业绩和履职情况进行考核和评价，从而实现在能力业绩上的“和谐考评”；

通过引入按生产要素分配、按工作业绩取酬等方式，进一步丰富和完善分配体系，不断提高长、中、短期和各类激励方式的效用，逐步形成“有一份贡献，得一份报酬”和“多劳多得，少劳少得，不劳不得”的机制，从而实现在薪酬激励上的“和谐高低”；

按照“各负其责，协调运转，有效制衡”的原则，通过逐步完善法人治理结构和完善财务、审计监督体系，进一步健全监督制度，不断加大监督力度，确保整体组织体系运转有序，从而实现在体制机制上的“和谐运行”；

通过提高人力资源管理水平，积极培育优秀的团队文化，增强全员对企业的归属感，形成对企业品牌和企业形象的高度认同，进一步夯实企业文化建设的基础，从而实现在企业文化上的“和谐发展”。

（二）构建体系化人才工作新机制的基本思路

构建体系化人才工作新机制要按照分步实施、整体推进的总体工作思路稳步推进。人才工作内涵丰富，涉及面广，体系建设是一个业务的有机整体而不是单纯的业务机械组合，是一个具有中长远规划性质的系统工程。构建体系必须树立和落实科学发展观，也就是要树立胸怀大局的意识，养成系统思维的习惯，建立关联思维的模式，善于把单一的工作放到大局中去思考、去谋划、去衡量、去评判，善于从继承和创新、历史与未来、事前与事后等立体和空间的角度把握分析事物，研究和解决问题。构建体系，既不能只顾眼前，不顾长远，也不能只顾单项业务，必须抓住重点，整体推进，首先，要进行整体框架的构建，随后依据体系的重点领域和体系内容的主次关系进行逐步完善。具体地讲，就是要按照“把握规律，健全制度，狠抓落实，形成机制”的步骤和措施，统筹谋划人才工作的各个方面，构建一个国际化、现代化、开放型的人才工作机制和人才工作体系。

把握规律，就是按照以人为本的思想和科学发展观的要求，正确把握事业发展与人才工作之间的规律，人才工作各个体系之间的规律，人才自身成长和发展的规律，以及工作、制度、机制与体系之间的关系，并通过积极转变人才工作者的思维模式和思想观念，培育全面、协调、可持续的体系化人才工作思路，指导和推动人才工作不断取得新的发展。

健全制度，就是结合事业发展目标研究分析工作发展需求，以企业人才战略为核心，进一步建立健全人才工作制度体系。通过制度建设和制度创新，促进人才工作的体系化、规范化和精细化。

狠抓落实，就是要按照正确的业绩观和求真务实精神的要求，以实效实绩为根本出发点和落脚点，求企业改革之真，务企业发展之实，脚踏实地，真抓实干，把工作一步一步开展到位，一项一项落到实处。

形成机制，就是通过上述步骤和措施，初步构建成体系化人才工作新机制，逐步使人力资源作用得到充分发挥，使人才培养、吸引和使用与企业发展协调运转，使人才工作各项业务流程清晰、标准明确、运行规范、持续发展，并逐步使人力资源能力与集团公司改革发展需求相协调。

四、积极构建体系化人才工作新机制，推进人才工作协调发展

构建体系化人才工作新机制，就是要按照企业人才战略的要求，积极建立和完善以业务发展体系为核心、以基础支撑体系为保障的八个工作体系，逐步使人才工作业务发展和基础支撑两大体系运转自如、相得益彰，不断激发人才的活力。

（一）大力加强领导班子和高层次人才队伍建设，全面推进可持续发展的领导人员和高层次骨干人才管理业务体系建设

领导班子和干部队伍建设是确保国有企业战略构想顺利实现的关键，是“三支队伍”建设的核心。构建可持续发展的领导人员管理工作业务体系，重点要进一步加强领导班子思想政治建设，再造新的工作动力；建立以能力和业绩为导向，重在市场和出资者认可的考核评价制度；建立适应现代企业制度要求的权责明确、运转协调、有效制衡的运行机制；根据企业战略和发展阶段的需要，坚持职业生涯设计和市场配置、组织选拔和依法管理相结合的原则，改革和完善经营管理者选拔任用方式；丰富和完善出资人代表、经理层、党群负责人后备领导人员队伍。

积极落实“长师分设”制度，进一步畅通三支人才队伍协调发展渠道。制定高科技和高技能人才“首席专家”推荐、评选和管理办法，组织评选“首席专家”。实施并完善科技带头人和关键技能带头人制度，加大对两支带头人技术创新和全面履职的考评工作力度，建立定期聘任、考核和淘汰机制。紧紧围绕企业发展战略，补充完善重点专业领域企业带头人队伍。

加强领导人员和高层次人才队伍交流工作。结合确保生产任务完成的需要，组织对相关部门之间重点转产项目骨干人才的对口服务，进一步加大企业之间领导人员和“两个带头人”队伍的交流工作力度。

（二）以深化用人制度改革和人才结构调整为突破口，积极构建动态的人才结构优化业务体系

构建动态的人才结构优化业务体系，重点要科学制定人力资源整体规

划，全面推进岗位分析和职位说明工作，逐步规范员工岗位管理，合理设计人员结构优化顶层方案，实施人力资源预算管理制度，建立起以公开、平等、竞争、择优为导向、员工分类分层竞争竞聘上岗的机制，积极疏通“出口”，畅通发展渠道，逐步做到“人适其岗、岗适其人，各尽其能、各得其所”。

（三）以启动和实施“人才素质建设工程”为重点，积极构建渐进的人才素质建设业务体系

构建渐进的人才素质建设业务体系，重点要以适应现代化、国际化发展需要为目标，以人力资源能力建设为核心，研究提出“人才素质建设工程”实施方案，通过建立面向和惠及全体员工的终身教育机制和全员培训体系，全面提高各类人才思想素质和业务素质，使广大员工对企业具有高度的认同感和归属感，对企业改革发展具有共同的价值观和追求，知识更新和能力创新能充分适应企业改革发展的时代要求，实现各类人才全面、协调发展。

（四）以能力和业绩为导向，积极构建有效的考核评价与激励约束业务体系

构建有效的考核评价与激励约束业务体系，重点要针对各类人才特点，按照差别化管理、个性化考核的要求，建立和完善适应各类员工岗位责任和贡献特点、鼓励全面履职、倡导创新创造的考核指标体系和评价机制，建立健全以考核评价为基础、与岗位责任、风险和工作业绩挂钩、即期激励和中长期激励结合的分配激励机制，逐步使各类人才收入水平基本与市场接轨，关键及骨干人才收入待遇具有较强的市场竞争力。

（五）以战略前瞻、系统构思为先导，积极构建前瞻性的政策研究支撑体系

人才工作的创新，源于理论创新和制度创新。构建前瞻性的政策研究支撑体系，重点是根据企业战略构想和现代化、国际化要求，按照“人才资源是第一资源”的战略思想和“科技领先、人才先行”的战略定位，学习、研究和借鉴国内外先进的人力资源开发与管理理论和实践经验，前瞻性地提出人才工作新思路、新措施、新方法，以正确的思维创新实践，以科学的理论指导实践，使人才工作永远保持正确的发展方向和与时俱进的朝气与活力。

（六）以建立和完善人才市场机制为手段，积极构建市场化人才中介服务支撑体系

构建市场化人才中介服务支撑体系，重点是要拓展工作领域，强化服务功能，以市场需求为导向，积极开发人事代理、人才测评、人才交流、人才培训、人才信息咨询与供求预测、人才薪酬评估与行情调查等功能，全面推进机制健全、运行规范、服务周到的人才市场体系建设，进一步发挥市场在人力资源配置中的基础性作用。

（七）以打造人力资源信息网络为平台，积极构建灵活实用的人力资源信息网络支撑体系

构建人力资源信息化支撑体系，重点是通过集成的人力资源信息网络平台实现人力资源开发与管理工作的信息化。通过及时掌握企业人力资源全面信息，了解与企业核心业务发展的主要专业领域相关的系统外人才共享资源，为事业发展提供坚实的人力资源基础。

（八）以深化和拓展“公道正派”活动为契机，积极构建坚强有力的组织人事劳资队伍团队建设支撑体系

构建坚强有力的组织人事劳资队伍团队建设支撑体系，重点是以全面建设“学习型、互动式”团队为出发点，以适应企业建设有国际竞争力大公司大企业集团发展战略要求为目标，不断提高组织人事劳资系统工作者思想素质和业务能力，不断调整和创新思维方式和工作模式，营造团结和谐、朝气蓬勃的工作氛围，构建共同的文化理念和价值观，以更加积极向上、富有创新的精神状态迎接新的挑战为实现企业战略构想提供坚强有力的组织保证。

人才工作新体系不是静态体系，而是一个动态和自我完善的体系，将随着国有企业改革发展和形势发展的需求，不断进行调整和完善。由于不同企业和企业不同发展阶段、不同发展时期对人才的需求和人才工作的要求会有所不同，人才在不同时期的成长规律和要求也会发生根本性变化，而且随着人才工作体系的建设和推进，人才工作的重点也将不断调整和变化。因此，人才工作体系本身具有一定的动态性，只有把握人才工作和人才成长的规律，把握人才工作体系的动态特性，才能建好体系，使人力资源得到充分发挥，并做到与企业战略发展的协调和统一。

深入推进"新三项制度"改革 促进人力资源管理转型升级

党的十六届五中全会指出，"要深入实施科教兴国战略和人才强国战略，把增强自主创新能力作为科学技术发展的战略基点和调整产业结构、转变增长方式的中心环节。""十一五"是我国社会主义建设过程中承前启后的重要时期和重要战略机遇期，国家提出实施人才强国战略，目的是要把我们这样一个人口大国，转变成为人力资源强国，并以此为动力推动经济转型和经济体制改革的顺利进行。实施人才强国战略，关键是要创新人才工作机制，最大限度地调动各类人才的积极性、创造性，营造人才辈出、人尽其才的良好环境。对国有企业来讲，创新人才工作机制，就要全面推进以考评制度、用人制度、激励制度为主要内容的"新三项制度"改革，促进企业人力资源管理由基础保障型向能动先导型、由拥有型向开放型、由留住用好单个人才向建设创新团队、由以规模调整为主向提升素质和优化配比结构为主的转变。

一、"新三项制度"改革的基本内涵

"新三项制度"改革是相对于20世纪90年代初期我国提出的人事制度、分配制度和劳动用工制度这一传统的三项制度改革而言的，具体包括用人制度改革、考评制度改革和激励制度改革。这三个方面的内容是相互作用、互为因果的有机整体。

用人制度改革是核心。改革用人制度，就是要不断优化人才配比结构，进一步推行新型选人用人方式，建立和完善多种形式的灵活用工制度，实现人力资源能力与事业发展需要之间余缺自如调剂。通过用人制度的改革和创新，充分发挥人力资源的整体优势和个性特质，真正实现“人适其岗，岗适其人，人尽其才，才尽其用”，形成充满活力、竞争开放的人才环境。

考评制度改革是基础。科学考评是准确识别人才、合理使用人才、有效激励人才的前提。改革考评制度，就是要健全和完善适应不同企业发展阶段和各类员工岗位责任与贡献特点，以能力和业绩为导向，企业发展绩效与员工岗位工作绩效相衔接的量化考核评价体系，引导各类人才牢固树立科学发展观和正确业绩观，始终保持昂扬向上、争创一流的工作状态和事业追求。

激励制度改革是动力。激励的目的是充分挖掘人才潜能，最大限度地调动各类人才干事创业的积极性。改革激励制度，要准确把握各类人才的需求特点，整合各种激励手段，坚持以岗位价值为导向，责任、风险和工作业绩相统一，着重加大对领军人物和骨干人才的激励力度，使核心人才的收入待遇具有较强竞争力，实现分配激励由提高全员平均收入水平向调整收入分配结构的转变。

与传统的三项制度改革相比较，“新三项制度”改革突破了传统的“干部”、“工人”的身份界限，体现了现代企业人力资源开发与管理的基本理念和全国人才工作会议提出的“鼓励人人都作贡献、人人都能成才”的科学的人才观。同时，人才的使用、考评和激励又涵盖了企业人力资源管理的主要内容，深化以用人制度、考评制度、激励制度为主要内容的“新三项制度”改革，就抓住了现代企业人力资源开发与管理工作的核心与重点，全面推进“新三项制度”改革，有利于实现企业人力资源管理的转型升级。

二、深入推进“新三项制度”改革的重大意义

（一）深入推进“新三项制度”改革是适应形势发展的迫切需求

目前，中国正处在经济转型的重要时期。经济转型是一个庞大的体系，涉及各方面的因素，其突出特点有三方面：一是体制机制从以计划为主转向更多地采用市场手段，更好地适应市场经济的发展要求转变；二是增长方式由主要依赖资金、资源和劳动力投入取得的粗放型增长，转向主要依靠科技进步和劳动者素质提高，以核心产业的高技术、集约化能力建设为主的增长方式转变；三要发挥创造能力在推进经济持续快速健康上发挥重要作用。

但是，无论是增长方式、发展模式的转变，还是改革重心的转移，其根本保障是提高劳动生产率，核心支撑和基础保障都是人才以及适宜的人才机制。经济发展重心转移必然要带来人才工作重心的转变，人才工作机制也只有适应经济发展需求和市场规律才能体现价值并真正发挥应有作用。所以，抓好人力资源管理中的关键环节建设，以“新三项制度”改革为重点，有针对性解决好人力资源管理中制约经济转型的瓶颈问题，正是为了适应经济转型期的改革发展需求。

（二）深入推进“新三项制度”改革是人力资源管理体制创新的迫切需求

人力资源的开发与管理是经济转型期最重要的环节之一，同时也是与旧体制关联度最高、改革难度最大的领域。从1992年国家出台三项制度改革措施以来，随着社会发展和改革的不断深入，现行的人力资源管理对象和内容已经发生了许多质的变化。例如：人力资源配置已经由计划安排和行政指派，转向市场化选聘和双向选择，由组织决定，转向组织意向与自我主导结合；人力资源的归属，已经由单位人、终身雇佣，转向职业人、社会人、自主择业；企业的员工管理已经由部分行业仍然延续的职务管理、身份管理，转向岗位管理；人力资源使用，已经由凭资历、凭年龄积累，转向看能力、看业绩的导向；人才资源培养，由国家培养、组织培

育，转向组织培养与自主培育相结合；人力资源的生活保障，由单位保障、家庭保障，转向社会保障。

这些问题和矛盾虽然不一而足，但其核心内容仍然集中在三个方面，一是面对更加开放的内外环境和更加灵活多变的市场化人才流动机制，如何在日趋丰富的人力资源市场上选人。二是面对更加复杂的人员构成和更加紧迫的经营主体个性发展需求，如何按需用人，即如何有效地管理人才队伍、评价人才价值并使其真正成为事业发展的稳固资源和保障。三是面对日益激烈的市场竞争所带来的挑战和基于持续发展对经营主体核心竞争力提升所提出的要求，如何有效地激发人力资源潜力，真正使人力资源成为推动发展的持续动力。

这些矛盾和问题，依靠传统的人事管理体制是无法应对和解决的。即使我们采取“救急式”的改革措施，也只能解决暂时的矛盾和点线上的问题，无法产生整体效应。因此，以新型用人制度改革应对选人问题，以新型考评制度改革解决用人问题，以新型分配激励制度改革解决人才动力问题，通过“新三项制度”改革来解决当前人力资源管理中存在的突出矛盾，具有很强的针对性和现实意义。

（三）深入推进“新三项制度”改革是落实科学发展观的迫切需求

在人力资源管理工作中落实科学发展观，核心是要大力实施人才强国战略。新时期，要把人才强国战略落到实处，必须遵循人力资源工作的发展规律，必须重点推进以用人制度、考评制度和分配激励制度为主要内容的“新三项制度”改革，大力构建新型的人力资源管理体系。目前，基于传统人事劳资管理理论的人事制度、分配制度和劳动用工制度，已经不适应现代企业对员工的管理模式，改革的重点落在了如何按照用人需求和岗位特性要求进行人才选拔、合理配置、科学管理等内容的用人制度改革上，落在了如何重新评估人力资源开发与经济增长的关系上，只有通过构建新型的人力资源管理体系才能推动人力资源基础能力建设，才能不断提高人才素质，充分发挥人才的能动性和创造力，使人才强国战略落到实处。同时，人力资源管理工作是一个结构充实、内容丰富的有机体，构建人力资源管理新体系，更是一项复杂的系统工程，涉及人才工作和改革发展事业的方方面面，这就决定了人力资源管理工作新体系的建立也不可能一蹴而就，需要在推进过程中率先抓好其中的核心与关键环节，深入推进“新三项制度”改革，以关键机制的构建催生和带动新型人劳工作体系的形成。

三、深入推进“新三项制度”改革的主要措施

全面深化“新三项制度”改革，就要将用人制度、考评制度和激励制度改革有机统一起来，统筹谋划，整体推进。要认真研究三者之间的内在联系，突出用人制度的核心作用，发挥考评制度的基础作用，强化激励制度的激励效用，通过全面推进和深化“新三项制度”改革，进一步发挥人才工作的基础先导作用，推动企业发展战略目标顺利实现。

（一）夯实基础、改进措施、完善机制，建立市场化用人制度

合理使用人才，做到“人适其岗、岗适其人”是用人的核心。改革用人制度，就是要不断优化人才配比结构，进一步推行新型选人用人方式，建立和完善多种形式的灵活用工制度，实现人力资源能力与事业发展需要之间余缺自如调剂。通过用人制度的改革和创新，充分发挥人力资源的整体优势和个性特质，真正实现“人尽其才，才尽其用”，形成充满活力、竞争开放的人才环境。

(1) 以人才的分类管理和成长发展渠道建设为重点，夯实用人制度改革基础。市场经济与计划经济条件下人力资源最大区别是：一方面人力资源的单位、部门等边界被打破，选人用人的视野和范围更加广阔；另一方面人才流动机制更加灵活，人才的约束力和稳定性面临挑战。在这种情况下，选好人、用好人、留住人，必须做好基础性的管理工作。

一要做好人才的分类管理工作。人才分类的目的是确保在丰富的人力资源市场上做到选人用人有的放矢。在人才分类上要逐步破除传统的以工

种分类的做法，而代之以按照用人单位发展需求的领域来划分。可以按照每一支队伍自身的发展需求，根据产品、专业结构调整的需要，将人才分为重点领域、分领域和子领域，形成人才分类成长的体系。这一人才分类体系，不但对分析预测未来竞争和重点发展领域的人力资源状况、合理确定重点领域人员配比结构具有指导作用，而且能够为建立人力资源预算配置调控管理体系、加强人力资源能力建设奠定基础。

二是畅通人才的成长发展渠道。俗话说“通则活、通则久”，只有畅通了人才成长发展的渠道，才能保证人才的合理流动和调配，才能确保市场化选人用人机制的合理使用。国有企业人才工作的实践证明，畅通人才成长发展渠道，首先要给他们创造良好的职业发展平台。在人才分类的基础上，按照不同类型人才的职业发展规律，结合不同领域、不同专业的特点，将人才由低到高进行层级划分，分别实行科技带头人制度和关键技能带头人制度，破除多年来一直存在的“干而优则仕”、“技而优则仕”的思想和现象，搭建各类人才成长和正常晋升的阶梯，使各类人才有充分展示才华的环境和条件，使人才的地位、作用和价值在层级体系中得到合理体现，激发其自身发展的内在动力。其次要给予他们适当的社会地位，从政治地位和福利待遇上体现他们的个人价值。对高层次专业技术人才和专门技能人才经过选拔，获得企业科技带头人和关键技能带头人资格者，其有关政治和福利待遇分别与企业相关行政领导人员相同，提高其政治地位，逐步从体制上突破科技与技能高层次人才发展的“瓶颈”，为科技和技能人才提供广阔的事业平台，促使广大科技和技能人才专注于技术创新事业，形成三支队伍协调发展的良好局面。

三是要提高收入水平，对获得科技带头人和关键技能带头人资格的高级科技和技能人才给予一定数额的津贴，并可以探索实行年薪制等薪酬分配制度。充分调动他们的工作激情，引导他们选择适合自己的职业方向，一心一意干事业。

（2）完善人才的选聘机制。选聘机制是用人制度改革的关键环节。近年来，随着国家教育事业和人才工作的不断深化，人才总量不断扩大，人才的素质和能力有了较大程度的提高。在这种情况下，要选好人才必须要做好三个方面的工作：一要把选人用人与实际工作需求紧密结合起来，保证人适其岗、岗适其人；二要认真分析不同层次人才的类型和特点，采取不同的选人机制，把选人用人与人才的素质特点结合起来；三要把人才的选聘与人才的管理紧密结合起来，确保人才培养的及时性和人才作用的充分发挥。只有做到了“三个结合”，才能真正建立竞争择优、充满活力的选人用人机制。

（二）以推进领导班子和领导人员考核评价为突破口，以业绩为重点，构建多元立体考评机制

考评工作是人力资源管理中的最大难点，一是面广，重点难以确定；二是量大，不容易做到准确客观；三是类杂，不容易制定标准。再加上许多考核因素都在随着发展而产生着动态的变化，如不及时调整，很容易使考核评价指标成为滞后因素。所以，进行考评制度改革，关键是要解决好突出矛盾。一是要做到点面结合，即把对单位的经营业绩考评与团队的贡献及人才的能力业绩考评紧密结合起来，充分体现考评结果的公正性；二是要把基于单位持续发展的中长期战略性指标、体现单位发展动力的战术性和保证即期目标实现的保障性指标结合起来，充分体现考评结果的导向性和针对性；三是把人员的角色分类与考评的定性定量结合起来，把考评结果的综合表现与综合运用机制结合起来，充分体现考评工作的作用力。

科学考评是准确识别人才、合理使用人才、有效激励人才的前提。改革考评制度，就是要健全和完善适应不同企业发展阶段和各类员工岗位责任与贡献特点，以能力和业绩为导向，企业发展绩效与员工岗位工作绩效相衔接的量化考核评价体系，引导各类人才牢固树立科学发展观和正确业绩观，始终保持昂扬向上、争创一流的工作状态和事业追求。

一要坚持分类考评。企业类型众多，不同行业和不同类型的企业在经济规模、承担责任、战略定位等多方面各不相同，同时，不同岗位人员的岗位责任也各不相同，因此，对企业和员工的业绩评价，应该按照分类考评的原则，实施有效的分类考核评价，既要考虑企业的行业和专业分类，又要考虑企业所处的发展阶段，充分体现考评结果的公正性。

二要坚持按岗位量化考核。按岗位量化考核就是将员工的思想素质、业务素质、职业素养和工作业绩等考核评价指标进行量化，用数字来说话，将客观准确的数据作为度量指标完成情况和评价绩效好坏的依据，具有目标明确、标准清晰、便于执行、激励性强等优点。实施按岗位量化考核，有利于突出以能力和业绩为导向的评价思想，提高评价的激励效果。

三要引入中介机构参与考核。引入中介机构参与考评工作，是提高考核评价市场化、保证考核评价客观公正的有效手段。目前，在西方国家，业绩考核一般都外包给独立的评估机构去做。为了更加有效地利用中介机构，确保考核评价的公正和客观，政府有关部门应设立中介机构资源库，由所有符合资格的中介机构自愿参与，通过资质审查和复审等程序，规范中介机构的中介行为，充分发挥中介机构在人才市场化配置中的作用。

四要合理使用考评结果。考核评价结果的有效应用，是考核评价体系重要的组成部分，也是坚持正确用人和激励导向、提高企业绩效的关键环节。合理使用考核评价结果，一要与企业员工的薪酬相挂钩；二要与员工的职务晋升和职业发展相挂钩，最终达到提高企业绩效和运行效率的目的。

（三）突出能力和业绩，建立差别化多形式的激励制度

1992 年以来，通过“三项制度”改革建立了岗位技能工资，革除了原来工资形式单一、论资历涨工资、工资标准长期冻结等弊端，但在实际分配中还是存在着不少问题：一是工资构成单一，不符合市场规律，缺乏市场竞争力；二是工资水平与能力业绩联系不紧密，不能充分体现劳动价值；三是工资档次和层次之间差距较小，没有充分发挥激励作用；四是工资评定基础较单一，未能与科学考评工作紧密结合起来等。针对这些问题，在激励制度改革中，应该坚持以能力和业绩为导向，注重个人的能力水平和角色贡献，整合各类激励手段，进一步强化激励制度的市场竞争力和在提升企业核心竞争力方面的内动作用。激励的目的就是要充分挖掘人才潜能，最大限度地调动各类人才干事创业的积极性。改革激励制度，必须准确把握各类人才的需求特点，整合各种激励手段，坚持以岗位价值为导向，责任、风险和工作业绩相统一，着重加大对领军人物和骨干人才的激励力度，使核心人才的收入待遇具有较强竞争力，实现分配激励由提高全员平均收入水平向调整收入分配结构的转变。

（1）以能力和业绩为核心，建立“双挂钩”的基本分配模式。“双挂钩”分配模式的核心是始终坚持将员工收入水平与本单位的整体发展状况和个人业绩贡献紧密结合起来，针对不同群体员工岗位特性，建立以岗位工资为主体、具体分配形式灵活多样的差别化分配模式。比如，对经营管理人员，主要推行岗位工资+绩效工资的分配模式；对专业技术人员，主要推行岗位工资+项目奖励的分配模式；对专门技能人员，主要推行岗位工资+技能工资或岗位工资+计件（计时）工资的分配模式；对市场营销人员，主要推行岗位工资+销售货款回收提成的分配模式。对核心管理团队强化经营风险控制，实施经营管理责任风险抵押金制度。

（2）以强化激励为主，丰富薪酬结构，实行“多位一体”的骨干人才分配机制，提升薪酬的市场竞争力和分配制度的激励作用。所谓“多位一体”，一是指把单位的经营业绩、团队贡献与个人能力业绩紧密结合起来；二是按市场化需求完善薪酬体系，建立多要素参与分配的激励机制，增强薪酬的市场竞争力；三是将人才的即期激励与中长期激励相结合、物质激励与精神激励相结合、工资激励与股权激励、年金激励、保障激励相结合，拉开分配差距，充分体现分配制度的激励作用。

（3）以鼓励科技与经营创新为核心，加大创新项目奖励力度，提升各类人才的工作动力和创造性。在加大对骨干人才个人奖励的同时，还可以设立民品规模化经营突出贡献奖、科技创新优秀团队奖和科技发展终身成就奖等荣誉称号，重点表彰和奖励为企业改革发展和科技创新作出突出成就的项目团队和个人。

“十一五”时期，是我国全面落实科学发展观、全面建设小康社会的重要时期。国有企业只有进一步按照科学发展观和科学人才观的要求，积极推动“新三项制度”改革，才能真正使企业人才工作适应经济转型期的战略发展需求，才能真正把人才强国战略落到实处，将丰富的人才资源成为推动经济建设和社会发展的不竭动力。

加强国有企业领导人员管理
建设高素质的领导人员队伍

企业之间的竞争，从一定意义上讲，是企业领导者素质、能力和水平的竞争。国有企业是国民经济的重要支柱，是全面建设小康社会的重要力量，是党执政的重要经济基础。全面贯彻落实科学发展观，推动国有企业又快又好发展，关键是要适应社会主义市场经济体制和现代企业制度的要求，不断完善国有企业领导人员选拔任用、考核评价、激励约束和素质建设机制，着力建设一支政治素质好、经营管理能力强的高素质企业领导人员队伍。

一、坚定不移地坚持党管干部原则

党管干部原则，是我们党长期坚持的一项重要原则，是党的组织路线为政治路线服务的一项有力保障。加强国有企业领导人员队伍建设，必须坚定不移地坚持党管干部原则。坚持党管干部原则，就是在企业中正确地贯彻党的德才兼备、任人唯贤的干部路线，要充分发挥我们党的领导核心作用，充分发挥党的政治优势、组织优势和密切联系群众的优势，为做好干部工作提供坚强的政治保证，更好地统筹干部工作，培养造就一支适应社会主义市场经济和现代企业制度需要的、具有优良的思想素质和业务素质的领导人员队伍，为企业的发展提供可靠的组织保证。坚持党管干部原则，要注意处理好党管干部与尊重领导人员成长规律的关系、党管干部与市场化配置企业领导人员的关系、党管干部与依法管理领导人员的关系。要认真把握和充分尊重领导人员成长的客观规律，增强各项决策和工作的科学性，坚持发挥市场配置人才资源的基础性作用，既要加强领导人员队伍建设的宏观管理和综合协调，牢牢把握领导人员队伍建设的大局和正确方向，又要善于通过市场调节把优秀领导人员配置到最能发挥作用的岗位上，以发挥领导人员的最大效能。要坚持依法管理领导人员，紧密结合有关法律法规要求，努力把领导人员队伍建设纳入法制化轨道，不断促进领导人员队伍建设的制度化、规范化和程序化。

二、完善国有企业领导人员选拔任用机制

国有企业领导人员的选拔任用，关键是要通过合适的方式把最合适的人选拔出来，用到合适的岗位上。改革和完善选拔任用机制，重点是要抓好标准、严把入口；创新方式、严格考察；灵活任用、严格责任，把党管干部原则和董事会依法选择经营管理者结合起来，逐步形成适应现代企业制度的领导人员选拔任用工作体系。

（一）抓好标准，严把入口

选拔任用标准就是领导人员应该具备的任职资格和条件要求，解决的是人与岗位相匹配的问题。一方面应该结合企业类型和发展阶段的不同特征，明确领导人员的岗位职责；另一方面，需要全面客观评价领导人员的品德、知识、能力、经历和工作业绩以及发展潜力，评估人与岗位之间的匹配程度，做到人适其岗、岗适其人。国有企业领导人员的选拔标准可以分为两类：一类是对所有企业领导人员都适用的“基本素质”，另一类是体现不同岗位特征的“胜任素质”。

基本素质是指领导人员的基本任职资格和条件要求。在社会主义市场经济条件下，由于国有企业担负着经济责任、政治责任和社会责任，因此，基本素质应大致包括思想素质、职业素养、知识、能力和身心素质等五个方面的内容。

胜任素质是不同类型领导人员如出资人代表（董事、监事）、经营管理者、党群负责人的任职资格和条件要求。主要表现在工作能力、工作业绩、相关工作经历以及特定岗位的职业要求等方面的具体要求。

除此之外，领导人员的选拔任用还应该考虑工作经验方面的要求，把工作年限、工作经历、履职记录和培训情况等作为选拔任用的资格和条件。特殊行业或特定岗位的领导人员还可以根据需要提出相关的职业资格认证、专业背景等方面的要求。《公司法》等国家有关法律法规和规章制度中规定的一些禁入和回避的规定也是选拔任用领导人员时必须考虑的重要条件。

当前，不少国有企业在实践中，紧紧把握领导人员成长规律，紧密结合党和国家有关政策和法律规定、结合现代企业经营管理需要和企事业发展需要，按照基本素质和胜任素质的不同要求，从政治素质、职业素养、专业知识、履职能力、工作经验、身心素质等方面，分类对董事（董事长）、监事（监事会主席）、总经理（副总经理）、党群负责人等领导人员的任职资格标准进行了明确规定，为选拔任用优秀的领导人员奠定了坚实的基础。

（二）创新方式、严格考察

选拔领导人员应根据实际需要合理选择选拔方式，因企制宜、因岗制宜、因人制宜。目前，国企领导人员选拔基本有两种模式：一种是以国企内部人员为主体的选拔模式，主要包括组织直接选拔、竞争上岗与组织考察相结合等方式；另一种是面向企业外部优秀人才的市场化的选拔模式，主要包括公开招聘与组织考察相结合、市场猎取与组织考察相结合等方式。随着国有资产监督管理体制和现代企业制度的不断完善，国有企业要进一步完善组织直接选拔、竞争上岗与组织考察相结合、公开招聘与组织考察相结合、市场猎取与组织考察相结合等领导人员选拔方式，逐步解决哪类企业、哪类领导人员适合采用哪种选拔方式的适应性问题。

1. 组织直接选拔

组织直接选拔是我们党长期以来形成的比较有效的干部管理方式，在后备人才管理基础比较好的情况下，这种规范选拔模式的风险和成本都是最低的。

国有企业在探索和实践组织直接选拔领导人员过程中，在充分借鉴党政领导干部选拔任用方式方法的基础上，形成了自身一套完善的组织考察程序：一是推行领导人员考察预告制度，在考察前，通过动员大会、公告等形式，明确预告内容、范围和方式，确保干部对领导人员选拔的知情权、参与权和监督权；二是多种推荐形式相结合，采用组织推荐、领导班子成员署名推荐、中层干部及各类职工代表无记名民主推荐相结合，扩大考察的范围；三是全方位考察，采取个别谈话、署名测评、民主测评、实地考察、查阅资料、专项调查、同考察对象面谈等方法，广泛深入地了解情况，其中，所有领导人员的选拔必须在干部职工中进行署名测评与推荐、民主测评与推荐、个别谈话，确保考察的全面性；四是建立和完善选拔工作监督责任制，积极推行任前公示制度，增强领导人员选拔工作的规范性。组织直接选拔比较适用于国有产权的出资人代表、党群负责人等领导人员的选拔。

在社会主义市场经济不断完善、现代企业制度逐步规范、推进企业经营管理者市场化、职业化的条件下，组织直接选拔更适合涉及国家安全、重要机密及国计民生等特殊行业国企主要领导人员选拔上。

2. 竞争上岗与组织考察相结合的方式

竞争上岗是在企业集团系统内部或基层单位内进行的一种竞争、择优的选拔优秀人才的有效方式。它将企业集团系统内部或基层单位内部视为一个合理配置的有限人才市场，为这一范围内的优秀人才提供了脱颖而出、展示能力的舞台。

竞争上岗一般按照在企业集团系统内部或基层单位内部公布职位和条件采取个人自愿报名或通过民主推荐产生竞争人选，并按照公告（任职资格条件），报名与资格审查，竞聘演讲（或统一考试），民主测评，组织考察，研究提出人选方案，确定人选等程序开展。这种方式不但在一定程度上扩大了组织选拔的视野，有利于形成良性的人才竞争局面，而且选拔风险和成本也相对较低。

3. 公开招聘与组织考察相结合的方式

公开招聘是面向全社会公开选拔领导人员的一种方式，一般按照向社会公布职位和条件、公开报名、资质认定、统一考试、组织考察、研究提出人选方案、确定人选等程序开展。

当前，部分国有企业在大力采用组织直接选拔、竞争上岗与组织考察相结合方式的同时，积极探索公开招聘与组织考察相结合来选拔领导人员。公开招聘扩大了选人视野和范围，有利于网罗优秀人才，有利于根据实际需要广泛利用国际国内两种人才资源，充分体现了市场化选聘人才的内在要求。但由于进入视野的人才过多，而且这些人才的内在素质很难在短时间内清晰辨别，因此给人才的甄选带来了困难，而且选拔成本也相对较高。

4. 市场猎取与组织考察相结合的方式

这也是当前部分国有企业积极探索的一种领导人员选拔方式。市场猎取领导人员是委托中介机构在人才市场择优推荐优秀人才，企业在中介机构的协助下对候选人进行考察确定。市场猎取一般按照确定职位的要求和条件，选择和委托中介机构，进行素质测评、推荐人选、组织考察、确定人选等程序开展。

由于市场猎取主要是通过中介机构来完成选拔的一种选拔方式，因此中介机构的资质、诚信度和选拔范围就成为选拔成败的关键。从调查了解情况看，国有企业以市场猎取方式选拔部分基层单位的独立董事和经理层副职居多，并基本采用契约化管理方式。

（三）灵活任用、严格责任

目前，国有企业领导人员任用方式，主要有委任（派）、聘任、选任等多种任用方式。对国有产权出资人代表，国有企业一般实行委任（派）制，由企业集团根据选拔结果委任（派），对建立公司治理结构的企业经营管理者主要实行聘任制，由聘用双方签订聘用合同，实行契约化管理，按照要约内容签订规范的任职合同书，确定被聘者的任期、目标、权利、义务以及违约责任，这是双方履约的法律依据；对企业党群负责人实行选任制，按照《党章》和《工会法》的有关规定选举产生，由上一级党组织考察审批。从多数国有企业的领导人员任用实践经验看，应紧密结合公司治理结构的规范和有效运行的需要，根据基层单位的不同类型以及领导人员类型（岗位）的差异，采用不同的任用方式。

国有企业领导人员的选拔任用不仅关系到企业的改革和发展，而且事关党的执政基础和执政地位的巩固，选拔任用好领导人员往往决定着企业的兴衰和成败，必须加强和完善领导人员选拔任用工作的责任体系建设，进一步强化监督，防止和纠正选人用人上的不正之风。一是建立和完善推荐责任制。个人向组织推荐领导人选，必须以书面形式提出推荐意见，对真实性负责，如采用署名推荐。二是建立和完善选拔任用责任追究制。对组织考察部门因考核失察、选人不当、弄虚作假以及不按规定的程序和要求等导致出现的领导人员素质能力不强、决策重大失误甚至违法乱纪的，要追究组织人事部门及有关人员的工作过失和责任。三是企业集团党组织要按照管理权限，严格执行领导人员拟任人选审批和备案管理制度。四是建立和实行领导人员选拔任用工作举报制度，及时查处违纪违规行为。

三、建立和完善以能力和业绩为导向的考核评价机制

考核评价是加强领导人员队伍建设的重要手段。建立完善以能力和业绩为导向的领导人员考核评价机制，要突出适应各类企业和领导人员的岗位特点，把企业分类考评和领导人员按岗位量化考评相结合，建立完善适应各类企业领导人员岗位责任和贡献特点，以能力和业绩为导向的考核评价体系，引导领导人员牢固树立科学发展观和正确业绩观，不断提升自己的思想素质和业务素质，始终保持昂扬向上、争创一流的工作状态和事业追求，不断推动企业稳定协调快速发展。

（一）考核评价的基本原则

一是德才兼备、注重实绩的原则；

二是目标导向、岗责一致的原则；

三是公开公正、全面客观的原则；

四是量化考核、综合评价的原则；

五是考评方法、考评效果和考评成本相结合的原则；

六是正向激励、有效运用的原则；

七是简便直观、便于操作的原则。

（二）考核评价的内容

对经营管理者，要建立以履行岗位职责的素质与能力、管理成效与社会贡献、企业经营效绩与岗位工作业绩等为主要内容的考核评价指标体系，实施按岗位量化考核评价，要重点分析企业经营效绩和个人工作业绩之间的关系，历史、客观、准确地评价出个人在其中的角色贡献，并在全面推行述职、报告制度的基础上进行考核评价工作。

对党委负责人主要考核党的路线、方针、政策和国家有关法律、法规以及企业集团重大决策在本单位的贯彻执行情况，员工思想政治工作情况、精神文明建设情况和稳定情况，党员和干部队伍建设情况等。

对董事会成员主要考核其资产运营和投资决策方面的业绩，主要以资产保值增值为评价标准；对监事会成员主要考核其检查、监督企业贯彻执行国家和企业集团有关法律、法规和规章制度以及企业财务管理工作运行、财务信息真实性等方面的业绩；对经理层成员主要考核其履行经营管理职责和经营业绩情况，重点看经济发展的增量和增幅；对其他经营管理人员要根据其岗位职责及工作业绩，分类建立按岗位量化考核评价指标体系并严格考核。

（三）考核评价的方式方法

国有企业领导人员考核评价必须紧紧围绕领导人员考核评价工作的内容、要求和特点，以企业分类考评为基础，以按岗位量化考评为手段，合理确定考评工作频率，分类选择丰富多样、针对性强、便于操作的考评方式方法。

企业分类考评，是针对企业主营业务和发展状况的不同，划分企业类型和发展阶段，区别建立相应的考核评价指标和标准。企业分类考评是实现科学考评企业经营业绩的前提。一方面，根据企业发展战略要求，按企业主营业务对企业进行合理分类，比如划分为工业企业、贸易流通企业、勘察设计企业、金融企业等类型，为科学合理确定各类企业的业绩考核指标建立基础。另一方面，根据国有企业改革的阶段要求和企业不同的发展阶段实际，将企业分为解困型、调整型、发展型和良性发展型等类型，并结合不同发展类型的特征，确定与企业阶段发展实际相适应的业绩考评指标和标准，实现对成员单位的分类考评，为进一步做好企业经营业绩和企业领导人员业绩考评奠定基础。

领导人员按岗位量化考核评价，是有效考评区分领导成员个人业绩贡献的科学手段。按岗位量化考核评价，首先要从规范职位分类与职业标准入手，建立以业绩为核心，由品德、知识、能力等要素构成的各类领导人员评价指标体系。其次，考核评价体系中各指标及要素都应设定评分参考标准，列出考核评价指标及要素中考核评价要点及得（扣）分情况，考核评价组织和个人可参照该标准，根据被考评人的实际情况确定考核评价及要素的分值；对于宏观和抽象且不便量化的评价要素，设定评议性量化标准，评定其评分等级及具体分值。要综合使用不同类型考核评价及其结果，建立以“任期制”为核心的领导人员考核评价制度。

企业领导人员考评方式一般分为任期考核评价、任免考核评价、年度考核评价和专项考核评价。年度考核评价注重对短期经营业绩的考核评价，任期考评指标体系通过对企业长期发展能力的考核评价对企业领导班子的短期经营行为起到了制约作用，引导领导班子的长期经营行为。年度考核评价指标和任期考核评价指标构成了相互补充、相互制约的完整体系，对企业经营业绩有了一个全面的反映。任期考核评价，重点对领导人员德、能、勤、绩、廉等方面的综合考核评价。重点是考核主要领导在本届班子中的作用发挥及综合表现，比较关注班子的整体搭配以及单位发展的连续性。

在领导人员考核评价方法上，主要采取素质测评法、关键事件法、专家评价法、自我鉴定法、客观描述法等方式来考评其履行岗位职责的素质与能力（权重一般为20%左右）；以行为观察量表、对偶比较法、360度回馈法等方式考评其管理成效与社会贡献（权重一般为15%左右）；以目标管理法、对标管理法、专家评价法、关键效绩指标（KPI）考评法等方式考评其企业经营效绩和岗位工作业绩（权重一般不低于65%）。

（四）考核评价结果的应用

考核评价结果的应用，是考核评价工作体系重要的组成部分，是考核评价工作发挥应有效应的关键环节。通过考核评价工作，及时发现领导班子及成员、企业运营过程中存在的各种问题，使考核评价工作成为企业运营过程中负反馈机制的重要一环，最终达到提高企业绩效和运行效率的目的。

考核评价结果应与有效激励和约束机制的建立相结合，成为各类领导人员职务调整、薪酬兑现、奖惩、培训和开发、岗位（职位）再设计、改进工作状态、强化企业内部管理的重要依据。考核评价结果可以视实际情况向被考核评价人员适度反馈。对于考核评价优秀的人员，可以提高薪酬或安排到同级重要岗位或晋升岗位（职位、等级），也可给予专项物质奖励、期权期股激励、授予相应的荣誉称号或安排充分发展本人潜质的提高性培训等奖励措施。对于考核评价较差的人员，要根据实际情况，及时进行谈话提醒或谈话诫勉，敦促其改进工作状态，或降低薪酬、调整岗位（职位、等级），或安排其参加满足岗位资格性要求的培训。对在一定期限内仍达不到岗位基本要求的，可按规定解除岗位合同或劳动合同，分别进入企业内部人力资源流动中心或社会劳动力市场待岗或重新择业。

四、改革和完善科学有效的激励与约束机制

在现代企业制度中，一个好的激励与约束机制应当使企业经营者的目标和利益与企业所有者的目标和利益尽可能一致。改革和完善国有企业领导人员激励与约束机制，有效解决激励与约束方式相对单一等问题，要结合企业集团当前体制转轨的实际，把握领导人员激励约束的特殊性，坚持将领导人员激励约束与其责任、风险和贡献相挂钩，按照激励有效、约束严明、结构匹配的要求，努力构建物质与精神激励相结合、即期与中长期激励相结合、激励与约束相结合的领导人员激励与约束机制。

（一）坚持领导人员收入唯一和收入申报制度

领导人员收入唯一和收入申报制度有助于规范分配行为，净化收入渠道，促进领导人员素质建设和廉洁自律工作。除有特别规定的外，领导人员的薪酬应由企业集团总部统一考核并发放。领导人员应按照有关规定向上级管理部门申报工资（含单位代扣代缴个人应缴费用）、各类奖金、津贴、补贴及福利费、从事咨询、讲学、写作、审稿、书画等劳务所得、承包经营、承租经营所得等收入来源。

（二）调整完善领导人员的收入结构

根据国务院发展研究中心《中国企业人才优先开发报告》中针对国有企业经营管理人员收入情况的调查分析显示，有75.3%的经营管理者的浮动收入占其总收入的比重不高于20%。在经营管理者的总收入中，期股、股票期权等股权形式的长期激励性项目所占比重很低，有54.9%的经营管理者完全没有这类收入，这类收入占总收入比重超过20%的经营管理者只占总数的9.8%。调查同时显示，国有企业人才对报酬激励的满意度在各类企业中最低。

在借鉴上述调查研究成果的基础上，结合企业领导人员激励特性及实际需要，领导人员的报酬激励应坚持“收入与效益挂钩”、“即期与中长期激励相结合”的原则，结合领导人员的管理特点，进一步完善多元化年薪制度，改善收入结构。年薪由基薪、绩效薪金和中长期激励三部分组成。

其中：基薪是领导人员在该岗位日常履职的年度基本收入，主要根据不同行业的基层单位在经营规模、经营风险、经营难度、经营效益、单位平均工资和承担的战略责任等差异因素综合确定，基薪按月发放。绩效薪金是根据领导人员的当年经营业绩考评结果所确定的收入，应加大这部分收入的比例，打破新的平均主义倾向，让领导人员的收入最大限度地与单位经济效益和资产增值幅度挂钩，使其人力资本价值得到合理的体现。年度绩效薪金兑现60%，其余40%分解到下几个年度逐步兑现。对于上市公司，经营者可以实行股票期权作为中长期激励；没有上市的公司，可以实行补充养老保险、补充医疗保险等作为中长期激励，保证领导人员"退有所依"。调整完善领导人员收入结构的关键是根据不同基层单位实际情况，合理调整各种收入的比例。同时，企业集团要规范职务消费制度，对职务消费的项目、标准、支付渠道、监督方式等做出具体规定。

（三）强化对领导人员的精神激励和价值信任

精神激励主要表现为对领导人员的经营成就的激励。一是强化领导人员的职位激励，确认领导人员在整个经营管理活动中的核心地位，尊重领导人员的自主经营管理权，创造条件让他们将自己的经营理念和价值观念贯彻到企业的日常运作过程中，并对成绩显著、贡献突出和群众认可的领导人员及时予以提拔重用。二是强化领导人员的政治激励，给予他们更多的参政议政的机会，提高优秀领导人员的政治地位，为他们提供更广阔的发展空间，实现对企业、对国家、对社会的最大价值贡献。三是强化领导人员的社会公众形象宣传，引导他们树立正确的社会主义荣辱观、科学政绩观；弘扬他们诚实守信、忠诚敬业的奉献精神，使其成为核心精神支柱、持久动力机制和自我激励源泉，在全社会形成尊重企业家、学习企业家精神的良好氛围。

（四）加强和完善对领导人员的监督约束机制

要采用内部监督与外部监督相结合，上级监督与职工群众监督相结合，事前、事中与事后监督相结合的监督形式，形成全过程多方位的领导人员监督约束机制。

一是加强党组织和职工民主监督，坚持和完善厂务公开、民主评议领导人员和领导人员述职述廉等制度，提高企业决策和管理的透明度，充分调动和发挥党组织监督和群众依法参与民主管理、民主监督的作用。

二是完善公司治理结构的制衡约束机制，有效行使出资人对股权代表和企业重要人事的选择权，严把入口，实现事前监督；加强董事会建设，设置专职或外部独立董事，健全董事会专业委员会制度，增强董事会的透明度和独立性，提高董事会监督的有效性；加强监事会的建设，整合监督职能，实现企业内部审计、纪委、监察等部门与监事会“四位一体”的大监督体制，既弥补了内审的独立性不足的缺陷，又增加了监事会的监督手段。

三是要坚持和完善领导人员任期经济责任审计和重大项目专项审计制度、领导人员重大事项报告制度。

四是坚持和完善领导人员责任追究制度，坚持对因工作不力、决策失误造成国有资产重大损失或完不成保值增值任务的，视损失大小和责任轻重，给予经济处罚、行政处分、纪律处分，直至撤销职务。

五是坚持和完善风险抵押金制度，完善押金和延期或分期支付的手段，提高履职风险、避免短期行为。

六是完善领导人员选拔任用的市场化竞争机制，减少单一渠道选拔用人的风险；加强考核评价约束，通过科学严格的绩效评价，使不适应岗位要求的领导人员及时有效地退下来。

五、加强领导人员队伍素质建设

不断提高领导人员队伍整体素质，是增强和提升国有企业人力资源基础能力的重要内容，是国有企业实现战略目标的重要保障。要从企业发展和领导人员成长的需要出发，通过多种方法和途径，不断提高领导人员队伍的思想素质和业务素质。

（一）实施素质建设工程，坚持不懈地抓好领导人员素质建设

实施素质建设工程，就是要按照德才兼备原则和“政治上靠得住、业

务上有本事、肯干事、干成事”的要求，努力造就一批政治素质过硬、模范践行“三个代表”重要思想、忠实代表和维护国家利益、实现国有资产保值增值、具有较高创新能力和经营管理水平、廉洁务实的领导人员。

领导人员素质建设重点是要加强领导人员的思想素质、业务素质和身心素质建设。思想素质建设方面，重点是牢固树立和培养“政治意识、大局意识、责任意识、忠诚意识、开拓进取意识和廉洁从业意识”等六种意识。业务素质建设方面，重点是培养和提高“战略思维、科学决策、市场运作、资源整合、执行沟通、知人善用、风险控制和团结协作”等八种能力。在身心素质建设方面，要有克服困难、勇于面对失败的心理承受能力，有抵制各种腐败侵蚀的心理免疫能力；有面对荣誉保持谦虚谨慎的心理自制能力，有勇于担当重任、敢于负责、敢于创新的意志和品质。通过素质建设工程的实施，切实为企业集团的稳定协调快速发展提供强有力的人力资源支撑。

（二）加强培训，不断提高领导人员素质

培训是推进素质建设工程，全面提升领导人员素质的重要途径和方式，是领导人员队伍建设的基础和先导。领导人员培训工作要以整体规划为牵引，以素质建设为核心，以完善体系为基础，不断加强和改进培训工作。

1. 领导人员培训的基本原则

一是及时性原则。要根据企业集团发展战略、各个时期的中心工作以及各类人员的知识更新周期，及时组织培训，使员工的素质和能力始终适应企业集团发展的需要。二是差别化、个性化原则。培训内容的选择，要针对不同类领导人员体现差别化，针对不同岗位领导人员体现个性化，提高培训的针对性和实效性。三是适度性原则。培训目标设置要合理、适度，使接受培训的领导人员感受到培训的目标来自于工作，又高于工作，是自我提高和发展的高层次延续，同时保持适度的培训频率，与人员使用、知识运用紧密结合。

2. 抓好整体规划，切实提高培训工作的前瞻性

要牢固树立“培训是领导人员队伍建设的基础和先导”的理念，将

培训工作纳入企业集团改革发展的总体规划，作为企业集团和基层单位实现可持续发展的推进措施。要根据企业集团的发展战略和全系统事业发展的需要，以岗位管理为基础，进行前瞻性研究，提出与之相适应的领导人员思想素质和业务素质标准，进而提出培训需求，并依此制定中长期的培训规划。同时，要紧紧围绕企业集团和基层单位的中心工作，针对领导人员队伍素质状况，本着“缺什么补什么”的原则，及时制定年度培训计划。

3. 明确培训内容，切实提高培训工作的针对性

要以领导人员素质建设工程的实施为重点，通过开展差别化、个性化培训，全面提高领导人员队伍的思想素质和业务素质。要把提高思想素质作为培训的首要任务，不断提高领导人员贯彻执行党的路线、方针、政策的自觉性，培育对企业集团共同价值观的归属感，使其忠诚于集团、忠诚于事业；同时，通过培训，进一步促进领导人员思想观念的转变，以适应企业集团改革与发展的需要。对领导人员业务素质的培训，在抓好现代企业管理知识、管理理念培训的基础上，重点抓好适应国际国内两个市场经营的现代科技知识、市场经济知识、法律知识、国际惯例知识和外语知识的培训，使他们逐步实现由生产经营型向资产经营型、科技创新型转变，为逐步建设一支职业经理人队伍奠定基础。

4. 创新方式方法，切实提高培训工作的有效性

要不断创新培训方式方法，并根据需要组合不同的培训方式方法，切实提高培训工作的有效性。坚持课堂教学与实地考察相结合，既采用情景模拟、案例教学、对策研究等现代教育的培训方法，又要采用实地考察、调查研究等方法，注重培训的实践性和学员能力的培养。坚持国内培训与国外培训相结合，在加强国内培训的同时，大力实施“请进来、走出去”的培训方式，积极开展国（境）外培训，加大国（境）外培训的力度，系统学习和借鉴国外先进的管理经验、科学技术。坚持短期培训与长期学历教育相结合，积极改善领导人员队伍文化和知识结构，与国内外知名高等

院校合作，采取联合办学、委托培训的办法，鼓励领导人员特别是年轻领导人员参加学历教育，提高自身知识水平和学历层次。坚持业务培训与语言培训相结合，在满足工作需要而开展业务培训的同时，要紧紧围绕建设企业集团战略要求，下大气力抓好外语培训。坚持统一组织与个人自学相结合，在整体规划、统一组织培训的同时，要鼓励领导人员充分利用业余时间，结合自身岗位工作需要，积极开展自学，不断提高知识水平和业务能力。

5. 完善培训体系，为领导人员培训提供有力支撑

要通过建立统一领导、分工协作的培训管理体系，分级分类、循序渐进的培训实施体系，资源共享、专业合理的支撑网络体系，保证企业集团领导人员培训工作按照有效、有序原则健康发展。国有企业组织部门，应负责对全系统领导人员培训工作进行宏观指导，并对培训业务进行归口管理，负责制定领导人员的中长期培训规划。

要遵循领导人员成长的一般规律，建立分级分类、循序渐进的培训模式。“分类培训”就是根据不同类领导人员及其岗位职责的不同特点，采取不同内容和方法，开展好差别化、特色化培训。“分级培训”就是要根据各类领导人员职业发展的规律和成长的不同阶段，按照国际级、国家级、企业集团级，采取由低级到高级循序渐进的方式进行针对性培训。同时，要整合集团全系统培训资源，建立资源共享、专业合理的培训支撑网络体系。

领导人员队伍建设是一项常抓不懈的长期工程。国有企业应充分认识新形势下加强领导人员队伍建设的重要性，按照党中央要求和事业发展的需要，以振奋的精神、饱满的热情、开拓的思路、扎实的作风，切实抓好领导人员队伍建设，满腔热诚地关心领导人员，切实为领导人员排忧解难，解决领导人员工作、学习、生活中难题和障碍，为领导人员的快速成长创造良好的环境和条件，充分调动领导人员工作的积极性，提高战斗力，增强凝聚力，为推进国有企业事业的稳定协调快速发展提供坚强有力的组织保障。

加强领导人员监督约束
保障国有企业健康发展

监督约束是加强领导人员队伍建设、促进领导人员健康成长的重要内容和手段，必须始终不渝地作为领导人员管理的一项重要工作来抓。在全国上下全面推进小康社会建设的新形势下，在国有企业改革进入攻坚阶段，各种矛盾和问题不断迸发的新环境下，国有企业必须从加强党的执政能力和先进性建设的战略高度出发，在完善国有资产管理体制和深化国有企业改革进程中，不断加强对领导人员的监督约束，完善领导人员监督约束的体制机制，把对领导人员的监督寓于企业经营管理的全过程，促进广大领导人员廉洁从业、勤政为民，确保国有资产的保值增值，切实推进国有企业的全面协调和可持续发展。

监督约束作为一种负激励方式，主要通过党纪、国法、企业规章制度，明确领导人员在企业经营管理过程中不能触及的“禁区”，对领导人员违反纪律和制度的行为要按照规定及时进行教育和处罚，对严重违反党纪和国家法律法规或给企业造成重要经济损失的领导人员要追究法律责任。监督约束，从作用的时间来看，可以划分为事前监督、事中监督、事后监督；从作用的方式来看，可以划分为经济处罚、行政处理、纪律处分；从实施监督约束的主体来看，可以划分为党组织监督、群众监督、法律法规监督和企业规章制度监督。

国有企业加强领导人员监督约束机制建设，要采用内部监督与外部监督相结合，上级监督与职工群众监督相结合，事前、事中与事后监督相结合的监督形式，形成全过程多方位的领导人员监督约束机制。

一、关口前移，加强领导人员选拔任用的监督

加强对领导人员的监督约束，首先要在领导人员入口上下功夫，加强干部选拔任用监督，加强防范，尽可能地选拔出合格的领导。要以党纪党规、法律法规和企业规章制度为依据，从严格管理和关心爱护领导人员出发，坚持以正面教育为主、预防为主、事前监督为主，把监督贯穿于领导人员培养教育、考察考核、选拔任用、日常管理的各个环节，建立健全强化预防、及时发现、严肃纠正的监督工作机制，切实加强对领导人员及领导人员选拔任用工作的监督，为选贤用能和促进领导人员健康成长提供有力保障。

一是要完善领导人员任职资格标准，解决人与岗位相匹配的问题。一方面应该结合企业类型和发展阶段的不同特征，明确领导人员的岗位职责；另一方面，需要全面客观评价领导人员的品德、知识、能力、经历和工作业绩以及发展潜力，评估人与岗位之间的匹配程度，做到人适其岗、岗适其人。

二是要进一步完善对领导人员的考察预告、推荐提名、考核了解、讨论决定、公示等环节的工作程序、工作标准和要求，完善监控相应环节的监督措施，加强对组织部门执行企业领导人员选拔任用规定的监督检查，改进检查方法，提高检查质量。对检查中发现的问题，要认真督促，及时整改。

三要建立和完善领导人员选拔任用工作责任追究制度。按照责权一致原则，科学界定干部选拔任用工作各环节的责任主体、责任内容，明确追究方式，加大追究力度。对违反规定选拔任用领导人员的部门和人员要严肃处理。通过严格把握选人用人关，为把政治上靠得住、工作上有本事、作风过得硬、干部职工认可的领导人员选拔到各级领导岗位提供有力保障。

二、加强党内监督

（一）坚持民主集中制，提高民主生活会质量

监督企业领导班子既要坚持民主集中制，又要遵循公司治理结构运行机制的要求，不断建立健全议事、决策的规则和程序，严格按照法律法规和企业决策、经营管理制度要求履职。要坚持开好一年一度的领导班子民主生活会，明确民主生活会主题内容，相互开展谈心谈话，并采取多种方式广泛征求职工群众的意见或建议。领导人员要对照民主生活会的要求和职工群众的意见或建议，认真查找本人在思想作风和工作作风方面存在的突出问题，深入开展批评和自我批评，紧密结合企业生产经营等中心工作，切实加以整改。定期或不定期地对领导人员工作进行巡视检查，重点巡视检查承担重大项目、重点工程和重要工作单位领导班子及人员完成情况，考核了解领导班子及领导人员在组织和推进上述重点工作过程中的综合表现以及领导班子思想工作作风建设情况。

（二）认真做好领导人员廉洁从业工作

企业要把落实好《廉洁从业规定》的各项要求作为领导人员廉洁从业工作的中心任务。结合实际，进一步完善廉洁从业的规范要求，尤其是把其中带有普遍性、原则性要求的有关规定，加以明确界定。特别是对于规范行使权力、防止可能发生的利益冲突以及规范职务消费的有关规定，一定要结合企业实际情况，提出并制定操作性较强的具体要求。要紧密结合构建惩防体系，围绕人权、财权、物权和事权，抓住经营管理的关键环节，规范权力运作的制度和流程，加强过程控制，减少发生腐败问题的机会。要进一步加大廉洁从业的监督力度，对于《廉洁从业规定》已经明令禁止的行为以及群众反映强烈的热点问题等，一定要认真清理，坚决纠正；对于一些涉及政策性比较强的问题，要在认真进行调查、深入分析研究的基础上，采取切实可行的措施，慎重地加以解决；对于少数人员的违纪违规行为，要严肃追究责任，坚决依纪查办和处理。

（三）大力贯彻落实党风廉政建设责任制

企业要不断完善与经营管理责任体系密切联系的党风廉政建设责任体

系，把责任制始终贯穿于党风建设和反腐倡廉的各项工作之中，体现在企业经营管理的各个环节，形成一级抓一级、层层抓落实的责任网络。企业主要领导是党风廉政建设的第一责任人，必须率先垂范，带头落实和执行好党风廉政建设责任制。要抓好责任分解、检查考核和责任追究三个关键环节，突出反腐倡廉的重点任务，抓好任务分解，丰富责任内容，不断提高责任制的实效性。要坚持把领导人员党风廉政建设责任制考核与其经营业绩考核紧密结合，完善考核量化指标，规范考核程序，注重成果运用，把考核与业绩评定、薪酬待遇、选拔任用、培训培养相挂钩，不断提高责任制的权威性。

（四）认真抓好治理商业贿赂工作

在上级单位或部门的统一领导下，企业不仅要抓好产权交易中商业贿赂的治理，还要抓好工程建设招投标、物资采购和产品销售等环节的治理。要认真检查遵守国家相关法律法规的情况，检查执行企业有关规章制度的情况，检查有无给予或接受回扣、提成、手续费及其他利益的行为；要坚决纠正违反商业道德和市场规则，影响公平竞争的不正当交易行为，依法依纪查办商业贿赂案件，建立健全防治商业贿赂的长效机制。

三、完善公司治理结构的制衡约束机制

按照《公司法》、《证券法》等法律法规的要求，企业要进一步明确企业董事会、监事会、经理层的权责。规范董事会与经理层的职权，使董事会切实有效履行经营决策职能、监事会履行检查监督职能、经理层按照董事会授权履行经营管理职能，完善董事会、监事会、经理层议事规则和程序，真正形成各负其责、协调运转、有效制衡的公司治理结构运行机制。进一步完善董事会、监事会有关重大事项向股东会（出资人）的报告报审制度，明确报告报审的内容、程序、受理部门等具体事项。

加强董事会建设，设置专职或外部独立董事，健全董事会专业委员会制度，增强董事会的透明度和独立性，提高董事会监督的有效性。加强监

事会的建设，以专职监事为主，为监事会监督提供足够的人力、资金、技术等支持，积极探索丰富监事会监督手段；同时，整合企业内部监督资源，探索实现企业内部审计、纪检、监察等部门与监事会相融合的“四位一体”的大监督体制，形成监督合力。

充分发挥企业党组织的政治核心作用。党组织要积极参与企业发展战略、中长期发展规划，企业生产经营方针、年度财务预算和决算，企业资产重组和资本运作中的重大问题，企业的重要改革方案和重要管理制度的制定、修改，企业重要人事安排及内部机构的设置调整，涉及企业职工切身利益的重大事项等重大问题的决策。要不断完善党组织参与重大问题决策的领导体制、工作机制和规则程序，既要维护董事会对企业重大问题的统一决策权，也要保证党组织的意见和建议在企业重大问题决策中得到尊重和体现。“双向进入、交叉任职”是党委参与企业重大问题决策的一种较好的体制选择，党委负责人可以通过法定程序进入董事会、监事会，董事会、监事会、经理层及工会中的党员负责人，可依照党章及有关规定进入党委会，加强党组织的监督作用。

四、完善内部监督制度体系

坚持厂务公开，提高企业决策和管理的透明度，充分调动和发挥干部职工依法民主监督企业及领导人员在资金运作、收入分配、用人决策和廉洁自律等重大问题上的作用。

坚持和完善领导人员任期经济责任审计和重大项目专项审计制度，加强对领导人员管理决策、业务执行过程进行监控，促进领导人员严格按照制度规定办事。同时，对任期届满的领导人员，要先审计再考核。

坚持和完善风险抵押金制度，完善押金和延期或分期支付的手段，提高履职风险、避免短期行为。

坚持和完善领导人员谈话制度。根据巡视检查、考核评价等情况，对存在一定问题的领导班子及领导人员进行谈话。其中，对领导人员在全面履职、思想作风、工作作风、团结协调以及廉洁自律等方面出现的一般苗头性问题，进行提醒谈话；对在上述方面出现一定过错并造成一定后果，但尚未达到违纪违法情形的，进行诫勉谈话。

对一般苗头性问题，按照管理权限由企业集团人力资源部门组织实施；对出现一定过错并造成一定后果，但尚未达到违纪违法情形的，由企业集团人力资源部门负责人组织实施；对问题较为严重、造成较大影响的，由企业集团党组分管领导直至党组书记组织进行谈话。

被提醒谈话或诫勉谈话的领导人员，要认真检查剖析自身存在的问题，切实制定整改措施，限期进行整改提高。对于整改效果不明显或继续出现提醒谈话、诫勉谈话情形的领导人员，要组织进行专项考核，根据考核情况及时予以调整。

坚持和完善领导人员报告制度。要根据企业改革发展形势的变化，继续坚持和完善领导人员工作报告、个人收入申报、个人有关事项报告等制度，促进成员单位领导人员积极总结工作、查找问题、整改提高。

坚持和完善领导人员工作报告制度。进一步加强和完善领导人员工作报告的内容，规范相关程序、形式和要求，督导企业领导人员严格按照要求，向股东会（出资人）报告企业重大事项、工作中存在的主要问题、个人思想作风与廉洁自律等情况，促进领导人员廉洁从业。

坚持和完善领导人员个人收入申报制度。严格按照国家、企业规定，严格执行有关申报内容、申报程序及工作要求，规范成员单位领导人员分配行为，净化领导人员收入渠道，切实保证领导人员收入唯一。

坚持和完善党员领导干部报告个人有关事项的制度。严格按照党中央《党员领导干部报告个人有关事项的规定》（中办发［2006］30号）的要求，认真组织好领导人员报告个人婚姻变化情况、因私出国（境）的情况、配偶、子女出国（境）定居及有关情况等事项的工作，规范完善受理程序及要求，加强监督检查，促进领导人员廉洁自律、廉洁从业。

五、狠抓责任追究，强化约束力

坚持和完善领导人员责任追究制度，对领导人员不能全面、正确、有效地履行岗位职责或在履行岗位职责过程中出现一定的工作过错、造成一定的损失和影响，尚未构成犯罪的，按规定追究其相应的责任。领导人员工作过错行为，违反党纪、政纪规定的，按照党纪、政纪的有关规定给予纪律处分；领导人员工作过错行为，构成犯罪的，按规定移交司法机关依法处理。

责任追究包括行政处理、经济处罚、纪律处分等三种方式。行政处理，主要包括对领导人员提醒谈话、诫勉谈话和引咎辞职、责令辞职、免职等方式。经济处罚，主要包括扣减领导人员岗位绩效工资、任期风险抵押金、特殊奖励和中长期激励收入等。纪律处分，主要包括对领导人员的党纪、政纪处分。

根据领导人员工作过错的实际情形和造成损失及影响程度，行政处理、经济处罚和纪律处分三种方式可单独采用，也可合并采用。领导人员同时出现两种及以上过错责任情形的，数责并究。其中，行政处理按“就高”原则执行；经济处罚数额按相关规定标准累计执行；纪律处分按照党纪、政纪有关规定执行。领导人员因工作过错被追究责任后，被责令进行整改而不能及时有效地进行整改或在整改过程中出现新的责任过错的，要从重追究。

（一）领导人员出现下列情形之一的，相应予以提醒谈话或诫勉谈话或一定的经济处罚，其中，违反党纪、政纪的，按规定给予相应纪律处分

一是不及时组织学习、传达、贯彻党的路线、方针、政策和国家有关法律法规以及企业重要决策决定；对重要政治活动反应不敏锐、缺乏整体意识和全局观念的。

二是事业心、责任心不强，工作缺乏危机意识和紧迫感；工作动力不足，部分岗位职责未全面履行；工作作风不深入，检查落实不到位，缺少具体措施；向上级组织汇报、报告工作文过饰非、言喜藏忧的。

三是思想观念不能与时俱进，在内外环境和客观形势发生变化后，不善于或不主动及时地调整自己的思想观念和工作思路，缺乏面对新情况、解决新问题的措施和办法，主要工作推动不得力，打不开新局面的。

四是不能根据事业发展和岗位职责的新要求，及时、主动地学习、更新知识，达不到企业规定的学习和培训目标；因虑事不周全、缺乏统筹考虑，导致工作中出现一定偏差的。

五是在"三重一大"（重大事项决策、重要人事任免、重要项目安排和大额度资金使用）等一些重要事项的决策与执行上，不能按规定履行程序或关键程序履行不够严格；或因未严格履行规定程序，导致执行过程中出现一定偏差，但造成的损失或影响较为轻微的。

六是对本单位出现的重大、紧急、突发事件，不能按规定渠道及时报告；或存在一定程度的瞒报、虚报情形，但造成的损失或影响较为轻微的。

七是对本单位存在的质量、安全事故重大隐患，未及时发现或不能主动进行整改或整改不符合要求的；非不可抗拒原因，本单位出现一般性质量、安全责任事故，未造成严重的损失或影响的。

八是会计信息失真，达到一定数额的。

九是不能积极支持、配合领导班子其他成员工作或在与领导班子其他成员出现隔阂后无动于衷、任其发展，对工作造成一定影响的。

十是主要因个人原因导致自己在民主评议或组织考察考核中不称职率超过一定比例的。

（二）领导人员出现下列情形之一的，根据党纪、政纪的有关规定给予相应纪律处分或予以引咎辞职、责令辞职、免职等行政处理或一定的经济处罚

一是政治意识淡薄，缺乏政治责任感，在重大政治活动或政治事件中，出现严重工作失误，给国家或企业造成重大影响；违背中央政策和企业决策，个人言行与上级组织的要求出现严重偏差；缺乏大局意识和整体观念，严重违反企业统一指挥和调度，损害本单位利益；在重要人事任免工作中，违反有关政策和规定，造成严重失察失误；无正当理由，不服从工作分配（调动、交流），经上级组织多次做工作仍不能改正的。

二是缺乏事业心、责任心和敬业精神，工作长期被动，效率低下，严重贻误工作；思想观念严重滞后，对客观形势发展变化的分析判断出现严重失误，导致本单位错失重大改革发展机遇的。

三是主要因为个人主观原因，导致涉及国家和企业利益的科研、生产、贸易任务主要时间节点严重滞后，对国家或企业造成严重损失或影响；非政策性重大调整或非不可抗拒原因，本单位连续两个年度资产经营责任主指标完成率低于80%的。

四是在重大事项决策、重要项目投资与管理上，严重违反国家或企业规定的程序，未经过认真的分析论证和集体研究，个人随意决策，造成3000万元及以上经济损失；承担的国家或企业重点项目管理混乱，项目进度严重滞后，项目质量出现重大缺陷，给国家或企业造成重大影响的。

五是在大额度资金使用上，严重违反国家或企业规定的程序，未经过认真的分析论证和集体研究，个人随意决策，事后未及时追溯处理，造成经营性损失一定数额以上；在经营活动中，未认真组织对合作方进行必须的诚信和资信调查，个人随意决策，造成本单位大额度资金被合作方骗取而丢失，事后未及时追溯处理，损失在一定数额以上；在与和本人有重要关联的亲属、朋友的经营活动或经济交往中，违反有关规定程序，未经过认真的分析论证和集体研究，个人随意决策，事后未及时追溯处理，造成一定经济损失的。

六是本单位出现严重质量、安全责任事故，不立即组织抢救或故意隐瞒不报、谎报、拖延不报，阻碍、干涉事故调查工作，拒绝接受调查取证、提供有关情况和资料，在事故调查处理期间擅离职守，严重影响或干扰事故正常调查处理；因管理不善，导致本单位出现严重安全责任事故的。

七是对本单位出现的重大、紧急、突发事件不闻不问，放弃管理责任或处理方法不当、措施不力，导致事态迅速扩大，严重影响本单位正常工作和生活秩序，甚至给社会稳定带来不良影响的。

八是会计信息严重失真，失真数额在规定数额及以上的给予警告、记过。其中，纯属领导人员为骗取个人荣誉，虚报销售收入或利润达一定数额的，对直接责任人或直接领导责任人予以免职处理。

九是与领导班子其他成员搞无原则纠纷，导致领导班子不团结，严重影响领导班子整体功能发挥；或在领导班子成员中故意挑拨是非，导致领导班子其他成员无法正常开展工作，在职工群众中造成不良影响的。

十是主要因个人原因导致自己在民主评议或组织考察考核中不称职率达到一定比例的。

领导人员监督工作是一项长期工作，必须不断完善监督约束的体制和机制，进一步丰富监督的方法和手段，加大监督的力度，把事前监督、事中监督和事后监督相结合，充分发挥党组织监督、群众监督、法律法规监督和企业规章制度监督的效力，形成全方位多层次的监督体系，促进领导人员健康成长、廉洁从业，切实保障国有企业健康发展。

统筹规划　备用结合　动态管理
建设高素质的后备领导人员队伍

后备领导人员队伍建设是国有企业领导人员管理的重要组成部分，后备领导人员的储备和管理关系着国有企业的兴衰成败和可持续发展，对进一步发挥国有企业的骨干作用、支柱作用和保障作用、稳固党执政的经济基础都具有重大的战略意义。因此，加强和改进国有企业领导人员队伍建设，必须高度重视企业后备领导人员队伍建设工作，构建体系化的后备领导人员建设机制。

一、新时期加强后备领导人员队伍建设的指导思想和基本原则

加强后备领导人员队伍建设，必须树立“素质第一，注重潜能”的工作理念，抓住后备领导人员管理中的预测与规划、选拔与培养、管理与使用三个基本环节，建立“整体规划、严格选拔、加强培养、动态管理、注重使用、关心爱护”的后备领导人员队伍建设工作新机制，为实现企业发展目标提供坚强的组织保障和坚实的人力资源基础。

（一）坚持党管干部、科学统筹规划

国有企业加强后备领导人员队伍建设必须坚定不移地坚持党管干部原则，贯彻和落实党中央关于干部管理的路线、方针和政策，坚持德才兼备、任人唯贤，牢牢把握后备领导人员培养和管理的正确政治方向；要结

合企业发展战略需要，科学统筹规划后备领导人员的培养和管理。

（二）突出工作实绩，注重发展潜力

选拔后备领导人员要适应事业发展需要，面向系统内外、国内外选人，扩大选人视野；要把工作实绩和发展潜力作为考察选拔后备领导人员的重点。

（三）重视培养提高，实行动态管理

对后备领导人员要注重培养提高，通过多种形式加强对后备领导人员的锻炼，并实行动态管理，及时更换不合格的后备领导人员，补充优秀的后备领导人员，使后备领导人员保持合理比例。

（四）服从服务大局，统一调配使用

企业要根据事业发展需要，服从服务于发展大局，统一调配使用后备领导人员，充分发挥后备领导人员的作用。

二、严把入口关，严格后备人才的条件和资格

加强后备领导人员队伍建设，素质是根本，数量和结构是关键。后备领导人员队伍建设应结合企业单位领导班子建设的需要和人才队伍建设的实际，严格把好入口关，真正建设一支政治素质好、业务能力强的后备领导人员队伍。

（一）要进一步明确后备领导人员的条件和资格

根据国有企业的性质、类别、领导职位设置和发展要求等因素，后备领导人员的条件和资格应该强调政治素质、职业素养、履职能力、工作业绩和身心素质等方面的内容。

——突出政治素质要求。坚持科学发展观和正确业绩观、政治上的坚定性和对国家与企业的忠诚度。在思想上、行动上与党中央保持高度一致，认真贯彻落实党的路线方针政策，遵守国家法律法规。对关系国家安全和国民经济命脉的国有重要骨干企业领导人员，更需要有政治意识和大局意识，严守国家秘密，突出政治鉴别力和政治敏锐性，坚持局部利益服

从全局利益。

——强调职业素养要求。要具有强烈的事业心和责任感，作风民主，善于与领导班子成员团结合作，爱岗敬业、诚实守信、廉洁自律。对关系国家安全和国民经济命脉的国有重要骨干企业领导人员更应强调责任意识培养，突出对国家经济发展和社会稳定的责任。

——有一定的知识背景和基本能力要求。国有企业领导人员一般应具有大专以上文化程度，对国有重要骨干企业、大型企业集团、高新技术企业领导人员一般应具有大学本科以上文化程度。一般应熟悉基本市场经济知识和法律金融知识，掌握现代企业管理、工商管理理论方法，熟悉本企业产品或服务所涉及的相关专业知识。应具有基本的战略决策、经营管理、市场竞争、协调沟通、推动企业创新和应对复杂局面的能力。

——身心素质的要求。主要指体能素质和心理素质。在体能素质方面应具备正常的体质健康标准，适应现代工作节奏；具备岗位工作需求的基本体能和健康体质，能够进行适度的体能调节。在心理素质方面要具备挫折抗击力，保持乐观向上、豁达开朗的精神面貌，能够经受艰苦工作环境的磨砺，具有自立自强、勇往直前的优秀品格。要具有良好的情绪控制力，在意外和突发事件面前能够沉稳理智、合理处置。要具有较强的社会适应力，正确把握人生目标，积极适应社会变革。

除此之外，国有企业领导人员的选拔任用还应该考虑工作经验方面的要求，把工作年限、工作经历、履职记录和培训情况等作为选拔任用的资格和条件。特殊行业或特定岗位的领导人员还可以根据需要提出相关的职业资格认证、专业背景等方面的要求。

在具体制定后备领导人员条件和资格上，应充分考虑领导岗位差异性的职位要求，即设置基本的条件和资格。主要表现在工作能力、工作业绩、相关工作经历以及特定岗位的职业要求等方面的具体要求。

——出资人代表后备人才。要求具有一定的政治理论修养和政策理论水平，能够正确把握企业改革发展方向。熟悉相关企业与行业的基本情况，具有比较全面的现代企业经营管理知识和较为丰富的企业经营管理实践经验。原则上应具有大学本科以上学历，年龄一般不超过50周岁，具有系统的企业经营管理和出资人代表相关知识的培训经历，且达到培训基本要求。

董事长后备人才应具有较强的科学判断能力、战略决策能力、资本运作能力、防范风险能力、识人用人能力和驾驭全局能力，原则上应具有企业高级经营管理岗位（或相应岗位）任职经历，且业绩突出。

监事会主席后备人才应具有较强的科学判断能力、监督检查能力、政策法规知识运用能力、防范风险能力和沟通协调能力，一般应具有财务管理工作经历和企业高级经营管理岗位（或相应岗位）任职经历，且业绩突出。

控股上市公司董事长、监事会主席后备人才还应符合《中华人民共和国公司法》、《中华人民共和国证券法》、《上市公司治理准则》等国家有关法律法规和公司《章程》规定的条件和资格。

——高层经营管理者后备人才。要掌握现代企业经营管理的基本理论，具备现代科技、企业管理、财务金融、法律等方面的基本知识。熟悉相关企业和行业的基本情况，具有较强的战略思维、经营决策、资本运作、市场运作、执行沟通、知人善用、风险控制和组织协调能力。一般具有大学本科以上学历，年龄一般不超过45周岁，具有系统的企业经营管理知识培训经历，且达到培训要求。具有3年以上相应岗位的任职经历，且业绩良好，在员工队伍中具有较好的感召力。

——党群负责人后备人才。应具有科研、生产、经营管理等相关岗位的工作经历。其中，党委书记、党委副书记后备人才还应符合《党章》规定的党的基层组织负责人的条件和资格；工会主席后备人才还应符合《工会法》和《工会章程》规定的工会组织负责人的条件和资格。

（二）要确保后备领导人员数量，优化配比结构

后备领导人员的选拔需要结合党在后备干部培养上的要求、企业领导岗位性质和职数进行选拔。在确保后备领导人员数量的同时，还要重视后备领导人员的配比结构，包括年龄结构、学历结构、专业结构和禀赋结构。一般而言，后备领导人员在年龄结构上，主体应保持在35—50岁之间，逐步形成中青年结合的年龄结构；在学历结构上，应以本科及以上学历人员为主，在专业要求较高岗位中研究生学历人员应达到一定比例；在专业结构上，不但要结合领导岗位职责要求，选拔一定数量相关专业的人才，同时还应注重选拔复合型人才，使后备人才队伍的专业结构符合企业和领导班子建设的要求；在禀赋结构上，后备领导人员在气质、性格等方面，要按照有利于形成整体合力和优化功能的原则进行配备。

三、拓宽选拔范围，严格选拔程序

选拔后备人才必须按照规定的条件和资格严格把关，特别要把好政治素质关。要全面考察推荐人选的政治素质、职业素养、履职能力、工作业绩和身心素质等，特别要注重考察工作业绩和发展潜力，注意了解其所熟悉的专业领域和主要特长。

进一步拓宽后备领导人员选拔范围。后备领导人员选配既要坚持以企业集团内部为主，也要有效利用人才市场，扩大选人视野，拓宽选人渠道。一方面，要将企业集团内具有较大发展潜力、符合后备领导人员条件和资格的优秀人才纳入后备领导人员队伍中进行培养。另一方面，要吸引企业集团外优秀人才为我所用。充分利用智力引进、项目合作、学术交流、业务洽谈等机会，通过业内人士推荐或采取市场化手段，通过人才中介机构“猎取”、公开招聘等方式，从国内外、系统外，广泛发现和掌握一批优秀海外归国人才、系统外优秀人才，经考察符合条件的，纳入企业后备人才队伍进行联系和培养，有效满足企业核心业务发展和新兴业务拓展的人才需求，保持有比较充足的外部人才储备。此外，也可以从政府中吸收一些相关行业的领导干部，特别是熟悉行业特点、具有战略性思维、懂经营、善管理的领导干部充实到国有企业的后备领导人员队伍中来。

后备领导人员的选拔，要在企业的统一领导下，各基层单位制定工作计划和实施方案，共同推进和实施。一是基层单位通过民主推荐、组织推荐或本人自荐等方式，确定考察对象；二是由本单位组织、人事部门组成考察组，通过民主测评与推荐、个别谈话、业绩评价、综合素质测评等方式对考察对象的德、能、勤、绩、廉等情况进行全面考察，并形成考察报告；三是由单位党委书记主持召开党委会，根据考察结果研究提出后备领导人员推荐名单，报企业组织部门。上报材料主要包括后备领导人员工作报告和后备领导人员推荐表（含后备领导人员考察材料及培养方案）。四是企业组织对推荐人选进行考察，并根据企业后备领导人员队伍建设整体规划和基层单位实际情况进行认定。

四、进一步加强培养培训和交流力度

加强后备领导人员培养，要围绕企业集团发展战略，结合后备领导人员队伍整体特点，统一规划，明确各个领导后备人员的培养方向，根据领导岗位类型、个人特点和职业倾向开展职业生涯设计和管理，按照事业需要和双方认同的职业通道进行职业培训和岗位塑造，依据“缺什么、补什么”的原则，把思想政治素质摆在首位，不断创新培训方式，积极探索后备领导人员实践锻炼的新途径，开展针对性培养，加强政治理论与政策法规、业务知识与业务技能的培训和实践锻炼，全面提高后备领导人员的思想素质、业务素质和身心素质。

一是要注重把理论学习与实践锻炼相结合，加大岗位锻炼学习的力度。根据后备领导人员的个性特点，打破专业和职责限制，实行多范围的交叉锻炼，培养其多领域、多层面的业务能力。一般而言，后备领导人员熟悉某一方面的工作之后，应该及时进行岗位轮换。对已经过多岗位锻炼、工作经历较为丰富的后备领导人员，主要采取现岗位锻炼的方式，明确目标任务，严格要求和管理；对工作经历相对单一的后备领导人员，要有步骤地进行岗位轮换，增加多岗位工作经验；对缺乏科研、生产、市场营销一线工作经历的后备领导人员，要有意识地安排到基层或科研生产一线，参与到具体的科研生产工作中进行锻炼；对缺乏重要岗位锻炼、独立承担任务能力不足的后备领导人员，要有意识地安排他们承担急、难、险、重任务进行锻炼。

二是要加强后备领导人员多向交流。积极推进同企业与基层单位之间、不同基层单位之间、企业与外部企事业单位之间、不同领导岗位之间的交流。在交流中，要根据各个单位自身的特点进行，如有的单位市场开拓能力弱，可以多派往市场经济发达的地区或发展较好的民营企业进行交流。总之，要通过把后备领导人员放到复杂、艰苦的工作岗位上锻炼，给他们压担子、出难题，最大限度地挖掘和开发其潜质，提高处理复杂问题的能力和本领。

三是创新培养培训途径，开展分类培训。以企业自主培训为主，综合运用讲授式、研究式、案例式、模拟式、体验式等教学方法，提高培训质量；有计划地选送部分优秀后备领导人员到企业集团外、国外进行培训，培养他们的世界眼光和在更大范围、更广领域、更高层次参与国际竞争的本领；提倡后备领导人员利用业余时间参加各种形式的自主选学。同时，加强对后备领导人员培训的考核力度。在后备领导人员的培养培训中，要坚持实行“逢培必考”。凡是参加理论培训和实践锻炼，都需要进行考试或考察，并将考试成绩、工作表现和业绩等记录进个人的培养档案中，作为后备人才选拔任用的依据。

对董事长、监事会主席等出资人代表后备，重点进行战略与投资管理、财务与金融管理、资本与市场运作、人力资源开发与管理、监督与审计管理、政策法规知识等企业管理学方面的知识和技能培训。对基层单位高级管理人员后备，除进行上述培训外还要重点进行市场营销、科研开发以及企业文化建设等方面知识和技能的培训。其中，对党群负责人后备，重点进行党的基本理论、新形势下思想政治工作的方式方法等方面知识和技能的培训。

四是建立后备领导人员实践锻炼业绩考核与记录制度。企业组织、人事部门要对后备领导人员轮岗、挂职、交流的工作表现、工作业绩等进行考核，并写入个人档案。

五、实施动态管理，建立后备领导人员管理的良性机制

加强后备领导人员培养和管理，须不断完善后备领导人员的动态管理，通过制度建设，逐步形成后备领导人员管理的良性工作机制。

一要建立健全后备领导人员跟踪考评制度。要建立起一套比较完善的考评制度，加强对后备领导人员思想素质、业务能力和身心素质等方面的考察，随时掌握后备领导人员的综合表现。

二是建立后备领导人员定期分析制度。企业要根据事业发展需要，定期分析后备领导人员队伍的配比结构、成熟程度、素质状况、培养效果、成熟程度等情况，随时发现和解决培养培训中出现的问题。

三是建立后备领导人员定期谈话制度。相关培养责任人应定期与后备领导人员沟通和联系，帮助他们总结经验，发扬成绩，克服不足，对出现的不良苗头，要做好思想政治工作，及时提醒，防微杜渐，关心和帮助其成长。

四是加强后备领导人员信息管理工作。一方面，分类分层建立后备领导人才库。后备领导人才库实行“三类三级”管理。将后备人才分为A、B、C三类，A类为正职领导后备人才库，B类为副职领导后备人才库，C类为企业外领导后备人才库。每类库又分为三个层级，一级为条件比较成熟、近期可以提拔使用的；二级为有较大发展潜力，需要进一步培养的；三级为基层单位或专业人士推荐，需要进一步考察了解。人才库信息变化随时调整和更新。另一方面，建立和完善后备领导人员档案，将后备领导人员考察考核情况、培养培训状况、奖惩情况等如实记录，为选拔任用提供基础信息。

五是定期进行调整和补充，并保持相对稳定。对因基层单位领导班子换届调整、选拔，后备领导人员变化较大、结构明显不合理的，企业要及时指导基层单位按规定进行调整补充。调整和补充工作要注意与领导班子

换届或日常调整工作结合起来，并严格按规定的条件和程序进行。

严格管理后备领导人员，对政治思想、道德品质、廉洁自律等方面出现问题；玩忽职守、不负责任，给单位造成较大损失或不良影响；工作打不开局面、发展潜力不大；作风不实、威信不高、群众意见大，考核不称职；不服从组织调配，不愿到条件艰苦、情况复杂的环境中进行锻炼；由于健康原因，不能担负繁重工作任务等情况的后备领导人员要及时撤换出后备领导人才库。

六是建立后备领导人员责任制。将后备领导人员培养与领导班子建设有机结合在一起，并把后备领导人员的培养成效逐步纳入现职领导人员的工作业绩考核指标之中。

坚决防止和反对后备人才工作的不正之风。成员单位推荐后备人才必须严格掌握条件和职数，必须经过规定的程序，坚决防止和杜绝“跑官要官”、暗箱操作和个人说了算等不良现象。反对埋没后备人才、压制后备人才的行为，一经发现，将按规定对有关人员进行责任追究。

六、不断完善后备领导人员的任用方式

企业集团任用基层单位领导人员时，应优先从后备领导人员中选拔。对德才兼备、业绩突出、群众公认、条件比较成熟的后备领导人员，根据工作需要，应及时提拔，大胆使用；对关键时刻积极主动服从组织安排、替组织分忧，且取得一定业绩或挂职期间表现突出、业绩明显的后备领导人员，应根据需要及时提拔使用；对条件成熟，但因岗位或职数等限制不能及时提拔任用的，要通过交流等方式予以任用。同时，要坚持先培训后上岗。近期拟提拔使用的后备人才，应参加企业组织的培训。

后备领导人员队伍建设事关企业改革发展，是一项长期的战略任务。国有企业要加强领导，树立“不重视后备领导人员工作，就不是称职的领导人员”的观念，满腔热情地关心后备领导人员，真心实意地培养后备领导人员，确保后备领导人员培养和管理工作取得实效。

畅通高层次人才的发展渠道
增强企业人才资源竞争能力

企以人强，业以才兴。随着经济全球化进程日趋加快和科技进步日新月异，人才问题尤其是高层次人才问题越来越成为关系企业发展的关键问题。谁拥有了人才优势，并能把人才优势转化为科技优势、产业优势，谁就能赢得竞争的主动权。新时期，国有重要骨干企业加强高层次科技和骨干人才队伍建设，必须坚持以邓小平理论和“三个代表”重要思想为指导，牢固树立科学发展观和科学人才观，根据事业发展需要和人才的能力素质特点，以畅通成长发展渠道为抓手，以优化人才配比结构为重点，以全面提高素质为基础，逐步建设一支专业配套、结构合理、素质精良、数量充足的高层次专业技术和专门技能人才队伍，形成三支队伍协调并进、分类发展的局面，为实现企业全面、协调、可持续发展提供强有力的人才支撑。

一、加强政策引导，进一步畅通高层次专业技术和专门技能人才的发展渠道

进一步畅通高层次专业技术和专门技能人才的发展渠道，为他们提供广阔的发展空间，彻底改变各类高层次人才争过“独木桥”的现象，必须加强政策引导，通过正确的政策导向，促进经营管理、专业技术和专门技能三支人才队伍协调并进，健康发展。

（一）合理分类，铺设高层次专业技术和专门技能人才发展道路

企业要根据产品、专业结构调整的需要，按照类别、领域、专业等要素逐步细化的原则将科技和技能人才发展道路进行分类，形成人才分类成长的体系，努力使各种类型人才都能在适合自己的道路上得到发展。在人才分类的基础上，按照不同类型人才的职业发展规律，结合不同领域、不同专业的特点，坚持走岗位成才的职业发展道路，逐步形成“基层单位级科技或技能带头人—企业级科技或技能带头人—首席专家—国家两院院士或国家级荣誉获得者”的科技和技能人才职业发展通道，搭建人才成长和正常晋升的阶梯，并建立相应的资质评价和资格认证体系，使人才的地位、作用和价值在层级体系中得到合理体现，激发其自身发展的内在动力。

（二）大力推进“长师分设”制度，促进高层次专业技术和专门技能人才成长

企业应结合高层次专业技术和专门技能人才的现状和特点，培养职业型科技或技能领军人物，有效推动“长师分设”制度，提高企业科技创新能力，增强企业核心竞争力。

1. 建立健全带头人制度

带头人制度是企业根据发展战略和自身产品技术发展方向，从重点类别、领域、专业中选拔一批技术技艺精湛、具有较强的解决技术或工艺难题的科技和技能人才作为该领域的带头人，并给予其高水平的政治、经济待遇，充分调动和发挥他们的积极性和创造性，不断提高他们的自主创新能力，并通过他们的传、帮、带，培养和造就一大批具有自主创新能力、数量充足的带头人后备力量，不断提高企业的技术创新能力和科技竞争力。

对带头人实行分层分级建设。为确保带头人的称号不缩水、不打折，可以按照梯队建设的模式把带头人分为企业级和基层单位级两个级别，企业级带头人由企业统一聘任和管理，基层单位级带头人则由各单位自行评聘。企业级带头人基本上从基层单位级带头人中产生。实行带头人队伍分层建设，不仅有助于选拔出具有良好的公认度和真才实学的带头人，而且有助于激发专业技术和专门人员的工作热情和干劲，使带头人制度真正起到激励的作用。

给带头人提供广阔的事业平台。企业、基层单位重点项目总设计师、副总设计师等原则上可从企业和基层单位两级科技带头人中选用，作为首席专家或国家级荣誉获得者的候选人。带头人亦可以以职工董事、职工监事、专家委员等身份进入企业董事会、监事会、科技委员会等机构，参与企业的决策、管理和监督，从而突破高层人才建设的“瓶颈”，为两级带头人提供广阔的事业发展平台，并为带头人提供一定的政治经济待遇。

要明确规定带头人的职责和义务。带头人不仅仅是作为一种荣誉称号，同时也是一种职务，应明确承担相应的职责和义务。除了在学术和技能上带头以外，还要在岗位上带人。

要对带头人进行专门的培训。为确保两个带头人充分发挥带头作用，根据技术发展状况和科研生产需要，既要进行政治理论的学习，又要开展专业知识的培训，确保两个带头人能够带好头、带好人。

对带头人实行严格考核和约束。对两个带头人，不能实行终身制，实行任期制较好，任期一般为三年，每三年考核评定一次。对考核合格者将继续聘任，考核不合格者将被取消带头人资格。取消带头人资格后，其享受的相应待遇也随即取消。

要限制交叉任职，确保两条渠道畅通。为避免交叉任职带来的渠道阻塞现象，要严格限制带头人的交叉任职。对经营管理、科技及技能岗位，允许相互流动，但不得交叉，各基层单位党政领导人员原则上不得担任科技带头人和关键技能带头人。

2. 建立健全首席专家制度

赋予首席专家明确的权利，搭建事业平台。一是发展建议权，直接向企业提出本技术领域发展建议；二是事业优先权，优先承担企业重大科研项目，担任技术总负责人；三是决策参与权，参与企业重大科研项目、技术改造项目和本技术领域重大事项的决策、实施和评估；四是学术交流组织权，组织本技术领域相关人员进行学术交流与研讨；五是国家级荣誉遴选权，首席专家具有作为企业推荐国家级荣誉人选的基本资格。

为首席专家提供优厚的政治经济待遇。任职期间，相关待遇与企业领导人员相同，主要包括参加有关会议（专业技术类和规划计划类）、阅读有关文件（专业技术类和规划计划类）、办公条件、医疗、交通、通讯、住房等方面，并给予一定的岗位津贴。

实行岗位管理，有明确职责。首席专家既是一种荣誉，更是一个岗位，有明确的岗位定位。一要引领企业专业技术领域发展方向。站在本技术领域的顶层，把握发展方向，提出具有战略性、前瞻性、创造性的研究构想和规划建议，向企业提供咨询和建议。二是主持企业重大科技项目和关键技术攻关。面向国家重大战略需求和国际科学与技术前沿，积极争取并主持重大科研项目研究，在项目中开展创新攻关，并取得国家级科技成果。三是带动本技术领域人才梯队建设。根据发展需要，组建并带领一支创新团队进行科研工作。在任期内直接指导带头人，使其取得具有较大影响的成果。四是组织本技术领域及相关领域学术交流与合作。通过研讨、交流与合作，共享企业技术成果、指导解决技术难题，提升企业整体科技水平。

严格选拔首席专家。一要具有坚定的政治方向和良好的思想素质，忠诚于企业事业，有较强的大局意识。二要掌握本技术领域国内外最新发展趋势，对本技术领域有创新性构想和战略性思维，在本技术领域的知名度和学术地位得到公认。三要具有系统策划能力与组织协调能力，主持过企业重大科研项目研究工作并取得显著成果，善于带领科技创新团队协同攻关。四要技术决策与技术攻关能力强，能够在重大科研项目攻关中正确开展技术决策，解决复杂疑难技术问题。五要培养后备人才，有培养和指导集团公司级科技带头人的责任感和能力。六要廉洁奉公、为人师表，坚持弘扬科学精神，治学严谨、作风正派，有良好的学术道德。

对首席专家实行严格考核和约束。首席专家实行任期制，并与企业签订目标责任书。考评根据职责和目标责任书开展，对考核合格者将继续聘任，考核不合格者将被取消带头人资格。取消带头人资格后，其享受的相应待遇也随即取消。

二、优化高层次专业技术和专门技能人才结构，合理配置人才资源

企业要按照企业发展规划和结构调整的需要，调整和优化高层次专业技术和专门技能人才队伍的配比结构，主要包括调整和优化总量结构、层级结构、专业结构、文化结构、年龄结构等，达到专业配套、结构合理。

在总量调控方面，要按年度制定人力资源优化调整预算，并严格按照年度预算方案有计划地招聘岗位所需人员，有计划地调整或精减岗位富余人员，建立起“按需求按预算增人，按需求按预算减人”的正常增人减人制度。

在层级结构方面，要通过培养和建设，使高层次专业技术和专门技能人才总数达到一定量，初级、中级、高级层级比例保持适当，能够较好地满足科研生产的需要。

在专业结构方面，要根据企业战略定位和核心技术发展方向，不断培养和充实相关专业高层次专业技术和专门技能人才，使人才队伍专业结构与事业发展相匹配。

在文化结构方面，要根据高层次专业技术和专门技能人才队伍总体状况，逐步提升人才队伍的学历层次。

在年龄结构方面，要加强高层次专业技术和专门技能人才队伍的年轻化建设，使老中青保持合理比例，保持后继有人。

三、建立健全高层次专业技术和专门技能人才市场化选用机制

进一步加快用人制度改革，建立广纳群贤、能上能下、充满生机与活力的用人机制，实现“人适其岗、岗适其人、各尽其能、各得其所”。在整体规划的基础上，全面开展科技和技能岗位分析、职位说明工作，明确每个岗位的职责、工作目标和上岗条件。加强资质评价工作，逐步建立岗位资格认证制度，根据履行岗位职责的需要，对各类人员的素质和能力进行全面评估。

坚持内部选聘和外部引进相结合，建立健全企业高层次专业技术和专门技能人才市场化选用机制。坚决打破企业高层次专业技术和专门技能人才选用中论资排辈、平衡照顾的禁锢，不断推行竞争上岗、公开招聘等选用方式，促进优秀人才脱颖而出。要依据市场规则、国际惯例，形成开放的选拔制度，扩大选人用人视野，积极参与国内外人才市场竞争，真正做到广纳群贤，知人善任。大力推进“协议用人”制度，积极探索“不求所有、只求所用、借脑发展”的新型用人机制的实现途径。对企业亟须的高层次专业技术和专门技能人才要采用灵活用人方式，实现“借脑发展”。

四、不断改进和完善高层次专业技术和专门技能人才考评机制

坚持以能力和业绩为重点，不断改进和完善企业高层次专业技术和专门技能人才科学化考评机制。可以全面推行企业高层次专业技术和专门技能人才任期制和任期目标责任制，实行契约化管理。根据不同类别人才的岗位职责特点，建立科学分类、差别化、量化的考核评价指标体系，重点考评高层次专业技术和专门技能人才的工作业绩和创新实绩。

积极引入现代人才测评技术和手段，进一步丰富高层次专业技术和专门技能人才考评方式。充分发挥社会力量和人才市场在人才评价中的重要作用，引入高层次人才评价推荐中心等中介机构，在市场中检验其实绩，

评价其优劣，确保高层次人才的市场公认性，进一步促进优胜劣汰的机制。

不断改进和完善考核办法，不断提高考评的客观性和公正性。同时，建立健全企业高层次专业技术和专门技能人才业绩档案，强化考评结果运用，把考评结果与人才培养、使用、激励紧密结合。

五、进一步完善高层次专业技术和专门技能人才激励机制

进一步深化激励制度改革，建立差别化的激励模式。以实现分类激励、促进发展为目的，适应高层次专业技术和专门技能人才发展要求，针对各类人员的不同特点，建立以岗位工资为主体、具体分配形式灵活多样的差别化分配模式，重点向关键岗位、骨干人才、急需人才倾斜。对高层次科技人才，要通过核定其岗位工资的分层结果、奖金内容、奖金系数等方法来体现其角色贡献的大小。对高层次技能骨干人才，要通过核定其岗位工资分层结果、操作技能水平考核系数、计件（计时）工资考核系数等方式来体现其角色贡献的大小。

建立健全市场化的高层次专业技术和专门技能人才薪酬激励机制。逐步推行企业高层次专业技术和专门技能人才年薪制或协议工资制，进一步提高激励力度，促进高层次人才薪酬水平与市场接轨，提高这些关键领域吸引国内外优秀人才的市场竞争力，实现一流人才、一流业绩、一流报酬。

积极探索持股激励、福利期权、补充保险等长期激励的实现途径和方式，实现即期激励与长期激励的有效结合。对高层次科技人才，可以采取按技术要素参与分配的激励模式，将技术专利、科研成果等作为股份，或采取技术转让折股等形式参与分红。对高层次技能骨干人才，可以采取将特殊技能折合为股本等形式参与分红。对各类骨干人才还可以探索福利期权的长期激励方式，如将住房产权作为一种期权奖励给有突出贡献的骨干人才，以达到长期激励的目的。

规范企业补充养老保险制度。企业在按照国家有关规定参加各项社会保险，确保按时足额缴纳各项社会统筹费用的前提下，可根据自身特点和实际承受能力，为高层次专业技术和专门技能人才建立补充养老保险，其标准应根据个人的业绩和实际贡献来确定，并纳入考核。也可以为骨干人才建立重大疾病保险。

实现物质激励与精神激励的有机结合。在探索长期激励的同时，还要积极探索精神激励的手段和途径。同时，不断创新培训的方式和内容，逐步将培训作为物质激励和精神激励相结合的有效手段。

六、加强素质建设，持续提高高层次专业技术和专门技能人才整体素质

从促进企业发展和人才自身成长的需要出发，要按照政治上靠得住，业务上有本事、肯干事、干成事的要求，通过多种方法和途径，全面提高人才队伍的思想素质和业务素质，不断提高企业高层次专业技术和专门技能人才的职业化能力。

对高层次科技骨干人才队伍，要以提高自主创新能力为重点。在思想素质建设方面，要始终做到忠诚守信，高度认同企业集团的企业文化，以企业集团的价值观来规范言行；有强烈的事业心和使命感，能够以市场为导向，持续推进技术创新和工艺创新；有追求卓越的成功意识，富有科学精神和创新意识，不断攀登技术高峰；具有吃苦耐劳、甘于奉献的精神，在急难险重任务面前能够主动担负重任，不计个人名利得失；有带队伍和培养人才的强烈责任感，能将自己的技术特长和实践经验传授于人；有团队协作精神，共同致力于企业的发展。在业务素质建设方面，重点是培养和提高“调研分析、技术创新、技术攻关、成果转化、项目管理、协调沟通”等六种能力。

对高层次技能骨干人才队伍，要以技艺精湛、能够完成重点项目科研试制、复杂零部件制造、掌握现代制造工艺技术、熟练使用高新制造装备

和完成大型复杂产品制造为重点。在思想素质建设方面，要有强烈的主人翁责任感和良好的职业道德，热情支持、积极参与企业的改革和发展；有强烈事业心，能够吃苦耐劳，甘于奉献，兢兢业业，争创一流业绩；要有严细认真、精益求精的严谨作风，工作中求真、求细，高标准，严要求；要有经受磨砺、不怕失败的顽强意志和抗挫折精神，能够主动承担攻关难题；要有强烈的市场意识和创新精神，既学习跟踪，又学以致用；要有团结协作精神，努力营造和谐融洽，积极向上的工作氛围。在业务素质建设方面，重点是培养和提高"学习应用、操作实践、技术革新、工艺攻关、团结协作、言传身教"等六种能力。

坚持高起点、国际化、多途径、多方式、大力度培养高层次专业技术和专门技能人才。在充分运用企业培训资源的同时，进一步完善市场化、外向型培养机制，积极利用国内外优秀培训资源。坚持"请进来"和"走出去"相结合，从政策上支持与鼓励合作办学，培养企业急需人才。紧紧抓住与其他企业技术合作的机遇，以项目带动人才培养；同时，加大选送企业优秀人才到国外学习和锻炼，使高层次专业技术和专门技能人才直接融入到国际人才队伍之中，拓宽视野，提升能力。

不断完善企业高层次专业技术和专门技能人才实践锻炼机制，有计划、有重点地选派高层次专业技术和专门技能人才到困难单位、重大项目、重要岗位接受锻炼，采取挂职、兼职、轮岗、交流等多种方式，让高层次专业技术和专门技能人才在实践中增长才干、锻炼意志。

事业兴衰，关键在人。高层次专业技术和专门技能人才是推动企业快速协调发展的重要人才基础，必须结合人才成长规律和企业发展需要，不断加强高层次专业技术和专门技能人才队伍建设，形成体系化的高层次专业技术和专门技能人才工作机制，为人才的快速成长创造良好的体制机制环境，搭建良好的发展平台，为国有企业的发展提供坚实的人才保障。

以创新团队建设为牵引
提升企业人才资源能力

随着知识经济的迅猛发展和社会分工的进一步细化，个体人才单打独斗越来越难以满足事业发展的要求，而人才团队的聚合效应则越来越表现出独特的竞争优势。加强人才资源能力建设，充分发挥人才资源整体能力，对实现科技进步和经济发展具有决定性的意义，由人才个体开发向人才资源整体开发是人才工作发展的必然趋势。对国有企业来讲，最大限度地发掘人才潜能、提高人才使用效果，增强企业竞争能力，必须加强创新团队建设，扩大和发挥人才的聚合效应，全面提升人才资源的整体能力。

一、创新团队的基本内涵和本质

创新团队是紧紧围绕企业科研、生产、经营、改革等中心任务，以领军人物为核心、骨干人才和参与人员为主体组建起来的素质优良、业务精湛、业绩突出的创造性集体。它的突出特点就是以重大任务或项目为纽带，以优质、高效、创造性地完成任务为目的。对国有大企业集团来讲，组建创新团队，必须以企业集团事业持续发展为根本前提，紧密结合企业集团发展战略和各个阶段的中心工作，以重大工程项目研制、重要技术攻关、重点专项生产、改革改制、结构调整、开拓国际市场等重点任务为载体，突出体现核心竞争力的重要发展领域，搭建创新团队成长的事业平台，以开拓性的事业促进创新团队建设，以团队的创造力促进事业的持续发展。

创新团队是适应体系化要求的新型人才组织和管理模式。创新团队按照企业集团重大攻关项目或任务的要求跨企业、跨部门灵活组建，以任务或项目为纽带，把领军人物、骨干人才和参与人员等不同专业、不同层次的人员有机地整合在一起，不但可以实现人才的优势互补和聚合效应，促进科技和管理创新，而且能打破人才单位所有、地方所有的传统人才管理模式，实现人才的集团化调配和管理，是一种新型的人才组织和管理模式。

创新团队有利于进一步畅通经营管理、专业技术和专门技能三支队伍的发展渠道。按照团队承担的项目、任务以及企业集团三支人才队伍的组成和分类情况，创新团队可分成管理、技术和服务等类型。根据人员分类状况和各类人员角色作用和职责不同，又可以进一步细分为经营管理、市场营销、科研开发、工艺创新、技能攻关和服务保障等类型。按照这些类型构建创新团队，将使人才的职业化特点更加明显，三支队伍的发展路径更加清晰。

二、开展创新团队建设的重要性及必要性

创新团队建设是为实现企业集团发展战略和完成中心工作任务而进行的人力资源基础能力建设的有效载体，是提升企业集团创新能力的重要措施，是充分发挥人才群体效应的新型平台。加强创新团队建设，充分有效地把管理创新、技术创新、技能创新注入企业各项工作，将会使企业集团各项事业保持持续恒久的自主创新能力。

创新团队建设是推动人才工作上台阶的有效动力。创新团队的建设进一步突出了人才的团队效应，以团队的需求和标准选人用人，在推进团队承担的任务或项目中培养人、提高人，依据个人在团队中的角色贡献和综合表现评价人、激励人。可以说，创新团队建设在人才的选拔、培养和使用等方面突出体现了体系化的特色和要求，而且将进一步推动新型选人用

人机制的建立，实现了人才的体系化构思、集团化配置，促进企业集团人才工作迈上体系化的新台阶。

当前，人员规模过大，高素质人才偏少，人才配比结构不尽合理，创新能力不足是多数国有大企业集团面临的棘手问题。面对这些问题，在国有大企业集团快速协调发展的新形势下，迫切要求我们从更高的层次、用更远的目光、持更新的思维来审视和谋划新形势下的人才资源开发工作，迫切要求我们及时培育和建设一批整体素质高、创新能力强、整体效应大的人才集聚体，以实现由人才个体开发向人才队伍整体能力建设的新转变。

三、创新团队的类型

建设创新团队，从宏观层面，就是要结合企业集团的发展战略和中心工作要求，根据人才分类和结构配比，不断提升一个群体、一项功能或一个专业、一个领域人才队伍的整体素质和基础能力，形成引领和应对各项工作任务的能力建设型团队。从微观层面，就是要紧紧围绕某一项具体工作任务，合理整合人才资源，形成由不同组织形式、不同类型人才组成的任务攻关型团队。

能力建设型团队是任务攻关型团队的基础，如果能力建设型团队在人才结构、素质等方面达不到相应要求，任务攻关型团队聚合效应就难以实现；任务攻关型团队是人才的直接组织形式，创新、攻关通过任务攻关型团队具体实现。能力建设型团队重在整体能力建设，要根据不同的标准和依据进行分类。根据队伍组建主体和队伍类别可分别以企业为主体组建创新团队；也可以按领域或专业组建创新团队；还可以根据队伍的功能分别组建经营管理、市场营销、科研开发、工艺技术、技能攻关、保障支持等不同类型的创新团队。

任务攻关型团队重在优质高效地完成各项工作任务，具有明确的任务、确切的人数和具体的分工。企业可根据所承担工作任务的来源、任务的重要性和影响度，分别组建不同等级层次的创新团队。

四、创新团队建设的基本设想

开展创新团队建设，必须坚持以邓小平理论和“三个代表”重要思想为指导，牢固树立科学的发展观和人才观，紧紧围绕企业集团发展战略，以优化各类人才配比结构为基础，以提升人才队伍整体素质、强化自主创新能力为核心，以培养领军人物和骨干人才为重点，以构建人才工作体系为保障，全面提升企业集团人才资源整体基础能力，为企业集团全面协调可持续发展提供坚实的人才资源基础和保障。

创新团队整体素质要适应发展要求，人员总体规模适度，专业配套齐全，重点领域突出，层次、学历、年龄等配比结构合理，创新能力得到提升，人才队伍整体能力与事业发展需求相适应。

组建创新团队的人员，可根据个人在创新团队中从事工作的难度和本人发挥的角色作用，分为领军人物、骨干人才、参与人员等三个层级。其中，领军人物属于在创新团队任务中担任组织协调或技术攻关难度最大、且本人在工作中发挥核心作用的人员，根据任务难点的数量，领军人物也可以由一个核心群体构成。

创新团队既可以是在一定时期相对稳定的固定性团队，也可以是根据任务需求临时组建的动态性团队；既可以由一个企业人员组成，也可以由多个企业人员组成，必要时，还可以吸收国外有关人才加盟。

当前，处于转轨期的国有大企业集团建设经营管理、市场营销、科研开发、工艺技术、技能攻关、保障支持等创新团队的基本目标是：

对经营管理创新团队建设，要以“四好”领导班子创建活动为重点，创建政治素质好、经营业绩好、团结协作好、作风形象好的“四好团队”。

对市场营销创新团队建设，要以开拓市场、提升品牌、提高市场占有率为重点，创建市场占有率领先、产品品牌形象领先、货款回收率领先、营销网络建设领先的“四先团队”。

对科研开发创新团队建设，要紧紧抓住产品研发和关键技术攻关任务，继续完善科技人才成长制度和工作机制，创建科研成果创新性强、科研成果转化能力强、持续创新能力强、人才培养强的“四强团队”。

对工艺技术创新团队建设，要以建立高科技制造技术和工艺创新体系为重点，创建工艺开发设计优、工艺稳定性优、工艺可靠性优、工艺经济性优的“四优团队”。

对技能攻关创新团队建设，要以建立健全技能人才成长发展制度和工作机制为重点，创建技艺精湛、加工精确、质量精细、人才精干的“四精团队”。

对保障支持创新团队建设，要创建保障有力、服务有效、工作有序、创新有路的“四有团队”。

五、加强创新团队建设的基本措施

加强创新团队建设，必须紧密结合企业集团战略构想与核心业务，积极打造事业发展和人才成长互动共赢的平台，建立体系化人才工作新机制，不断提高人才资源整体基础能力，充分发挥人才资源的基础功能和整体效应。

（一）加强人力资源信息化建设，掌控人才队伍与配置状况

要通过建设完善集成的人力资源信息网络平台，逐步实现人力资源开发与管理工作的信息化，从而准确掌握企业集团系统内人力资源全面信息、各项中心工作对人员的需求情况和工作进展情况，为创新团队建设提供准确的基础信息。

要建立包含人力资源能力建设现状报表群、人力资源动态流量报表群以及人力资源余缺预算报表群的人力资源报表体系，实时掌握不同专业领域、不同层次人力资源能力建设现状，合理预测一定时期内的动态变化以及未来人力资源余缺平衡预算情况，及时提出人力资源配置和调整方案，推动人力资源能力和水平不断提升。

要建立和完善企业集团高层次人才信息库和企业集团外高级后备人才库，为企业集团及其基层单位在创新团队建设中的“借脑发展”和人才“猎取”提供有效支持。

（二）加强人员分类研究，优化人员配比结构

要根据企业集团战略规划，适时调整和确定重点发展领域，研究人员分类布局，并在此基础上不断加强重点领域人才队伍建设，使专业分布合理，重点领域突出，人才队伍配套。

要根据企业集团发展重点和世界同行业先进水平，研究人才层次、专业领域、学历、年龄等方面合理的配比结构，并据此不断调整人员结构。

（三）加强素质建设，不断提高创新团队各类人才的思想和业务素质

要系统制定整个企业集团三支队伍素质建设总体目标、分类标准、实施途径、推进措施等，并把启动和实施“人才素质建设工程”作为企业集团人力资源能力建设的重点，努力建设一支既忠诚于企业集团改革发展事业、又具有较好职业素养、较高知识水平、较强业务创新能力、奋发进取、勇于奉献的员工队伍。

要加强“两个素质”建设。在思想素质建设方面，要进一步强化员工的忠诚意识、市场意识、忧患意识、责任意识、执行意识、廉洁意识；在业务素质建设方面，要围绕企业集团高科技、现代化、国际化发展的要求，提高各类各级员工全面、高效履行岗位职责的能力和水平，特别是提高学习能力和创新能力，适应企业集团改革发展的时代要求。

要坚持企业集团为主导、基层单位为主体的原则，形成适应企业集团各类各级员工需求、体现时代特色的培训内容体系。在此基础上，要进一步整合资源，积极完善培训支撑网络，充分利用企业集团外教育培训基地，开展多方位、多层次、大规模的培训，努力创建学习型团队、学习型企业和学习型集团。

要大力开展分级分类培训，重点抓好各类人才的思想素质和基础业务能力的培训，注重案例分析与心得交流。

（四）推进用人制度改革，保持创新团队人员活力

要在企业集团全系统中大力推进岗位分析、职位说明工作，明确每个岗位的工作特征、职责权限、工作标准、管理标准以及上岗人员的标准和条件、权利和义务等。在岗位分析基础上，按照工作满负荷和精干高效的原则，合理设置岗位，择优配备人员。

要采取不同的配置方式选择和配备不同层次人员。对团队领军人物要采取职业生涯设计与竞争上岗相结合的方式产生；对骨干人才要积极推进以竞争上岗方式择优聘用；对参与人员要积极推进以竞争上岗或向社会公开招聘的方式配置；对创新团队中紧缺人才，对内要加强培养选拔，对外争取以国家引进、面向国际国内进行公开招聘、通过中介机构“猎取”以及人才租赁、兼职服务、项目合作、科技咨询等“柔性”方式合理配置。

要推进员工队伍的分类管理，改革骨干层员工与参与层员工的管理模式，通过吸引和稳定以领军人物和骨干人才为主体的业务骨干团队，培育发展企业集团核心力量；通过引导参与层员工团队有序流动，建立按任务总量确定用工总量的市场化用工体系。要在建立面向系统内外人才库基础上，根据企业集团战略需要和基层单位事业发展要求，积极发挥中介机构和市场化功能在人才资源配置中的基础性作用，拓展企业集团系统内人才“租赁”业务和系统外人才“猎头”业务，促进系统内人才有序流动和系统外人才为我所用，有效解决稀缺人才供求矛盾。

（五）畅通三支队伍发展渠道，促进创新团队领军人物成长

要实施并完善科技带头人和关键技能带头人制度。制定并完善带头人选拔标准，进一步明确“两支带头人”岗位职责、参与重大科研项目和工艺技术开发的途径，使科技与技能人才安心本职工作，坚持走岗位成才的职业发展道路。

要在不断完善科技和关键技能带头人制度的基础上，进一步畅通科技与技能人才职业发展通道。要调整以项目配套层级划定人才层级的方式，按照其从事技术在项目中的攻关难度和本人在攻关中发挥的角色作用确定领军人物、骨干人才、参与人员的人才层级，促进企业集团关键技术的突破和基础技术人才的快速成长。

要坚持从企业集团科技带头人与关键技能带头人中选任总设计师、副总设计师、总工艺师、总质量师或技术负责人等技术类领军人物的制度，推进科技创新人才的专业化和职业化，逐步建设一支“职业总师”队伍；坚持由经营管理负责人担任行政总指挥、副总指挥等管理类领军人物制度，实现“长师分设”。

（六）建立分类量化考核评价体系，合理评价创新团队绩效

要探索建立单位、组织、领域、功能团队的量化评价指标体系和评价标准，开展能力等级评估，促进人才队伍专业配套、重点突出、配比合理。

要积极探索建立不同类别、不同岗位领军人物的思想素质、职业素养、履职能力和工作业绩等体系化的指标体系和评价标准，重在考核其在创新团队中的角色贡献，确保充分发挥其领军能力和骨干作用。

要结合“四好”领导班子创建活动和建设节约型企业、走新型工业化道路的要求，研究基层单位发展阶段的特征和分类标准，提出不同阶段的考核评价指标体系，加强对经营管理创新团队的考核与评价，引导其不断带领企业实现良性发展。

要围绕建设“四强”科研开发创新团队和“四优”工艺技术创新团队，建立以项目完成情况、自主知识产权和专有技术、持续创新能力、科技成果产业化、人才培养、团队协作情况等为基础的考核评价指标体系，加强对科研和工艺创新团队的考核评价，促进科技项目快速协调发展。

要分别根据“四先团队”、“四精团队”、“四有团队”的建设目标，研究建立考核评价指标体系，加强对这些创新团队的管理，充分发挥其在企业集团改革发展中的作用。

（七）建立“多位一体”的激励约束机制，激发创新团队工作动力

要探索建立即期与中长期相结合、现金与股权相配套、年金与保险相补充、物质与精神相济的“多位一体”的激励约束体系，切实把创新团队的效应和人力资源整体能力发挥出来。

要坚持鼓励全面履职，坚持倡导创新创造，继续改革和完善岗位绩效工资制，逐步探索实施由基本工资、岗位工资、绩效工资、特殊奖励、相关补贴五部分构成的“5W”薪酬体系，除将当地最低收入标准作为基本工资外，其他收入部分均与单位效益和个人贡献“挂钩”，实行考核发放，建立以最低收入标准为基线的强激励严约束的高弹性分配制度，逐步使各类人才收入水平基本与市场接轨，关键及骨干人才收入待遇具有较强的市场竞争力。

要对纳入企业集团重点产业化计划的科研成果，将成果转化提成的一定比例用于奖励研制人员，鼓励他们及时把科研成果进行转化和产业化；对工艺改进项目，按照工艺改进降低成本、能耗、物耗和提高产品质量的一定比例用于奖励研制人员，鼓励他们深入开展工艺革新；对市场营销项目，根据任务完成情况按照销售收入、货款回收等情况对营销人员进行提成奖励，鼓励他们不断开发新的市场；对一线技能操作员工，大力推行计件工资制，鼓励他们不断提高生产效率和降低消耗、降低成本。

要积极探索科技成果或技术要素参与分配方式，完善持股激励办法；探索实行创新团队骨干人才补充养老保险、补充医疗保险等即期与中长期相结合的激励措施，加大对领军人物和骨干人才的激励力度。

要积极争取国家支持，探索建立任务攻关型创新团队专用基金，在团队工作期内，给予科技创新团队一定数额的资助，用于团队人才培养培训、成果奖励等。要理顺荣誉称号体系，规范荣誉称号层级，加强对优秀创新团队及突出贡献成员的精神激励。

（八）加强人员总量控制，保持合理的人工成本

要根据企业集团战略要求对人才队伍建设进行整体规划，按照工作任务、经济规模等情况核定人员总量，并严格控制，确保企业集团人员总量控制在目标范围内。

要结合岗位分析和员工队伍调整等工作，在逐步完善各类产品工艺流程的基础上，积极组织研究制定产品工时定额，降低人工投入与工时消耗，提高生产效率。

要加大激励制度改革力度，加强成本控制意识，逐步使各类各级人员特别是参与层人员收入水平与市场接轨，使人工成本始终保持合理的水平。

要对企业集团富余人员，利用产权结构调整、下岗职工出中心、辅业改制等多种途径，积极稳妥地予以分流安置。对基层单位稀缺人才，通过单位间人才内部租赁或项目合作进行余缺调剂，促进企业集团人才资源整体优势的发挥，推动紧缺人才的交流与有序流动。

（九）积极争取国家政策，加大人才工作投入

要积极争取国家在国有大企业集团人才培养培训、继续教育、引才与引智、创新团队建设、人才津贴与保障等方面的资金投入。企业集团和基层单位也要树立“人才投入是效益最大的投入”意识，积极筹措资金，建立人才专用资金保障制度，确保人才工作各方面的资金投入和需求。

（十）探索新型人才组织模式，组建基础型科技创新团队

在加强任务攻关型创新团队建设的基础上，要不断丰富创新团队组建方式，逐步探索和建立一批以卓越领军人物为核心的工作室，并为其提供优越的基础条件，鼓励其开展基础性、前沿性、探索性研究，力争产生一批前瞻性的创新成果和创新思想，为企业集团发展提供个性化的创新源泉和成果基地。

六、加强组织领导，建立创新团队建设工作的责任体系

加强组织领导是保证创新团队建设成效的重要前提。企业集团及其基层单位要从战略和全局的高度，充分认识创新团队建设的重要性，紧紧围绕中心工作，积极探索具有自身特色的事业发展与人才成长共赢的途径，在完成一批重点工作、形成一批创新成果的同时，在实践中锻炼和培育一

批骨干人才，促进企业集团事业持续和谐发展。

创新团队建设可实行分级负责制。国家级创新团队由企业集团报国家有关部门审核后确定；企业集团级创新团队是围绕企业集团整体要求和重点工作而组建的创新团队，由企业集团确定；基层单位级创新团队是指围绕各基层单位重点工作而组建的创新团队。企业集团负责创新团队建设的政策制定与指导，并负责企业集团级及以上级别创新团队的建设。

各基层单位要有相应的人才工作机构，统一组织和领导创新团队建设工作。要建立由党政主要领导共同负责，分管领导具体组织，有关部门共同参与的领导责任制。已建有人才工作领导小组或人才工作协调小组的，要切实担负起创新团队建设工作的组织和领导责任，抓紧开展工作。尚未建立的或机构不健全的，要抓紧成立和调整，尽快开展整合资源和相关协调工作。

引导建立团结协调的团队文化。以全面建设团结一致、协调和谐、开拓创新的团队文化为出发点，不断调整和创新思维方式和工作模式，营造团结和谐、朝气蓬勃的工作氛围，增强团队的凝聚力、学习力、创造力，构建共同的文化理念和价值观，以积极向上、富有创新的精神状态迎接工作挑战。加大创新团队中典型事迹、模范人物的宣传力度，营造创新文化氛围。

深化考评制度改革 建立正确机制导向

考核评价制度是用人制度和激励制度的基础。科学的考核评价是准确识别人才、合理使用人才、有效激励人才的前提。在当前国有企业积极创新人才制度，全面构建新型人才工作机制的进程中，考核评价制度的战略导向地位愈加突出。把握考核评价制度的基本内涵，理清考核评价制度改革的基本思路，分类构建与用人制度和激励制度相匹配的考评制度，是国有企业全面深化“新三项制度”改革、激活人才队伍活力的必然要求。

一、深刻理解和把握考评制度改革的基本内涵

对于考核评价制度的认识和理解，不同的理论研究有着不同的看法。正确理解和把握考核评价制度的基本内涵，是深化考核评价制度改革的前提。

（一）考核评价制度的基本内涵

国有企业在长期的探索实践中，对考核评价内涵的认识在不断深入和发展。在对企业考核评价体系建设的思考与探讨中，要结合国有企业改革的实际，对考核评价的基本内涵进行分析和界定。

1. 考核评价的内容是组织或个人的绩效

考核评价也称为绩效考核评价。绩效，即工作表现，一般包括工作结

果和素质能力两个方面。工作结果，即通常所说的业绩，如工作效率、工作产生的效益或利润等；素质能力指影响工作结果产生的行为、技能、能力和素质等。所以，绩效既包括静态的结果内容，也包括动态的过程内容，结果是工作的最终目标，过程则影响和控制目标的实现。所以绩效考核评价既包括工作业绩结果的考核评价，也包括工作行为过程的考核评价。

2. 考核评价的目标是绩效的识别与衡量

考核评价是对组织或个人的绩效进行识别和衡量的活动过程。其中，识别绩效是根据工作分析对工作评价内容进行合乎理性和制度的识别，识别的内容要集中于影响目标的绩效，而不是与绩效无关的其他指标；衡量绩效是依据对绩效的识别，对员工绩效进行好与差的判断，这些判断必须在整个企业组织中具有一致性和可比性，不可用双重和多重标准。

3. 考核与评价在考核评价系统中各有侧重

考核与评价都是揭示和反映组织或个人的工作绩效情况，但一般情况下，考核是对一系列可量化指标目标的评估，注重工作业绩的静态结果，一般与薪酬相挂钩；评价是依据一定的标准对行为、能力、素质等非量化指标进行评价，注重活动行为的动态过程，一般与职务任免相挂钩。

4. 考核评价结果是用人和激励的基础

考核评价是通过对组织或个人已有的绩效进行准确判断评价，用于薪酬兑现、奖惩、职务任免、培训和开发，并通过绩效反馈，有效地改进工作状态，强化组织管理，提高工作绩效，促进组织和个人的发展。

应该说，考核评价制度是以组织或员工的绩效为内容，通过绩效识别和绩效衡量等一系列管理活动，将组织或员工的工作活动与企业的战略目标紧密地联系在一起，使其行为符合组织战略发展要求，并最终推动战略目标实现的一个完整的管理系统。考核评价制度就是这一系统中各项管理制度的有机组合，可分为考核制度和评价制度。其中，考核制度是对组织或个人工作业绩结果的定量评估；评价制度是对组织或个人履职行为过程的定性评估。一般情况下，两者相互交叉，互为补充。

（二）把握考核评价制度的体系架构和基本特征

1. 考核评价制度的体系架构

考核评价制度按照考核评价工作的不同角度包括多重划分，各项制度相互关联，互为交叉，构成考核评价的多维制度体系架构。

——按考评对象的组织和人员划分，可分为单位（部门）考评和员工考评。其中单位（部门）考评主要包括企业集团总部、成员企业及管理部门、企业车间、班组；员工考评包括经营管理人员中的总部员工考评、成员企业经营管理者考评、中层领导人员考评、其他管理人员考评及各类专业技术、专门技能人员的考评。

——按考评周期划分，主要包括月度考评、季度考评、年度考评和任期考评等。

——按考评内容划分，主要包括业绩考评和履职考评，业绩考评既包括企业分类考评、单位经营业绩考评，也包括个人岗位工作业绩考评；履职考评既包括单位经营管理活动考评，也包括个人履职行为考评。

——按考评结果应用划分，主要可以用于薪酬兑现考评、职务任免考评、培训效果考评、后备人才考评等方面。

——按考评过程的管理环节划分，主要包括考核评价指标设计、考评事项和分值的标准设计、方法设计、程序设计、结果应用与反馈等考核评价流程中各项管理制度。

2. 考核评价体系基本特征

科学的考核评价体系适应企业的战略发展阶段要求，有效地将企业的发展目标与部门和员工行为结合起来，在促进企业发展、规范员工行为、提升员工素质方面发挥积极的基础导向作用，表现出“制度健全、指标科学、方法先进、关系匹配、导向清晰、开放型、渐进式”的基本特征。

——制度健全。考核评价的制度体系既包括绩效考核评价中的绩效计划、绩效管理、绩效评价和绩效反馈等各项纵向管理制度，又包括企业总部和成员企业的不同层面上，如经营管理、专业技术和专门技能人员等不同人员队伍各类横向考核评价制度。

——指标科学。考核评价指标的设置要适应企业不同阶段的发展要求，能够科学全面地反映考核评价对象的结果绩效和过程表现，既包括重点突出的业绩指标，也包括综合全面的行为、能力和素质指标。

——方法先进。考核评价的方式方法要结合评价内容和要求，引入市场机制，广泛采用市场化、国际化的先进评价技术和方法，实现评价方式方法与国际管理接轨，保证考核评价结果的客观真实。

——关系匹配。考核评价体系在人力资源体系中的基础地位明确，与员工职务任免、奖惩、薪酬分配、培训开发等各项制度相互衔接，协调统一、有机匹配。

——导向清晰。考核评价体系有效反映集团战略发展和兵器工业的文化价值导向，并成为贯彻落实集团公司、各成员单位战略目标的有效手段。

——开放型。是指业绩考核指标体系可根据发展需要不断更新调整，职责评价事项可根据战略导向和管理要求的变化不断补充完善，考核评价制度体系的内外衔接具有广泛的接口，确保体系应用有足够的灵活性。

——渐进式。是考核评价制度能够适应企业内外环境的变化、适应企业战略发展阶段和发展重点的调整进行不断的更新完善，并建立健全体系自身渐进发展的永续机制，可以不断提高体系自身的国际化和先进性程度，确保对企业战略目标和文化价值的有效贯彻。

二、新时期深化考评制度改革的基本原则

新时期，国有企业考核评价制度改革，应坚持以下七个方面原则：

（一）德才兼备、注重实绩的原则

考核评价在坚持政治思想素质和业务能力并重的基础上，特别要突出

岗位工作业绩。评价岗位工作业绩，既要看企业的整体经营绩效，更要看个人在其中的贡献和努力的程度；既要看本人即期的业绩，更要看本人的发展潜力和对企业可持续发展的影响力。

（二）目标导向、岗责一致的原则

考评内容与考评指标既要与企业新的战略目标和中心工作相一致，又要与各类人员岗位职责、岗位规范相统一。坚持战略目标考核与履行岗位职责考核并重，形成以能力素质为基础，以岗位职责为核心，以工作业绩为重点，既协调统一、又有机匹配的考核评价指标体系。

（三）公开公正、全面客观的原则

考评方式方法要明确，考评主体客体要互动，考评过程要公开透明，考评结果要适度反馈，逐步建立市场化、开放式的考评工作体系，从而形成公开、公正、公平、竞争的机制。

（四）量化考核、综合评价的原则

坚持定性定量相结合、定量为主的原则，综合分析和比较企业基础条件、内外环境、工作难度的差异性以及个人主观能动性。在此基础上，尽量量化考评内容，用数据说话，增强考评的科学性、可追踪性，力求考评工作全面、客观，反映真实的工作状态。

（五）考评方法、考评效果和考评成本相结合的原则

要根据考评目的和考评对象的具体情况选用相应的考评方法，注重考评效果，注意考评成本的控制。

（六）正向激励、有效运用的原则

考核评价的关键环节在于及时、准确地运用。要把考核评价的结果与个人的薪酬待遇、职位（岗位）调整、奖惩、改进工作状态、职业生涯设计紧密地结合，使考核评价工作有的放矢、落到实处。

（七）简便直观、便于操作的原则

分解考评内容，量化考评要素，细化考评流程，规范考评工作，使考评指标体系具体、明确、直观，使考评工作结合实际，简便可行，操作性和互动性强。

三、深化考评制度改革，建立完善正确机制导向

深化考评制度改革，就要围绕战略目标和岗位职责，坚持差异化管理和个性化考核原则，建立健全以能力和业绩为核心的考核评价指标体系，分层分类构建与企业战略发展要求相适应的考核评价体系，建立完善正确机制导向，充分发挥考核评价的基础导向作用。

（一）实行企业分类考评，健全企业经营业绩的考评基础

合理划分企业类型和发展阶段，是实现企业经营业绩科学考评的前提。由于企业的基础情况千差万别，发展阶段状态各异，对企业经营业绩的评价无法制定统一的标准，这始终是影响考评科学性的一个重要因素。按照分类考评原则，针对企业主营业务和发展状况的不同，划分企业类型和发展阶段，区别建立相应的考核评价指标和标准，实行企业分类考评。实行分类考评是提高企业综合业绩考评和企业经营者业绩考评的科学性，深化国有企业考核评价制度改革的一项重要内容。企业分类考评要根据企业发展战略要求，一方面，按企业主营业务性质对企业进行合理分类，比如划分为工业企业、贸易流通企业、勘察设计企业、金融企业等类型，为科学合理确定各类企业的业绩考核指标建立基础。另一方面，根据国有企业改革的阶段要求和企业不同发展阶段的实际，将企业分为解困型、调整型、发展型和良性发展型等类型，结合不同发展类型的特征，确定与企业阶段发展实际相适应的业绩考评指标和标准。

（二）加强企业经营业绩考评，促进企业综合绩效的提升

企业经营业绩考评是考评企业对整体战略目标贯彻实施效果，是企业经营者薪酬收入兑现和职务任免的重要依据。不断优化企业经营业绩指标体系，及时改进企业经营业绩考评方式方法，是提高企业经营业绩考评有效性的重要内容。在考评指标设计上，根据国有企业发展多重目标的特

点，可划分战略性指标、战术性指标和保障性指标。战略性指标是从为实现企业战略目标而开展的主要工作内容中提炼出来的目标性指标；战术性指标是从为实现企业战略目标而采取的一系列战术措施中提炼出的措施性指标；保障性指标是从保证企业战略目标实现和战术措施顺利实施而必须提供的环境条件和要求中提炼出的环境性指标。在考评的方式方法上，一方面要根据战略性指标、战术性指标和保障性指标在企业改革发展中所起的作用进行主要考评、辅助考评和约束考评；另一方面，坚持年度考评和任期考评相结合，既注重当期效益，也要重视长期可持续发展的能力，确保企业的和谐和可持续发展。

（三）推进按岗位量化考评，实现组织和个人绩效的有效区分

按岗位量化考核评价，是有效考评区分员工个人业绩贡献的科学手段。员工按岗位量化考评，是贯彻岗位管理理念，以岗位分析和职位说明为基础，以岗位职责和工作标准为依据，以考评指标的量化为手段，对员工的思想素质、职业素养、履职能力和工作业绩进行全面系统地考核评价。员工按岗位量化考评，是加强员工绩效考评，有效解决当前员工考核评价工作中存在的"有了成绩大家分，有了问题说不清"、"定性评价千篇一律，定量评价标准不一"等问题的有效途径。

对员工按岗位量化考评，要围绕战略目标设计和对标管理需要，在全面推行岗位分析和职位说明制度基础上，制定出不同岗位人员考核评价的共性化内容和个性化内容。共性化内容主要包括政治素质与工作作风、自我要求与廉洁自律等；个性化内容主要包括履行岗位职责的专业知识、业务能力、本人敬业努力的程度和岗位工作业绩等。同时，要切实根据企业人员分类，采取不同的量化考核评价方式方法。

对经营管理者，要建立以履行岗位职责的素质与能力、管理成效与社会贡献、企业经营绩效与岗位工作业绩等为主要内容的考核评价指标体系，实施按岗位量化考核评价。其中，对主要领导人员要逐步试行任期目标制度，并在全面推行述职、报告制度的基础上进行考核评价工作。一般情况下，对党委负责人主要考核党的路线、方针、政策和国家有关法律、法规以及企业重大决策的贯彻执行情况，员工思想政治工作情况、精神文明建设情况和稳定情况，党员和干部队伍建设情况等；对董事会成员主要考核其资产运营和投资决策方面的业绩，主要以资产保值增值为评价标准；对监事会成员主要考核其检查、监督企业贯彻执行国家有关法律、法规和规章制度以及企业财务管理工作运行、财务信息真实性等方面的业绩；对经理层成员主要考核其履行经营管理职责和经营业绩情况，重点看经济发展的增量和增幅；对其他经营管理人员要根据其岗位职责及工作业绩，分类建立按岗位量化考核评价指标体系并严格考核。对经营管理人员的考核评价要重点分析企业经营绩效和个人工作业绩之间的关系，历史、客观、准确地评价出个人在其中的角色贡献。

对专业技术人才，要建立以科技创新能力、工艺技术开发与创新的实际效果、科研成果及产业化效益等为主要内容的考核评价指标体系，主要看其在关键技术领域和若干科技发展前沿掌握核心技术与拥有自主知识产权的科技创新能力，以及对企业可持续发展的推动力，实施按科研成果或工艺技术改造项目量化考核评价。对主要从事工艺技术开发和工艺技术项目改造的人员，还要根据其专业规律和工作特点，有针对性地制定以工艺技术开发和工艺技术项目改造的实际效果等为主要内容的考核评价指标体系，实施按工艺技术开发和项目改造量化考核评价。

对技能人才，要根据企业生产经营需要，对标参照国内外同行业先进水平，科学测定岗位工作量，合理确定劳动定额定员标准，主要是建立以实际完成任务的数量、时间进度、成本控制、质量水平以及特殊操作技能等为主要内容的考核评价指标体系，实施按劳动成果量化考核评价。

（四）改进考评的方式方法，提高考评工作的效率

对员工的考核评价必须紧紧围绕各类员工队伍考核评价工作的内容、要求和特点，合理确定考评工作频率，分类选择丰富多样、针对性强、便于操作的考评方式方法。

1. 考评方式

企业领导人员一般分为任期考核评价、任免考核评价、年度考核评价和专项考核评价。四种考评类型要具有连续性，功能互补。其他经营管理人员主要分为年度考核评价和专项工作（项目）考核评价。对项目负责人或相关经营者考核评价要逐步试行职业经理人考核评价工作方式。加强企业领导人员的年度考评与任期考评，根据企业实际发展状况，构建年度考评和任期考评的考核评价指标体系。年度考核评价注重对短期经营业绩的考核评价，任期考评指标体系通过对企业长期发展能力的考核评价对企业领导班子的短期经营行为起到了制约作用，引导领导班子的长期经营行为。年度考核评价指标和任期考核评价指标构成了相互补充、相互制约的完整体系，对企业经营业绩有了一个全面的反映。专业技术人才分为年度考核评价、重要科研项目研制或工艺技术改造项目节点考核评价以及项目终结考核评价。三种考核评价紧密联系，步步深入，并在考核评价工作中逐步推行专业技术人员资质评价和执业资格认证制度。技能人才实行年度考核评价，逐步引入职业技能鉴定制度，与市场化考核评价制度接轨。

2. 考评方法

对经营管理者的考评主要采取素质测评法、关键事件法、专家评价法、自我鉴定法、客观描述法等方式考评其履行岗位职责的素质与能力（权重一般为20%左右）；以行为观察量表、对偶比较法、360度回馈法等方式考评其管理成效与社会贡献（权重一般为15%左右）；以目标管理法、对标管理法、专家评价法、关键效绩指标（KPI）考评法等方式考评其企业经营效绩和岗位工作业绩（权重一般不低于65%）。对专业技术人才的考评主要采取关键事件法、目标管理法等方式考评其科研成果及产业化效益（权重一般不低于70%）；以专家评价法、对偶比较法等方式考核其科技创新能力（权重一般为30%左右）。对技能人才队伍的考评主要采取目标管理法、劳动定额法、客观描述法、标准模特法等方式考评其劳动数量和劳动质量（权重一般不低于80%）；以关键事件法、行为评估法等方式考评其特殊技能（权重一般为20%左右）。

同时，在实施考评工作过程中，企业要结合三支队伍的特点，针对考评对象不同侧面的重要程度进行定量分配，对各考评因素区别对待，制定符合实际、与考核评价指标体系对应的权重体系。

（五）合理应用考核评价结果，不断提升员工队伍整体素质

考核评价结果的应用，是考核评价工作体系重要的组成部分，是确保考核评价工作发挥应有效应的关键环节。考核评价结果要与有效激励和约束机制的建立相结合，成为各类人员职务调整、薪酬兑现、奖惩、培训和开发、岗位（职位）再设计、改进工作状态、强化企业内部管理的重要依据。其中，对于考核评价优秀的人员，可以提高薪酬或安排到同级重要岗位或晋升岗位（职位、等级），也可给予专项物质奖励、期权期股激励、授予相应的荣誉称号或安排充分发展本人潜质的提高性培训等奖励措施；对于考核评价较差的人员，要根据实际情况，及时进行谈话提醒或谈话诫勉，敦促其改进工作状态，或降低薪酬、调整岗位（职位、等级），或安排其参加满足岗位资格性要求的培训。对在一定期限内仍达不到岗位基本要求的，可按规定解除岗位合同或劳动合同，分别进入企业内部人力资源流动中心或社会劳动力市场待岗或重新择业。

探索新型用人机制
增强人才队伍活力

人才是一切事业的根本。国有企业要在激烈的市场竞争中处于不败之地，必须用好用活作为第一资源的人才资源，积极构建有利于优秀人才脱颖而出、充分施展才干的用人机制，全力营造鼓励人才干事业、鼓励人才干成事业的良好氛围，充分发挥各类人才的积极性、主动性和创造性，使一切有用之才都“有事干、能干事、干成事”，真正实现“人适其岗、岗适其人、人尽其才、才尽其用”。

一、树立科学人才观，明确用人制度改革的基本内涵

新时期，国有企业推进用人制度改革，必须进一步解放思想，转变观念，坚持以人为本，打破人事制度改革适用于管理人员、用工制度改革适用于工人等传统观念，打破“干部”和“工人”的界限，积极推进由身份管理向岗位管理的转变，真正树立起科学的人才观。一方面，在“人才”的整体概念下统一进行用人制度的改革，使各类人才在统一的平台上寻求发展。另一方面，要切实推进岗位管理，淡化人才身份地位的差别，强调人才岗位和分工的不同，按照“四不唯”的要求，鼓励人人都作贡献，人人都能成才，促进各类人才健康发展、协调发展。

深化用人制度改革，核心是要建立新型用人机制。一是要真正实现“人员能进能出、岗位能上能下”。要不断优化人才配比结构，进一步推行

新型选人用人方式，建立和完善多种形式的灵活用工制度，实现人力资源能力与事业发展需要之间余缺自如调剂。二是要实现“人尽其才、才尽其能、各得其所”的和谐自如状态，充分发挥人力资源的整体优势和个性特质，真正实现“人适其岗，岗适其人，人尽其才，才尽其用”，形成充满活力、竞争开放的人才环境。

二、认清发展形势，解决国有企业用人制度改革中的几个问题

近年来，国有企业用人制度改革取得了长足进步，但仍处在探索阶段，用人制度改革的力度、水平和效果还参差不齐。随着国有企业特别是国有重要骨干企业的快速发展，用人机制与企业发展战略之间的矛盾和问题也日渐凸现，建立充满生机与活力的新型用人机制还需要继续长期努力。当前，应重点解决四个方面的突出问题。

（一）改革的观念不到位，传统的用人观念急需扭转

部分国有企业在推进用人制度改革工作上观念不到位，尤其是一些领导人员不敢触及矛盾、不敢大胆推进改革，改革的紧迫性、危机意识远远没有建立，传统的用人方式在一些单位中还占有很重要的位置。选聘干部“用谁不用谁，全靠领导说了算”，“用人情人、用感情人”的现象在不少单位时有发生。一些单位在看到人才是资源的同时，没有认识到人员总量适度控制对企业发展的重要性。尤其是近两年经济效益有所好转的一些单位，生产任务刚有所增加就开始考虑怎么大量招人，打人海战术，一方面在讲减人渠道不畅，富余人员较多，另一方面又在大量招聘固定用工，传统的用人方式在部分领导人员思想观念中仍根深蒂固。

（二）改革的战略定位不高，整体工作思路不系统

部分国有企业用人制度改革在很大程度上停留在就事论事层面，用人制度改革在整体发展规划战略中缺乏应有的地位，没有认识到“实现战略目标必须自主建立并拥有一支掌握核心技术和具备高科技研发能力的人才

队伍，这是发展战略问题"，没有将人才使用与企业事业平台、发展战略充分结合在一起考虑。有些单位在用人制度改革中只有几句空洞的口号或应付上级机关的总结报告，还没有全面掌握单位的人员状况，没有清晰的工作思路，"整体谋划、整体规划、整体推进"的局面还远未形成。

（三）灵活的工作机制还没有完全建立起来

国有企业目前普遍存在着人员进口、出口不畅，总量偏多的问题，尤其是面临着高层次人才和创新团队极其紧缺的局面。在用人制度改革中注重重点突破解决单一事件多，关注整体推进构建体系化的工作机制少；注重创新尝试开展试点多，关注深入研究全面推进少。不少改革只是浅尝辄止，小进即喜。由于国有企业较少对人员进行系统的分类和认真的盘点，对企业发展的核心竞争力来源、对企业发展的动力究竟在哪些人才身上没有很深入的了解和把握；同时，岗位分析职位说明工作也不很彻底，人力资源余缺状况还不清晰，只是根据任务状况凭感觉来使用人才，因此柔性流动等灵活用工方式基本谈不上，"借脑发展"也基本停留在表面。

（四）基础管理工作有待进一步加强

虽然国有企业近年来在改革中做了大量工作，人力资源管理基础得到加强和改善，但基础性工作离建立现代企业人力资源管理新体系的要求还存在着较大的差距。

一是组织机构设置缺乏科学性和合理性。部分单位设置组织机构的随意性较大，没有在系统的流程分析与优化的基础上，围绕发展战略，科学合理地设置调整组织机构。

二是岗位分析成果没有得到充分运用。有的单位没有透彻理解"岗位分析"的基础作用，把岗位分析做成了一种时髦的"造文件"工程，忽视了岗位分析过程的管理，更没有对职位说明书的合理运用引起足够的重视，往往是耗费了大量人力物力编制了几百份职位说明书后，便将其束之高阁。

三是劳动定额管理工作亟需加强。多年来，劳动定额管理一直是人才工作中的一个薄弱环节。大量产品的劳动定额标准长期没有修订，许多已经投入批量生产的新产品劳动定额也没有及时订立，使得人员编制确定、人工成本核算、产品定价等多项工作缺乏依据。同时劳动定额工作的工作人员相当缺乏，劳动定额作为一项专业性极强的管理工作，亟需建立一支富有基层单位工作经验，熟悉生产工艺流程，掌握定额专业技术的劳动定额人员队伍。

四是人力资源信息统计分析工作薄弱，数据不准。人员统计口径需要进一步规范，各业务口的报表整合与信息共享问题需进一步加强，信息化的管理手段需要全面推广。同时，部分单位对统计工作重视不够，有应付了事的工作倾向，数据的真实性与完整性差，报表工作的时效性也较为滞后，人力资源信息统计工作的效率与质量需进一步提高。

从总体来看，国有企业改革和发展过程中用人制度改革的问题还比较多。这些问题的存在，在一定程度上影响了企业的长远发展。面对这些矛盾和问题，要充分认识到改革的复杂性和艰巨性，脚踏实地、求真务实地解决当前面临的实际问题。

三、系统构思谋划，整体推进用人制度改革

国有企业特别是国有重要骨干企业要建设成为有国际竞争力大公司和大企业集团，必须要建立一支适应企业改革发展需要的人才队伍，建立起不拘一格选拔人才、使用人才、用好人才的灵活用人机制，创造有利于人才成长和发挥作用的条件和环境。因此，需要进一步加强用人制度改革，既立足现在，更注重长远，循序渐进地推进用人制度改革工作。

（一）做好专业领域和人员分类，推进岗位分析和职位说明工作

认真组织做好企业各个专业领域和各类人才队伍的分类工作。专业领域和人员分类工作，是一项庞大的系统工程，也是推进用人制度改革的基础，是进行人力资源状况分析，掌握人员余缺，制定人力资源规划，推进和实施人员结构调整工作的前提和基础。国有企业要结合自己的实际情

况，组织专门力量，对本单位当前和未来发展所需的专业领域和全部人员状况进行分析盘点。首先要确定当前和今后本单位要重点发展或需要加强的专业领域，并按照重要性分成“核心级重点、关键级重点和重点”三个层级，同时要将现有全部人力资源按照“经营管理、专业技术、专门技能”等领域、分领域和子领域进行归位，将每一个人通过坐标进行定位。在做好现有人员分类的基础上，要特别对今后重点发展领域所需人力资源状况进行分析预测，合理确定重点领域人员配比结构。

推进岗位分析和职位说明工作，做好“定岗、定编、定责、定员”。岗位分析、职位说明，是用人制度改革的基础。岗位分析、职位说明工作是人力资源各项改革工作的基础。国有企业要开展岗位分析、职位说明工作，按照管理标准化要求，研究制定各类岗位工作标准和各项管理业务的管理标准，推动企业全面标准化管理工作。

一是要认真组织人力资源管理盘点分析，找准急需解决的突出问题。根据本单位发展战略和人力资源的总体规划，充分考虑今后发展的需求，对现有工作流程、组织机构、岗位设置、在岗人员状况进行盘点分析，分析目前人力资源管理工作中存在的突出问题和人力资源余缺状况。

二是要围绕当前和今后发展需求，对现有组织机构、工作流程、工作岗位实施再造。对不适应市场要求、业务相同或相近、职能交叉、重复设置、管理幅度过小、职能明显弱化的机构和岗位予以撤并；对管理幅度和规模较小、分工过细、工作量不足、职能单一的机构和岗位予以重组，重新做好定岗、定编、定责工作，逐步建立“设置合理、权责明确、分类清晰”的组织机构和岗位体系。

三是要对每个岗位编写统一规范的《职位说明书》，明确岗位名称、工作内容或职责、工作程序或关系、工作标准，上岗人员任职资格、上岗人员数量，为实施岗位管理打好工作基础。

四是要完成岗位评价，根据不同类型岗位确定相应评价因素，评价标准、评价方法和步骤，对所有岗位进行综合分析评估，科学确定各类岗位在整个岗位体系中的位置和重要程度，合理划分岗位等级，为科学选聘人才打好基础。

（二）大力推进“3+X”市场化选人用人机制，进一步拓宽人才“入口”

结合企业人才选用过程的实践，国有企业要逐步构建“3+X”市场化的选人用人新型机制。“3+X”中的“3”是指针对三个层次的三种用人模式。“三个层次”是指初级人才、中级人才和高级人才，初级人才指在单位发挥基础和支撑作用的人才；中级人才指对高级人才工作意图起到上传下达、组织执行，发挥中坚力量的人才；高级人才指能引领本单位长远发展、能全局性影响本单位核心竞争力的人才。“三种用人模式”是指初级人才一律面向社会公开招聘，中级人才采取竞聘上岗与市场招聘相结合，高级人才采取市场化配置与竞聘上岗、组织选配相结合的方式。对“3+X”市场化选人用人机制，我们要进一步丰富灵活用人的内涵和外延。

对于“X”灵活用人方式，不仅要面对特殊、稀缺人才进行“借脑发展”，而且也要对一般性初级岗位人员利用人才中介实行灵活用工。一方面，对一些稀缺人才和特殊专业领域的特殊人才，要进一步加强“借脑发展”工作，缓解急需领域人才供给的紧张局面。另一方面，对一些工作急需的非关键岗位的初级岗位人员，可结合实际，借助人才中介机构等通过“劳务输入”或“劳务派遣”的灵活用工方式加以解决。

进一步丰富人才聘用渠道，形成良好的人才“入口”。对初级岗位新增人员面向社会公开招聘工作，企业应建立一套相应的公开招聘制度，明确校园招聘、人才市场招聘、网络、电视、报刊杂志等招聘途径适用对外招聘人员的范围，以及相应的人员测评甄选程序与方式，在招聘过程中严格实施。在招聘人员范围上，应注意多引进一些具有丰富工作经验的社会性人才。在招聘途径选择上，应突破以校园招聘为主的模式，积极参与各类人才市场的招聘，多渠道发布招聘信息，广纳各类优秀人才，拓展引才渠道。在社会招聘方面要建立公平竞争机制，将选人的权力下放，先通过遴选程序选出候选人，再由企业人力资源部门在具备资格的候选人中选择合适人选。

在拓宽人才“入口”的同时，要严把人才“入口”质量。选人、用人是人力资源配置过程中的两个步骤，领导人员必须进一步解放思想，把选人这道程序交给一个公平、公正的组织去选，这样既能避免很多矛盾，又能形成正确的导向，既不妨碍用人权力，又有利于“广纳社会贤才”的长效机制的形成。

进一步加强竞争上岗工作。企业要有序开展内部岗位竞聘上岗，采取“有缺必竞”的方式。本着“公开、公平、公正”的原则，根据《职位说明书》明确的上岗任职条件、人员数量，按照各类岗位选聘制度，全面实施竞聘上岗，组织必要的知识、技能培训和考试，引入先进考核评价技术和手段，科学考核评价员工素质和能力状况，使合适人员选聘到合适岗位，实现“人适其岗、岗适其人”。通过竞聘上岗，调整在岗人员结构，促进不同岗位间人员的合理流动，努力创造优秀人才脱颖而出的环境，逐步改变传统用人方式占主导地位的局面，进而把竞聘上岗工作作为一项经常性工作，长期坚持下去。特别是要注重在技术类岗位中积极探索岗位竞聘，择优聘用项目负责人。企业可以探索建立内部人力资源流动中心，通过人力资源流动中心，搭建人才流动平台，构建人才柔性流动体系，促进内外部的人才合理流动。

积极引入“人才中介服务”新型管理方式。人才中介服务是指用人单位与人才中介机构签订合作或劳务协议，根据协议，人才中介机构为用人单位进行高级人才“猎取”或委托管理员工劳动（聘用）合同、人事档案、福利保险、户籍等工作的新型人才服务模式。人才中介服务包括劳务（人才）派遣、人事代理、人才租赁等具体方式。劳务（人才）派遣员工与人才中介机构签订劳动（聘用）合同，并通过人才中介机构派遣到用人单位工作；人事代理员工的劳动（聘用）合同与用人单位签订，但其他管理工作按照协议由人才中介机构代替管理；租赁员工的劳动关系在原单位，通过中介机构租赁到别的用人单位工作，并由中介机构负责双方单位协调和租赁员工的日常管理。在选择人才中介机构时，应注意审查其资质，确保合作机构能够依法保障用人单位和员工的权益，规避管理风险。一般可通过当地人事劳动部门隶属的人才中介机构进行。用人单位在与人才中介机构签订的协议中要明确向员工支付薪酬、缴纳保险等费用的方式，最大限度地保障员工的权益。对涉密岗位的员工，要按照保密规定，签订保密协议，明确保密要求，落实保密责任。

积极倡导和大力推行使用劳务（人才）派遣用工。企业可以在后勤服务领域、通用性领域的一般岗位中，对新引进人员试行劳务（人才）派遣，以后再逐步扩大到可以实行劳务（人才）派遣的其他岗位。

（三）改革传统员工管理方式，构建新型的员工管理模式

改革传统员工管理方式，必须坚持四个基本原则。一是总体规划的原则。根据企业战略需要，对人才各类领域进行系统规划，对各类岗位设置情况和员工数量、结构状况进行系统分析，合理规划人才队伍发展目标。二是按岗位管理的原则。根据员工从事岗位所属领域的重要程度和个人在岗位上发挥的角色作用，划分员工类别，并以此为基础分类构建员工管理模式。三是协调发展的原则。各类员工都是事业发展不可或缺的力量，必须互相依存、协调发展、共同进步。四是动态管理的原则。员工管理必须根据自身素质状况和工作实绩，结合事业发展需求，实行动态管理。

在员工分类的基础上，动态配置骨干类员工与支撑类员工。企业要根据战略需要，紧紧围绕科研、生产、经营等中心工作，对人才各类领域进行系统分类，对各类岗位设置情况和员工数量、结构状况进行系统分析，确定出适合本单位实际的重点发展领域和不同领域的重要工作岗位，并根据集团公司发展重点和世界同行业先进水平，确定出人才层次、专业领域、学历、年龄等方面合理的配比结构。在此基础上，根据员工个人在岗位上发挥的角色作用，将全部员工分成骨干类员工与支撑类员工。骨干类员工主要包括各领域的领军人物、骨干人才，以及在其他重要工作岗位上发挥关键骨干作用的员工，总量比例大体掌握在30%左右；支撑类员工包括除骨干类员工以外的其他人员，总量比例大体掌握在70%左右。

根据员工的不同层次，采取不同的配置方式选择和配备不同类别人员。对各领域领军人物要采取职业生涯设计与竞争上岗相结合的方式产生，对骨干人才要积极推进竞争上岗方式择优聘用，对支撑类员工要积极推进竞争上岗和向社会公开招聘的方式配置。对各成员单位中的紧缺人才，对内要加强培养选拔，对外争取国家引进、面向国际国内进行公开招聘、通过中介机构"猎取"，以及人才租赁、兼职服务、项目合作、科技咨询等"柔性"方式合理配置。支撑类员工根据工作需要可以竞聘骨干岗位。骨干类员工工作态度、能力水平和业绩不适应岗位要求的，要及时从骨干岗位上调整下来。

依法规范和加强劳动（聘用）合同管理。劳动（聘用）合同是员工与用人单位确立劳动（聘用）关系、明确双方权利和义务的法律依据。企业与员工确立劳动关系应当签订劳动合同。劳动（聘用）合同的期限，要符合《劳动法》及政府有关文件的规定。原则上，用人单位与支撑类员工可以签订较短期限的有固定期限劳动（聘用）合同，与骨干类员工可以签订较长期限的有固定期限合同；对为本单位改革发展做出了突出贡献的资深员工，可以签订无固定期限劳动（聘用）合同。企业要加强劳动（聘用）合同管理工作，依法进行劳动（聘用）合同的变更、续订、终止、解除工作。

大力推行岗位合同管理制度。岗位合同是用人单位与上岗员工在签订劳动（聘用）合同的基础上，针对员工上岗后的工作职责、权利、义务、上岗期限等内容，与上岗员工签订的管理协议，可以作为劳动（聘用）合同的附件。建立岗位合同管理制度，有利于加强对各类员工的管理和促进员工的有序流动。各成员单位均应与上岗员工签订岗位合同，建立员工"上岗、学习培训、待岗"动态管理模式。岗位合同的期限，应当根据岗位特点和承担的任务情况而确定，要有固定期限，一般不超过三年。骨干类员工的岗位合同期限可以相对较长一些。岗位合同期限可以低于劳动（聘用）合同期限，但不得超过劳动（聘用）合同期限。对实行执业资格的岗位，必须持有相应的执业资格证书才能上岗，对技能操作人员要积极开展职业技能鉴定工作。岗位合同未到期，由于岗位撤销但个人工作态度和表现尚可的员工，以及工作态度尚可但能力水平有所欠缺的员工，进入学习培训岗，由单位组织转岗学习培训，提高工作技能和水平，参加其他新增或空缺岗位竞聘。在学习培训期间，与工作岗位有关的活性收入应当减少或停发。岗位合同未到期，或岗位合同到期，由于个人工作能力、工作表现原因，考核不合格者，列入待岗管理。员工待岗期间，用人单位应按照当地最低生活保障标准发放基本生活费，个人可以在本单位内部或到外单位寻找适应自身能力的工作岗位。

（四）调整压缩富余人员，畅通人员“出口”

人员总量过大，尤其是辅业人员和低端人员过多是国有企业特别是国有重要骨干企业实现跨越式发展面临的“瓶颈”问题。解决人员规模过大，要着重做好以下工作：首先，要紧紧抓住贯彻落实国家各项改革脱困政策的历史机遇，稳步推进减员工作。其次对可以离开工作岗位，符合当地劳动保障部门规定的退休、提前退休、退职条件人员以及因病无法正常工作的人员，按照本人自愿，组织批准的原则，积极协调当地劳动保障部门，尽快办理退休、提前退休或退职手续。三是要依靠劳动政策法规依法减员：以严格考核为依据，对劳动合同期满，不符合岗位要求和条件的人员，办理劳动合同终止手续；对长期“两不找”人员要根据有关劳动政策规定及时清理劳动关系，办理解除劳动合同手续；对违纪人员和违反劳动合同规定符合依法解除劳动合同人员，要依法解除劳动关系。四是进一步深化和完善产权多元化改革，鼓励单位积极通过资本运作、股权转让等市场经济手段分流安置富余职工，通过产权关系调整减少人员将逐步成为今后人员结构调整的一个重要途径。

引导和促进人员有序流动，保持员工队伍整体活力。企业要根据用人规划，通过积极的政策和正确的导向，合理确定各类人员有序流动比率并制定配套的政策措施，采取横向交流、轮岗（换岗）、挂职锻炼、随项目迁移等多种方式进行，形成有利于流动人员充分发挥作用和迅速成长的环境，引导和促进各类人员内外部流动，在流动工作中培养人才，在培养过程中合理使用人才，保持员工队伍整体活力。经营管理人员、专业技术人员和专门技能人员在岗位之间可以互相流动，但原则上不得交叉兼职。要研究探索各类优秀人才合理流动、资源共享的方式，并通过相应的政策和措施，使岗位需要的人员流进来，岗位富余的人员流出去。

（五）进一步完善人力资源余缺预算制度，建立健全人力资源配置预算调控管理体系

全面推行人力资源配置预算制度，按预算合理配置人力资源，是新时期开展用人制度改革工作的一项重要内容。预算是用来系统分配和管理企业资源的一种方法，人力资源作为第一资源，应当根据不同时期人力资源供需状况的分析预测，通过预算管理的方式，采取相应的政策措施，促使各类人员余缺状况保持平衡，实现人力资源配置最优。国有企业普遍存在“人员总量过大，高层次人才短缺”的问题，但人员具体多在哪些领域，少在哪些领域却没有准确掌握。企业要在掌握人力资源现状，明确人员配比结构的基础上，系统分析各领域人员的余缺情况。根据余缺情况，要制定人员余缺调剂方案，实施余缺调剂。实施人力资源预算管理，不是限制企业用人，而是督促企业合理有序高质量地用人，杜绝盲目无序低质量地用人，弥补由于主观性、经验性可能带来的不足和误差，增强人力资源配置工作的客观性和科学性。要在人才结构调整工作中，以科学预算作为规范和完善人力资源配置的宏观调控手段，建立起有国有企业特色的人力资源供求调控管理模式，实现人才结构的动态优化调整。要高度重视人力资源预算编制工作，真正发挥人力资源预算对人力资源配置的作用，并结合实际建立一套人力资源预算管理制度，明确预算的制定程序、审批程序、过程控制、考核程序等，实施规范的预算管理流程。

建立健全人力资源配置预算调控管理体系。在具体实施人力资源优化调整方案过程中，要按年度制定人力资源优化调整预算，并严格按照年度预算方案有计划地招聘岗位所需人员，有计划地调整或精减岗位富余人员，建立起“按需求按预算增人，按需求按预算减人”的正常增人减人制度。企业人力资源优化调整年度预算方案需经总经理办公会讨论并提请董事会批准。对当年预算方案的执行情况，监事会在年度报告中要进行专门报告，以此建立和完善集团化的人力资源宏观管理体系。

（六）进一步加强基础工作，夯实人力资源管理基础

切实加强人力资源信息系统的开发和运用。人力资源信息化是人力资源管理的基础和平台，研究制定人才政策、实施人员结构调整离不开基础数据的支撑。人力资源信息化建设将重点开展以下工作：一要充分利用人力资源信息系统，做好人力资源报表统计与信息服务工作，准确反映人力资源的全面信息，为用人制度改革提供基础数据支撑。二要通过人力资源信息管理系统的应用，提高管理效率，规范人力资源管理的业务流程，提升管理质量，在使用过程中促进信息的及时维护，确保信息数据的准确性，为实施人力资源预算管理，推进人才结构调整创造条件。三要利用信息系统收集系统内外的管理信息和人才信息，为研究制定人才政策提供多角度的信息支持。四要利用人力资源信息化为全系统的人才招聘服务，为单位实施网络招聘，发布人才需求信息，以及求职人员应聘等工作提供平台。五要利用信息化建设完善人才储备库，及时发现人才、有效利用人才，不断探索灵活用人途径。

建立健全人力资源报表制度。为了能够全面、准确反映人力资源各类信息，系统掌握人力资源配置的现实能力与发展需求，企业应该逐步推行人力资源报表制度，要将人力资源报表成为反映单位运转情况除财务决算三张报表之外的第四张报表。充分利用人力资源管理信息系统，认真编制人力资源报表，利用人员分类做好现有人员总量与结构的分析，通过人力资源报表真实反映人力资源现状，明确人员结构调整的预算目标、余缺状况和通过余缺调剂实现余缺平衡的措施途径。

进一步加强人员统计口径的研究。目前国有企业经济成分复杂，特别是混合控股经济模式比较普遍，人力资源数量不准很大程度上是因为统计口径不统一。这给人力资源管理工作特别是人员统计工作提出了新课题。国有企业要加大纳入财务决算报表的各类经济成分单位中国有身份职工与从业人员的统计口径的研究工作，确保人才工作基础数据的准确性和有效性。

进一步加大劳动定额工作力度。劳动定额管理工作是重要的基础管理工作。劳动定额是编制生产作业计划、核算产品成本、制定产品价格、确定岗位人员编制，考核劳动业绩和确定薪酬分配标准等工作的重要依据，同时加强劳动定额管理也是挖掘生产潜力，降低人工成本，提高劳动生产效率，建设资源节约型企业的重要手段。企业要根据相关部门的具体要求，加大推进力度，规范劳动定额的制定、修订工作和标准化工作，加强劳动定额的统计、分析、考核工作。

用人制度改革是一项复杂性的系统工程，必须“做好、做实、做细”每一个环节，善于“引导”和“疏通”，注意“先挖渠，后放水”，充分做好宣传工作，争取广大员工的理解和支持，为改革营造良好的环境和氛围，确保用人制度改革“行得通、走得快、出成绩、出效益”。

深化激励制度改革
再造国企发展动力

激励制度改革是国有企业人才工作和改革发展的重要内容，是充分调动各级人才积极性，有效推进国有企业改革发展的直接动力。近些年，随着国有企业特别是国有重要骨干企业改革的不断深入，企业经济效益得到较大幅度的提升，经济实力不断增强，国有企业人才激励的政策与效果得到改善。但随着20世纪末知识经济的到来，世界经济一体化、市场化进程日益加剧，激励理念和激励制度不断更新发展。面对经济体制转型，市场化、国际化竞争的发展要求，当前国有企业激励制度尚存差距。进一步理清激励制度的改革思路，不断深入激励制度改革，是全面推进国有企业改革发展的必然要求。

一、当前国有企业激励制度存在的主要问题

国有企业经历了放权让利、利改税、利润承包和资产经营责任制等改革历程，企业激励制度得到完善与发展，先进的激励理念逐步得到认识，有效的激励手段不断更新。但由于国有企业改革的过程性制约，国有企业在全面推进现代企业制度改革、积极参与国际化市场竞争发展进程中，企业激励制度的动力作用发挥仍存在很大差距，激励制度改革需要不断深化。具体问题表现在：

（1）国有企业目前存在片面追求分配的规模和增长的趋向，收入分配

控制不合理。国有企业通过提高职工收入水平，有效地激励了经营管理者和科技技能人员等各层次人员工作的积极性，在很大程度上促进了企业的快速发展。但是，由于在提高企业工资总额和职工收入水平的过程中并未进行系统科学的统筹思考，再加上工资刚性的特征，造成企业用于员工收入方面的支出居高难下，给企业带来了沉重的人工成本压力，给企业进一步发展起到了一定的阻碍作用。特别是国有重要骨干企业，企业员工数量普遍较多，如果不能很好地解决职工收入水平的问题，一方面会给企业带来沉重的人工成本压力，另一方面企业职工可能由于收入方面的问题对社会产生不稳定的隐患。

（2）国有企业对不同人员的差别化激励还不到位，一定程度上还存在高收入水平上的平均主义“大锅饭”。国有企业在改革初期收入水平普遍较低的情况下，考虑到了在企业内部根据不同岗位的重要程度适当拉开收入差距，提高了骨干人员的收入水平，激励的内部公平性得到了体现，对外竞争力也有所提高。但是，当职工收入水平普遍较高的时候，却忽视了内部公平性的问题，造成内部收入差距实际上的缩小，打击了骨干人员的工作积极性。另外，对于骨干人员的收入水平，缺乏市场化的决定机制，造成了国有企业在收入水平普遍提高的情况下的人才流失。

（3）国有企业收入分配中的考核收入比重不大，“干与不干一个样，干得好干得坏一个样”问题依然存在。由于国有企业中考核评价制度的滞后，使得企业员工收入不需考核即可得到，而且对于可自主分配部分的分配也不客观，很大程度上更是掌握分配权力人员的主观随意分配，更多地体现一种人情的因素。即使是建立了考核评价制度的企业，由于考核评价制度还不完善，收入分配中的考核收入比例还很小，考核评价对收入的影响不大，使得激励制度没有起到很好的作用。

（4）国有企业的激励制度的建立还处于探索阶段，激励制度体系构建尚不完善。国有企业激励策略还不能跟企业发展战略紧密结合起来，企业发展战略的导向性不够。国有企业激励方式还比较单一，主要侧重即期激励和物质激励：工资收入在激励分配中还占有较大比重，激励的长期性不能保证；精神激励方式不足，忽视了企业员工文化和精神方面的考虑。从“按劳分配”到“按劳分配为主，各要素参与分配”的过渡，对于要素参与分配的研究还不够，造成要素参与分配的混乱状况。

二、深化激励制度改革的基本原则

深化国有企业激励制度改革，必须立足于国有企业改革实际，围绕企业战略发展目标，按建立现代企业制度要求，坚持以能力和业绩为导向，整合各类激励手段，创新激励机制，建立完善即期与中长期激励相结合、物质与精神激励相结合、工资激励与股权激励、年金激励、保障激励相结合的“多位一体”分配激励与约束机制，不断强化激励制度的市场竞争力，最大限度发挥激励制度对国有企业改革发展的动力推动作用。激励制度改革坚持以下几项原则：

（1）差别化管理、个性化考核的原则。针对不同的人员类别和工作岗位，采取不同的管理模式和激励模式，实现分类激励，促进企业员工和企业的共同发展。建立个性化的考核评价指标体系，以量化的指标体现各类人员的贡献大小，为实现合理分配提供全面、客观、科学的依据。

（2）实行“双挂钩”原则。员工的收入水平既要与本单位的发展状态直接挂钩，也要与本人的能力水平和贡献大小直接挂钩，形成按岗位考核、凭绩效取酬的薪酬机制。

（3）物质激励与非物质激励相结合的原则。适应不同激励模式和激励效果的要求，既要综合利用工资、资金、股权和年金等各种物质激励形式，又要充分运用荣誉、职务和事业等非物质激励形式，实现多种激励手段并用，达到不同的激励效果。

（4）即期激励与中长期激励相结合的原则。在实现有效即期激励的同时，积极探索中长期激励的实现途径，实现二者的相互补充。减少即期激励的比重，逐步加大中长期激励的比重，探索延期支付、股权激励、企业年金等激励方式的应用。

(5) 收入唯一的原则。净化分配渠道，理顺分配关系，规范分配行为，实现收入唯一。

三、大力推进激励制度改革，激发人才的工作活力

国有企业改革激励制度，要准确把握各类人才的需求特点，整合各种激励手段，坚持责任、风险和工作业绩相统一，构建即期与中长期相结合、现金与股权相配套、企业年金与基本养老保险互补、物质奖励与精神奖励并举的“多位一体”薪酬分配体系，着重加大对领军人物和骨干人才的激励力度，使核心人才的收入待遇具有较强竞争力，实现分配激励由提高全员平均收入水平向调整收入分配结构的转变，进而充分挖掘人才潜能，最大限度地调动各类人才干事创业的积极性。主要措施包括以下五个方面：

（一）以岗位分类为基础，建立差别化的薪酬分配模式

适应国有企业经营管理、专业技术和专门技能人员三支队伍渠道畅通的发展要求，针对各类人员的不同特点，建立以岗位工资为主体、具体分配形式灵活多样的差别化分配模式，重点向关键岗位、骨干人才、急需人才倾斜。对经营管理人员，继续推行岗位工资加绩效工资的分配模式；对专业技术人员，应实行岗位工资加奖金的分配模式；对专门技能人员，应实行岗位工资加技能工资或岗位工资加计件工资（计时工资）的分配模式；对工艺技术人员，为适应企业所需的素质优良、数量充足、技术精湛的使用要求，既可以实行岗位工资加奖金的分配模式，又可以实行岗位工资加技能工资的分配模式。

同时，通过确定岗位工资的水平和绩效工资（奖金或技能工资）的基数，来体现企业的发展状况。对经营管理人员，要通过核定岗位工资的分层结果和绩效工资的考核系数来体现每位员工的角色贡献大小。对各类经营管理人员业绩的考核，要根据其工作内容的不同，既可考核其管理能力

与成效，也可以考核其经营水平与效益。其中，对营销人员应重点考核其实现销售利润、开拓市场情况和回收销售货款情况。对专业技术人员，要通过核定其岗位工资的分层结果、奖金内容、奖金系数等方法来体现其角色贡献的大小。对各类专业技术人员考核时，应根据其承担科研任务性质的不同，既可以考核其现时科研任务的完成情况，也可以考核其科研成果产业化情况，从而将奖金可以分为节点奖、提成奖、成果转化奖等，以实现具体分配方式的多样性。对专门技能人员，要通过核定其岗位工资分层结果、操作技能水平考核系数、计件（计时）工资考核系数等方式来体现其角色贡献的大小。对专门技能人员考核时，应根据其操作对象的不同，既可考核其操作技能水平，也可考核其完成任务的质量水平、数量、进度及节约成本情况，从而采取灵活多样的具体分配形式。对工艺技术人员，要通过核定其岗位工资分层结果、工艺技术水平、工艺革新考核系数等方式来体现其角色贡献的大小。对工艺技术人员考核时，既可以考核其掌握新工艺技术、改革改造现有工艺的能力水平和在实际中应用的效果，从而将奖金分为工艺技术奖、工艺革新奖等；也可以考核其操作技能水平、完成任务的质量水平、数量、进度及节约成本情况等，从而采取灵活多样的具体分配形式。

（二）发挥市场机制调节作用，完善工资总额宏观调控机制

工效挂钩是目前企业向市场转换过程中确定和调控工资总量的主要形式，尽管存在“行政色彩”，但在企业尚未形成工资分配内在约束机制的情况下，仍在目前工资总额调控中发挥着不可替代的作用。从企业集团出资人角度，完善工效挂钩办法应逐步引入市场调节机制，发挥市场机制的基础性调节作用：一是进一步强化绩效考核，合理调整完善复合挂钩经济效益指标及其权重，改进工效挂钩基数和浮动比例的核定方式，进一步完善工效挂钩办法；二是借鉴境外企业试点经验，探索建立工资总额全面预算管理办法，改革工资总量的计划管理方式，实现工资总量增长幅度和工资发放水平的全面预算管理，切实发挥工资对企业经营管理的指导作用，引导企业建立以预算目标为中心的管理体系，完善内部调控机制；三是按完善法人治理结构要求，探索推进董事会决定工资机制的办法，在法人治理相对规范的条件下，实行工资由企业根据市场劳动力价位、企业经济效益及人工成本承受能力，自主决定工资水平办法，完善工资分配调控机制；四是加强人工成本调控，逐步变单一工资总量调控向全口径人工成本预警预测。人工成本调控是对企业收入分配的一种间接调控方式，是企业强化工资分配自我约束机制的重要举措。加强人工成本调控要以人工成本统计口径和财务规范为突破口，建立企业人工成本统计分析制度，确定合理性调控目标，建立适应企业人工成本效益分析与评估的指标体系，作为工效挂钩和工资预算管理的重要补充，最终实现单一工资总量控制为人工成本调控；五是进一步理顺收入分配关系，一方面结合企业行业和经营特点，对处于垄断性企业和主要承担社会效益的企业应采取不同的总量和水平确定方法，避免收入差距过大；另一方面要根据竞争能力发展要求，深化企业内部激励制度改革，拉开骨干人员与一般岗位员工的收入差距，体现分配的合理竞争。

（三）以量化考评为基础，实行收入分配“双挂钩”

实行收入分配“双挂钩”，首先要将员工收入水平与企业发展状况直接挂钩。员工岗位工资水平、绩效工资（奖金、技能工资、计件或计时工资）基数，要根据企业的科技创新能力、经济发展速度、资金运作情况、品牌经营策略等要素进行核定。企业发展速度对员工收入水平的增长起主导作用。各企业在制定分配办法时，要把本企业经济发展状况，尤其是企业经济发展速度作为影响工资水平的首要因素。其次，收入水平与个人角色贡献和工作表现直接挂钩。各企业在计算员工绩效工资（奖金、技能工资、计件或计时工资）时，要分别根据其管理水平、经营利润、完成科研任务的质量与效率、自主开发新产品的能力、运用新工艺新技术的能力与水平、改革改造现有工艺的能力和水平等指标确定系数，使绩效工资直接与个人角色贡献挂钩。企业要将各类奖金、各类可考核发放的津贴（包括高新工程津贴、重点任务骨干科技人员科技奖金、科技带头人津贴和关键技能带头人津贴等）纳入考核发放，使活性收入“活”起来，真正实现“有一份贡献，得一份收入；得一份收入，有一份考核”，防止收入分配上新的“大锅饭”现象。要加大活性收入的构成比例，逐步使活性收入达到或超过整个收入构成的60%。

（四）探索中长期激励的途径，建立完善企业中长期激励机制

以股权激励为核心的中长期激励一直是国有企业激励制度改革的“短板”，这与国有企业性质关系密切。积极探索国有企业持股激励、福利期权、补充保险等长期激励的实现途径和方式，实现即期激励与长期激励的有效结合，是深化激励制度改革的重要内容。

结合产权多元化改革的实践，探索持股激励途径，对在企业发展过程中做出突出贡献的经营管理人员、专业技术人员、关键技能人员，研究和探索管理、技术、特殊技能等要素参与分配的实现途径。对经营管理人员，可以采取按管理要素参与分配的激励模式，将部分奖金作为期奖，并按净资产收益率折合为股本，或根据个人的业绩、贡献通过奖励股份等形式参与分红。对专业技术人员，可以采取按技术要素参与分配的激励模式，将技术专利、科研成果等作为股份，或采取技术转让折股等形式参与分红。对工艺技术人员，可以采取按技术要素或将特殊技能折合为股本参与分配的激励模式，既可以将工艺技术专利、工艺革新成果、工艺技术转让折股等形式参与分红，也可以将特殊技能折合为股本等形式参与分红。对专门技能人员，可以采取将特殊技能折合为股本等形式参与分红。对各类骨干人才还可以探索福利期权的长期激励方式，如将住房产权作为一种期权奖励给有突出贡献的骨干人才，以达到长期激励的目的。

进一步规范企业补充养老保险制度。企业在按照国家有关规定参加各项社会保险，确保按时足额交纳各项社会统筹费用的前提下，可根据自身特点和实际承受能力，为单位骨干人才建立补充养老保险，其标准应根据个人的业绩和实际贡献来确定，并纳入考核。也可以为骨干人才建立重大疾病保险。

在探索长期激励的同时，还要积极探索精神激励的手段和途径，实现物质激励与精神激励的有机结合。企业要通过评优评先、评选科技带头人和关键技能带头人、推荐院士、设立董事会专家董事和咨审委专家委员、实行资深员工制度等办法，实施对员工的精神激励，探索物质激励与精神激励相结合的有效途径。另外，要不断创新培训的方式和内容，逐步将培训作为物质激励和精神激励相结合的有效手段。

进一步建立健全困难群体帮扶救助体系，实现"和谐激励"。在党的十六届四中全会上，中央提出构建和谐社会的国家建设目标。构建和谐社会，其中最重要的一项工作就是理顺收入分配关系，理顺收入分配关系当中很重要的一条就是关注特殊群体、困难群体。在收入分配体系的构建上，对困难群体也要多考虑一些，要通过努力，共同把企业构建成为一个和谐企业，通过构建和谐企业为构建和谐社会服务。

（五）规范收入分配行为，健全负激励机制

规范收入分配行为，健全负激励机制。一是实现收入渠道唯一。企业的人力资源部是整个企业收入分配工作的管理部门，各级成员企业人力资源部门是本企业收入分配工作的管理部门。各成员企业的工资、奖金、津贴、补贴等全部收入的管理，必须集中由本企业的人力资源部门归口管理。二是调整当期收入结构，使员工收入工资化、货币化、规范化。三是健全完善多方监督的机制。国有企业要通过强化组织人事、纪检监察、财务审计等部门的监督，杜绝收入分配上的违规违纪现象和漏洞；建立健全正常的收入分配信息报告制度，加强对成员单位、部门员工收入唯一情况的监督，建立地区工资指导线制度、劳动力市场指导价位制度、人工成本预测预警制度，引导企业合理确定工资水平和年度工资增长幅度，实现收入增长的监督与约束。

全面实施素质建设工程
增强人才队伍竞争实力

党的十六届五中全会通过的《中共中央关于制定国民经济和社会发展第十一个五年规划的建议》中指出，“必须提高自主创新能力。实现长期持续发展要依靠科技进步和劳动力素质的提高。要深入实施科教兴国战略和人才强国战略，把增强自主创新能力作为科学技术发展的战略基点和调整产业结构、转变增长方式的中心环节，大力提高原始创新能力、集成创新能力和引进消化吸收再创新能力。”随着经济全球化趋势深入发展，科技进步日新月异，人类正步入一个以知识为重要生产要素的知识经济时代。技术进步和创新能力已成为综合国力和区域经济竞争的核心，知识和人才已成为经济增长的主要推动力。谁拥有更多的高层次人才，谁就会在知识和技术创新中拥有优势，谁就能在发展中占据主导地位。国有企业是国民经济的重要支柱，是国家可以直接掌控的应对突发事件和重大经济风险的可靠力量。加强国有企业骨干人才素质建设，既是增强国有企业核心竞争能力，实现国有企业全面协调可持续发展的迫切需求，也是新时期实现国民经济转型，把我国由人口大国转化为人才资源强国，大力提升国家核心竞争力和综合国力，完成全面建设小康社会的历史任务，实现中华民族的伟大复兴的一项根本任务。

一、国有企业骨干人才分类及能力素质定位

国有企业人才种类繁多，但骨干人才归结起来不外乎三大类，即经营管理人才、专业技术人才和专门技能人才。第一类是以优秀企业家为主体的高级经营管理类骨干人才，他们能够根据企业发展需要，不断创新管理理念、管理思路，引领企业实现良性发展。第二类是以企业科技带头人为主体的高级专业技术类骨干人才，他们善于跟踪最新技术发展趋势，熟练运用自己掌握的知识进行技术创新，推动企业产品更新换代或产业升级。第三类是以企业关键技能带头人为主体的高级专门技能类骨干人才，他们能够在设备改造、工艺改进等方面进行创新，改善生产效率，降低加工成本、提高产品质量。

素质是人在自然化和社会化的过程中，形成的一系列生理的、心理的和社会的相对稳定的特性。从表现形式上来分，人的素质由表层的基础素质和潜在的深层素质两部分构成，表层素质由身体素质和智力素质构成，其特点是可易观察、可测试和易习得；深层素质由心理（人格）素质、道德素质和角色素质构成，其特点是主观性和可塑性很强。从素质的特性来分，素质又是"质"与"量"的统一体，素质"质"的特性体现在潜在素质上，而"量"的变化则体现在表层素质上。如果对具有作用力和可塑性的潜在素质进行关注和提高，就必然会给表层显性素质带来量的变化，按照辩证的观点来看，这种量的变化又会带来新的质的变化，从而使一个人的能力得到不断的提高。

那么，对于具体的人才来讲，其能力素质（或胜任素质）应该具体包括哪些内容呢？美国的麦克里兰和斯班瑟是被世人所公认的在人的能力素质应用研究方面卓有成效的心理学家。他们提出应该从组织战略发展的需求出发，以强化竞争力，从提高实际业绩为目标来界定人才的能力素质要素及其能力素质标准和要求。经过深入的实践他们认为人才的能力素质应该体现以下几个方面的特性：一是人才的能力素质应该是对企业不断成功以及获取持续竞争优势所要求的核心能力的描述。二是用行为方式来定义

和描述特定职位和岗位上员工完成工作所必须具备的知识、技巧、品质和工作能力，确定核心能力的组合和完成特定工作所要求的熟练程度。这些行为和技能具有可衡量、可观察和可指导性，并对员工的个人绩效以及企业的成功产生关键影响。三是人才的能力素质能够使企业战略发展对核心竞争力的需求与员工、团队高能力、高绩效工作贡献率紧密结合起来。四是人才的能力素质应该具有可量化的特性，它的引入不仅可以将其与企业的绩效目标结合起来，而且与员工的个人成长很好结合起来。

由此可以看出，要准确确定国有企业骨干人才队伍的能力素质，关键是要体现以下几个方面的要求：一是国有企业骨干人才的能力素质要与国有企业的战略发展要求和核心竞争力需求结合起来；二是国有企业骨干人才的能力素质要与团队的绩效目标结合起来；三是国有企业骨干人才的能力素质要与岗位需求结合起来；四是国有企业骨干人才的能力素质要与个人的工作角色结合起来；五是国有企业骨干人才的能力素质构成要素要体现“质”与“量”的有机结合，既要有可量化可考核的表层素质，又要有可培养可提高的潜在素质。

目前，对于素质构成要素的分类方法很多，但是，从企业的战略发展和核心竞争能力建设的需求来分类，归纳起来，国有企业骨干人才素质建设基本内容主要包括思想素质、身心素质和业务能力素质三方面内容。其中思想素质包括政治素质和职业素养，是素质建设的关键；业务能力素质包括知识水平和业务能力，是素质建设的核心；身心素质包括身体素质、心理素质和道德品质，是人才素质建设的基础。按照适用对象的不同要求，思想素质、业务能力素质和身心素质又分为基本素质和特性素质两部分。其中基本素质是企业基于战略发展需要和核心竞争力建设需求对人才的基本能力素质的要求。基本素质是适用于企业全体骨干人才和普通员工的通用素质，它是企业文化的基本表现，是企业对骨干人才和普通员工行为的基本要求，体现了企业对人才的公认标准和行为方式。而特性素质是岗位和职位胜任力对专业人才的特性需求，是基于国有企业战略发展需要和核心竞争力建设需求对骨干人才专业能力素质的要求。

根据目前国有企业骨干人才的能力素质现状和国有企业面对新的发展形势和战略目标所面临的挑战，在充分借鉴国内外优秀企业在骨干人才的能力素质建设中所取得成功经验的基础上，结合我国国有企业骨干人才队伍现状及我国国有企业当前和今后发展对于骨干人才的能力素质要求，笔者对骨干人才的能力素质构成要素及建设途径进行了深入分析研究和归纳总结，以作为专题研究成果。为了便于区分国有企业骨干人才基本能力素质、特性能力素质及其相应建设途径，在下文中对于国有企业骨干人才的基本能力素质将统一起来表述，而对骨干人才特性能力素质，则以前文界定的高级经营管理人才、高级技术人才和高级技能人才三类人才分类标准为主体分别进行表述。其中，不论是基本素质还是三类骨干人才的特性素质都包括思想素质、业务能力素质和身心素质三方面的内容。

二、国有企业骨干人才基本素质及其建设途径

（一）国有企业骨干人才的基本素质

1. 思想素质

思想素质方面，重点是提高骨干人才的政治意识和职业素养，树立和落实忠诚守信、爱岗敬业、遵章守纪、勤勉尽责、乐于奉献、争创一流等六种意识。

（1）忠诚守信意识。坚持不懈地用“三个代表”思想武装头脑，在思想上、政治上和行动上与党中央保持一致，与国有企业党组保持一致，把爱党、爱国、爱人民体现在忠诚国有企业的各项事业之中。高度认同企业的文化理念和核心价值观，不断强化执行力，以强烈的事业心和责任感认真完成好企业所交付的各项任务。

（2）爱岗敬业意识。热爱自己所从事的职业，热爱本岗位工作。在工作中有精益求精、知难勇进、兢兢业业、争创一流业绩的强烈意识；既能做到积极主动，以高度负责的态度努力将本职工作做好，又能够自觉自发

地学习掌握现代科学知识和先进技术技能，不断提高自身的业务能力和工作水平。

（3）遵章守纪意识。有严格的组织性、纪律性，严以律己，言行规范、守则。自觉遵守国家法律法规，模范执行本单位、本岗位的各项规章制度。在工作中既要做到不缺位、不越位，又要做到善于发现问题，抵制错误，积极主动同违章违纪行为做斗争，争做维护正常生产经营秩序和管理规范的模范。

（4）勤勉尽责意识。工作中要有勤勤恳恳、兢兢业业，持之以恒认真履职的强烈责任感。要有关注细节、严肃认真，长于过程质量控制的良好工作作风。不但能够认真做事，而且要体现用心做事。要有立足平凡岗位，努力争创优秀业绩，成就一番事业的目标动力。要有对单位、集体和工作高度负责的态度，不做表面文章，不弄虚作假。

（5）乐于奉献意识。工作中吃苦在前，奉献在前，积极主动接受组织安排的工作任务；在关键时刻能够勇挑重担，主动承担“急难险重”任务，不计个人得失，不讲价钱条件，为事业发展不惜牺牲个人利益。

（6）争创一流意识。工作中要有追求卓越，争创一流业绩的精神，把实现组织和团队目标作为自己的责任和使命，有立足本职岗位的强烈成功意识。能够有针对性地制定明确的工作目标和个人奋斗目标，注重绩效，积极创新进取，努力攻克难关，不断创造出新的业绩，把对事业执着追求与个人的成功成长紧密结合起来，并为之不懈努力奋斗。

2. 业务能力素质

业务能力素质方面，重点是抓好国有企业骨干人才的学习跟踪、创新创效、合作协作、实践总结和分析思维等五种能力素质的培养。通过业务能力素质建设激发国有企业骨干人才为实现企业战略发展目标而拼搏进取的工作热情和积极性，增强和提高创造性履职能力，将做知识型员工与建学习型团队紧密结合起来，将个人胜任力与团队胜任力融为一体，不断提高工作水平。

（1）学习跟踪能力。能够不断学习新知识、新技术、新技能，充分了解、把握和跟踪本专业、本岗位主要技术与业务的发展趋势。能够结合团队任务、个人职位及岗位需求制定明确学习目标，并将具体学习计划落到实处，在学习中能够不断完善学习方式方法，不断学习新知识、新业务、新技能，既能活学活用书本知识，又善于学习汲取他人的优点长处，不断强化实践本领。

（2）创新创效能力。具有开拓进取精神，在工作中能够勤于思考、敏于实践，努力钻研业务知识，积极改变工作方式方法，不断提高工作质量和效率。通过创造性地开展工作，充分体现团队和个人综合能力，将争做知识型创新型员工的成果体现在工作的促进和团队及个人的竞争能力提高上。

（3）合作协作能力。具有较强的团队意识，能够有效沟通交流，与团队成员密切合作、融洽共事，在相互协作中取长补短、和衷共济，充分发挥团队的整体作用力，共同完成所承担的工作任务。能够始终将组织和团队的胜任能力需求与个人能力发挥紧密结合起来，充分体现个体在组织、团队中的角色贡献。

（4）实践总结能力。能够将理论知识的学习与具体工作实践紧密结合起来，将学习、研究成果及时转化为现实的生产力。能够做到学以致用、学用相长，善于在实践中积累经验，通过实践锻炼不断增强解决实际问题的能力，通过自己的业务能力和工作水平的不断提高进一步丰富自己的理论知识水平，进一步增强对具体工作的指导。

（5）分析思维能力。对工作中细枝末节有较强的敏感性，在保证常规工作正常开展的同时，善于从各种纷繁信息和复杂矛盾中抓住工作重点和关键问题，举一反三，进行深入分析并得出结论。能够从容面对突发事件，具有较强的处理异常事故的能力、具备随时准备应急作业的意识以及对资源、时间的合理分配和充分使用的能力。

3. 身心素质

身心素质方面，重点是改善员工身体和心理健康状况。通过加强体育锻炼，保持健康体质和强健体魄；通过增强心理承受能力，保持平衡协调的心智模式；通过修炼道德品质，保持高尚情操和完美精神境界。通过身心素质建设使员工具有适应快节奏现代生活和高效率工作负荷的充沛体力和精力；具有经受困苦磨砺，抗击挫折、自立自强、不断进取的坚强意志和乐观阳光、朝气蓬勃的良好心态。具体工作中要抓好体能适应力、挫折抗击力、情绪控制力、心态调整力、社会适应力等五个方面的素质建设。

（1）体能适应力。具备正常的体质健康标准；具有适应现代生活节奏的充沛体力和旺盛精力；能够根据自己的兴趣爱好和身体状况参加普及性的体育运动和集体性的竞技项目；具备岗位工作需求的基本体能和健康要求，能够根据工作紧张程度进行适度体能调节。

（2）挫折抗击力。具有百折不挠的意志和坚韧不拔的品格，勇于面对生活挫折和市场竞争，始终保持直面困难的必胜信念；能够担负繁重的工作压力，经受艰苦工作经历和环境的磨砺；能够正确面对事业上的成败、得失，不自暴自弃，委靡退缩，具有自立自强、勇往直前的优秀品格。

（3）情绪控制力。能够保持平和冷静的心境；在遇到较强情绪刺激时能够冷静思考、沉着应对，及时采取心理暗示、注意力转移等方法克制冲动；能够正确面对意外的打击和挫折，采取理智的方式方法处理问题，不简单粗暴，莽撞行事；在繁重的生活、工作和其他外来压力面前能够自我调控、缓解心理重负。

（4）心态调整力。能够正确把握人生方向，不盲目追求超越自己能力的目标。经常保持乐观向上、豁达开朗的精神面貌，具有宽广胸怀，能够经常适度地表达自己的心情和控制自我情绪；以平常的心态对待名利，胜不骄、败不馁，谦而不卑、自尊自重。

（5）社会适应力。能够遵守国家法律法规、社会公德和公共秩序；能够积极适应社会变革，不因循守旧，固步自封；不断追求高水平的生活状态，最大限度地发挥自己的潜能，为他人和社会多做贡献。在为人处事和社会交往中能够保持良好心态，自谦不自卑，自尊不自大。

（二）国有企业骨干人才基础素质建设途径

1. 创新选人用人机制，把好“入口关”

根据不同类型岗位职责，制定相应准入标准。建立和完善新型选人用人机制，指导和督促企业加大面向社会公开招聘人才、内部竞聘上岗工作力度。进一步深化“骨干类＋支撑类”新型人才和员工管理模式改革，建立市场化的动态人力资源管理模式。

2. 深化职业道德教育，提高骨干人才的思想水平

深入贯彻落实《公民道德建设实施纲要》，加强社会公德、职业道德、家庭美德教育，广泛开展文明员工、文明班组、文明单位、文明家庭创建活动，引导员工树立正确的世界观、人生观和价值观，建设“四有”员工队伍。

3. 组织开展“创建学习型组织、争当知识化员工”活动，推进学习型企业创建活动

以提高各类人才和普通员工自我学习能力、树立终身学习理念为目标，以创建优良的学习环境、学习氛围，建立完善相应的学习组织和学习机制为主要内容，营造团队式、全员式和学习工作化、工作学习化的良好氛围。

4. 深入推行证书制度，提高技能等级

开展以学知识、学技术、学技能为主要内容的职业培训，完善职业技能资质鉴定体系，组织和支持员工通过参加学习培训取得技术资格证书和学历证明，培养“精一、会二、学三”一专多能的复合型人才。

5. 广泛开展技术练兵、比武活动，拓宽人才成长成才渠道

坚持全员参与、注重实效的原则，逐步建立“技能培训—岗位练兵—技术比武—考核升级”四位一体的工作机制。积极组织青年员工开展拜师学艺活动，学绝技、练绝活，搞好传、帮、带。

6. 加强企业文化建设，统一思想、规范行为，激发各类人才的工作动力

以集团公司的理念和核心价值观为核心，不断加强企业文化建设，规

范日常行为，传承国有企业的优良传统和企业精神，使各类人才始终能够保持积极向上的精神追求。

7. 开展健身活动，提高体能素质

经常性地开展丰富多彩的文体活动，引导和组织全体员工积极参加健身运动，因地制宜，普及和推广科学文明的员工健身方法，定期对各类人才进行身心健康检测，逐步建立人才体质健康评价体系。

三、高级经营管理人才队伍素质建设

重点是按照德才兼备原则和“政治上靠得住，业务上有本事、肯干事、干成事”的要求，努力造就一批政治素质过硬、模范践行“三个代表”重要思想、忠实代表和维护国家利益、实现国有资产保值增值，具有较高创新能力和经营管理水平、廉洁务实的职业化、现代化、国际化的优秀经营管理人才。

（一）高级经营管理人才的能力素质

1. 思想素质

思想素质方面，重点是牢固树立和培养“政治意识、大局意识、责任意识、忠诚意识、开拓进取意识和廉洁从业意识”等六种意识。

（1）政治意识。始终坚持党的正确领导，具有坚定的政治信仰和敏锐的政治鉴别力，在重大问题上分得清是非，在历史重大关头和复杂局势面前抗得住诱惑，经得起考验。

（2）大局意识。始终坚持以科学发展观为统领，能够从大局利益出发，正确处理本单位与国家、企业集团的关系，正确处理个人与群众、个人与组织的关系。

（3）责任意识。能够按时保质完成国家重点工程项目科研生产任务，创造性地完成涉及企业改革发展的各类任务和工作，把报国强企作为自己的人生抱负；切实履行好社会责任和岗位职责。

（4）忠诚意识。忠诚党和国家事业，忠诚本企业的事业，有强烈的事业心和奉献精神，具有高尚的职业道德和强烈的使命感，不做与组织要求相悖的事。

(5) 开拓进取意识。善于集思广益，求新求变，敢于打破常规，创造性地开展工作，始终把追求卓越、争创一流工作业绩作为自己的奋斗目标，永不满足，永不停歇。

(6) 廉洁从业意识。模范遵守国有企业领导人员廉洁从业若干规定，既严格要求自己，又严格约束亲属、管束下属，清正廉洁、克己奉公、风清气正。

2. 业务能力素质

业务能力素质方面，重点是培养和提高“战略思维、科学决策、市场运作、目标管理、执行沟通、知人善用、风险控制和社交公关”等八种能力。

(1) 战略思维能力。善于审时度势，未雨绸缪。能够运用宽广的眼界、发展的眼光和辩证的思维来看待形势的发展，能够科学认识经济运行规律、敏锐洞察市场变化、超前谋划发展思路，及时把握发展机遇，把企业的生存发展与面临的形势机遇紧密结合起来。能够根据企业实际情况制订可持续发展的战略发展规划，并有效组织落实。

(2) 科学决策能力。要做到知时明断。具有最佳方案判别和风险决策能力。能够在错综复杂的矛盾中和问题中，透过现象看本质，善于发现和解决主要矛盾。善于抓住机遇，趋利避害，果断决策，取得成功。

(3) 市场运作能力。能够准确把握市场竞争的内在规律，建立起与市场经济和企业内在规律相适应的经营机制和管理策略，正确分析判断企业投融资环境，采用科学的方法和手段正确评估企业重大事项投资方向、重点，准确把握投资额度和投资回报成果。

(4) 资源整合能力。善于有效激活、优化、整合各种资源，既能够通过有效整合相关资源，促进企业主导产业上规模、上效益、上水平，又能够从有利于企业新的产业优势形成角度考虑，有鉴别地整合增值潜力大、竞争能力强的新业务以及相应的客户和市场资源，在竞争中巩固企业竞争优势，拓展企业发展空间。

(5) 执行沟通能力。积极培育具有正确导向、适应市场竞争、有效凝聚员工队伍的企业文化，引导和规范全体员工言行；对上级组织的决策和意图能够及时准确地“解码”、“传码”，并善于协调各方，高效推动，执行到位。

(6) 知人善用能力。能够树立科学的人才观，准确理解以人为本和人才强国、强企战略思想的深刻内涵，具备一定的人力资源管理知识，不但要善于引进、培养优秀人才，还要善于开发和使用人才，严于要求和管理人才，乐于爱护和培养人才，真正使“人才是第一资源”思想落实到具体工作实践中。

(7) 风险控制能力。要长于危机管理。能够正确判断和预见企业所面临的危机和风险，超前制定企业应对风险的策略和办法，有效规避经营风险。面对突发事件，能够稳健控制局势，适时决策，果断行事，采取有效措施降低损失，善于总结应对风险危机的经验教训，不断增强企业抗风险能力。

(8) 团结协作能力。能够顾全大局、协调各方，善于调动一切积极因素，正确处理各种利益关系。对内要以团结为己任，乐于倾听不同意见，重视情感沟通和工作交流，不断增强团队凝聚力。对外要善于协调沟通各种关系，不断加强交流合作，努力拓展企业的生存发展空间，把各方面的力量凝聚到改革和发展事业上来。

3. 身心素质建设

身心素质方面，要有克服困难、勇于面对失败的心理承受能力，有抵制各种腐败侵蚀的心理免疫能力，有面对荣誉保持谦虚谨慎的心理自制能力，有勇于担当重任、敢于负责、敢于创新的意志和品质。

（二）国有企业高级经营管理人才能力素质建设主要途径

1. 严把资格条件，创新选用机制

根据新形势下成员单位领导人员任职资格和“准入”条件，严把“入口”；规范和完善委派、委任、聘任的方式，要把组织考核选拔和个人职业生涯设计结合起来，把竞聘上岗和引入市场机制、向社会公开招聘结合起来，形成良好的竞争竞聘机制。

2. 加强岗位培训，提高培训针对性和实效性

紧紧围绕企业集团改革发展中心任务，以财务、金融、法律以及资本运营、市场运作基本知识和实务操作技能为重点加强政策理论、操作实务技能、企业文化等方面内容培训工作。

3. 加大岗位轮换

建立领导人员岗位轮换、交流机制，培养和锻炼适应事业发展需要的复合型人才。加大后备领导人员岗位交流和挂职锻炼，有计划安排到艰苦复杂的环境中和岗位上经受磨砺，不断提高后备领导人员的职业胜任力。

4. 科学考核评价

根据企业成员单位不同发展阶段，分类提出相应思想素质和业务素质建设要求，全面推行按岗位量化考评办法，建立完善领导人员考核评价的长效机制。

5. 强化政策激励

建立和完善以考核为基础，岗位责任、风险和工作业绩相挂钩，即期与中长期相结合，现金与股权相配套，基本养老保险与年金相补充，物质与精神相结合的“多位一体”的激励机制。

6. 严格监督约束

积极整合监督资源，逐步推行企业内部“大监督”模式，建立健全过程全方位监督机制；通过股权控制、财务控制、人事控制、制度控制等方式，强化股权代表对企业重大事项决策和监管力度，实现国有资产出资人监管有力的制度保障。

7. 积极畅通“出口”

对年龄、身体健康状况不适应现岗位工作的领导人员，要及时调整；对任职期间，工作业绩不佳，致使本单位或分管工作，长期徘徊不前甚至

出现下滑降级的，要及时予以调换；对成员单位领导人员不能全面履职或在履职过程中出现重大工作过失、造成不良后果的，要及时予以责任追究。

四、高级技术人才能力素质建设

重点是通过素质建设工程，培养一批能够及时捕捉世界先进科学技术信息、充分掌握本专业最前沿产品与技术发展趋势、有效占领高新技术制高点的专业技术人才队伍。建设一支科技水平高，具有较强创新能力，能够加快企业科技进步、增强核心竞争力的科技人才队伍。

（一）高级技术人才能力素质

1. 思想素质

思想素质方面，要始终做到忠诚守信，高度认同企业的企业文化，以本企业的价值观来规范言行；有强烈的事业心和使命感，能够以市场为导向，持续推进技术创新和工艺创新；有追求卓越的成功意识，富有科学精神和创新意识，不断攀登技术高峰；具有吃苦耐劳、甘于奉献的精神，在急难险重任务面前能够主动担负重任，不计个人名利得失；有带队伍和培养人才的强烈责任感，能将自己的技术特长和实践经验传授于人；有团队协作精神，共同致力于企业的发展。

2. 业务能力素质

业务能力素质方面，重点是要培养和提高高级技术人才“调研分析、技术创新、技术攻关、成果转化、项目管理、协调沟通”等六种能力，努力提高高级技术人才综合业务能力素质，加快复合型高级技术人才队伍建设。

（1）调研分析能力。就是要具有对本领域核心技术发展前景的客观评判能力，能够结合实际，正确分析专业领域核心技术的发展趋势、优劣势及其存因，为技术进步和新产品开发提出切实可行的发展思路和建议。

（2）技术创新能力。就是要能够不断强化基础研究和前沿技术研究水平，创造性地吸收和集成多方面的知识、技术和产品，不断加大引进技术消化力度，积极探索新思路、新方法，增强原始创新能力、集成创新能力和再创新能力，全面提高自主创新能力。

(3) 技术攻关能力。就是要能够胜任本企业级及国家级以上项目技术攻关任务，在技术攻关中能够发挥领军作用，在工作中独挡一面，能够综合运用各方面的技术资源开展工作；较为娴熟地掌握技术或产品开发步骤及产品机能评价分析方法；善于攻克技术关（重）点，不断取得新的突破。

(4) 成果转化能力。就是要了解市场，能够围绕市场需求，加快科研新成果转化速度，及时将科研技术成果转化为应用成果。能够在研究工作中做到有的放矢，将产品技术进步和产业化升级作为技术研究的突破点，提高技术研究工作的应用性，能够及时将科研技术成果转化为应用成果，推进产品技术进步和产业换代升级，提高经济效益和社会效益。

(5) 项目管理能力。就是要能够较为全面地掌握项目管理的基本知识，通晓技术项目管理的基本流程，能够按照项目需求组建项目实施团队，并胜任具体工作。在项目实施中能够有效控制项目进度和质量，降低项目成本费用，合理规避项目风险，成功地进行项目风险管理。

(6) 协调沟通能力。就是要避免闭门搞技术，以专业技术的研究和应用为纽带，积极对外建立和谐的技术交流机制，建立良好的技术应用和推广平台，通过与客户的沟通及时掌握市场需求信息，稳固既有客户群，通过加强与行业内外及未开发客户群的沟通协调，应用拓宽技术应用市场，争取新的客户群。

（二）高级技术人才能力素质建设主要途径

1. 建立实施高级技术带头人制度

制定并完善带头人选拔标准，进一步明确带头人岗位职责、参与重大科研项目和工艺技术开发的途径。

2. 建立“企业首席专家制度”

逐步形成“成员单位级带头人—企业集团级带头人—企业集团首席专

家—国家两院院士”的职业生涯发展台阶。

3. 畅通从事配套技术研究和工艺攻关的带头人发展渠道

按照其从事技术在项目中的攻关难度和本人在攻关中发挥的角色作用确定人才层级，促进国有企业关键技术的突破和基础技术人才的快速成长。

4. 完善以“长师分设”为核心的领军人物遴选制度

原则上坚持从企业集团级科技带头人中选任总设计师、副总设计师、总工艺师、总质量师或技术负责人等技术类领军人物的制度，推进骨干科技人才的专业化和职业化，逐步建设一支“职业总师”队伍。

5. 加强理论培训，注重实践锻炼

理论培训以本专业领域科技发展新知识、新技能为主要内容，以学历学位教育、中短期进修（国内国外）、专题讲座、出国考察、学术交流为主要形式，着力提高技术创新和科技管理能力；实践锻炼提高以科研项目（课题）研究为平台，在科研实践中丰富经验、锻炼提高。以项目为载体，通过国际合作、联合设计、智力引进、访问学者等方式，加速提高科研水平。

6. 建立竞争机制

建立实施科技带头人等各类骨干科技人员定期聘任、考核和淘汰制度，建立完善技术创新效果为重点的科技创新评价机制，对各类带头人不搞终身制，经考评不符合条件的要适时退出。

7. 优化队伍结构

积极推行“导师培养制”等方式，发挥老专家、资深科技带头人“传、帮、带”作用。打破专业技术职务评聘中论资排辈现象。大胆启用青年科技骨干担纲重点科研项目和重大技术改造项目负责人和学科带头人。

8. 拓展激励维度

积极探索科技成果或技术要素参与分配方式，完善持股激励办法，探索实行补充养老保险、补充医疗保险等即期与长期相结合的激励措施，加大对领军人物和骨干人才激励力度。通过建立完善提成奖励办法，鼓励技术、技能带头人加快对纳入企业集团重点产业化计划的科研成果转化，积极致力于节能降耗工作。

9. 营造良好氛围

在全系统积极营造“尊重知识、尊重人才、尊重劳动、尊重创造”的良好环境，建立开放、流动、竞争、协作的科研机制，鼓励创新，宽容失败，激发科技带头人的创新创造热情。

五、高级技能人才能力素质建设

重点是按照现代先进制造技术的要求，培养一支技艺精湛、能够完成科研试制复杂零件制造、掌握现代制造工艺技术、熟练使用高新制造装备和完成大型复杂产品制造的关键技能带头人队伍。强化高级技能人才在产品生产、加工制造和维修改造中解决关键问题的攻关能力，在进一步提高高级技能人才现有技能水平的基础上，拓宽其超值贡献领域，通过高级技能人才的素质建设推动整体技能人才队伍素质的提高。

（一）高级技能人才能力素质

1. 思想素质

思想素质方面，要有强烈的主人翁责任感和良好的职业道德，热爱企业，积极参与企业的改革和发展；要有强烈事业心，能够吃苦耐劳，甘于奉献，兢兢业业，争创一流业绩，要有严细认真、精益求精的严谨作风，工作中求真、求细，高标准，严要求，要有经受磨砺、不怕失败的顽强意志和抗挫折精神，能够主动承担攻关难题；要有强烈的市场意识和创新精神，不仅能够跟踪学习先进的专门技能经验，还要做到学以致用，结合实际进行积极的技能攻关和工作方法创新；要有团结合作的团队精神，在工作中能够相互配合、取长补短，努力营造和谐融洽的工作气氛。

2. 业务能力素质

业务能力素质方面，重点是要结合国有企业产业发展需求和核心竞争力培育对技能人才胜任素质需求，重点培养高级技能人才学习应用、操作实践、技术革新、工艺攻关、团结协作、传带帮教”等六种能力，努力将高级技能人才培养成“专、精、广、博”相结合的复合型人才。

(1) 学习应用能力。就是要勤于学习，肯于钻研，善于实践，能够学习借鉴行业内外本专业技术基本状况及走势，及时跟踪并掌握新技术、新产品、新工艺的实际应用和操作要领，不断提高专业知识和操作技能，做到一专多能。

(2) 操作实践能力。就是要熟练掌握专业化的实践操作技能技艺，并将其应用到具体工作实践中，为新技术应用、新产品加工制造和新工艺应用推广提供坚实的基础技能保障。始终保持对科技发展及工程实践深入的观察与分析能力，努力解决技术难题，高质量、高效率地完成好各项生产服务任务。

(3) 技能革新能力。就是要克服“小进即止”的思想，在工作岗位上能够刻苦钻研，持续不断地提高专业技能水平，始终保持技术技能领先的优势。通过发挥专业优势低成本改进工艺装置，不断完善工艺流程，善于利用新思路和新方式解决新的技术难题。能够刻苦钻研，持续不断地提高自身技艺。

(4) 工艺攻关能力。就是要在工作中独挡一面，具备破解关键工艺技术难题的能力。能够根据生产需要正确分析判断生产过程中技能技艺方面存在的问题和难题，结合工作实践提出合理攻关建议，拟定实施方案。能够整合相关力量，组织开展攻关工作，按时高效地解决实际问题。

(5) 团结协作能力。就是要在工作中做到点面结合，既要发挥个体业务技能优势和特长，又要善于融入组织团队，既要做好主角，又要甘当配角。特别是在一些复杂和大型的产品制造和流程作业中，要善于与他人进行有效沟通协作，共同完成好所承担的工作任务。

(6) 言传身教能力。就是要做到为人师表，甘为人梯，并能因材施教，将自己所拥有的丰富经验和业务技能毫无保留地传授给他人。要充分发挥示范作用，培养和帮助其他技能人员快速成才。

（二）高级技能人才的能力素质建设主要途径

1. 开展多层次、多渠道技能培训

重点培训高新技术装备操作、新产品制造工艺、成本质量控制的基本知识和实际技能。利用项目合作、设备引进等渠道，输送高技能人才到国外大公司进行操作技能实务性培训。

2. 突出重点工种，形成梯队结构

有重点地将优秀青年技术人才充实到技能队伍中，不断巩固重点工种、重点工艺、重点专业高技能人才队伍，形成知识层次较高、专业工种配套、年龄结构合理的新型关键技能带头人队伍。

3. 推行证书制度，创新管理机制

以资格、资历、资质评价确认为目标，实施职业技能鉴定，推行职业资格证书制度，构建“培训、竞赛、鉴定、升级”四位一体的员工技能提升机制。

4. 建立考评体系，激励岗位成才

加快建立以诚信敬业为基础、以职业能力为导向、以岗位业绩为重点的关键技能人才评价体系，突出对实际操作技能、解决关键生产工艺难题的能力、掌握和运用新技术和新工艺能力的综合考核。

5. 加强关键技能带头人“传、帮、带”和交流工作

广泛开展“名师带徒”等活动，并逐步建立规范化的师徒考核评价标准。利用企业内部人才市场，畅通高技能人才流动渠道，搭建高技能人才交流平台，盘活高技能人才资源存量。

6. 加大高技能员工表彰力度

通过开展技能大师、技艺专家、技术能手等评比和表彰活动，进一步调动关键技能带头人等高技能人才职业成就感和创造性工作的积极性。

7. 促进技能人才管理的市场化

普遍建立市场化的技能人才的选用机制，全面推行公开招聘和竞争上岗。改革技能人才岗位设置方法，建立有利于优秀技能人才脱颖而出的岗

位管理机制。进一步规范劳动合同，依法实施高级技能人才的契约化合同管理。

六、国有企业骨干人才能力素质建设的组织实施

（一）加强组织领导

企业要成立骨干人才能力素质建设工程推进领导小组，企业也要建立相应组织领导机构。各级领导要从战略高度认识素质建设工程的重要性和紧迫性，切实把企业骨干人才能力素质提高放到企业发展的优先位置，列入领导班子重要议事日程。

（二）制定实施细则，务求取得实效

企业内部子公司要根据本纲要的总体要求，因地制宜，因企制宜，认真研究制定本单位本部门骨干人才能力素质建设整体规划和总体目标，明确分阶段推进实施的具体目标和要求，采取切实可行的措施，狠抓执行和落实，确保活动取得实实在在的成效。

（三）有序推进

按照统筹兼顾、突出重点、分级分类、整体推进的原则，认真开展骨干人才能力素质建设工作。其中企业集团主抓三支人才队伍中顶层人才的素质建设工作。其中，经营管理队伍中主要抓各成员企、事业单位，科研院所的主要经营管理人才，党群负责人和出资人代表及总部员工；技术人才中主抓企业集团级和成员单位级科技带头人、两师队伍；技能人才中主抓企业集团公司级和成员单位级技能带头人。各成员重点抓好中层经营人才、普通员工及集团公司级和成员单位级以外的专业技术和专门技能人才素质建设工作。

（四）进一步发挥骨干人才素质建设的主体作用，逐步建立新型的人力资源管理体系

充分发挥骨干人才能力素质建设在构建国有企业核心竞争力与培养人力资源核心专长与技能之间的桥梁纽带作用，进一步增强人力资源管理工

作在国有企业战略发展中的基础和保障作用，使人力资源管理工作与集团公司的战略发展目标紧密结合在一起。

（五）加强舆论引导，营造良好氛围

企业要充分利用广播、电视、板报、局域网等新闻媒体和宣传阵地，广泛宣传加强企业骨干人才能力素质建设的重大意义，总结推广各单位各部门在企业骨干人才能力素质建设工作中取得的成功经验和好的做法，宣传表彰在致力于人才能力素质建设工作中涌现出来的先进人物和典型事例，不断激励广大员工投入到素质建设工程中来，为深入扎实推进素质建设工程创造良好的舆论氛围。

（六）保证资金投入

必要的资金投入是确保企业骨干人才能力素质建设工作顺利开展和认真落实的重要保障。企业内部要把骨干人才的能力素质建设费用作为专项资金列入经营预算，要加大职工教育培训资金投入力度，每年预算要安排足够的教育培训经费，切实保证教育培训工作的需要。按照国家的有关要求和国有企业的实际状况，原则上，企业每年要从工资总额中提取 2.5% 的资金设立员工教育基金，企业每年用于技能员工培训的费用要不低于职工教育培训经费的 40%。

（七）强化检查考核

企业内部要将骨干人才的能力素质建设工作开展情况作为对成员单位主要领导人员业绩考评的重要内容进行考核。对素质建设工作开展成效显著的单位和主要领导人员，要予以表彰奖励；对工作开展不力、成效不明显的，要按照有关规定切实追究责任。

加快人力资源管理信息化建设
全面提升人力资源管理的水平

企业信息化就是企业利用现代信息技术，通过信息资源的深入开发和广泛利用，实现企业生产过程的自动化，管理方式的网络化，商务运营的电子化和决策支持的智能化，不断提高生产、经营、管理、决策的效率和水平，进而提高企业经济效益和企业竞争力的过程。

人力资源管理信息化是企业信息化的重要组成部分。人力资源管理信息化的发展起始于20世纪60年代末期。第一代的人力资源管理系统仅仅是一种自动计算薪资的工具，既不包含非财务的信息，也不包含薪资的历史信息。第二代的人力资源管理系统可以对历史信息进行处理，报表生成和薪资数据分析功能也都有了较大的改善。今天，由于个人电脑的普及，数据库技术、客户/服务器技术，特别是 Internet/Intranet 技术的发展，使得第三代人力资源管理系统的出现成为必然。第三代人力资源管理系统是从人力资源管理的角度出发，用集中的数据库将几乎所有与人力资源相关的数据（如薪资福利、招聘、个人职业生涯的设计、培训、职位管理、绩效管理、岗位描述、个人信息和历史资料）统一管理起来，形成了集成的信息源。友好的用户界面，强有力的报表生成工具、分析工具和信息的共享使得人力资源管理人员得以摆脱繁重的日常工作，集中精力从战略的角度来考虑企业人力资源规划和政策。

当前，我国国有企业人力资源管理信息化程度与跨国公司、国内先进企业相比还有很大差距，除了部分单位引入了人力资源管理软件，绝大多数单位信息化建设工作都比较迟缓，只是人力资源管理工作实现了计算机化，或者仍然采取手工方式进行管理，缺乏系统集成的人力资源管理和信息共享平台。在国有企业公司制改造、国际化经营、市场化运作、集团化发展的步伐进一步加快，与跨国公司在管理体制、运行机制等方面进一步接轨的新形势下，要进一步加强人才资源能力建设，充分发挥人力资源管理对企业发展的战略支撑作用，必须建立和完善企业人力资源信息网络支撑体系，实现人力资源开发与管理工作的规范化、流程化、信息化，为实现人力资源管理的集团化奠定基础。

一、开展人力资源管理信息化建设的总体要求

人力资源信息化建设是一个从无到有，从小到大，从功能单一到不断完善，从集中数据到满足企业人力资源业务需求，不断成长，不断完善的长期的基础性工作。

国有企业推进人力资源管理信息化建设，必须结合企业自身集团化运营实际，紧密围绕人才工作实际，按照体系化人才工作新机制的要求，本着“源于管理，引导管理”的原则，充分借鉴和利用信息技术，建设和完善企业人才资源数据中心和人力资源管理信息资料中心，逐步研究开发人力资源管理工作信息化工作平台，建设人力资源信息交换门户，实现业务管理流程化，全面盘活数据源，进一步提高工作效率，提升企业集团整体的人才管理水平，为管理决策提供基础数据支撑和功能服务。

总体上讲，企业要建设和完善“两个中心”、研发“四个平台”、建设“一个门户”，建立一套贯通企业的数据标准、资源共享、信息安全、操作简便、功能可扩充的人力资源管理信息系统，打造人力资源信息网络平台，构建灵活实用的人力资源信息网络支撑体系，为企业及其基层单位科学决策和管理提供准确高效的人力资源信息支持和服务。

（一）建设和完善“两个中心”

建设和完善企业人才资源数据中心，重点是要建设和完善企业人力资

源基础信息库、后备人才库、系统外高级人才库、离退休人员库以及其他从业人员库等五个基础信息库，为全面系统掌握和分析企业各类人才数量、素质结构、人工成本水平、人才分布等情况提供基础数据支撑，这是人力资源管理信息化建设工作的核心和基础。

建设和完善人力资源管理信息资料中心，重点是要建设和完善政策文件数据库、企业基本信息库、人才工作管理信息库等三个信息资源库，为全面掌握国家、企业、基层单位所在省、市重要的组织、人事、劳动、社会保障等人才政策，掌握基层单位科研、生产经营等信息和同类型企业外相关信息，共享交流企业先进管理经验和各地人工成本、最低收入、人才供给等外部信息，为企业、各基层单位的人才工作提供多角度的信息支持。

（二）研发和建立“四个平台”

研发人力资源报表统计分析信息平台，重点是通过建设人力资源报表和预算管理信息平台，以报表数据与图形分析的形式，全面、准确反映企业及各基层单位不同时期人力资源管理工作状况，各类领域、分领域或子领域人力资源总体数量与结构现状、各类人力资源动态流动情况以及未来一定时期各类人才数量与结构调整变动情况，为企业领导人员和管理人员在分析销售收入、利润、利润率、增长率等财务经营指标的同时，关注人力资源数量、结构状况与经营指标的内在联系，有针对性地制定相应策略，从而达到从根本上提升企业整体绩效的目的。

研发人力资源人工成本管理信息平台，重点是通过建设人力资源薪酬管理信息平台，及时准确掌握每一个员工的具体薪酬发放水平，管理成员单位薪资和福利计算的具体过程与发放环节，其中包括企业的薪资和福利政策设定、股权收益、发放计算、自动计算社会保险等代扣代缴项目，并且能够设定企业的成本中心并按成本中心将薪资和财务发放总账连接起来，实现人力资源薪酬信息与财务信息系统总账的互连互通，因而动态地将人工成本控制在经济效益和投入产出水平所能允许的范围之内，为企业研究收入分配政策，管理控制人工成本增长，构建和谐收入分配体系提供信息支持和功能服务。

研发人力资源资质评价和业绩管理信息平台，重点是通过建设人力资源资质评价和业绩管理信息平台，利用人才素质测评技术和开发各行业、各专业、各类型题库以及人机对话的考试评审系统，实现对各层各类人才基本素质、能力或潜能测评考查；利用引入科学量化的、具有差别化管理和个性化考核特色的业绩考核评价管理系统，实现对员工履行岗位职责的业绩情况进行考核，客观地反映员工的业绩贡献，建立业绩档案。在对员工能力与业绩考核基础上，结合岗位对人才的要求条件，还可逐步建立上岗资格认证制度，为用人单位选人、用人和组织选拔评审各类优秀人才提供信息支持和功能服务。

研发人才素质培训管理信息平台，重点是通过建设人才素质培训信息平台，对实施的培训项目进行记录管理，对内外师资、培训机构、培训课程、教材资料等进行管理，对培训效果进行跟踪管理，对培费用进行控制管理，实现对人才素质培训工作的管理和评估，还可以利用 E-learning 在线培训系统，广泛收集培训资源，可以跨空间和时间进行培训，从而降低培训成本，提升培训效果，为各层各类人才的培训工作，为构建渐进的人才素质提高业务体系提供信息支持和功能服务。

（三）建设“一个门户”

建设人力资源信息交换门户，重点是利用该门户对外采集企业所关心的各类信息，对内发布企业人才工作各种信息数据，为企业与基层单位以及基层单位与基层单位间相互沟通、相互交流，建立畅通的人力资源管理信息反馈系统提供信息支持和功能服务。

二、人力资源信息化建设的主要目标

开展人力资源信息化建设，核心是要提高人力资源管理与开发工作水平。

（一）实现人力资源基础数据管理

人力资源基础数据包括组织机构、岗位、工种以及人员的信息等方面的数据，而人员的范围包括在职人员、离职人员、系统外人才等，准确掌握这些基础数据，是进行人力资源科学管理的重要基础。开展人才工作，需要对企业基础人力资源数据进行管理，实现完整的人力资源基础数据管理，有层次地如实反映企业人力资源状况，为科学管理提供决策支持。人力资源基础数据涵盖企业常规人力资源管理业务的功能要求，能够满足企业人力资源管理业务信息处理的需要。

（二）实现企业与基层单位的数据交互

基层单位可以直接通过浏览器对人力资源系统进行远程操作，实现企业与基层单位的数据交换，满足数据及时更新，保持数据有效性的现实需求。

（三）构建统一、规范的指标代码体系

为了满足企业人力资源的管理模式，实现企业对基层单位人力资源信息的统一、集中管理。人力资源管理信息系统构建适合人力资源管理需求的指标代码体系，为适应基层单位实际管理工作的需要，基层单位可根据实际业务需求的变化按统一的规则，在企业统一的指标代码体系的基础上完善相应的指标代码体系。

（四）建立统一的人力资源数据库

人力资源管理信息系统建立了统一的人力资源管理信息数据库，实现了人事基本信息、薪资福利、行政职务、合同信息等信息的共享，提供了统一的人力资源管理操作平台，满足了企业对基层单位人力资源信息的统一、集中管理的需要。

（五）实现企业对人力资源数据的有效利用

对于基层单位来讲，人力资源数据的原始记录以及自身管理是其应用系统的主要工作；对企业总部来讲，分析统计、实现数据深层次挖掘，为决策提供服务则是主要工作。这样，将人力资源原始数据的工作化整为零，把企业工作的重心转移到分析统计上来。系统提供多种、多层次、多方位的图表、数据，适应用户对数据的挖掘、分析以及使用，为各级领导的决策提供支持。

（六）建立广泛的互动管理平台

系统的最终目标是使企业的有关信息和资料可以直接传递到每一个员工，有利于管理和政策的实施，另外还可以迅速、有效地收集各种信息，加强内部的信息沟通，并根据相关的信息做出决策和相应的行动方案，实现广泛的互动管理。

这种让下至基层员工上至总经理的每一个人都参与到企业的人力资源管理中的模式，体现了人力资源部门视员工为内部顾客的思想。通过建立员工自助服务平台，开辟全新的沟通渠道，充分达到互动和人文管理。

（七）辅助建立具备持续激励、开放创新的人力资源管理制度

目前人力资源管理面临的最大挑战是如何用科学的人力资源管理制度来确保人力资本增值的问题。资源的整合需要有强烈的目标导向，人力资源管理的重心也必须随之向“核心员工”倾斜，能力时代的人力资本发展已成为经济社会企业发展战略的重要组成部分。通过系统中大量的信息化手段、规范的业务流程、全面互动的管理模式，可以辅助企业建立具备持续激励机制，具备开放创新的人力管理制度，而这种制度的建立将极大地提升企业的核心竞争力，为企业带来不可估计的价值。

（八）与外部系统进行有效集成

人力资源管理信息系统采用规范的指标体系和统一的数据库结构，使得系统很容易与外部系统进行集成，避免信息孤岛的形成。

三、人力资源管理信息系统的基本构成

企业人力资源管理信息系统应包括两个管理层面，一个是企业管理层面，一个是基层单位管理层面。企业管理层面是按照企业整体的人力资源管理要求，对企业需要掌握的各种人力资源信息进行整合分析，并广泛应

用于整体的人力资源管理实践。基层单位管理层面用于基层单位对整个人力资源生命周期的管理活动，并按照企业整体的要求形成上报结果。每个管理层面根据使用对象的不同，应用需求都分为决策层、管理层和操作层。

（一）决策层应用需求

对决策层而言，需要通过信息化的手段提供人力资源信息查询与决策支持的平台。决策层能自助式地获取企业人力资源的状态信息，在条件允许的情况下（要求企业财务、生产等系统的基础数据比较完善，并能跟人力资源系统平台集成起来），决策层还能获得各种辅助其进行决策的人力资源指标。

（二）管理层应用需求

对管理层而言，需要人力资源信息化为其提供参与人力资源管理活动的工作平台，通过这个平台，管理层可在授权范围内在线查看各种人力资源指标，所有下属员工的人事信息，更改员工考勤信息，向人力资源部门提交招聘、培训计划，对员工的转正、培训、请假、休假、离职等流程进行审批，并能在线对员工进行绩效管理。

（三）操作层应用需求

对操作层而言，最需要了解自己负责的业务情况，在各自的业务职责范围内，要做到随时按领导和上级要求，提供各种人力资源统计信息，还能对一些数据进行分析和预测，为领导制定政策提供科学、准确的依据。同时可以通过信息化平台，在线查看企业规章制度、组织结构、重要人员信息、内部招聘信息、个人当月薪资及薪资历史情况、个人福利累计情况、个人考勤休假情况，注册内部培训课程、提交请假、休假申请，更改个人数据，与人力资源部门进行电子方式的沟通等。

四、积极构建灵活实用的人力资源信息网络支撑体系

积极构建灵活实用的人力资源信息网络支撑体系，要以打造人力资源

信息网络为平台，通过集成的人力资源信息网络平台实现人力资源开发与管理工作的信息化；通过实时掌握企业人力资源全面信息，了解与企业核心业务发展的主要专业领域相关的系统外人才共享资源，为企业人力资源能力建设提供的强大技术支撑。

（一）整体规划，积极开展顶层设计

开展人力资源管理信息化建设，要按照功能流程化、操作智能化、信息标准化、平台柔性化、体系网络化的要求，坚持目标牵引、战略前瞻、整体规划、分步实施、统一平台、资源共享、务求实效的原则，切实抓好人力资源管理信息网络平台功能定位和内在架构，开发专业办公模块，完善系统功能，优化业务流程，规范信息标准，强化数据管理，做到信息及时、数据准确、系统安全、功能灵活，提升协同工作效率，提高管理系统的集成性、实时性和智能化水平，推动人力资源管理信息化进程。在具体开展顶层设计中必须考虑以下八个关键方面。

（1）要制定长远的信息化规划。注重企业信息化长远规划，采取切实可行的手段来实现用户的长远目标，包括系统设计的整体性、技术上的可行性、信息系统集成的手段等各个方面，从而确保用户结合企业自身的发展状况和管理要求，制定长远的信息化发展目标并逐步推广应用。

（2）要建立统一的信息化平台。采用先进的平台架构理念和平台型产品，帮助用户建立统一的信息化平台，进而使用户获得信息化投入的长远利益，使应用系统不断适应企业管理需求的变革。同时，通过统一的信息化平台，适应更加广泛的应用环境，包括软件环境（操作系统、数据库系统）和硬件环境、网络环境，支持应用系统的多种部署模式，为企业提供更加完善开放的信息化集成应用手段。

（3）要充分考虑成本因素。系统可以采用 JSP 技术，技术本身跨平台、易集成的特点使得系统能够很好地与其他原有和未来的业务系统进行集成，实现系统间的互连互通。有效地保护了企业原有的系统投资，节约了系统的支出成本，使得系统总体成本最低。同时技术支持上采用

Browser/Server 结构，对工作站的要求较低，尽可能充分利用现有的软硬件环境，在满足系统目标的前提下，节约硬件成本。另外，由于 Browser/Server 结构不在客户端安装软件，因此，系统的升级、维护只集中在服务器端，减少了维护工作量和维护成本投入。

（4）要以技术先进为基础，强调系统的适用性。系统可以基于 Internet 技术和大型数据库，进行远程实时访问和操作。要求在保证速度的情况下尽量采用 Browser/Server 方式，基于先进的网络计算技术（Network Computing），采用分布式处理模式，支持移动办公。选用面向对象的大型关系型数据库（ORDBMS），进行集中管理。能够随着国内、国际人力资源管理的发展进行更新与调整，以更好地满足用户需要。

（5）要突出系统的标准化。系统采用标准化的设计原则，对系统信息规范管理，采用统一规范的指标代码体系，以利于系统信息的可用性，为进一步的统计分析打下良好的基础。

（6）要突出可靠性和易操作性。系统支持的 ORACLE 大型关系型数据库，有严格的安全控制和数据备份机制，可以确保数据安全可靠；在运行环境方面，支持服务器的高可靠性集群设置，可以不间断运行。同时，拥有一套切实可行的质量保证体系，也可以确保软件的开发及服务质量。系统采用浏览器界面，操作便捷，易学易用。菜单、报表等界面元素符合国人习惯，业务人员能够自主地简单操作，使系统成为人力资源人员真正的高效工作平台。

（7）要关注系统的安全性。系统采用大型关系数据库，有严格的口令验证机制，同时可辅助制度上的约束以确保数据不会被非法用户所获取。在应用软件的设计上，强化权限管理功能，具有多级安全机制；通过对各级人员及不同人员的权限分配，做到所有人员只能进入权限许可范围内的系统，只能查看与自己相关的数据；并建立完善的日志管理，做到所有操作都有据可查。系统核心数据传输时，采用加密设置，即使非法用户截获了信息，也无从破解。

（8）要实现集成性和可扩充性的统一。系统提供标准的二次开发平台，可实现与其他系统的连接，达到数据的实时传输。系统采用 XML 技术，保证了接口的标准性与通用性。系统采用 Internet/Intranet 技术，在满足与办公自动化、电子商务等系统的整合应用上有着先天的优势。系统在数据库设计和程序设计上采用灵活结构，可以让工作人员根据业务变化增减岗位、薪酬信息的信息指标，自定义部分个性化的信息指标，同时可以灵活自定义报表，并且可以导出生成 EXCEL 文件。系统采用组件化的设计，易于扩充，可动态设置业务流和数据流，适应企业今后由于管理制度、机构设置、业务流程和管理要求发生变化而导致的业务重组，满足企业未来的发展需要。

（二）开发人力资源管理信息系统，实现人力资源信息的集中管理

加强人力资源信息系统建设。人力资源信息系统主要由“企业信息”和“人员信息”两大部分组成。企业信息共有 17 个子集和若干个信息项，主要包括：“企业基本信息”、“组织机构信息”、“生产经营数据信息”、“生产情况”“科研情况”、“一三产发展情况”、“财政补助资金情况”、“国家重要投资建设情况”、“重要改革情况”、“人才队伍建设情况”、“培训信息”、“人工成本信息”、“能力建设情况”、“班子成员情况”、“历任党政情况”、“文件文档”、“其他情况”。

人员信息共计 32 个信息子集和若干个信息项。主要包括人员基本信息集、岗位变化、人员分类领域、学历学位管理、专业技术职务管理、职业技能资格、劳动聘用合同、人工成本、计算机应用、外语水平、职业资格、其他特长、政治面貌、党政职务、特殊称号、工作简历、奖励情况、荣誉情况、教育培训、论文著作、专利情况、出国境情况、家庭成员情况、人事档案、复转军人情况、社会团体情况、下岗人员情况、惩处情况、参与评审信息情况、考核记录情况、领取经济补偿情况、后备信息等内容。

积极建立人力资源数据平台。根据当前管理工作中存在的问题和工作需要，进一步丰富完善各类人员基本信息，规范信息标准，建立系统外人才、离退休人员等人员信息库，各类人才政策、人力资源管理文档数据库，开发灵活、方便、快捷的数据统计、查询、分析功能，实现人员基本信息、报表统计分析、综合查询管理工作信息化，保证信息数据的及时、真实，为人力资源开发管理工作提供有效的数据支撑。

（三）开发专业化应用模块，建立健全人力资源信息管理平台

在人力资源信息数据平台基础上，按照系统设计、分步推进、先易后难、解决急需的原则，根据人力资源开发管理工作发展趋势和方向，按照集团化运作的工作需求，对企业共性管理流程进行统一规范，建立个性与共性相统一的管理工作平台，力争使全系统实现人力资源开发与管理工作共性业务流程的统一、规范，人力资源信息数据流程化、标准化，为人力资源实现集团化管理打好基础。

大力开发专业化应用模块，有效应用各类信息资源。（从功能上系统结构主要划分为七大部分，如图2－2所示。其中，数据库中的信息包括：人员的详细信息、机构的详细信息、人员和机构相关的代码信息、相关的法规信息以及用户权限信息。对数据库的操作方式是Browser/Server（即浏览器/服务器）方式，通过使用Internet Explore就可以完成上述功能的操作。）

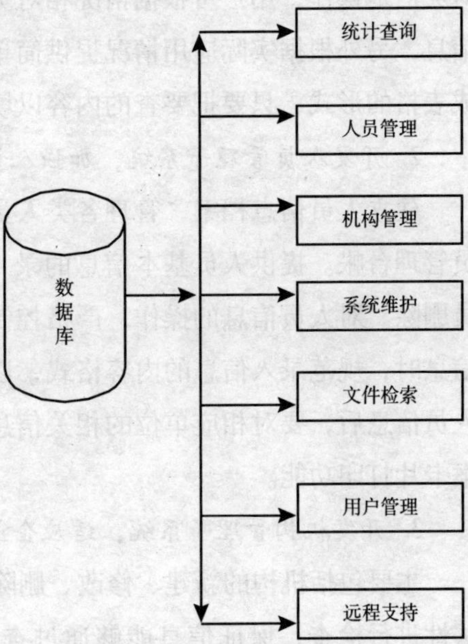

图2－2　系统功能结构图

1. 开发统计报表子系统，加强统计查询功能

能够实现企业及上级管理机构要求的各类统计报表。统计包括固定统

计功能和综合统计功能。固定统计功能是指把经常进行的统计工作，如按专业、学历、年龄、获奖情况、年龄段、职务和职称等内容所进行的统计工作作为固定统计。综合统计功能是指根据要求对已登记的各个人员信息进行统计。对于固定统计，制作相应统计模板，根据统计结果自动形成相应统计报表，对于综合统计，提供相对灵活的操作，用户可根据情况相对灵活地设定统计对象、统计范围和统计结果。

完善领导查询子系统。提供浏览器浏览超文本的方式，方便领导及其他相关部门查询人员信息及各类管理台账。用户可按组合条件进行综合查询，并可以在上次查询结果的基础上进行二次检索。综合查询能够提供相对灵活地操作，用户可根据情况相对灵活地设定查询条件和查询结果显示信息，另外根据实际应用情况提供简单查询方式，即把经常查询的栏目做成表格的形式，只要把要查的内容以填表的方式录入便可进行查询。

2. 开发人员管理子系统，加强人员信息管理

建立人员信息档案，管理各类人员基本信息及变动信息，完成各类人员管理台帐。提供人员基本信息的录入、修改；因调转、离退等原因的人员删除。对人员信息的操作，严格控制用户权限。此外，在录入人员基本信息时，规范录入信息的内容格式，以保证满足查询统计的要求。在删除人员信息后，要对相应单位的相关信息进行更新。另外，系统提供人员档案卡片打印功能。

3. 开发机构管理子系统，适应企业发展需求

主要包括机构的新建、修改、删除。在新建机构时，对机构信息的合法性进行检查，保证信息能够通过查询和统计的条件。删除和修改信息时，严格控制用户权限，多提示，减少误操作。

4. 开发系统维护子系统，对信息进行有效利用

提供人事指标代码维护、数据重构、数据转换、备份与恢复、日志管理等功能。人事指标代码是指人员信息中的相关代码，如学历代码、民族代码、专业代码等，对这些代码可任意进行增、删、改处理。数据备份与

恢复是指为了保证系统所有数据的安全，系统管理人员定期利用此功能进行数据备份，当遇到停电、硬件损坏等故障造成数据破坏或丢失时，系统管理人员可将最新备份的数据对系统进行恢复，避免更大的损失。日志管理是指对系统使用人员的登录和退出系统的时间和操作进行登记，便于内部管理。

5. 开发文件检索子系统，有利于利用各类外部信息

以浏览器的方式，提供国家各类劳动政策法规、权威的政策解答的检索，以及企业规章制度的模板与范例；同时可提供内部信息发布功能，方便发布内部的劳动政策及企业规章制度等文本信息。系统提供对相关文本的增加、修改、删除和查询功能。

6. 开发用户权限管理子系统，实现系统的自我更新

用户权限管理是指对系统用户的增加、修改、删除操作，并对系统不同的使用人员，按具体工作分工设置不同的工作权限，比如一般人员只具备基本数据的录入和浏览权限，系统管理员具有对系统数据（如代码数据）和基本数据的处理权限，象“后备干部”这一类根据人事制度需要严格保密的信息只有被授权的人才能查询、浏览。其具体表现是把使用者分成下面四类人：一是录入者：只能录入人员的信息，并对该录入者录入的人员信息有修改权限。二是浏览者：只能对已经录入的信息进行查询和统计。三是高级用户：对代码的维护、机构信息的维护、数据的更新。四是系统管理员：对人员权限的设置、数据库的备份和恢复等等。

7. 开发远程支持功能模块，为系统的推广和适应性奠定基础

远程单位的信息录入、信息查询、报表数据的上报。根据不同类型用户的要求，提供两种模式的远程访问功能。对于有内部 INTRANET 的用户，提供通过 INTRANET 访问的功能，通过浏览器进行数据录入、查询检索功能；对于一般用户，可以通过拨号方式，提供数据传递和简单查询功能。

人力资源信息化是一个将人力资源工作与先进技术有机结合的过程，是提高人才工作效率，推进人力资源工作上水平的有效途径。开展人力资源信息化建设必须随着企业发展需求，进一步完善功能，建立一个“准确、及时、标准、高效、安全”的全功能、多层次、高效率的人力资源业务管理系统和决策服务支持系统。

决断用谋篇

实施“科技领先、人才先行”战略
推动人才工作实现“三步大跨越”

科技创新是经济和社会发展的首要推动力量。人才资源是科技创新和经济发展的第一资源。中国兵器工业集团公司组建以来，紧紧围绕建设有国际竞争力大公司和高科技现代化兵器工业，在全系统积极实施“人才先行”战略。六年来，集团公司在人才工作上实现了“三步大跨越”，为集团公司建设有国际竞争力大公司和高科技现代化兵器工业提供了坚实的人才和智力保障。

一、第一步跨越：以实现人才“进得来、留得住”为重点，人才队伍结构得到改善

1999 年集团公司组建时，在十大军工集团中，摊子最大、员工人数最多、历史包袱最重、企业亏损面最广，人才结构不合理，大学本科学历人员不足 10%，科技与经营管理骨干人才流失率高达 65% 以上，全系统干部职工对能否走出困境普遍心存疑虑、信心不足，集团公司改革脱困面临严峻的考验。面对这样一个十分困难的局面，集团公司党组一方面研究确立了“精干军品主体、放开民品经营、发展高新技术、培育核心业务”的发展战略，制定了“保军、转民、脱困”的第一步奋斗目标；另一方面提出了“事业吸引人、情感留住人、政策激励人、岗位造就人、培训提高人”的人才工作思路，把人才吸引和稳定工作作为实现“保军、转民、脱困”

奋斗目标的“总抓手”，先后制定和实施了一系列人才吸引、稳定和激励措施：

一是实施《成员单位党政一把手人才工作责任制》，把骨干人才吸引和稳定作为考核党政一把手经营业绩的重要指标，规定凡引入一定数量的大学本科生和研究生的要给予主要经营管理者奖励，无特殊原因流失一名大学本科生和高级职称人才的，都要扣减主要经营管理者绩效工资。

二是实施《新引进大学生最低收入制度》，规定不论单位经济条件好坏，对引进接收的大学本科及以上学历人员实行最低收入保障线，其中大学本科学历人员月工资不少于1000元，硕士研究生月工资不少于2500元，博士研究生月工资不少于4000元，各单位结合自身情况还可以制定高于此标准的本单位标准。

三是实施《兵工助学金制度》，集团公司先后从人才基金中拿出近500万元，在近10所重点院校中建立军工专业助学金制度，从源头上解决引进军工专业毕业生问题。

四是实施《重点项目骨干科研人员考核奖励办法》，对重点科研项目的总设计师等骨干科研人员实行了项目津贴制度，其中，国家重点科研项目总师最高月津贴可达8000元，并拿出不低于科研成果转让收益的20%用于奖励科研成果的主要研制和持有者。目前，国家重点项目总师年收入已达到15万元左右。

通过上述政策实施，六年间，共引进大学毕业生2万多名，并有近1000名科技与经营管理人才“回流”。不但人才队伍结构迅速改善，全系统大专及以上学历人员已达到员工总数的35%，大学本科学历人员提高到近15%，科技与经营管理队伍中具有中高级专业技术职务的达到55%，而且有效地遏制住了高层次人才流失现象，人才流动率由65%迅速下降到了现在的10%左右的正常水平，初步建立了正常的人才流动和进出机制。

二、第二步跨越：以实现人才“用得好、用得活”为重点，使一切有用之才“有事干、能干事、干成事”

2003年4月，集团公司召开了第一次人才工作会议，与时俱进地提出“科技要领先，经济要腾飞，人才必须先行”的“人才先行”战略。

六年来，集团公司在领导班子和干部队伍建设上，严格坚持政治标准，始终突出素质、能力、业绩和事业心，并以此推进领导人员选拔任用标准和机制的创新，不但全面推行了民主测评、署名推荐、竞争上岗、任前公示等新型用人制度改革，而且在建立现代企业法人治理结构等方面进行了积极的实践，使一大批观念新、靠得住、有本事、业绩突出、群众公认的优秀年轻干部脱颖而出，领导班子和干部队伍的年龄结构、知识结构、专业结构等都有了较大的改善。

为积极畅通专业技术和专门技能人才的发展通道，集团公司从2004年起，启动实施了科技带头人制度和关键技能带头人制度，首次评选出数百名集团公司级科技带头人和关键技能带头人。对集团公司级科技带头人和关键技能带头人，在严格考核的基础上，每月分别给予4000元和2000元的津贴，并明确规定，集团公司重点科研项目、重大技改项目的总师、副总师等原则上要从集团公司和成员单位两级科技带头人中选用。这一制度的建立和实施，不但较好地扭转了技术人才纷纷拥挤经营管理岗位“独木桥”的局面，畅通科技和技能人才成长发展渠道，而且为“长师分设”奠定了基础。目前，集团公司正在进一步探索建立高层次科技人才“成员单位级科技带头人—集团公司级科技带头人—中国兵器首席专家—国家两院院士”的职业生涯发展台阶。

集团公司坚持把人才的培养培训作为用好人才、用活人才的基础和先导，建立了“三类人才，五个级别、三层网络”的培训体系，分级分类地开展了一系列培训活动。例如，集团公司组建以来，坚持每年举办一期成员单位主要经营者培训班，集团公司党组书记、总经理马之庚同志每次都要亲自讲第一课，形成了“集中理论学习、系统内成员单位交叉挂职锻炼、国外大公司考察”的具有兵器特色的“三段式”培训方式。从2004年开始，又创新性地提出了“理论学习—系统外挂职锻炼—开展调查研究—论坛答辩”的新的体现时代特色的培训方式。通过这几年的培训培养，集团公司直接举办了50余期各类高层次人才培训班，参培人数达到5000人（次）以上，不但使高层次人才队伍的素质得到有效的提升，而且有力地促进了集团公司各项改革发展事业的顺利推进。

围绕岗位分析与职位说明工作，全系统积极创新“3+X”选人用人新方式。“3”即针对三支队伍、三个层级人员的选用方式：对初级人员全部面向社会公开招聘，对中级人员实行竞争上岗与公开招聘相结合，对高级人员逐步实现职业生涯设计与市场化配置相结合，逐步建立广纳群贤、能上能下、充满生机与活力的用人机制，形成“人适其岗、岗适其人、各尽其能、各得其所”的良好局面。“X”即“借脑发展”的“柔性”选人方式：对于紧缺或稀缺的人才采用人才租赁、项目合作、面向国际国内进行公开招聘、利用人才中介机构“猎取”等“柔性用人”方式合理配置，“不求所有、但求所用”。六年时间，集团公司通过“灵活用人、借脑发展”的方式吸引了一大批各类高级人才，较好地解决了部分稀缺人才和特殊专业领域人才的急需。

三、第三步跨越：以建设创新团队、发挥人才团队效应为重点，积极探索建立体系化人才工作新机制

集团公司党组在保持共产党员先进性教育活动中，“抓学习、借东风、促发展”，按照“思想上水平、发展上水平、管理上水平”的要求，以“四好班子”创建为先导，以人才分类为基础，积极建设创新团队，建立实施体系化的人才工作新机制，努力形成人才和事业和谐发展、互动并进的新局面。

一是在全系统开展“四好班子”创建活动，并将成员单位分为解困型、调整型、发展型、良性发展型四个发展阶段，制定了各个发展阶段的特征和分类标准，提出了不同阶段成员单位“四好班子”建设目标、考核标准和具体措施，不断提高各级领导班子和干部队伍的工作动力和事业追求，为实现集团公司持续、快速、协调发展奠定了良好的组织基础。

二是围绕高科技兵器重大基础技术创新和核心关键技术突破以及高新技术民品规模化、专业化发展的需要，集团公司以重点发展的领域、分领域、子领域三个层次为主线，将全系统数十万名在职员工分别明确到数十个领域、数百个分领域、上千个子领域之中。这一新型的人才分类体系，不但突破了传统的人员工种分类办法，有利于针对性地开展人才管理和开发工作，而且对分析预测未来竞争和重点发展领域的人力资源状况、合理确定重点领域人员配比结构、逐步建立起全系统人力资源预算配置调控管理体系奠定了科学的基础。

三是围绕军品技术持续创新、骨干民品做强做大、战略结构调整重组、海外战略资源开发等核心业务跨越式发展的新形势，以发挥团队的聚合效应为重点，着力打造和建设“经营管理、市场营销、科研开发、工艺技术、技能攻关、保障支持”等六大创新团队，积极培养培育一批适应未来竞争与挑战的领军人物。2005 年，集团公司召开了首次科技大会，拿出 600 万元，对为兵器工业科技创新作出突出贡献的 14 个项目团队和 158 名个人进行了表彰，并授予国家某重点项目总设计师为“兵器工业科技发展终身成就奖”，在集团公司内部和社会上引起积极反响。

全面深化“新三项制度”改革 再造国有企业创新发展内动力

近年来，中国兵器工业集团公司在全国人才工作会议和中央企业人才工作会议精神的指引下，坚定不移地实施“科技领先、人才先行”的人才战略，在全系统大力推进了以用人制度改革为核心、以考评制度改革为基础、以激励制度改革为动力的“新三项制度”改革。经过近七年的改革发展，兵器工业集团不但扭转了长期严重亏损的困难局面，实现了扭亏脱困的第一步奋斗目标，而且初步建立了以高科技军品为核心，高科技军品、高新技术民品和战略资源三大核心业务互动发展的产业新架构，建立了国际化大公司和高科技兵器工业的雏形，为全面建设具有国际竞争力大公司和高科技现代化兵器工业奠定了基础。

一、用人制度改革

（一）畅通各类人才发展渠道

畅通三支队伍的发展渠道，既是用人制度改革的基础，也是用人制度改革的重要环节。近年来，兵器工业集团实行了人才分类管理，实施了“科技带头人”、“关键技能带头人”和“首席专家”制度，不但为各类人才协调发展奠定了基础，而且为专业技术、专门技能人才提供了广阔的事业平台和发展空间，特别是稳定了技术领军人物和高级骨干人才队伍。

1. 实施人才分类管理，提升人力资源基础能力

为促进各类人才人适其岗、岗适其才、人尽其才、才尽其用，兵器工

业集团围绕高科技兵器重大基础技术创新和核心关键技术突破以及高新技术民品规模化、专业化发展的需要，按照集团公司重点发展的领域、分领域、子领域三个层次，打破了过去传统的人员工种分类办法，将全系统经营管理、专业技术和专门技能三支人才队伍全部划分到近数十个领域、数百个分领域、上千个子领域之中。这一人才分类体系，不但对分析预测未来竞争和重点发展领域的人力资源状况、合理确定重点领域人员配比结构具有指导作用，而且为逐步建立起全系统人力资源预算配置调控管理体系、加强人力资源能力建设奠定了较好的基础。

2. 实施带头人制度，畅通技术和技能人才发展渠道

由于受传统"官本位"思想的影响，长期以来，在兵器工业系统也同样存在着"干而优则仕"、"技而优则仕"的现象，许多优秀专业技术人才和技能人才都愿意"走仕途、谋官位"，"千军万马争过独木桥"的情况在很大程度上影响了企业的发展。为了扭转这种局面，从2003年开始，兵器工业集团公司在全系统启动实施了集团公司和成员单位两级科技带头人和关键技能带头人评聘制度。制度规定，集团公司级科技带头人和关键技能带头人，在全面履职、考核合格的基础上，每月可分别享受4000元和2000元的专项津贴，其有关政治和福利待遇分别与成员单位级行政副职和助理级领导人员相同。制度明确规定，集团公司各类重点项目总设计师、副总设计师等原则上要由科技带头人担任，同等条件下，科技带头人优先作为企业职工董事和科研单位"咨审委"专家委员候选人。关键技能带头人优先承担重点产品制造加工或参与重大工艺项目改造任务，优先作为企业职工监事和科研单位"咨审委"专家委员候选人。制度还规定，三支队伍人员可以互相流动，但不得交叉任职，成员单位领导人员原则上不得担任科技带头人或关键技能带头人。

两个带头人制度的实施，从体制上突破了科技与技能高层次人才发展的"瓶颈"，为科技和技能人才提供了广阔的事业平台，促使广大科技和技能人才专注于技术创新事业，形成了三支队伍协调发展的良好局面。这

一制度的建立和实施，不但较好地扭转了高层次技术人才纷纷拥挤经营管理岗位“独木桥”的局面，畅通了科技和技能人才成长发展渠道，而且为“长师分设”奠定了基础。目前，全系统已选拔产生出近400名集团公司级科技和关键技能带头人，集团公司主要专业领域都拥有了集团公司级带头人。

3. 建立首席专家制度，稳定和用好技术领军人物

领军人物和高级骨干人才是一个企业凝聚人才、引领事业的核心。解决好高级人才发展问题，吸引和稳定一批领军人物和骨干人才是企业得以持续发展的保证。2005年，为解决顶级科技人才发展问题，培养职业型科技领军人物，加速建设创新型集团，兵器集团公司又建立了“中国兵器首席专家”制度。首席专家制度的实施不但为集团公司科技人才的发展确定了方向，进一步确立了科技人才“成员单位级科技带头人—集团公司级科技带头人—中国兵器首席专家—国家两院院士”的职业生涯发展台阶，而且较好地稳定了科技领军人物和高级骨干人才队伍，为事业创新发展提供了重要的人才和智力保障。

（二）创新各级人才选聘机制

深化用人制度改革的核心是解决“人才如何选、人才如何管”两个难题。近年来，兵器工业集团围绕“十五”期间兵器工业实施调整解困、结构重组的重要历史机遇，在大力度调整精干员工队伍规模的同时，积极打破传统用人方式，变职工“身份”管理为“岗位”管理，探索并大力度推进实施了适合兵器工业发展需要的“3+X”选人用人新机制和“骨干类+支撑类”员工管理新模式。

1. 推行“3+X”选人用人机制，创新人才分类选聘方式

“3+X”中的“3”是针对三支队伍中三个层级人员的三种选用方式：对初级人员全部面向社会公开招聘、对中级人员实行竞争上岗与公开招聘相结合、对高级人员逐步实现职业生涯设计与市场化配置相结合。“X”是指以“借脑发展”为主的灵活选人方式：对于紧缺或稀缺的特殊人才，广

泛采用人才租赁、项目合作、面向国际国内进行公开招聘、利用人才中介机构“猎取”等“柔性”方式配置，“不求所有、但求所用”。从2005年起，在集团公司所有成员单位新进员工中，属一线技能操作岗位的，要求全部面向社会聘用，且必须具有中专（中技、职高）以上学历，关键技能岗位要具备大专及以上学历，管理和技术岗位必须具备大学本科及以上学历并做到专业对口，科研单位引进专业对口的研究生要比上年提高20%以上。近七年来，全系统通过“灵活用人、借脑发展”的方式吸引了各类高级人才2000多人，较好地解决了部分稀缺人才和特殊专业领域人才的急需。

2. 推行“骨干类+支撑类”员工管理模式，创新人才分类管理方式

为合理控制用人员规模，兵器工业集团对人才分类管理方式进行了改革，根据综合分类标准把员工分为骨干类员工和支撑类员工。对骨干类员工，主要是通过建立事业平台、给予优厚薪酬待遇、进行严格绩效管理、组织定期培训等方式，建立具有一定市场竞争力的管理模式，稳定和吸引一批领军人物和骨干人才，培育和发展集团公司核心人才队伍；对支撑类员工，主要是通过推行岗位合同管理、规范劳动合同期限、引入人才中介机构、强化劳动定额管理等方式，建立起根据任务总量决定用人总量的市场化用人模式。从2005年起，对全系统新进员工、劳动（聘用）合同到期需继续聘用的员工以及分立破产重组的员工，兵器工业集团已开始积极尝试通过劳务派遣方式选人用人。

二、考评制度改革

（一）构建多元立体考评机制

考核评价是标杆，明确各类人才的工作标准；考核评价是旗帜，指引各类人才的努力方向。兵器工业集团坚持以推进成员单位领导班子和领导人员考核评价为突破口，引领和带动全系统深化各类人才考核评价工作。

1. 实施成员单位分类考评制度

为持续保持成员单位进位升级和跨越发展的强劲工作动力，兵器工业

集团针对成员单位基础条件和发展状况，将成员单位分为解困型、调整型、发展型（又分为初级发展和高级发展两个阶段）和良性发展型四种类型，依据不同类型，分类提出领导班子任期目标，并严格进行考核评价。对处于解困型阶段的成员单位，重点考评其盈亏状况、职工收入等指标；对处于调整型阶段的成员单位，重点考评产品、专业等结构调整情况和骨干业务发展状况；对处于发展型初级阶段的成员单位，重点考评骨干业务的市场竞争能力和获利能力、技术装备水平，以及内部运行机制建立和完善情况；对处于发展型高级阶段的成员单位，除了考评经济效益和质量、市场竞争能力、技术装备水平等指标外，还要考评自主创新能力、管理体制和运行机制建设情况，以及企业文化体系构建情况；对处于良性发展型阶段的成员单位，除了要考评上述指标外，还要考评适应国际化竞争和保持基业长青的企业文化、员工素质和品牌建设，以及各方面和谐发展状况。

2. 实施领导班子整体经营管理绩效考评制度

为做好对领导班子整体经营管理绩效考评工作，经过多次调整、修订，兵器工业集团建立和完善了成员单位领导班子经营管理绩效考评指标体系，把集团公司改革发展的战略要求分解细化为若干个考评指标，既突出量化了不同类型成员单位领导班子重点工作任务和要求，又整体明确了所有成员单位领导班子共同的经营管理责任目标，而且，随着集团公司战略发展的需要，不断进行丰富和完善。目前，兵器工业集团分别对工业企业、流通企业和科研事业单位等不同类型领导班子已建立完善了由战略指标、战术指标和保障指标三大类、40 多个子指标组成的考核评价体系。按照强激励、严约束的要求，既对推动集团公司改革发展作出贡献的领导班子进行奖励，对在集团公司调整解困、高新工程、海外战略资源开发等核心业务方面有超值贡献的领导班子进行特殊嘉奖；又对业绩平平，甚至经营管理主要指标出现下滑的领导班子进行扣减，对在经营管理活动中出现重大质量安全事故或在履职过程中出现重大过失的领导班子进行责任追究。

3. 实施领导人员岗位量化考评制度

为了调整和改变过去通常在领导人员考核评价方面存在的“有了成绩大家分，有了问题说不清”、“定性评价千篇一律，定量评价标准不一”的状况，全面考评不同类型、不同岗位领导人员的品德、知识、能力和角色贡献，突出考核评价的个性化特征，集团公司党组根据全国人才工作会议提出的“以品德、知识、能力为基础，以业绩为导向”的人才评价要求，研究提出了成员单位各类领导人员应该具有的共性胜任素质标准和特性素质要求。在此基础上，兵器工业集团将各类领导人员岗位分为出资人代表、企业高管人员、事业单位管理者、党群管理者等四大岗位序列、34类岗位，按照岗位特点建立了领导人员思想素质、职业素养、履职能力和工作业绩四类考核评价指标体系：思想素质和职业素养规定了共性要求，履职能力规定了共性要求和特性标准，工作业绩依据岗位职责要求提出了个性化工作目标。从2005年开始，兵器工业集团已对全系统1000余名成员单位领导人员推行了岗位量化考核评价工作。在考核评价过程中，按照不同岗位量化考评指标体系的要求，组织成员单位骨干员工纵向考评、领导人员横向互评和总部相关部门综合考评，形成每个领导人员年度岗位量化考评分值。

（二）建立考评结果综合运用机制

企业分类考评结果、领导班子经营管理绩效整体评价结果和领导人员岗位量化考核结果直接同成员单位领导班子和领导人员的薪酬挂钩，同时，应用于领导人员职务调整、岗位交流、职业生涯再设计、绩效改进、培训开发和奖惩。领导班子和领导人员个人的薪酬收入基数根据成员单位整体绩效考核结果确定，个人最终收入根据岗位量化考核结果进行兑现。同时，集团公司还规定，在成员单位领导班子第一个任期内，本单位所处发展类型各项指标得到优化，业绩比较明显的领导班子及成员，经考核合格者可连任；所处发展类型各项指标改善不大，业绩一般的领导班子及成员，予以谈话提醒或谈话诫勉；所处发展类型主要指标下滑，业绩不佳的领导班子及成员，将视考核情况进行调整或免职。在第二个任期内，推动本单位实现发展类型跨越，业绩比较显著的领导班子及成员，可不受两届任期限制，经考核合格者可连任，并给予特殊奖励；所处发展类型的各项指标改善不大，业绩一般的领导班子及成员，原则上不再连任，将视考核情况进行调整或免职；导致本单位发展类型倒退，业绩不佳的领导班子及成员，将视情况予以免职。

三、激励制度改革

（一）确立以“双挂钩”为核心的基本分配模式

从集团公司组建开始，党组就在全系统倡导“凭能力居位、靠业绩取酬”的激励文化。在激励制度改革过程中，兵器工业集团始终坚持员工收入水平与本单位的整体发展状况和个人业绩贡献“双挂钩”的原则，针对不同群体员工岗位特性，建立以岗位工资为主体、具体分配形式灵活多样的差别化分配模式。

1. 按群体不同实施差别化分配模式

按照岗位差别，对三支队伍分为四类性质的群体，并分别建立和实施了四种不同类型的分配模式。对经营管理人员，主要推行“岗位工资+绩效工资”的分配模式；对专业技术人员，主要推行“岗位工资+项目奖励”的分配模式；对专门技能人员，主要推行“岗位工资+技能工资”或“岗位工资+计件（计时）工资”的分配模式；对市场营销人员，主要推行“岗位工资+销售货款回收提成”的分配模式。其中，对成员单位领导人员，兵器工业集团通过建立完善岗位绩效工资制度，将成员单位董事长、总经理、党委书记、监事会主席、总会计师等主要领导人员的薪酬全部纳入集团公司统一考核、统一管理、统一发放，实现了收入透明和唯一。

2. 实施经营管理责任风险抵押金制度

经营管理者的风险意识直接关系到企业的经营发展和集团公司的整体

利益。兵器工业集团坚持将经营管理者每年绩效工资的40%连同任期开始时一次性交纳的风险抵押金一并存入个人专门账户，待任期结束后，根据其个人每年度主要经营责任目标完成情况和任期经济责任审计结果，予以返还或扣减，通过分配制度强化了经营管理者的风险意识。

（二）实行“多位一体”骨干人才激励机制

在建立和完善以“双挂钩”为核心的员工基本分配模式的基础上，兵器工业集团积极探索关键岗位人才与骨干人才收入待遇具有较强市场竞争力的实现途径，初步建立了集团公司高层次经营管理与科技骨干人才即期激励与中长期激励相结合、物质激励与精神激励相结合、工资激励与股权激励、年金激励、保障激励相结合的“多位一体”的激励体系。

1. 坚持多种激励政策并行，提高薪酬的市场竞争力

对企业经营管理者，兵器工业集团建立完善了补充养老保险、补充医疗保险和特殊贡献嘉奖制度；对承担国家重点项目研制的科技人员，建立了项目津贴、科技成果产业化收益提成和技术要素、科技创新成果参与分配的制度，其中，拿出不低于科研成果产业化收益的20%，用于奖励科研成果的主要研制人员；对20多家主导和优势民品企业骨干人才试行了持股激励制度。目前，在集团公司经济效益持续提高、经济总量大幅提升的基础上，全系统员工年人均收入水平与集团公司组建时相比翻了一番多。集团公司成员单位主要经营管理者以及高新工程和国家重点项目总师等高层次骨干人才年收入已具有一定的市场竞争力，而一般岗位的支撑类员工年收入与当地劳动力市场价位基本一致。2005年，根据考核兑现结果，成员单位经营管理者最低收入与最高收入的差距已达到10倍左右。

2. 加大创新项目奖励力度，鼓励科技与经营创新

在加大对骨干人才个人奖励的同时，兵器工业集团设立了民品规模化经营突出贡献奖、科技创新优秀团队奖和科技发展终身成就奖等荣誉称号，重点表彰和奖励为集团公司改革发展和科技创新做出突出成就的项目团队和个人。2005年集团公司一次性拿出600余万元，对14个科技创新

项目团队和158人进行了表彰。其中，国家某重点项目总师获得集团公司科技发展终身成就奖，一次性奖励20万元。

（此文被收入《中国企业人才优先开发——政策评价和战略思路》一书）

全面深化干部人事制度改革
推动集团公司事业健康发展

政治路线确定之后，干部就是决定的因素。干部是推动事业进步的决定因素。中国兵器工业集团公司认真贯彻落实中共中央《关于深化干部人事制度改革纲要》和全国干部人事制度改革经验交流座谈会、全国干部监督工作会议的精神，积极推进以“扩大民主、完善考核、推进交流、加强监督”为主要内容的干部人事制度改革，进一步明确了领导人员管理体制，强化了干部管理的选拔任用、薪酬激励、监督约束等环节的管理工作，有效地促进了集团公司改革发展的顺利进行。

一、明确成员单位领导人员管理体制

根据成员单位多、经营难度大、管理复杂程度高等实际情况，集团公司对成员单位领导人员实行三级管理体制，即采取集团公司党组、事业部分党组（兵科院、专业公司党委）、成员单位党委分层管理的模式。集团公司党组主要负责重点保军单位、骨干民品企业以及涉及集团公司核心业务的领导班子的组织建设和思想作风建设。各事业部分党组（兵科院、专业公司党委）受集团公司党组委托，负责其他企事业领导人员的管理工作。根据工作的需要，集团公司及时制定下发了《中国兵器工业集团公司党组关于新形势下企事业领导人员管理的若干意见》、《中国兵器工业集团公司企事业领导人员管理办法》等文件。

根据党的十五届四中、五中全会决定精神和中央关于《深化干部人事制度改革纲要》以及江泽民同志关于“建立股东会、董事会、监事会和经理层各负其责、协调运转、有效制衡的公司法人治理结构”的讲话精神，参照国家经贸委《国有大中型企业建立现代企业制度和加强管理的基本规范（试行）》的有关规定，在建立现代企业制度过程中，将原工厂制的党政两套领导班子改为党委会、董事会、监事会、经理层四套班子，各负其责、协调运转、相互制衡。

董事会中董事长，或从任职时间较长、经验丰富的厂长中选任，或由集团公司总部委派；监事会主席，或从原总会计师，或从原党委书记，或从原工会主席中选任；总经理一般通过竞争上岗。董事长与总经理均为分设，董事与监事不交叉任职。在董事会中一般都有1至2名独立董事。

二、改革领导人员选拔任用方式

在成员单位领导人员选拔任用方式方面，集团公司积极探索，大胆实践，增加领导人员考核工作透明度，坚持进行民主测评和民主推荐，广泛听取各方面意见，确保考核工作的公正、公平、公开。

领导人员任用责任制主要内容包括领导人员推荐书面署名制度、考核工作责任制度、竞争上岗制度、任前公示制度和干部交流制度。

——实行领导人员推荐书面署名制度。一是各成员单位党委向集团公司党组推荐优秀领导人员时，要结合干部的“德、能、勤、绩、廉”，根据平时考察情况，优先推荐多数职工拥护的现职领导人员和后备领导人员，并向集团公司党组或领导人员主管部门书面报告被推荐人员的工作表现、推荐理由。集团公司党组将以此作为考核各成员单位党政主要领导人员识人、用人能力的依据。二是集团公司对成员单位领导班子进行考核时，领导班子成员向考核组提出班子调整建议以及推荐人选必须以书面署名的形式，同时说明推荐理由。如果被推荐人选的实际工作表现与推荐意见反差较大，或者明知有影响任用的问题仍坚持推荐，集团公司领导人员主管部门将对推荐人进行谈话诫勉。

——实行考核工作责任制度。一是按照“谁考核谁负责”的原则，考核组对领导班子调整方案以及拟任用领导人选建议必须负责，考核组组长负主要责任。考核组成员在讨论被考核单位领导班子调整方案时，每个成员的意见将记录在案；同时，考核组的考核报告形成后，每个成员必须在考核报告上签署个人的意见和姓名。考核报告将存入集团公司人事部门考绩档案。二是人事部门提交集团公司党组会议讨论领导人员任免事项，必须在呈报材料上注明考核组成员的姓名，要向党组会议同时汇报考核组的意见以及人事部门的意见。党组将以此作为考核人事部门工作的重要依据。凡是对被考核单位情况、拟任用领导人选工作情况掌握不清、不准，甚至不按工作程序办事，弄虚作假，搞不正之风的，将视情节轻重给予谈话诫勉、调离人事部门、纪律处分。

——实行竞争上岗制度。竞争的主要岗位是公司制企业的总经理职位和工厂制企业的厂长职位。按照民主推荐、自荐、组织推荐相结合的办法，根据考核了解的情况，由集团公司有关部门组成的工作组确定3至4名候选人，候选人根据工作组统一安排，在拟任职单位由职工代表团（组）长、分工会主席、中层及以上领导人员参加的会议上进行竞聘演说，并回答与会代表的现场提问。最后，由与会代表以无记名投票的方式，推选最合适的总经理（厂长）人选，以此来帮助考核组做出更加优化的调整方案。

——实行任前公示制度。为了扩大民主，有效防止和避免用人上的失察，集团公司对公司制企业的经理班子和党委班子拟任用人选实行任前公示。集团公司党组根据考核情况确定拟任用人选，并征得地方干部协管部门同意后，由集团公司人事部门会同干部协管部门赴有关单位对拟任用领导人选进行公示。公示的内容主要是公示对象的姓名、性别、籍贯、出生年月、参加工作时间、入党时间、毕业院校及专业、工作经历、现任职务、拟任职务等；公示的范围是拟任职单位全体职工，异地任职的，必要时在公示对象原单位进行公示；公示方式主要采取召开公示单位职工代表大会并通过单位内部电视、广播、报纸、张贴公告等方式进行；公示时间为3天；公示期间，集团公司人事部门与干部协管部门派专人到公示单位负责受理、接待信访人员反映情况，同时明确公示单位党委和组织部门负有保护举报人不受打击报复的责任。公示期满后，如反映情况经核实不存在，及时履行任职手续，并将公示情况通报单位全体职工；如属一般性问题不影响任用的，及时履行任职手续，同时由集团公司人事部门对公示人选进行谈话提醒。如反映情况经初步核实影响任用，将有关情况报集团公司党组领导复议。属于违法违纪的，取消任职资格，并视情节给予党纪政纪处分或移交有关部门处理；对公示中反映的有关问题一时难于查清的，区别不同情况处理：一是向公示人选本人通报情况，由本人对有关问题进行书面说明，经核实属一般性问题但不影响任用的，及时任用；影响任用的，取消任用资格，同时由领导人员主管部门对其进行谈话诫勉。二是向公示人选本人通报情况后，公示人选予以否认的，结合集团公司各综合部门了解掌握的情况和基层党委日常考核的情况，进行综合分析、判断，对于确属政绩突出、敢抓敢管、基本素质较好、基层党委能够确保该人选没有问题的，及时予以任用；如各有关方面反映不一致的，暂缓任用，尽快组织调查核实，3个月内由集团公司党组重新作出是否任用的决定。

——实行干部交流制度。集团公司组建之后，面对全新的形势与任务，为使总部工作人员尽快适应新的管理体制和管理方式，切实解决承担重点军品生产任务企业的技术人才短缺的突出问题，优化全系统技术及经营管理人才的结构，集团公司党组参照中央《关于党政领导干部交流工作暂行规定》，及时制定了《关于领导人员交流工作的暂行规定》，采取轮岗（换岗）、挂职锻炼、调动任职等方式，加大总部与成员单位之间的纵向交流和企业与科研院所之间的横向交流。

三、完善领导人员的薪酬激励机制

2000年，集团公司制定了《企业经营者岗位绩效工资制实施办法（试行）》，对企业经营者实行岗位绩效工资形式的年收入制。岗位工资是经营者取得与其岗位责任相适应的岗位报酬，是经营者年收入中基本收入部分，主要依据企业资产规模、职工人数、销售收入等指标，参考企业地理位置、历史盈亏状况等因素确定；绩效工资是经营者取得与其经营业绩相适应的绩效报酬，是经营者年收入中浮动收入部分，实行全额浮动，下不保底，与考核指标挂钩。同时，对成员单位经营者普遍建立了补充养老保险，并准备在条件成熟的单位建立期股、期权激励机制，促进经营者经营行为长期化。

企业经营者岗位绩效工资制的特点是：企业经营者收入与其岗位责任、经营业绩、员工收入水平挂钩；企业经营者即期收入与预期收入相结合，经营者收入支付与企业员工收入支付分离，经营者年收入与档案工资双轨并行，收入渠道唯一。

成员单位正职领导人员干满一届任期、副职领导人员任职满六年后，主要因年龄因素退出领导岗位的，可保留原有有关待遇。同时，在其正式退休后，还可根据集团公司为其缴纳的补充养老保险金，按月领取一定数额的补充养老保险费用。

企业经营者岗位绩效工资制的实施，对经营者经营业绩实行了量化考核，明确了经营者经营管理目标，个人收入分配的经济杠杆作用得到了较好地体现，对保证集团公司决策的贯彻落实、促进全系统减亏增盈起到了很好的激励效应。

四、强化监督考核

集团公司对企业领导人员的监督采取内部监督与外部监督相结合，上级监督与职工群众监督相结合，事前、事中与事后监督相结合的全过程、全方位的监督形式，健全企事业单位监督机制。充分发挥党内监督和职工群众依法民主监督企业及经营者在资金运作、收入分配、用人决策和廉洁自律等重大问题上的作用。坚持领导人员收入申报制度和领导人员个人重大事项向组织报告制度。坚持民主评议成员单位领导人员，推行厂（所）务公开，提高了成员单位决策和管理的透明度。

强化领导人员的监督约束，集团公司重点抓了以下四个方面的工作：一是打破领导人员职务终身制，实行任期制；二是严格执行任期经济责任审计和重大项目专项审计制度；三是严格执行责任追究制度，对不符合集团公司要求的领导人员及时解聘、免职；四是严格考核监督。

对企业领导人员重点考核以下内容：一是执行党和国家的路线、方针、政策和法律法规情况；二是贯彻落实集团公司党组的决议、决定情况；三是思想素质、精神状态和专业技术能力；四是组织领导能力、综合协调能力；五是任职期间主要工作完成情况及取得的主要业绩；六是勤奋敬业、廉洁自律情况；七是职工评议意见及民主测评情况；八是主要缺点和不足。对企业领导人员的考核根据不同岗位所承担的职责和对能力素质的要求，考核内容分别有所侧重。

同时，集团公司通过股权控制、财务控制、人事控制、制度控制等方式，强化出资人或出资人代表对成员单位重大事项决策和监管的力度。

（本文为作者2001年在上海参加中管企业干部管理经验交流会上的发言）

认真开展“四好”班子创建活动
促进集团公司持续稳定快速发展

领导班子是实现企业发展战略目标的领导力量和推进力量。国有企业的领导班子，不仅承担着经济责任，还履行着特有的社会责任和政治责任。因此，国有企业的领导班子建设更具有一定复杂性和挑战性。中央决定在国有企业开展“四好”领导班子创建活动，牢固树立和认真落实科学发展观，全面加强领导班子自身建设，目的就是进一步提升国有企业的核心竞争力，维护社会安定和国家经济安全，巩固党的执政地位。

一、提高认识，加强领导，充分认识“四好”领导班子创建工作的重要性

中国兵器工业集团公司是主要承担国家政策性任务的军工企业，是国家应对危机和挑战的战略团队，以经济发展为中心，认真开展“四好”领导班子创建活动，具有十分重要的战略意义。为了培养一支思想好、业务精、作风硬的干部队伍，努力推进领导班子“思想上水平、管理上水平、发展上水平”，更好地促进集团公司的持续快速协调发展，集团公司按照中组部和国资委的部署和要求，制定了《中国兵器工业集团公司成员单位“四好”领导班子主要标准和创建措施》，进一步细化了“政治素质好、经营业绩好、团结协作好、作风形象好”的创建标准，明确了创建“四好”班子的指导思想、主要标准、主要措施、创建目标和实施细则。

为使“四好”领导班子创建工作落到实处，成为企业发展的重要内容，集团公司总部在保持共产党员先进性教育活动中，把“四好”班子创建工作与先进性教育活动紧密结合起来，把先进性教育活动中的领导干部表率作用与完成各项生产经营工作任务紧密结合起来。通过开展创建活动，进一步加强了党员领导干部的思想教育，提高了党员领导干部的政治思想理论水平，增强了党员领导干部观察问题、分析问题、处理问题的能力，提高了领导班子对企业发展事业的积极性、主动性和创造性，夯实了班子成员的工作作风和思想作风，领导班子在群众中的形象得到了很大改善。

二、制定措施，明确标准，促进“四好”领导班子创建活动的深入开展

创建“四好”班子，关键在于提升思想，重点在于增强能力，核心在于转变作风，效果在于树立形象，目的在于促进各项工作。

（一）实施素质建设工程，加强领导班子能力建设

领导人员的素质和能力直接决定着领导班子的凝聚力和战斗力。为深入推进“四好”领导班子创建工作，集团公司制定并实施了《中国兵器工业集团公司素质建设工程实施纲要》，对领导人员的思想素质、业务素质和身心素质提出了明确要求。其中，在思想素质建设方面，重点是要培养和提高“政治意识、大局意识、责任意识、忠诚意识、开拓进取意识和廉洁从业意识”等六种意识；在业务素质建设方面，重点是要培养和提高“战略思维、科学决策、市场运作、资源整合、执行沟通、知人善用、风险控制和团结协作”等八种能力；在身心素质建设方面，重点是要培养和提高克服困难、勇于面对失败的心理承受能力、抵御各种腐败侵蚀的心理免疫能力、面对荣誉保持谦虚谨慎的心理自制能力和勇于担当重任、敢于负责、敢于创新的意志和品质。

创建活动过程中，一是坚持领导干部的定期培训制度。集团公司采取

了理论学习、挂职锻炼、论坛答辩相互结合的“三段式”的培训方式，每年定期组织若干期成员单位中青年干部培训班、组织人事干部培训班、总会计师培训班和后备干部培训班，重点围绕领导干部的思想素质、业务素质开展培训。二是坚持党委（党组）中心组成员带头学习与中层领导人员跟进学习相结合的制度。实行领导干部集中学习与自学相结合，中心组坚持每月不少于一次集中学习，确立学习专题和学习重点，确定中心发言人进行轮讲；加强考核，严格个人签到制度，定期检查学习笔记。三是坚持领导干部联系点制度和联系群众制度。广大党员领导干部积极参加所在支部的支部生活，为党员讲党课，明确了领导干部联系群众的方式、途径和规范，进一步密切了干群关系。四是坚持为职工做形势报告或相关讲座的制度。从集团公司党组领导到全系统各单位主要领导人员，通过形势报告，不仅提高了自身的学习实践能力，同时也加强了相互交流，调动了广大员工投身企业改革发展的积极性和主动性。五是坚持读书学习活动。结合集团公司改革发展的实际，坚持每年向全系统员工推荐读一本书。通过组织开展读书交流活动，营造了良好的学习氛围。

通过开展素质建设工程，各级领导班子进一步明确了兵器工业在国防现代化建设和国民经济建设项目中所肩负的历史使命，提高了领导干部的“六种意识”和“八种能力”，进一步统一了思想，增强了学习的主动性和自觉性，提高了班子成员改革创新，驾驭企业参与市场竞争和攻坚破难的能力。

（二）加强班子团队建设，着力打造班子队伍的整体合力

班子队伍的整体合力，在于班子成员的团结协作，一个班子如果不和谐、不团结，企业的发展就无从说起。集团公司党组把班子队伍整体合力的发挥作为创建工作的核心。一是加强民主集中制建设。按照“集体领导、民主集中、个别酝酿、会议决定”的原则，建立领导班子内部的工作分工、议事规则，统一思想、统一行动，从制度体系上保证民主集中制的正确执行，提高领导班子和领导干部的战略决策能力、市场经营能力、统筹协调能力、组织执行能力和廉洁自律能力。二是严格民主生活会制度。在民主生活会前，采取“群众提、自己找、上级点、互相帮”等措施，班子成员之间，班子成员与广大职工群众之间广泛征求意见，找准抓住领导班子和班子成员存在的突出问题，做好思想沟通工作，按照团结—批评—团结的要求，本着互相帮助、互相提高的原则，提出批评意见，有针对性地提出整改措施，并认真抓好整改。三是坚持厂务公开，加强领导班子作风建设，树立良好的班子形象。通过完善党委会、党政联席会制度、议事规则和决策程序，规范了班子行为，充分发挥了班子的整体功能。在重大问题的决策上，实行集体讨论，以决策的科学性和正确性来维护集体领导的权威和党的组织纪律的严肃性，凡是涉及职工群众利益的事情，在全厂广泛征求意见，并提交职代会审议通过。同时，坚持和完善领导干部年度述职、述廉制度，提高广大职工的知情权和监督权，通过依靠职工办企业，转变班子的工作作风，赢得职工的支持和理解。四是加强班子成员的沟通与交流。工作中，实行A、B角制度，强调班子成员主动做到“事前通气，事后交流；双向理解，换位思考；你缺我补，相互支持；理顺思想，化解矛盾”；自觉做到“思想上互通，工作上互补，感情上互谅”和“工作上主动干到位、思想认识上全到位、日常中做到不争位、实际中共同互补位”的作用，促进了领导班子整体功能的充分发挥。五是贯彻落实党风廉政建设责任制。以《党内监督条例》和《党纪处分条例》为依据，牢记“两个务必”和“八个坚持、八个反对”的要求，认真开展了督促检查，切实抓好廉洁自律，提高班子成员的拒腐防变和抵御风险的能力，从思想上筑牢拒腐防变的“钢铁长城”，自觉接受党和人民的监督，保持班子队伍的纯洁性。

（三）抓好帮扶救助工作，进一步提升领导班子的作风形象

关心职工生活，服务职工群众，想职工之所想，是“四好”领导班子具有广泛群众基础，赢得职工信赖和支持的重要一环。在先进性教育活动中，集团公司围绕“建立和谐企业，构建和谐社会”的总体要求，制定了

《中国兵器工业集团公司党组建立健全困难职工帮扶救助机制的指导意见》和《中国兵器工业集团公司党组建立健全困难职工帮扶救助基金管理暂行办法》，建立健全了帮扶救助体系。我们把关心解决困难职工工作和生活中的困难，上升到践行“三个代表”重要思想，构建和谐社会的高度来认识，上升到提高党的执政能力、加强党的阶级基础的重要程度来把握。我们提出了“为困难职工诚心诚意办实事，尽心竭力解难事”，“不让一户困难职工生活过不去，不让一个困难职工子女因生活困难而辍学，保证因天灾人祸造成的困难职工有人管”的工作要求。集团公司党组和各级领导干部带头捐款，逐级建立了困难职工帮扶救助体系和基金，并且根据困难职工的实际情况及时进行了救助，为“四好”领导班子建设奠定了良好的群众基础。

（四）实行科学分类管理，再造领导班子推动改革发展的内动力

规模大、成员单位多，发展不平衡是集团公司的一个重要特点。经过近几年的不懈努力，虽然全系统在整体上实现了由解困型向发展型的转变，但不同单位的工作重点和阶段发展目标仍然存在较大差别。为充分体现科学发展、协调发展的要求，使各单位都能在集团公司的统一战略之下，结合本单位实际卓有成效地推进改革发展，结合“四好”领导班子建设，创新建立了领导班子分类管理和考核制度，将成员单位划分为解困型、调整型、发展型（又分为初级发展和高级发展两个阶段）和良性发展型四种类型、五个阶段，依据不同类型分类提出领导班子任期目标，对处于不同发展阶段的企业领导班子进行差别化管理和个性化考核。在领导班子分类管理中，集团公司明确提出，每个班子在一个任期届满以后，单位所处发展类型的各项指标都要得到优化或者进位升级，这是继续聘用的前提条件。通过分类管理，不但使各单位明晰了自己所处的发展阶段，明确了奋斗目标，而且使领导班子在企业发展的每个阶段都始终有新的追求，始终保持积极向上的不竭动力。

在对领导班子实施分类考核的同时，为促进全系统广大领导人员主动履职、高效履职，集团公司还结合“四好”领导班子建设，创新建立了领导人员岗位量化考核制度，将全系统各级领导人员分为董事、监事、经营、党群四大序列34类岗位，分类建立了领导人员按岗位量化考核体系，从思想素质、职业素养、履职能力、工作业绩四个方面对领导人员进行量化考核。通过推行领导人员按岗位量化考核，不但把“四好”的要求量化落实到每一个领导岗位，而且改变了“有成绩大家分、有问题没人担”的模糊考核现象，促进了各项工作的有效落实。领导班子分类管理考核和领导人员按岗位量化考核，不但拉开了不同单位之间的收入差距，而且拉开了班子成员之间的收入差距，更好地体现了按班子的整体业绩取酬，按岗位价值贡献和综合表现取酬的分配思想。

三、加强检查，严格考核，“四好”领导班子创建活动初显成效

创建“四好”领导班子，检查考评是关键环节。通过检查考核，一方面可以找出影响本单位生存发展的突出问题，发现领导班子建设存在的主要问题，有针对性地提出解决问题的思路；另一方面，可以形成创建活动的长效机制，使创建活动取得实效。

（一）制定考评标准，建立创建活动长效机制

为确保活动扎实推进、取得实效，在具体工作中，集团公司始终坚持一手联系实际抓创建抓落实、一手细化标准抓检查抓考核，在认真研究创建活动特点和内涵的基础上，研究制定了《中国兵器工业集团公司“四好”领导班子创建效果考核评价细则》，明确了考核的内容、标准、程序和方法，努力以考核促创建。

为保证考核科学、合理，集团公司采取了四个方面的措施：一是建立了“三管齐下”的立体式评选方式。通过成员单位自评、事业部推荐、集团公司审定三个程序，使各个方面对考评工作都有参与权、发言权。二是坚持过程与结果相统一。对“四好”领导班子创建，既考核“创建效果”，

又考核“创建过程”。其中，“创建过程”主要从“安排部署、组织落实”两个方面进行考核；“创建效果”主要从“政治素质好、经营业绩好、团结协作好、作风形象好”四个方面进行考核。每一项考核内容又细化为若干个子项，以保证考核的全面性。其中，政治素质好包括思想素质、业务素质和党建思想政治工作3个考评项目、19个考评要素；经营业绩好包括发展思路、年度任务、分类发展3个考评项目、9个考评要素；团结协作好包括整体协作、民主集中、班子建设3个考评项目、7个考评要素；作风形象好包括诚信经营、依靠职工、务实清廉3个考核项目、9个考核要素。每个考评要素都有具体标准和分值。三是坚持共性考评与个性考评并重。针对不同单位的不同特点，在考核中既考虑共性考评要素，又注重个性考评要素，避免“一刀切”，以保证考核指标和结果的科学性。比如“经营业绩好”中，除“年度任务”等共性指标外，对解困型单位，重点考核“生产经营、改革脱困和进位升级”等指标；对处于初级阶段的发展型单位，重点考核“竞争能力、管理水平和进位升级”等指标；而对处于高级阶段的发展型企业，则重点考核“自主创新能力、持续发展能力和进位升级”等指标。四是实行分值制量化考评。满分为500分，其中，创建过程占50分，创建结果占450分。通过建立量化考核评价体系，不但可以避免按印象打分、凭主观评价的缺陷，而且为创建活动提供了正确的创建方向，使每个班子都有自己的创建重点。

同时，集团公司将“四好”班子创建活动考评结果作为年度考核的一个重要指标，纳入经营管理人员年度综合评价体系，与薪酬挂钩，并作为考核任免的重要依据。对创建活动效果显著，领导班子精诚团结，生产经营业绩取得突破的“四好”领导班子和主要领导，给予了表彰和奖励；对创建效果差、“四好”总体评价排位较后、单项不称职较突出、群众满意度不高的班子和班子成员及时进行了调整。

（二）加强检查，推广成果，“四好”领导班子创建工作初显成效

为确保创建工作抓实抓好，集团公司成立了五个检查考评工作组，对总部各支部和各成员单位“四好”班子创建工作进行了全面检查考评，指出了不足，肯定了成绩，推广了经验，全系统的四好领导班子创建工作均衡发展，成效显著。

一是干部队伍素质有了新提高。各级领导干部自觉学习毛泽东思想、邓小平理论和“三个代表”重要思想的积极性得到了有效提高，努力钻研业务知识，学习市场经济理论，提升现代企业管理水平的劲头与日俱增，工作责任感也普遍增强。

二是领导干部工作作风有了新转变。各级领导干部锐意进取，争创一流的工作劲头得到凸显，敢于正确面对自己存在的不足，主动对照先进找差距，摆问题，制定整改措施，服务意识、创新意识、责任感和奉献精神得到加强。

三是班子整体合力有新增强。班子成员之间广泛开展交心谈心活动，沟通思想，增进团结，协作精神、工作效率、大局意识、开拓创新能力和驾驭复杂局面能力得到有效提高。

四是经济运行质量有了新提高。由于干部队伍素质的提高，各项工作得到了明显促进。企事业单位的科研生产经营持续快速发展，经济运行质量显著改善，经济效益有了明显提高。

基于业绩考核的经营管理者岗位绩效工资制

年薪制是企业经营者激励约束机制的核心内容。建立完善国有企业经营管理者年薪制，是最大程度调动企业经营者积极性，完善经营管理者的激励机制，推动国有企业改革发展的重要保证。2000 年以来，中国兵器工业集团公司根据企业改革发展的阶段要求，不断加强对集团公司成员单位经营管理者年薪制的研究和探索，推行实施基于经营管理业绩考核的集团公司成员单位经营管理者岗位绩效工资制，积极构建起成员单位经营管理者凭经营管理业绩和个人角色贡献取酬、收入能高能低、收入渠道唯一的考核评价体系与收入分配体系，为集团公司建设有国际竞争力的大公司和高科技现代化兵器工业"三步走"构想第一步战略目标的实现发挥了积极的促进作用。

一、建立成员单位经营管理者年薪制的基本原则

集团公司对成员单位经营管理者实行岗位绩效工资形式的年收入制。考核评价与收入分配坚持以下原则：

（一）坚持与集团公司改革发展的总体战略目标紧密结合

一方面，在经营管理业绩的考评指标设置上要充分体现出不同时期的战略发展要求，并在发展中不断调整与完善；另一方面，岗位绩效工资的结构和水平要适应集团公司和各成员单位实际不断调整与完善。

（二）坚持分类构建原则

即适应集团公司成员单位的工业企业、流通企业、设计勘察企业、科研事业和其他事业单位的分类，适应各成员单位不同发展阶段的差异化要求，在考评指标、薪酬结构上实行差异化管理和个性化考核。

（三）坚持年薪收入与单位绩效和个人角色贡献双挂钩

实现经营管理者岗位绩效工资与当期的经营管理目标、集团公司出资人收益最大化和国有资产的保值增值的战略目标直接挂钩，与个人的业绩、贡献直接挂钩，完善年薪收入与单位绩效和个人绩效的双挂钩机制，实现责任、贡献和收入的有效匹配。

（四）坚持激励与约束、即期激励与中长期激励相结合

完善保障收入与风险收入的结构，加大风险收入比例，探索中长期激励手段，规范收入渠道唯一，建立健全经营管理者考核评价和激励约束机制。

二、经营管理者年度经营管理业绩考核评价

经营管理者年度业绩考核评价分为按单位经营管理业绩考核评价和按岗位工作业绩考核评价。年度业绩考核评价决定经营管理者的年度岗位绩效工资，其中：按单位经营管理业绩考核评价主要决定年薪的岗位绩效工资的标准值，按岗位工作业绩考核评价主要决定经营管理者绩效工资考核兑现系数。

（一）单位经营管理业绩考核指标的分类

为了体现集团公司的发展要求，强化考核指标的导向性、针对性和考核的准确性，根据考核指标在集团公司战略目标中的定位和作用，将考核指标进行合理分类，分为战略性指标、战术性指标和保障性指标。其中：战略性指标是根据为实现集团公司战略目标而开展的主要工作内容提出的目标性指标；战术性指标是根据为实现集团公司战略目标而采取的一系列战术措施提出的措施性指标；保障性指标是根据保证集团公司战略目标实

现和战术措施顺利实施而必须提供的环境条件和要求提出的环境性指标。

同时，按照差别化管理和个性化考核的原则，以量化的财务指标为主，做到定量与定性相结合；财务指标与非财务指标相结合，分类分层建立各有侧重的考核指标体系。不同类别成员单位业绩考核指标构成如表所示：

	战略性指标	战术性指标	保障性指标
工业企业	1. 补贴前利润额； 2. 净资产收益率； 3. 科技开发投入增长情况； 4. 取得专利和专有技术及获奖情况； 5. 国有资本保值增值率； 6. 主营业务收入增长率； 7. 全员劳动生产率。	8. 资本运作情况； 9. 横向竞争获得项目情况； 10. 新产品销售收入增长率； 11. 科技成果接产情况； 12. 民品出口交货值； 13. 骨干民品市场占有率； 14. 投资项目完成情况； 15. 新增民品投资收益率； 16. 人员结构调整情况； 17. 成本费用占主营收入比重； 18. 应收款周转率； 19. 存货周转率； 20. 管理状况综合评价。	21. 党风廉政建设； 22. 重点任务完成情况； 23. 其他军品合同履约率； 24. 民品收入占总收入比重； 25. 安全指标； 26. 质量指标； 27. 责任事故(包括领导人员责任、技术责任、项目管理责任和稳定责任)； 28.“两个确保”完成情况； 29. 出资人收益； 30. 军工动员能力； 31. 经营风险控制情况； 32. 对子公司控制力。
流通企业	1. 利润额； 2. 净资产收益率； 3. 国有资本保值增值率； 4. 主营业务收入增长率； 5. 全员劳动生产率。	6. 资本运作情况； 7. 进出口总额； 8. 出口成交额； 9. 海外营业收入； 10. 物资集中采购占销售收入的比例； 11. 投资项目完成情况； 12. 人员结构调整情况； 13. 成本费用占主营收入比重； 14. 亏损面； 15. 应收款周转率； 16. 存货周转率； 17. 管理状况综合评价。	18. 党风廉政建设； 19. 保军保供任务完成情况； 20. 安全指标； 21. 质量指标； 22. 责任事故(包括领导人员责任、技术责任、项目管理责任和稳定责任)； 23.“两个确保”完成情况； 24. 出资人收益； 25. 子公司亏损限额； 26. 经营风险控制情况； 27. 对子公司控制力。

续表

	战略性指标	战术性指标	保障性指标
设计勘察企业	1. 利润额； 2. 净资产收益率； 3. 科技开发投入增长情况； 4. 取得专利和专有技术及获奖情况； 5. 国有资本保值增值率； 6. 主营业务收入增长率； 7. 全员劳动生产率。	8. 资本运作情况； 9. 横向竞争获得重大项目情况； 10. 投资项目完成情况； 11. 人员结构调整情况； 12. 成本费用占主营收入比重； 13. 应收款周转率； 14. 管理状况综合评价。	15. 党风廉政建设； 16. 设计勘察进度情况； 17. 安全指标； 18. 质量指标； 19. 责任事故（包括领导人员责任、技术责任、项目管理责任和稳定责任）； 20. "两个确保"完成情况； 21. 出资人收益； 22. 经营风险控制情况； 23. 对子公司控制力。
科研事业	1. 核定科研收入； 2. 重点科研任务完成情况； 3. 科技开发投入增长情况； 4. 取得专利和专有技术及获奖情况； 5. 人员结构优化情况。	6. 国有资本保值增值率； 7. 资本运作情况； 8. 横向竞争获得项目情况； 9. 重点科研项目立项情况； 10. 民品销售收入增长率； 11. 净结余增长率； 12. 成本费用结余率； 13. 管理状况综合评价。	14. 党风廉政建设； 15. 科研任务完成情况； 16. 军品生产合同履约率； 17. 人员规模调整情况； 18. 安全指标； 19. 质量指标； 20. 责任事故（包括领导人员责任、技术责任、项目管理责任和稳定责任）； 21. 科技成果转让情况； 22. 出资人收益； 23. 对外投资收益率； 24. 经营风险控制情况； 25. 对子公司控制力。
其他事业单位	1. 收入总额； 2. 科技开发投入增长情况； 3. 取得专利和专有技术及获奖情况； 4. 人员结构优化情况。	5. 国有资本保值增值率； 6. 资本运作情况； 7. 通过横向竞争获得项目情况； 8. 净结余增长率； 9. 成本费用结余率； 10. 管理状况综合评价。	11. 党风廉政建设； 12. 重点任务完成情况； 13. 安全指标； 14. 质量指标； 15. 责任事故（包括领导人员责任、技术责任、项目管理责任和稳定责任）； 16. 人员规模调整情况； 17. 对外投资收益率； 18. 经营风险控制情况； 19. 对子公司控制力。

（二）对单位经营管理业绩指标的考核

对各指标的考核，分为主要考核、辅助考核和约束考核。主要考核是指根据相应指标完成情况，确定经营者岗位绩效工资理论值的考核，主要将战略性指标中可以量化的年度财务性指标，如净资产收益率、利润额（减亏额）等考核指标，纳入主要考核内容。辅助考核是指根据相应指标完成情况，对经营者主要考核中计算出来的岗位绩效工资理论值，按照一定权重进行修正的考核，将没有纳入主要考核的战略性指标和全部战术性指标，如主营业务收入增长率、资本运作情况、骨干民品市场占有率、科技成果接产情况、应收款周转次数、不良资产比率、成本费用占主营业务收入的比重等考核指标，纳入辅助考核内容，并合理设置权重。约束考核是指根据相应指标完成情况，对主要考核和辅助考核计算出来的经营者绩效工资，是否进行部分或全部否决的考核，将全部保障性指标，如质量安全、党风廉政建设、重大责任事故、重点任务完成情况、出资人收益、“两个确保”等考核指标，纳入约束考核内容。凡属约束考核要求完成的任务，在考核时，原则上只罚不奖或少奖。

三、经营管理者岗位绩效工资的基本构成

工业企业、流通企业和设计勘察企业的经营者岗位绩效工资由岗位工资、绩效工资、长期风险收入和年度特殊奖励四部分组成。事业单位管理者的岗位绩效工资由岗位工资、绩效工资和年度特殊奖励三部分组成。

（一）岗位工资

岗位工资是经营管理者取得与其岗位责任相适应的岗位报酬，是经营管理者年收入中的基本收入部分。年岗位工资计算公式：

$$W_1 = [H \times L \times (1 + Y) + G] \times Z$$

式中：

W_1 表示年岗位工资实际值；

H 表示核定基数，根据集团公司、单位和市场价位水平确定；

L 表示核定倍数，根据单位资产总额、主营业务收入和员工人数，确定单位类别，根据单位补贴前盈亏状况，确定年岗位工资核定倍数。

Y 表示经营难度综合调节系数，考虑资产规模、历史包袱、地理环境、经营环境风险、主营业务获利能力、技术基础产业或投入情况等因素，由集团公司根据单位的不同情况研究确定。

G 表示工程岗位津贴浮动基数；

[H×L×（1+Y）+G] 表示岗位工资标准值；

Z 表示年度任务完成情况调节系数（0.75~1）。

（二）绩效工资

绩效工资是经营管理者取得与单位经营管理绩效和岗位工作业绩相适应的绩效报酬，是经营管理者年收入中的活性收入部分。绩效工资实行全额浮动。年绩效工资计算公式：

$$W_2 = [W_1 \times (A_1 + A_2 + \triangle A_1 + \triangle A_2 + \triangle A_3 + \triangle A_4) \times (1 + \sum B) \times (1 + \sum C)] \times J$$

式中：

W_2 表示经营管理者年绩效工资实际值；

W_1 表示经营管理者年岗位工资实际值；

A_1 表示补贴前利润额系数；

A_2 表示净资产收益率系数。根据考核年度纳入主要考核的补贴前利润额和净资产收益率的实际水平确定。

$\triangle A_1$ 表示补贴前利润额增加值系数；

$\triangle A_2$ 表示净资产收益率增加值系数；

$\triangle A_3$ 表示科技开发投入增加值系数；

$\triangle A_4$ 表示取得专利和专有技术及获奖情况增加值系数。根据考核年度纳入主要考核的补贴前利润额、净资产收益率、科技开发投入增长情况、取得专利和专有技术及获奖情况等战略性指标的实际完成情况确定。

$\sum B$ 表示纳入辅助考核指标调整系数之和。根据纳入辅助考核指标完成情况，分别确定各项 B 值，$\sum B$ 表示各项指标调整系数 B 值之和。

$\sum C$ 表示纳入约束考核指标调整系数之和。根据纳入约束考核指标完成情况，分别确定各项 C 值，$\sum C$ 表示各项指标调整系数 C 值之和。

$[W_1 \times (A_1 + A_2 + \triangle A_1 + \triangle A_2 + \triangle A_3 + \triangle A_4) \times (1 + \sum B) \times (1 + \sum C)]$ 表示绩效工资标准值；

J 表示岗位工作业绩考核兑现系数；

（三）长期风险收入

长期风险收入是对企业经营者任期内的经营业绩进行全面考评后，以风险抵押金、补充养老保险、持股激励等形式核定兑现的与其经营风险相适应的延期收入。长期风险收入主要包括个人风险抵押金、补充养老保险和持股激励三部分。

（1）个人风险抵押金。企业经营者个人风险抵押包括上任时缴纳的个人风险抵押金、年度绩效工资兑现60%后的余额部分以及按规定相应扣减的岗位工资或绩效工资部分。个人风险抵押金根据年度完成主要考核的战略性指标的考核结果，按照未完成的幅度相应扣减经营者个人风险抵押金幅度。

（2）补充养老保险。根据企业经营者不同任职年限，分段累加计算。经营者在任职期间，如未完成某一年度责任合同书约定的考核指标，年度考核或任期考核、审计不合格的，要扣罚其相应年度或任期的补充养老保险金。

（3）持股激励。根据集团公司关于对民品企业经营者和职工实施持股激励的指导意见，对符合政策的企业经营者实施持股激励政策。

（四）年度特殊奖励

年度特殊奖励是对经营管理者为单位发展在某一方面做出重大、突出贡献所给予的一次性特别奖励。年度特殊奖励包括岗位工作业绩考核兑现系数、奖金、实物等多种形式。

五、经营管理者年薪制的管理

经营管理者的岗位绩效工资由集团公司直接考核和发放，并计入单位当期成本。实行岗位绩效工资制后，未经集团公司认定，经营管理者不得再从所任职单位获取其他收入，对于确需从任职单位领取的收入，如政府特殊津贴等，应按有关规定报集团公司备案，经认定后方可领取。经营管理者经批准在下属单位或其他单位兼任职务的，兼职单位给予的工资或者其他报酬（含兼职单位送给单位领导人员的股份及红利）应当上交本单位，个人不得从所兼职单位获取任何收入。各单位纪检、监察、财务、审计、劳资、组织人事等部门要加强监督，集团公司将对经营管理者收入情况进行定期或不定期的专项检查。对违反有关规定的，一经发现，将视为违纪，除按有关规定给予纪律处分外，还将视情节相应扣罚其岗位绩效工资收入。

集团公司成员单位经营管理者岗位绩效工资制度实施以来，通过差异化的业绩考评，逐步建立了以出资人权益、获利能力、国有资产保值增值等指标为主要内容，能够比较准确地反映集团公司和成员单位的收益能力、竞争能力、保值增值能力和科技创新能力，全面体现经营管理者经营能力和管理水平的科学量化的经营管理者考核评价指标体系；逐步建立能够准确反映事业单位科技创新能力和完成科研任务情况的事业单位管理者考核评价指标体系。并通过实施科学合理、客观公正的考核评价，较好地解决成员单位经营管理者的工作动力再造问题。同时，成员单位经营管理者的年收入水平大幅度提高，打破了收入分配上长期存在的平均主义和“大锅饭”现象，积极性和创造性不断提升，逐步建立起经营管理者收入能高能低看效益、看业绩的激励与约束机制，真正实现了“有一份贡献，得一份收入；得一份收入，有一份考核”，在集团公司实现由“解困型”向“发展型”的战略转变过程中，对调整思维、健全激励与约束机制发挥了积极的推动作用。

问渠哪得清如许　为有源头活水来

——“骨干类+支撑类”新型员工管理模式的实践

员工进入单位就如同进入了保险箱，收入能高不能低、职位能升不能降，人员能进不能出，人才队伍缺乏活力，这是长期以来困扰国有企业的难点问题。近年来，中国兵器工业集团深入贯彻落实全国人才工作会议精神，在构建“3+X”市场化选人用人机制的基础上，积极探索“骨干类+支撑类”新型员工管理模式，根据员工素质状况和工作业绩实施动态管理，促进员工在企业内正常流动，有效激发了人才队伍的活力。

一、明确构建新型员工管理模式的原则

在构建新型员工管理模式的过程中，集团公司始终把握四个原则：

一是总体规划的原则。根据集团公司战略需要和本单位事业发展需求，对人才各类领域进行系统规划，对各类岗位设置情况和员工数量、结构状况进行系统分析，合理规划骨干类员工与支撑类员工队伍的发展目标。

二是按岗管理的原则。根据员工从事岗位所属领域的重要程度和个人在岗位上发挥的角色作用，划分员工类别，并以此为基础分类构建员工管理模式。

三是协调发展的原则。骨干类员工与支撑类员工都是本单位事业发展不可或缺的力量，必须互相依存、协调发展，共同进步。

四是动态管理的原则。骨干类员工与支撑类员工根据自身素质状况和工作实绩，结合事业发展需求，可以相互流动，实行动态管理。

二、根据员工素质状况和角色作用合理进行员工分类

根据集团公司战略需要和企事业单位发展需求，集团公司紧紧围绕科研、生产、经营等中心工作，按照集团公司人员分类体系，对人才各类领域进行系统分类，对各类岗位设置情况和员工数量、结构状况进行系统分析，确定出适合本单位实际的重点发展领域和不同领域的重要工作岗位，并根据集团公司发展重点和世界同行业先进水平，确定出人才层次、专业领域、学历、年龄等方面合理的配比结构。在此基础上，根据员工个人在岗位上发挥的角色作用，将全部员工分成骨干类员工与支撑类员工。

骨干类员工主要包括各领域的领军人物、骨干人才，以及在其他重要工作岗位上发挥关键骨干作用的员工，总量比例大体掌握在30%左右；支撑类员工包括除骨干类员工以外的其他人员，总量比例大体掌握在70%左右。领军人物主要包括子公司的领导人员；国家两院院士、中国兵器首席专家、集团公司级科技和关键技能带头人；重点军、民品项目及重大预研项目负责人、关键技术技能攻关负责人；重大发明创造技术负责人等。骨干人才主要包括子公司的二级单位负责人；子公司级科技和关键技能带头人；重点军、民品项目及重大预研项目管理、关键技术和技能攻关工作骨干；重大发明创造技术骨干等。

按照“3 + X”选人用人机制，集团公司采取不同的配置方式选择和配备不同类别人员。对各领域领军人物采取了职业生涯设计与竞争上岗相结合的方式，对骨干人才实行竞争上岗方式择优聘用，对支撑类员工实行竞争上岗和向社会公开招聘的方式配置。解决各子公司中的紧缺人才，采取对内加强培养选拔，对外争取国家引进、面向国际国内进行公开招聘、通过中介机构“猎取”以及人才租赁、兼职服务、项目合作、科技咨询等“柔性”方式合理配置。支撑类员工和骨干人才实行动态调整，支撑类员

工根据工作需要可以竞聘骨干岗位，骨干类员工的工作态度、能力水平和业绩不适应岗位要求的，也要及时从骨干岗位上调整下来。

骨干类员工与支撑类员工都是本单位事业发展不可或缺的力量。对骨干类员工与支撑类员工都要加强培养和树立共同的文化理念和价值观，不断提高员工队伍的忠诚度和归属感，不断提高员工队伍的整体素质。

三、推行以岗位合同管理为基础的新型员工管理模式

构建新型员工管理模式，集团公司主要抓了四个方面的工作内容。

1. 依法规范和加强劳动（聘用）合同管理

劳动（聘用）合同是员工与用人单位确立劳动（聘用）关系、明确双方权利和义务的法律依据。企业与员工确立劳动关系应当签订劳动合同，事业单位与员工确立聘用关系应当签订聘用合同。

在确定劳动（聘用）合同的期限方面，首先要求必须符合《劳动法》或国家关于事业单位试行人员聘用制度有关政策及所在地政府有关文件的规定。其次，对不同类型的员工可以签订不同期限的劳动（聘用）合同。对骨干类员工可以签订较长期限的有固定期限的合同；对为本单位改革发展作出了突出贡献的资深员工，可以签订无固定期限劳动（聘用）合同。

在劳动（聘用）合同管理工作中，依法进行劳动（聘用）合同的变更、续订、终止、解除工作。对原已签订无固定期限劳动（聘用）合同的其他员工，结合改制、重组等结构调整工作，按照有关政策规定逐步调整变更合同。

2. 全面推行岗位合同管理制度

岗位合同是用人单位与上岗员工在签订劳动（聘用）合同的基础上，针对员工上岗后的工作职责、权利、义务、上岗期限等内容，与上岗员工签订的管理协议，可以作为劳动（聘用）合同的附件。建立岗位合同管理制度，有利于加强对各类员工的管理和促进员工的有序流动。

岗位合同的期限根据岗位特点和承担的任务情况而确定，固定期限的

一般不超过三年。骨干类员工的岗位合同期限可以相对较长一些。岗位合同期限可以低于劳动（聘用）合同期限，但不得超过劳动（聘用）合同期限。对实行执业资格的岗位，员工必须持有相应的执业资格证书才能上岗。

对岗位合同未到期，由于岗位撤销但个人工作态度和工作表现尚可的员工，或者工作态度尚可但能力水平有所欠缺的员工，安排其进入学习培训岗，由单位组织转岗学习培训，提高工作技能和水平，参加其他新增或空缺岗位竞聘。随着用人单位与上岗员工岗位合同的签订，员工“上岗、学习培训、待岗”的动态管理模式已逐步形成。

3. 积极引入“人才中介服务”新型管理方式

人才中介服务是指用人单位与人才中介机构签订合作或劳务协议，根据协议，人才中介机构为用人单位进行高级人才“猎取”或委托管理员工劳动（聘用）合同、人事档案、福利保险、户籍等工作的新型人才服务模式。人才中介服务包括劳务（人才）派遣、人事代理、人才租赁等具体方式。劳务（人才）派遣员工与人才中介机构签订劳动（聘用）合同，并通过人才中介机构派遣到用人单位工作；人事代理员工的劳动（聘用）合同与用人单位签订，但其他管理工作按照协议由人才中介机构代替管理；租赁员工的劳动关系在原单位，通过中介机构租赁到别的用人单位工作，并由中介机构负责双方单位协调和租赁员工的日常管理。

近年来，集团公司在部分成员单位的后勤服务领域、通用性领域的一般岗位、研究院所一般技能操作岗位中，试行了劳务（人才）派遣用工，主要是对新引进人员试行劳务（人才）派遣，并在此基础上逐步扩大到可以实行劳务（人才）派遣的其他岗位。同时，鼓励和支持技能操作岗位引进并稳定大专以上学历人员。

在选择人才中介机构时，集团公司十分注重资质审查这个环节，确保合作机构能够依法保障用人单位和员工的权益，规避管理风险。用人单位与人才中介机构签订的协议，按照法律法规的规定，明确了双方的责任和义务。同时，明确向员工支付薪酬、缴纳保险等费用的方式，最大限度地保障员工的权益。对于涉密岗位的员工，还按照保密的规定，与员工签订了保密协议，明确保密要求，落实保密责任。

4. 加快建立集团公司内部人力资源余缺调剂机制

近年来，集团公司积极鼓励成员单位间利用各类人才中介机构，组织人才余缺调剂或项目合作，跨地区、跨单位租赁使用本系统包括进入学习培训岗在内的用人单位所需要的人才。集团公司人力资源开发中心及分中心积极构建全系统内部人才租赁平台，组织开展子公司之间的有序的人才租赁工作。部分子公司内部也建立人力资源流动中心，进行本单位内部人力资源余缺调剂，有效发挥了内部人才市场的作用。

目前，集团公司已经建立了包括全系统所有在职员工信息在内的人力资源信息管理平台，实现了与各子公司人力资源信息库的信息共享，利用信息平台定期或不定期发布有关人力资源分布、供需等信息，促进了全系统人力资源的余缺调剂，为集团公司人力资源有效整合创造了有利条件。

建立骨干类员工与支撑类员工分类管理模式，推进员工队伍的分类管理，是对传统员工管理模式的重大改革，对建立充满生机和活力的用人制度，不断提高员工队伍的整体素质具有十分重要的意义。在实践过程中，集团公司深深体会到，深化员工管理模式改革，首先要充分认识到改革的重要性和艰巨性，要加强组织领导，积极稳妥地开展工作，妥善处理工作中出现的新矛盾、新问题。其次，要加强宣传和引导，各级党政工团组织，要密切配合，共同做好深入细致的思想政治工作，才能使全体员工都能积极地支持并投身到这项改革工作之中。同时，对改革中出现的新情况和新问题，要认真研究并采取有效措施及时加以解决。

以强激励严约束为主要特点的 5W 薪酬模式

随着集团公司由“解困型”向“发展型”的战略转变，强化绩效导向作用，创新激励机制，增强薪酬激励效用，是集团公司“十一五”期间深化薪酬分配制度改革的发展要求。结合战略发展实际，集团公司不断加强对新型薪酬模式和激励机制的探索，研究实施了适用于处于成长期中小型企事业单位的员工分配的 5W 薪酬分配模式（简称 5W 模式）。

5W 薪酬模式以考评为基础，以绩效为导向，以“双挂钩”为核心，以“基本工资 W_1 + 岗位工资 W_2 + 绩效工资 W_3 + 特殊奖惩 W_4 + 津补贴 W_5”五个薪酬单元结构特征，建立健全绩效考核扣罚冲减机制，进一步增强激励约束力度，提高激励约束效率，最大限度发挥薪酬的激励约束效用。在集团公司部分单位试行中取得了积极的效果，表现出结构合理、导向清晰、效果强化的先进性，为深化集团公司人力资源“新三项制度”改革，创新激励约束机制，促进集团公司和子公司各项事业的发展，发挥了强有力的动力推动作用。

一、5W 模式的制度架构

5W 模式的制度架构由薪酬分配和绩效考评两个制度体系组成，具体包括薪酬结构制度、薪酬分配制度和绩效考评制度三项基本制度。其中，薪酬结构制度用于确定薪酬的构成和标准，包括薪酬结构内容、薪酬等级

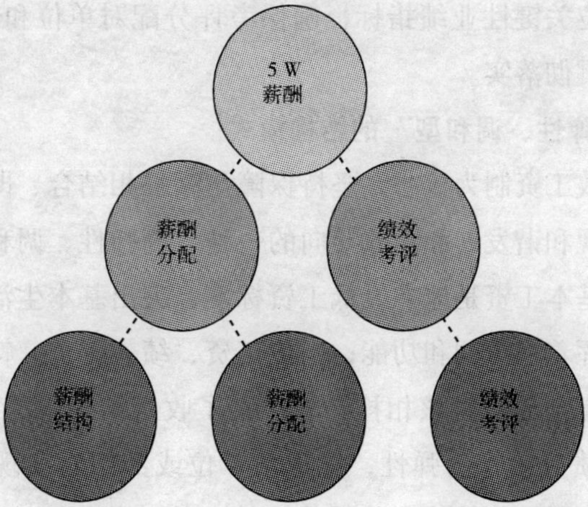

图3－1　5w薪酬模式的基本制度构成

标准、薪酬单元决定机制等；绩效考评制度是确定薪酬分配导向和收入水平的基础，包括考评指标设置、考评标准制定、考评方法选取等；薪酬分配制度是收入与考核结果挂钩的方法，具体包括挂钩的项目、方式和比例等。

二、5W模式的基本内涵

结合集团公司“求发展”战略阶段的整体要求，针对普遍存在的薪酬与考评结合不够紧密，激励约束强度不足等问题，按照优化结构、健全体系、创新机制、提高效率的思路，在薪酬分配的理念、模式、机制和原则等方面进行了进一步总结完善，构建形成具有“结构合理、导向清晰、效果强化”等先进特征的新型薪酬分配模式。模式的基本特征体现在四个方面：

（一）“以能力居位、按绩效取酬”的薪酬理念

追求发展，突出能力开发，强化绩效导向，是5W模式设计的一个重要理念。一方面，以岗位分析职位评价为基础，坚持按个人能力定岗定级，确定员工岗位工资标准；另一方面，在考评指标的设置上，采用KPI

方法，选取岗位关键性业绩指标，确保考评分配对单位和部门的战略性、关键性目标的贯彻落实。

（二）“高弹性、调和型”的结构模式

以岗位绩效工资制为核心，坚持保障与激励相结合、即期与中长期相结合，构建体现和谐发展和绩效导向的一种“高弹性、调和型”薪酬结构模式。其中，基本工资是地方最低工资标准，突出基本生活保障机制，在薪酬结构中发挥着稳定调和功能；岗位工资、绩效工资、特殊奖惩和津补贴四个薪酬单元全部与考核相挂钩，扩大了收入结构中的浮动收入比重，强化了收入的绩效风险与弹性，体现出单位或部门对实现发展的绩效追求；同时，设置以工作绩效为奖惩基础的“特殊奖惩”，适应不同岗位的个性化激励要求，按照即期与中长期激励相结合、物质与非物质激励相结合，为有效运用多种激励手段建立灵活的接口。

（三）“双挂钩”的分配原则

将个人、部门和单位整体绩效有机结合是薪酬分配促进战略目标实现的根本要求。坚持以绩效考评为基础，将个人收入与组织绩效和个人岗位绩效相挂钩，是5W模式贯彻落实集团公司新型分配制度改革的核心思想。

（四）“强激励、严约束”的激励机制

加强绩效考评与薪酬分配的结合，增强激励约束机制效用是5W模式的核心。“强激励”主要体现在：一是建立履职奖励、超值奖励、特殊奖励的按绩效分层的奖励机制，取得不同层级绩效，可以得到不同程度的奖励，强化了绩效导向，提升激励效用；二是设立以业绩为基础，以个人和部门为奖励对象的形式多样的专项特殊奖励制度，突出不同发展阶段激励重点的要求；“严约束”，除了坚持将基本工资以外其他四项全部纳入考核，还突出表现在：一是建立关键性指标重复考核机制，强化全面履职意识；二是建立绩效工资考核扣罚冲减机制，对不能创造有效业绩，甚至对整体工作带来重大负面影响，除扣罚绩效工资外，还要根据负绩效考核结果冲减除基本工资外的其他各项薪酬单元，直至其他各项薪酬单元冲减为零，创新正绩效奖励、负绩效处罚的激励约束机制；三是建立否决性考核处罚机制，对重大原则性考核事项加大处罚力度，强化了行为规范的“红线”意识；四是细化考评标准。将考核指标分解细化到管理中的各个环节、工作中的各种状态、数字上的不同程度，进而提高考评操作性，保证考评指标对任务目标的有效落实。

三、5W模式的制度设计

5W模式的制度设计包括薪酬结构制度设计、绩效考评制度设计和薪酬分配制度设计。

（一）薪酬结构制度设计

5W体系结构由“基本工资 W_1 + 岗位工资 W_2 + 绩效工资 W_3 + 特殊奖惩 W_4 + 津补贴 W_5”五个薪酬单元构成。其中：W_1 基本工资是保障提供正常劳动员工的基本生活的工资收入，由所在地方最低工资标准决定，随着最低工资标准政策的调整而变动，不参与考核发放；W_2 岗位工资是与员工岗位等级相适应的工资报酬，是通过岗位评价、市场定价决定标准，按岗位履职考核发放；W_3 绩效工资是根据个人岗位贡献所确定的工资报酬，是通过个人业绩、部门绩效、单位整体业绩的考核来确定发放；W_4 特殊奖惩是对特殊贡献和重大工作失误进行的奖惩，可根据单位不同业绩激励重点的要求，设立形式多样的专项奖励；W_5 津补贴是以福利形式提供给员工的报酬，可结合单位自身实际设置，考核发放。

（二）绩效考评制度设计

绩效考评制度设计的基本原则：实行季度考评与年度考评结合，部门考评与员工考评相结合，工作业绩考评与综合表现评价相结合，考核结果与岗位绩效工资发放相挂钩。

1. 考评类别

考评分为部门考评和员工考评。部门考评是对业务部门的经营管理目标和部门职责履行情况的考核评价，主要考评部门经营指标、工作任务和部门管理三项内容；员工考评是对员工个人角色贡献的考核评价，包括员工岗位履职考评、岗位工作业绩考评和综合表现考评三个部分。其中：岗位履职考评是对员工岗位职责履行情况的考核评价；岗位工作业绩考评是对员工岗位工作效率和效果的考核评价；综合表现评价是对员工思想素养和执行力等综合素质方面的考核评价。

2. 考评指标

按照关键绩效指标的确定原则，选取与单位发展要求和岗位特点相适应的关键性绩效指标，指标要内涵明确、导向清晰、重点突出。根据考评类别划分：

——部门考评。一般包括利润指标、收入指标、工作计划完成情况、部门协作、团队建设等；

——岗位履职考评。一般包括工作难度、工作饱和度、工作进度、工作质量、工作失误、违纪情况等；

——岗位工作业绩考评。一般包括工作进度、工作质量、工作态度、客户满意度等；

——综合表现考评。一般包括政治意识、忠诚度、纪律意识、个人修养、工作能力、学习力、协作精神、工作作风等思想素养和执行力等方面的指标。

3. 考评标准

考评标准的制定重点把握三个方面原则：一是量化。可通过加减赋值方法量化指标评价标准；二是细化。按照“内容全面、导向清晰、操作简便”原则，将各项管理要求纳入考评细则；三是差异化。根据部门业务特点、岗位类别和考核指标性质，差异化设计考核评价标准，突出考核的针对性和导向性；

4. 考评方法

考评方法的选取充分体现个性化要求，根据考评类别和指标性质不同，采取不同的考评方法。一般情况下，部门绩效由组织考核评价；员工岗位履职考评由主管、客户和组织考核评价；员工工作绩效考评可按照“谁提出谁考评”的原则，由主管、客户考核评价；员工综合表现可按照360度考核方法，分别由主管、民主评议和组织考核评价。

（三）薪酬分配制度设计

薪酬分配制度设计的核心是将考核结果与员工收入结合起来，使员工的收入水平有效地反映其绩效贡献的大小。5W薪酬分配制度的设计主要包括：岗位工资核定办法、绩效工资核定办法、特殊奖惩办法、津补贴发放办法等。其中：

1. 岗位工资的核定

$$W_2 = W_2' \times G$$

式中：

W_2'：岗位工资标准；

G：岗位工资考核系数，由员工岗位履职考核结果确定。

2. 绩效工资的核定

$$W_3 = W_2 \times L \times (T + K)$$

式中：

W_2：岗位工资；

L：部门考核系数，由部门考核结果确定。

K：岗位绩效考核系数，由员工岗位工作业绩考核和员工综合表现考核确定。

T：员工考核评定等级调节系数，根据员工考核评定等级确定。

四、5W模式的操作要点

构建5W薪酬模式，贯彻模式的核心思想，在操作上重点把握四个要点：

（一）系统化

5W 模式是薪酬分配和考核评价构成的一个完整的制度体系，是以员工绩效考评体系的健全和完善为前提的。认识考评制度在体系的基础导向作用，按系统化构建原则健全完善绩效考评制度，加强薪酬分配与考核评价制度的结合，是有效发挥 5W 模式效用的关键。

（二）差异化

差异化管理是确保新型薪酬模式应用有效性的一项基本原则。推行差异化管理，提高体系应用的针对性，必须结合单位、部门和岗位的个性化要求，分层分类做好制度设计。

（三）精细化

长期的实践表明，细化考评细则是强化考评导向，增强考核评价操作性，提高考评制度效率的重要途径。细化考评细则，要从经营战略、管理目标、业务流程、岗位职责、素质能力、思想作风等各方面考评内容出发，细分评价事项、细化评价标准，最大限度保证细则对绩效评价要素的全面涵盖，使评价细则成为规范行为，落实战略目标的有效工具。

（四）合理化

需要正确认识和对待薪酬激励的合理差距。“强激励、严约束”必然造成员工收入分配水平的较大拉开差距，明确这一差距是以绩效贡献的差距为前提的，是合理的差距，是激励动力产生的源泉。

（五）严格执行

严格执行是确保制度有效运行的一个普遍性原则。杜绝人情调整，严格制度标准，严格按程序执行，是确保体系有效运行，最大限度发挥体系效用的根本保障。

5W 薪酬模式与集团公司整体战略发展的阶段要求相适应，符合现代薪酬强化能力和绩效的发展要求，以其特有结构构成和机制体现出“结构合理、导向清晰、效果强化”的先进性。5W 薪酬模式有利于单位和部门核心理念的树立，强化绩效导向；有利于培养员工的忠诚意识、纪律意识、履职意识和“红线”意识，规范员工的行为；有利于构建有效的激励约束机制，提高工作业绩，对成长期企事业单位的各类员工具有积极广泛的应用价值。

联系企业实际　分步组织实施
探索建立规范的公司治理结构

公司治理结构的内涵和解释有很多种，吴敬琏先生概括得比较全面，“所谓公司治理结构，是指由所有者、董事会和高级执行人员（即高级经理人员）三者组成的一种组织结构。在这种结构中，上述三者之间形成一定的制衡关系。通过这一结构，所有者将自己的资产交由公司董事会托管；公司董事会是公司的最高决策机构，拥有对高级经理人员的聘用、奖惩以及解雇权；高级经理人员受雇于董事会，组成在董事会领导下的执行机构，在董事会授权范围内经营企业。”公司治理的关键在于明确而合理地配置公司股东、董事会、经理人员和其他利益相关者之间的权力、责任和利益，从而形成其有效的制衡关系。

中国兵器工业集团公司成立以来，根据形势和任务的发展变化，在公司治理结构建设上大致经历了两个阶段：

第一阶段是集团公司组建初期的调整过渡阶段。集团公司组建初期，针对当时存在的扭亏解困任务繁重与成员单位领导人员普遍老化的突出矛盾，根据干部“四化”原则和现代企业制度的要求，经过一年多的试点探索后，于2001年印发了《中国兵器工业集团公司委派（委任）出资人代表管理办法（试行)》，并逐步在全系统大部分工业企业中建立了公司治理结构。这种治理结构的特点是，以总经理为主负责企业的日常经营管理工作，董事会主要是参与审议企业重大决策。在具体组建过程中，让部分工作经验丰富、年龄较大的领导班子成员进入董事会、监事会，主要发挥参与、建议、监督作用；让有知识、有魄力、业绩突出的年轻同志进入经理层，充分发挥他们的闯劲与干劲，带领单位走出困境。这种模式虽然距规范的公司治理结构有一定距离，但在集团公司解困期间，效果十分明显。不但充分发挥了老同志的参谋作用，锻炼年轻同志的工作能力，促进全系统领导人员队伍新老交替，而且在一定程度上保证了企业内部的监督制衡和科学决策，帮助企业领导人员对公司治理有了深刻的理解和认识，为成员单位从工厂制向公司制的平稳过渡积累了丰富经验，奠定了良好基础。

第二阶段是从2005年开始的规范公司治理结构阶段。随着集团公司由“解困型”向“发展型”的转变，各单位经济环境、市场环境和政策法规环境等都发生了深刻变化，特别是新《公司法》的颁布和实施，对企业内部治理结构和机制建设等都提出了新的要求。为适应这一形势，集团公司提出要在全系统创新建立“小核心”型混合控股公司体制，并以此为契机，按照“各负其责、协调运转、有效制衡”的原则，对成员单位公司治理结构进行规范和完善。

一是董事会与党委主体融合，董事长、党委书记由一人出任。一方面，依据《公司法》的有关规定，董事会在企业中行使对重大事项的决策权，在公司治理结构中居于关键地位；另一方面，党委是企业的政治核心，保证企业执行党的路线方针政策，并参与企业重大问题的决策。为把董事会决策与党对企业的政治领导以及参与重大决策统一起来，集团公司在开展规范公司治理结构试点过程中，坚持党委负责人通过法定程序进入董事会、监事会、经理层，董事会、监事会、经理层中的党员进入党委会，同时，董事长、党委书记由一个人出任，并且在班子中起主导作用。这种做法比较好地解决了党委参与企业重大决策的问题，有效地改进了党委发挥作用的方式，保证了党和国家路线方针政策在企业的贯彻执行，进一步强化了党委在企业中的政治核心作用。

二是董事长与总经理原则上分设，以推动和实现决策权与经营权的分离。决策权与经营权相分离是现代企业治理的基本方向和基本要求。特别是对国有企业，通过实施决策权与经营权分离，有利于建立制衡机制、提高企业管理和治理水平。为此，集团公司在规范公司治理结构过程中，原则上对董事长和总经理实行分设，董事会行使决策权，包括决定企业的发展战略、投资计划、经营目标等，总经理根据董事会确定的发展战略、投资计划、经营目标等组织实施企业的日常经营管理，完成董事会确定的企业经营和发展目标。

三是严格按照《公司法》要求落实董事会、监事会和经理层职责，积极构建“各负其责、协调运转、有效制衡”的运行机制。为积极构建董事会、监事会、经理层“各负其责、协调运转、有效制衡”的运行机制，集团公司在规范公司治理结构过程中，结合集团公司实际情况，重点强调落实董事会、监事会的职能，建立完善董事会、监事会的专业委员会，赋予董事会对经理层的选聘、考核与激励权力，确保董事会发挥决策功能、监事会发挥监督功能，使企业实现从传统的“一把手”负总责到“各负其责、协调运转、有效制衡”运行机制的转变。

四是整合企业内部监督资源，积极探索构建“大监督”管理。监事会是公司治理结构中的重要组成部分。监事会的主要功能是代表出资人对董事会及经理层进行监督，实现对决策和经营的有效制衡。而监事会又主要采用财务审计监督等手段开展工作，这与企业内部的财务监督、纪律检查、行政监察、内部审计等部门工作存在一定的重合。为有效整合企业内部监督资源，集团公司在开展规范公司治理结构试点过程中，加大监事会与纪委的融合力度，监事会主席与纪委书记由同一个人出任，统一负责财务监督、纪律检查、行政监察、内部审计等工作。这种做法比较好地解决了企业存在的监事会、纪检监察、审计等部门业务重叠、力量分散的问题，有利于从整体上整合企业的监督力量，有效地保证了监事会监督职能的发挥。

落实“大规模培训干部”的部署 不断强化培训的基础和先导作用

集团公司组建后，党组高度重视员工培训工作，及时提出了“事业吸引人、情感留住人、政策激励人、岗位造就人、培训提高人”的“五句话”工作思路，紧紧围绕“保军、转民、解困”和“建设有国际竞争力大公司和高科技现代化兵器工业”的战略目标，以优化员工队伍结构、提高员工队伍整体素质为核心，大力度地开展了多层次、多方式的干部培训工作，特别是中央印发“十五”干部教育培训规划和十六大提出的在全党兴起学习贯彻“三个代表”重要思想新高潮，全国组织工作会议提出大规模培训干部的战略任务以后，集团公司党组将干部培训与集团公司发展战略的实施、员工队伍结构的优化、人才队伍素质的提高紧密结合，进一步明确地提出“科技领先，人才先行”的战略方针，使培训工作取得了明显的成效。

一、充分发挥培训在集团公司的改革与发展中的基础先导作用

兵器工业集团公司不仅把培训作为提高员工素质的重要手段，更把它作为集团公司改革发展事业的基础和先导。集团公司组建以后，每有大的改革举措，首先进行的就是培训；每到发展的关键阶段，重视和关注的也是培训。通过培训，进一步统一了思想，明确了目标，增强了干劲，有力

地推动了集团公司发展。

（一）将培训工作与集团公司发展战略的实施紧密结合，充分发挥培训对企业改革发展的基础和先导作用

集团公司组建之初，根据集团公司整体还比较困难的实际情况，党组把加强干部队伍的思想政治素质教育放在突出位置来抓，结合“保军、转民、解困”三大目标，提出了领导人员“166 素质”标准，要求领导人员刻苦磨炼一种意志，突出强化六种意识，重点提高六种能力。一种意志，就是要在实践中磨炼出一种百折不挠、坚韧不拔、献身兵工的钢铁般的意志；六种意识，就是党性修养意识、创新意识、竞争意识、风险意识、管理意识和整体意识；六种能力，就是系统思维能力、驾驭全局能力、识人用人能力、果敢决策能力、协调沟通能力和资本运作能力。围绕领导人员“166 素质”要求，我们加大了对干部特别是企事业领导人员的教育培训力度。

一是加强对企事业领导人员的政治理论培训。重点培训成员单位班子成员牢固树立正确的权力观、地位观、利益观，形成讲党性、讲大局、讲团结的氛围，把爱党、爱国、爱人民体现落实在忠诚集团公司的各项事业之中，培育集团公司共同价值观的归属感；在重大原则问题上、在面对复杂疑难局面和困难紧要关头能分得清是非、经得起考验。

二是结合建立现代企业制度，完善公司治理结构工作，加强对干部的现代企业制度知识培训。先后组织改制企业的董事长、监事会主席、总经理、总会计师、党委书记分期分批进行了专题培训，为加速成员单位现代企业制度的建立和法人治理结构的完善起到了积极的推动作用。

三是适应市场经济下资本运作的新形势，加大对总会计师知识更新的再培训力度，到目前为止，共对所有成员单位委派（委任）的总会计师进行了脱产培训。通过系统专业知识的培训，总会计师们的资本运作能力及运用新财务知识、新财务方法的业务水平有了较大的提高，加强了新形势下对成员单位的国有资产监督管理和资本运作的能力。

四是适应集团公司各成员单位发展需要，针对军品生产能力调整、军民品开发，军民分离分立等中心工作专题举办业务，加强对企业领导人员战略管理、质量管理、项目管理、财务管理、人力资源管理、决策学、运筹学等知识的培训，使成员单位主要领导人员和总部副主任以上领导人员至少接受了一次系统的岗位培训，有力地推动了各成员单位的改革和发展及各项工作的顺利完成。

五是配合集团公司实现国际化发展战略目标的需求，对下属中外合资企业的中方高级管理人员进行了系统化的国际经营管理知识培训。这些培训极大地促进了集团公司战略目标的顺利实施，推动了集团公司的改革发展步伐。

（二）将培训工作与干部队伍建设紧密结合，充分发挥培训在推进干部队伍年轻化中的基础和先导作用

集团公司组建以后，面对当时全系统人才流失问题突出、人才引进难、人才结构不合理的严峻形势，党组提出了“事业吸引人、情感留住人、政策激励人、岗位造就人、培训提高人”的“五句话”工作思路，把岗位造就和培训提高作为提高干部队伍素质的重要途径。按照集团公司“111 人才计划”，集团公司加强了对成员单位后备领导人员（包括正职后备、副职后备和总会计师后备）的教育培训工作。从 2000 年开始到现在，连续举办优秀中青年经营管理人员培训班，对列入后备领导人员的优秀中青年经营管理人员进行了脱产培训。在干部的使用上，坚持“先培训，后提拔”、“先培训，后上岗”的原则，集团公司组建以来，凡是新提拔的成员单位领导人员都经过了系统的专业化培训。通过近年来的努力，集团公司干部队伍无论在年龄、学历方面，还是在专业结构上都得到了极大的改善，领导班子结构进一步优化，整体素质得到普遍提升。

（三）将培训工作与充分利用国内国际两种资源相结合，充分发挥培训在高层次人才市场化、国际化中的基础和先导作用

为了进一步拓宽干部队伍建设的视野，集团公司积极探索“借脑发展”的人才开发新途径。在部分科研院所和企业建立了博士后科研工作站，通过加强硕士、博士学位点的建设，高学历、高层次人员数量比例已显著提高；通过与国内外著名学院的知名教授、专家广泛接触沟通，及时掌握了相关高新技术领域的最新动态及最新成果；通过自带项目合作研究，实现了资源共享。与此同时，为有效利用社会上的培训资源，扩大培训效果，集团公司在干部教育培训方面，坚持“不求所有，只求所用”的原则，充分利用社会上的培训资源，广泛与国内高等院校或社会上的培训机构合作办班。目前，已与清华大学、北京理工大学、南京理工大学、西北工业大学、中南财经政法大学、华中理工大学、中央党校、上海市委党校、国家行政学院等国内院校，与德国的西门子和奔驰、意大利的菲亚特、法国的泰勒斯、萨基姆等国际知名的大公司建立了对口培训通道。

二、建立健全分级分类的教育培训体系

为切实保障培训工作的可持续发展，更好地发挥培训工作的基础和先导作用，集团公司积极建立健全分级分类的教育培训体系。

首先，统一领导、分工协作，发挥集团公司在培训工作中的主导作用和成员单位的主体作用。集团公司人力资源部受集团公司党组的委托，负责对全系统人员培训工作进行宏观指导，并对全系统的培训业务进行归口管理，负责制定集团公司的中长期人才培训规划，并主要负责组织全系统核心级、高级人才的培训。各成员单位根据工作需要和集团公司培训规划，提出本单位培训计划，并负责组织中、初级人才的培训。集团公司人力资源开发中心的三级网络系统行使集团公司培训实施的中介服务职能，受集团公司和成员单位委托，具体负责组织及实施各类培训工作。

其次，遵循人才成长的一般规律，建立分级分类、循序渐进的培训模式。“分类培训”就是根据经营管理人才、专业技术人才和专门技能人才这三类人才的不同特点，采取不同内容和方法，开展好差别化、特色化培训。“分级培训”就是对以上三类人才，根据其职业发展的规律和人才成

长的不同阶段，按照核心级（国际级、国家级、集团级）、高级、中级、初级、预备级的五级结构框架，采取由低级到高级循序渐进的方式进行针对性培训。同时，合理规划不同类别和层次人才的培训内容和培训重点。

第三，有效整合全系统培训资源，建立资源共享、专业合理的培训支撑网络体系。建立了集团公司人力资源开发中心，作为集团公司开展培训工作的基地，培训对象重点是核心级、高级人才，包括成员单位领导人员、集团公司级科技带头人、集团公司级关键技能带头人以及总部员工。依托成员单位建立了地区分中心和培训中心，作为人力资源开发中心的分支机构和培训业务支撑，培训对象主要是各类高、中级人才。在各有关成员单位建立培训站，由地区分中心负责中、初级和预备级人员的培训。

三、以“素质建设工程”实施为重点，积极开展差别化、个性化培训

为进一步明确培训工作目标，切实提高培训工作的针对性和有效性，集团公司适时制定了《“素质建设工程”实施纲要》，对各类人才的素质和能力（包括基本素质和胜任素质）进行了明确规定，并以此作为培训的目标和依据，积极开展差别化、个性化的培训。

比如，对董事长、监事会主席后备人才，集团公司重点进行战略与投资管理、财务与金融管理、资本与市场运作、人力资源开发与管理、监督与审计管理、政策法规知识等企业管理学方面的知识和技能培训。对成员单位高级管理人员后备人才，除进行上述培训外，还要重点进行市场营销、科研开发以及企业文化建设等方面知识和技能的培训。其中，对党群负责人后备人才，则重点进行党的基本理论、新形势下思想政治工作的方式方法等方面知识和技能的培训。对集团公司高层次科技骨干人员后备人才，重点进行相关专业领域技术创新与发展的新知识、科研开发新手段以及市场开发、成本控制等方面知识与技能的培训。对高层次技能骨干人员后备人才，重点进行高新技术工艺及装备操作、新产品制造工艺、成本质

量安全控制等方面基本知识和实际技能的培训。通过业务知识和业务技能培训，有力地提高后备人才的创新创效能力，使他们能够按照科学发展观和正确业绩观的要求，创造出经得起实践、历史和市场检验的工作业绩。

四、树立市场化观念，开展“三段式”培训

为进一步提高培训的有效性，集团公司在培训工作的实践中，积极创新培训的方式方法，坚持课堂教学与实地考察相结合、国内培训与国外培训相结合、短期培训与长期学历教育、统一组织与个人自学相结合，使培训方式实现了由单纯的学院式教学向理论与实践相结合的转变，形成了具有兵器特色的“三段式”培训方式。

“三段式”培训就是将培训过程分为三个阶段，在三个阶段中分别安排不同内容、不同方式的培训，使学员在三个阶段中对所学内容逐步进行理解消化、融会贯通。第一阶段是集中学习。这一阶段一般为40—50天，主要安排专家学者或知名企业家，重点讲解学员需要掌握的相关理论知识，从理论上丰富学员的知识结构，提高他们的政治思想素质、业务素质和身心素质。第二阶段是挂职锻炼。安排学员到系统内外的企事业单位挂职锻炼，在实践中对所学到的知识进行消化，对自己的理解进行检验，同时了解其他企业的先进经验。近年来，集团公司还派学员到宁波、青岛、上海等沿海发达地区的政府部门、国有大型企业以及优秀民营企业挂职锻炼。通过这一系列举措，学员们的视野更加开阔，市场意识、发展意识和思维方式有了很大转变。第三阶段是论坛研讨和课题答辩。培训期间将学员分成几个小组，每个小组均承担一个集团公司或成员单位在改革发展过程中重大课题研究项目，学员在挂职期间就要结合挂职体会对课题进行研究思考。挂职结束，统一组织论坛研讨和答辩，由集团公司领导和各业务部门的专家担任评委，论坛答辩后评选出优秀研究报告和优秀学员，给予表彰奖励。通过论坛研讨，不仅检验了理论学习阶段的效果，而且培养了学员们的团队意识和应变能力，同时也为集团公司的改革发展提出了好的

思路、好的办法，创造了集团公司领导和成员单位领导沟通交流、考察识别的新渠道，效果非常显著。

通过积极的探索和实践，集团公司的教育培训工作正在逐步由传统的培训与管理向市场化、规范化的现代培训转变，培训的方式、内容及组织管理都在逐步走向正轨。随着建设有国际竞争力大公司步伐的加快，集团公司的人才培训工作将发挥越来越重要的作用。

打造坚强有力的组织人事劳资团队

作为人力资源开发与管理的主力军和深化“新三项制度”改革、推动体系化人才工作新机制建立的开拓者与推动者，组织人事劳资工作者是第一资源中的第一资源。集团公司组建以来，我们高度重视组织人事劳资团队的自身建设，并把组织人事劳资团队作为人才工作体系的支撑体系之一加以建设，不但从文化层面进行凝聚，而且在制度上保证团队自身素质积极适应集团公司发展要求，始终使组织人事劳资团队成为“人才先行”战略的有力推动者和实施者。

一、围绕企业发展战略，认真履行好团队的两个功能

组织人事劳资团队是人力资源开发与管理的组织者与实施者，承担着围绕企业发展战略制定和实施人力资源战略的重要职责。近年来，集团公司在组织人事劳资团队建设过程中，紧紧围绕集团公司的发展战略，积极履行好团队的两个功能。

一是要履行好团队的经营性功能。履行经营性功能，就是要抓好组织人事劳资的日常业务管理工作，认真制定实施年度工作计划，不断提高招聘、甄选、调配、考评、薪酬、劳动定额、劳动关系、社会保险和员工培训等工作质量，更好地为企业的科研生产经营业务服务。二是要履行好团队的战略性功能。履行战略性功能，就是要制定好人力资源管理的长期规划，不断创新人力资源管理的思路和方法。依据企业发展战略，建立完善公司治理结构，科学地构建企业内部组织结构，提高组织的运行效率；制

定人力资源整体规划，加强企业人才队伍建设，改革用人制度、考评制度和激励制度，提高人力资本的运行效率。通过围绕两个功能抓建设，使集团公司组织人事劳资团队的工作始终贴近中心工作、服务集团战略。

二、构建共同的文化理念，培养良好“三大习惯”

共同的文化理念是改变团队成员旧有的价值观念，培育他们的认同感和归属感，并有效将大家凝聚起来，形成强大合力，为着共同团队目标而努力奋斗的精神动力。集团公司组建以来，紧紧围绕集团公司发展战略目标和中心任务，及时制定下发《组织人事劳资系统团队文化建设方案》，积极构建统一的文化理念和价值观念，培育共同的工作模式、管理模式和团队特质，不断优化全系统组织人事劳资系统工作者的学习习惯、思维习惯和行为习惯。从改变学习习惯入手，不断提高学习能力，研究人才成长发展规律，创新人才工作理念和机制，培育“学无止境”的学习习惯；从转变思维习惯入手，调整思维方法和心智模式，不断提高系统思维能力，创新人才工作思路，形成“以人为本”的思维习惯；从变革行为习惯入手，坚持“三大纪律、八项注意”的团队行为准则，不断提高执行力、凝聚力和自我约束力，培育团队“精益求精”的行为习惯。全面加强组织人事劳资系统团队的素质和能力建设，为推动集团公司战略目标的实现发挥了积极作用。

（一）团队宗旨

坚定正确的政治立场，开拓创新的进取精神；

知人善用的业务能力，严谨细致的科学态度；

爱身如金的人格魅力，团结和谐的工作氛围。

（二）团队理念

自律、和谐、创新、有为

1. 自律

每一个组织人事劳资工作者，作为团队的一分子，在生活上，时刻做到“自重、自省、自警、自励”；在工作上，时刻做到“慎独、慎微、慎始、慎终”。要严以律己，遵章守纪，牢固树立马克思主义的世界观、人生观、价值观，牢固树立正确的权力观、地位观、利益观，使团队的每一位成员都像“指北针”一样，发自内心地坚定为党和人民的事业不懈奋斗的信念，不断锤炼自己坚韧不拔、百折不挠、奋发有为的坚强意志和品格，保持一种高尚的道德情操和精神境界，自觉维护团队的良好形象。

构建一种科学、严谨、规范的工作机制，形成一种有条不紊、井然有序的工作流程，培育一种既团结紧张，又严肃活泼的工作氛围。

2. 和谐

团队中人与人之间要相互理解、相互谅解、相互支持、相互关爱，形成和睦、团结、协调、有趣的工作环境。

人力资源管理工作者处在改革攻坚的前沿，承担着非常艰巨的任务，要充分协调各方力量，努力调动一切积极因素，积极创造宽松环境，抓住机遇，乘势而上，把一切有利于集团公司和成员单位发展的积极因素都凝聚成为我们工作中不竭的动力和源泉。

3. 创新

勇于冲破陈旧的、不合时宜的思想观念束缚，自觉地从主观主义和形而上学的桎梏中解放出来，能够根据新形势、新环境变化发展的要求，以与时俱进的精神状态不断否定自我、超越自我，不断创新思路、创新机制，激发全体员工的创新活力，最大限度地发挥创造潜能，使员工产生一种跨越发展的内在需求，以创新的观念审时度势，以创新的勇气直面难题，以创新的精神拥抱未来。

4. 有为

既志存高远、胸怀抱负、激情澎湃、力争卓越，又脚踏实地、锲而不舍、虑事周全、注重细节；既讲求高效、快速反应，又讲究结果、务求实效。把个人的价值与党和人民的需要紧密地联系在一起，把团队的追求与集团公司整体利益紧密地联系在一起，在对事业的不懈追求中享受人生，在对事业的艰苦奋斗中收获成功。

(三) 团队管理模式

内方外圆

1. 内方

员工苦练内功、优化素质；团队严格管理，严明纪律。以科学的工作流程和严格的管理制度，规范每一位成员的言行，在统一的团队意志和行为准则的指导下，形成团队内部有机的和谐与统一。

2. 外圆

热情、周到、细致地为他人提供优质的服务，把最大的方便让给他人，努力形成相互配合、相互融合的良好关系；优化团队环境，实现资源共享，追求集团共同价值的实现和整体利益的最大化、最优化。

(四) 团队特质

学习型、互动式

1. 学习型

培育和保持团队持久增长的学习力，调整员工的心智模式，激发员工的内在潜能，使团队的每一位成员在学习中体验生命之义，从而拓展自我、创造自我，实现学习与工作的融合，做到工作学习化、学习工作化，在学习中实现共同愿景，在学习中实现自我超越。

2. 互动式

在团队共同愿景的导引下，每一位成员都能明确职责、明确任务，都能准确定位、及时到位，都能体察全局、系统思考，从而打开边界，共享资源。自觉培育相互支持、相互配合、共创佳绩的和谐心态，努力形成以业务经理工作责任制为中心的自如工作机制。

(五) 团队工作模式

战略前瞻、系统构思、分步实施、过程控制、追求实效、力争卓越

1. 战略前瞻

深谋远虑、预先研究、超前谋略，通过对未来的科学预测，合理设定

工作愿景，在此基础上，与先进单位对标比较，分析现状，找出差距。同时，分析内外部环境，了解有利条件和不利因素，从而以先进正确的战略思想总揽全局，使团队的各项工作始终围绕一个统一的战略目标，始终保持一个正确的方向。

2. 系统构思

以战略思想为指导，根据战略目标明晰工作任务，依照内外环境的综合因素，分清工作的主次，总体设计、合理布局，周密制定实现战略目标的战术方案，强调“人、机、料、法、环”五要素系统的协调与统一，既能看到有利形势，又能预测不利因素，对各种可能性的“变数”都有一套应对之策，以清晰明了的工作思路指导工作实践。

3. 分步实施

紧紧围绕战略目标分解战术方案，遵循客观规律，分清轻重缓急，拟订工作计划和网络流程，明确工作节点，通过措施保障，按步骤有序地推进战术措施的有效实施。

4. 过程控制

深思熟虑，抓住战术方案实施过程中的关键与重点环节，明确工作流程与控制网络，严格把握质量标准与时间节点，对工作的每一个环节都有持续改善的方案与措施，克服随波逐流和不可控性，防止工作偏离正常轨道甚至出现失误。

5. 追求实效

力克形式主义，讲究工作的针对性，扎扎实实地推进工作，确保工作目标的实现，并能对集团公司战略目标的全面实现产生有力的实际效果。

6. 力争卓越

团队的每一位成员在工作中都要讲求精雕细刻、精益求精，永不满足，不断挑战自我、超越自我，创造性地开展各项工作，力争工作结果最大限度地超越预设目标，并对集团公司整体战略目标的全面实现产生有力的推动。

（六）团队行为准则

三大纪律　八项注意

1. 三大纪律

严肃的政治纪律、严明的廉政纪律、严谨的工作纪律。

2. 八项注意

注意工作态度、注意工作职责、注意工作思维、注意工作创新、注意工作细节、注意工作氛围、注意工作评估、注意工作实效。

（1）注意工作态度：成就一番事业，重在激情、贵在坚持、成在细节、功在实效。每一位成员应把团队先进的价值理念融入每一项工作之中，把组织交给的工作任务当作实现团队目标和个人理想的事业。做到诚实守信，敬业勤奋，积极主动，精益求精。

（2）注意工作职责：明确业务分工，讲求工作规程，全面履行职责，做到在其位，司其职，负其责，尽其力，权责一致。

（3）注意工作思维：注重战略研究，培养前瞻意识，强调理性思考，优化方案设计，做到统筹规划，系统分析，体察全局，把握始终。

（4）注意工作创新：在学习中追求超越，在实践中创新局面，不安于当前现状，不满足于得心应手，坚定创新的信念和勇气，培养创新的能力与素质，以与时俱进的品格和激情不断实现工作跨越发展。

（5）注意工作细节："细节决定成败"。工作中立意要高，作风要实；大处着眼，小处入手；明察秋毫，无微不至；精雕细刻，一丝不苟。

（6）注意工作氛围：讲团结，顾大局，多补台，不拆台；团结合作，关爱他人；环境整洁，文明办公。共同营造和谐、和睦、文明、向上的工作氛围与工作环境。

（7）注意工作评估：注意及时有效地回顾总结以往的工作，建立科学的考核评价与监控机制，完善工作反馈体系，不断改进工作方法，保证团队的每一项工作都能沿着正确的轨道进行，促进团队工作持续、健康地开展。

(8) 注意工作实效：讲实情，出实招，干实事，求实效。注重调查研究，善于提出问题，有效解决问题，讲求工作效率，一步一个脚印，扎实高效地推进工作，卓有成效地推动集团公司战略目标的全面实现。

(七) 团队工作目标

实施一个战略、完善七项制度、强化七个环节、培育五种机制、实现四大转变

1. 实施一个战略

"科技领先，人才先行"战略。

2. 完善七项制度

按照集团公司人才工作会议的要求，建立和完善均衡的决策制度、合理的监督制度、科学的考评制度、有效的激励制度、准确的职业生涯设计制度、体系化的人才队伍建设制度、正常的减人增人制度。

3. 强化七个环节

整体规划、严把"入口"、合理使用、科学考评、有效激励、及时培训、疏通"出口"。

4. 培育五种机制

经营管理者能上能下机制、员工能进能出机制、收入能高能低机制、科学合理的监督约束机制以及前瞻性体系化的人才工作新机制。

5. 实现四大转变

由保障型向先导型、由拥有型向开放型、由管理型向开发型、由结构调整为主向素质提高为主的转变。

(八) 团队愿景

创优秀团队、育优秀人才、建关爱之家

1. 创优秀团队

善于使用一切先进的思想和理念、工作手段和方法，通过创建"学习型、互动式"组织，把集团公司组织人事劳资系统建设成为党性强、纪律严、作风正、工作实、业务精、效率高、业绩实、热情服务、关爱互助、

团结向上的优秀团队。

2. *育优秀人才*

努力造就一批“靠得住、心胸宽、悟性高、有激情、懂业务、善协调、能创新”的组织人事劳资工作专业人才队伍，使每一位员工既能独立自主地进行国内人力资源开发与管理工作，又能独立自如地面向国际市场进行人力资源开发工作；全面加强人力资源能力建设，逐步形成优秀人才脱颖而出的机制，积极培养结构合理、数量充足、素质优良、业务精湛、奋发有为的经营管理、专业技术、专门技能三支人才队伍，有效促进集团公司核心竞争力的形成。

3. *建关爱之家*

要树立“爱才、育才、怜才、惜才、护才”的意识，将集团公司组织人事劳资系统建设成为相互关爱、奋发有为的团结战斗的集体，使之成为集团公司的人才之家、干部之家和优秀人才脱颖而出的坚强后盾。

三、严把入口强化培训，打造高素质的工作团队

为全面提高组织人事劳资团队的业务素质，更好地适应集团公司建设有国际竞争力的大公司和高科技现代化兵器工业的战略要求，我们在积极构建共同的团队理念、培育共同的工作和管理模式的基础上，还通过严把入口、加强培训等手段，不断提高组织人事劳资工作者的职业素质。

一方面，研究制定准入制度，优化团队专业结构。根据工作需要，研究制定了组织人事劳资系统人员任职资格标准，进一步明确各类岗位上岗人员必备的知识水平、能力要求、工作经验和业绩要求。同时，要建立严格的考察考核程序，从源头上把好关、选准人，保证组织人事劳资系统人员的质量和结构。确保把政治素质好、知识水平高、工作能力强、作风形象好，熟悉企业情况的优秀人员吸纳到组织人事劳资团队中来。

另一方面，积极抓好业务培训，优化员工知识结构。依托集团公司三级培训体系，分层级举办培训班，坚持每2—3年把全系统组织人事劳资工

作者全部轮训一遍。拟通过3~5年内，使全系统组织人事劳资部门重要岗位工作人员都要具备人力资源管理师职业资格。各成员单位组织人事劳资部门也建立了定期培训和定期轮岗制度，保证每一名组织人事劳资工作者每年脱产专业培训时间不低于一周，每年内部流动率不低于20%。

四、建立信息反馈体系，畅通团队的信息交流渠道

建立集团公司人力资源部、各事业部人力资源处与各成员单位组织人事部门间的信息反馈联络制度，形成信息网络反馈体系，保证上情下达、下情上达，及时掌握和了解全系统思想动态和工作状况，增强快速反应能力，提高工作办事效率。

在各子公司组织人事劳资部门设立了信息反馈联络员，不定期向集团公司人力资源部报送本单位阶段性生产经营和主要经济指标完成情况、重大科研项目进展情况、重大改革举措进展情况、稳定工作情况、厂（所）级领导人员的相关情况以及人才队伍建设的相关情况；及时向集团公司人力资源部报送本单位重大突发事件、重大安全质量事故、遭受重大自然灾害情况、重大投资及决策情况以及有关人力资源信息化建设方面的信息。

五、开展片区建设，促进同一地域团队的沟通协调

鉴于集团公司成员单位数量多、分布地域广的特点，将全系统组织人事劳资系统队伍根据单位和地域分布分成北京、山西、东北、西北等13个片区。片区联系单位和片区召集人实行轮值制，每届任期一年，片区召集人原则上由片区联系单位主管组织人事劳资工作的领导担任。

各片区在集团公司人力资源部的统一领导下，认真贯彻集团公司组织人事劳资工作的路线、方针和政策，按照集团公司组织人事劳资系统团队建设的部署，组织研究制定片区团队建设的规划、计划、制度和具体实施办法；积极组织开展政策研究、专题研讨、理论学习和业务培训等工作，对片区各成员单位团队建设开展情况进行检查落实，并定期向集团公司人

力资源部上报团队建设开展的情况。通过片区建设，有效促进了系统内各成员单位间的信息沟通，起到了相互学习，相互借鉴，相互促进的目的，使组织人事劳资团队的整体素质和能力得到不断提高。

六、加强调查研究，培育高素质政策研究队伍

前瞻性的政策研究工作是确保集团公司“人才先行”战略得以落实、确保人力资源开发与管理工作更好地服从服务于中心的重要前提。为此，集团公司结合人力资源开发工作的探索与实践，积极培育一支符合企业发展要求的高素质的政策研究人员队伍。一是立足于实践开展研究。研究的目的是为了运用。在推进“新三项制度”改革、构建体系人才工作新机制过程中，每向前探索一步，都伴随着相应的政策研究，使政策研究工作真正成为推动人才工作的重要支撑。二是大兴调查研究之风。深入调查研究是组织人事劳资团队的重要工作方式，也是确保研究成果科学、有效的重要手段。工作中，集团公司要求组织人事劳资工作者全方位、全视角地了解科研、生产、经营等各方面的工作信息，及时掌握了解影响本单位改革发展全局、群众关注的突出问题，使人力资源开发的研究工作与本单位中心任务始终保持紧密联系。三是主动学习研究方法。在工作中，立足企业，眼睛向外，主动向各类研究机构学、向专家学者学、向工作实践学，通过勤学习、勤总结，逐步形成了一套适合企业自身特点的研究方法。

夯实现代企业文化的根基

企业文化是企业的魂与魄，是企业核心竞争力的重要因子。纵观古今中外，大凡成功的企业，无不以其鲜明的企业文化，传承着企业及全体员工的价值标准和行为取向，表达着企业的共同信念和整体风貌，激励着员工的创新梦想与工作激情，推动着企业的振兴与发展。上下同欲者胜。对以振兴民族经济为己任的中国企业来讲，在市场竞争日趋激烈的今天，以优秀的中华民族文化为导引，塑造具有时代特征和我国企业特色的企业文化，尤为必要。

几千年来，中华民族创造了灿烂辉煌的传统文化，积淀了源远流长、博大精深的民族神韵。在中华民族这个浩瀚的传统文化体系中，儒、道、法三家思想以其核心的理念和深远的影响，成为我国传统文化的根基和主流。因此，深入研究和分析这三家思想的源本，扬其长，避其短，挖掘、复兴、发扬中华民族传统文化的真谛，对于建设能够继承和弘扬中华优良传统的企业文化，打造中国“百年老店”企业，具有十分重要的现实意义。

儒、道、法三家思想各有千秋，但单一推崇又各有利弊。儒家认为，人之初、性本善，强调教化和个人修身养性，以达到内圣外王、上下一心，但若独尊儒术，就容易导致人性懦化、不思进取；道家主张，少欲少取、清静和谐、处事有度，但若仅推道家，就容易导致自由主义倾向极端化，整个组织懒散无为；法家宣扬，人之初、性本恶，凡事要用严明的法律和制度予以管束，以达到上下一体、万众一行，同时强调法律与制度要随着情况变化调整，从而使其与实践相适应，但若只崇法家，就容易过于严酷和呆板。所以，培育和塑造现代企业文化，就要融合三家思想的优秀精华，创新发展“规则文化”、“人本文化”、“创新文化”等“三位一体、相融共济”的文化战略，从而夯实现代企业文化的民族文化根基。

无以规矩，不成方圆。夯实现代企业文化的民族文化根基，要以构建“规则文化”为基础。规则文化并不完全等同于通常所说的执行文化。因为，执行文化更多关注的是结果，只重执行成效，对丰富生动的执行过程一带而过；而规则文化则是既注重结果也注重过程，使管理对象和内容从一开始就按照既定的目标和相关要求运行，从而实现整个组织的紧密团结和全员行动的协调一致。近年来，兵器工业集团公司在建设企业文化的过程中，非常注重建立和完善规则文化，按照科学发展观和正确业绩观的要求，在全系统员工队伍中倡导和建立了一套“战略分解、目标细化、绩效考核、强激励、严约束”的制度和运行机制，使全系统员工都清楚地知道集团公司提倡什么、反对什么、禁止什么，“取得什么样的业绩就能得到什么样的回报”、“出现什么样的偏差就会受到什么样的处罚”。规则的建立和认同，使兵器工业集团公司重大战略决策在全系统上下得以积极自如的施行。

人本文化是中华民族文化心理的核心。夯实现代企业文化的民族文化根基，要以构建“人本文化”为核心。一个企业如果只讲硬规则而不关爱员工，就不可能生动有趣，也不可能持续旺盛地延续和发展，这也是以人为本为核心的科学发展观的根本要求。根据马斯洛五层次需求理论，关爱员工，不但要关心他们的生存状况，更要关注与提升他们的事业发展和个人价值追求。胡锦涛总书记在省部级主要领导干部专题研讨班上指出：“我们所要建设的社会主义和谐社会，应该是民主法治、公平正义、诚信友爱、充满活力、安定有序、人与自然和谐相处的社会”。这就要求企业领导人员要学会用社会和谐的方法来处理国有企业改革发展进程中的各种矛盾和问题，创造各类员工各尽其能、各得其所而又和谐相处的局面。兵器工业集团公司在推行成员单位经营管理者岗位绩效工资制的过程中，不但对所属成员单位进行分类管理和考核，而且将经营管理者的薪酬水平与本企业职工平均收入水平直接挂钩，既使全系统领导人员和全体员工的收入随着集团公司整体经营形势的发展而合理提高，又避免了因领导人员与员工收入差距过大导致企业发展的异常波动，保证了企业的和谐稳定和持续发展。同时，为实现各类人才全面发展，在全系统启动实施了“科技带头人”和“关键技能带头人”评聘制度，从体制上突破了科技与技能高层次人才发展的“瓶颈”，为科技和技能人才提供了广阔的事业平台，从而使广大科技和技能人才更加专注于技术创新事业。目前，全系统已选拔产生出近400名集团公司级科技和关键技能带头人。2006年，为解决顶级科技人才发展问题，大力培养职业型科技领军人物，加速建设创新型集团，又建立了“中国兵器首席专家”制度，进一步确立了科技人才“成员单位级科技带头人—集团公司级科技带头人—中国兵器首席专家—国家两院院士”的职业生涯发展台阶。在先进性教育活动中，兵器工业集团公司在全系统建立了困难职工帮扶救助体系，积极开展“三不让”承诺活动，即：不让一户困难职工生活不下去、不让一个困难职工子女因困难而辍学、不让一名职工看不起病。

天行健，君子以自强不息。夯实现代企业文化的民族文化根基，要以构建“创新文化”为重点。胡锦涛总书记在全国科学技术大会上指出：“创新文化孕育创新事业，创新事业激励创新文化。”中华民族文化包含着鼓励创新的丰富内涵，先人们历来强调推陈出新、革故鼎新。一个企业如果没有创新的素质和品格，就不可能形成强势的核心竞争力。兵器工业集团公司在推进建设有国际竞争力大公司和高科技现代化兵器工业“三步走”战略构想过程中，建立和形成了“敢想敢拼、超越自我”的创新文化。在创新文化的推动和激励下，不断在全系统推行了一系列管理创新举措，比如，对全系统经营管理人员的年薪实行统一发放；推行“内部竞争上岗”与“面向社会公开招聘”相结合的干部选拔任用机制；选派年轻干部赴宁波民营企业挂职锻炼等，极大地调动了领导干部创新的积极性。特别是通过将创新思维和创新成果作为一项战略指标纳入经营管理者素质建设和绩效考核体系，极大地激发了领导人员创新创造的热情，从而在全系统形成了“以创新为荣、以创新为能、以创新赢得核心竞争力”的心理认同和文化氛围，使企业的创新品质得到迅速提升。“十五”期间，不但顺利完成了一批国家级重大项目的研制生产任务，形成了一批优势民品项目，而且成功实施了石油、矿产等海外战略资源开发、国际工程、投资并购等一系列战略发展举措，形成了军品、民品和战略资源“三大主业”互动发展的新格局。

夯实现代企业文化的民族文化根基，企业经营管理者要带头丰富自己的历史文化底蕴。企业的经营管理者，作为企业利益的代表者、群体利益的责任者、员工发展的培养者、观念创新的开拓者、规则执行的督导者，其观念和行为直接决定和影响着企业文化的形成。因此，对国有企业领导人员来讲，不但要牢固树立以“八荣八耻”为主要内容的社会主义荣辱观，大力弘扬以改革创新为核心的时代精神和以爱国主义为核心的民族精神，进一步增强民族自信心和自豪感，而且要坚持“修身、齐家、治国、平天下”，努力强化“国家兴亡、匹夫有责”的民族责任心，始终保持“万腐不蚀”的高风亮节，全面锤炼“治企强国”的雄才大略。同时，要积极借鉴和吸收国外文化的优秀成果，不断创新和发展中华民族文化，努力用民族文化和民族精神的力量，引领和推动企业的发展与壮大。

夯实现代企业文化的民族文化根基，要坚持战略前瞻和系统思维的工作方法。凡事预则立，不预则废；预而周则成，不周则失。企业要按照科学发展观的要求，着眼于企业的全面、协调、可持续发展，从全局的高度，求真务实地推进企业发展和企业文化建设。要把企业发展的目标与过程、内部因素与外部环境、企业发展与员工个人发展、科技创新与管理创新、企业发展的速度与质量等内容结合起来，统筹考虑，系统设计，整体推进。要寓企业管理理念和思想政治工作于企业文化建设之中，把良好的经营理念同相关的制度和运行机制结合起来，在企业上下形成一套良好的潜意识和潜规则，不断推动企业持续协调、快速健康发展。

（此文为作者2006年5月26日在中央党校一年制中青年干部培训班管理经验交流会上的发言材料，已在2006年8月7日《学习时报》上发表。）

识变从宜篇

永葆共产党员的先进性
让鲜红的党旗高高飘扬

自集团公司先进性教育活动开展以来，我和大家一样，认真学习了《保持共产党员先进性教育读本》、《江泽民论加强和改进执政党建设（专题摘编）》和胡锦涛总书记在新时期保持共产党员先进性专题报告会上的重要讲话，重温了党章；聆听了马总的动员报告、张总的形势报告；观看了牛玉儒等同志先进事迹报告会。作为一名党员，我能参加这样一次深刻的教育活动，确实深受教育。

一、党的先进性是党的生命线，关系到党的生死存亡、关系到我们事业的兴衰成败

胡锦涛总书记指出："先进性是马克思主义政党的根本特征，也是马克思主义政党的生命所系、力量所在。"我们党 80 多年来走过的峥嵘岁月，就是一部代表先进性、保持先进性、发展先进性的历史。无论在革命、建设还是改革开放时期，先进性始终是我们党战胜一个又一个艰难险阻、取得一个又一个伟大胜利的魂与魄。

1921 年，中国共产党诞生于南湖红船，当时全国只有 50 多名党员，面对的是社会战乱不堪、国家积贫积弱、人民饥寒交迫、中华民族在黑夜中煎熬挣扎的局面。那时，军阀混战，群雄四起，帝国主义、封建主义、官僚买办阶级的代表人物凭借手中握有的地盘、重兵和枪炮，各怀野心，

都想争夺全国的政权。襁褓中的中国共产党没有一寸地盘，没有自己的军队，有时甚至连吃饭就医都难以保障。在这样一个困难条件下，我们党之所以能够脱颖而出，关键是我们党从成立之日起，就以无产阶级最先进的理论——马克思列宁主义作指导，代表了中国最广大人民的根本利益，代表了正义的事业，具有先进性。

党成立后不久，根据党制定的反帝反封建的民主革命纲领，迅速组织领导了“五卅”运动和省港大罢工等轰轰烈烈的反帝反封建斗争。但处于初创时期的党，由于缺乏统一战线和武装斗争的经验，加上党内出现的右倾错误，第一次大革命陷入失败。1927 年，是我们党历史上最艰难的一年，反动派疯狂镇压共产党和革命人士，中国大地黑云压境，腥风血雨。但中国共产党人没有被白色恐怖所吓倒，为了挽救革命，毅然发动了“八一”南昌起义，打响了武装反抗反动派的第一枪，并先后领导了秋收起义、广州起义等，在井冈山创建了第一个农村革命根据地，在斗争中逐步形成一整套关于中国革命战争的战略战术原则。在毛泽东、朱德等革命领袖们的指挥下，中国共产党多次粉碎了反动派对革命根据地的军事“围剿”，革命根据地的土地革命、武装斗争和政权建设都取得了很大胜利。

1931 年“九·一八”事变后，中国共产党一方面开展了全国抗日救亡运动和东北人民的抗日武装斗争，另一方面组织进行了五次反“围剿”。但由于王明“左”倾冒险主义错误，造成中央红军第五次反“围剿”的失败，中央红军被迫于 1934 年 10 月开始了举世闻名的万里长征。1935 年 1 月，遵义会议确立了以毛泽东为代表的新的中央领导集体，在最危险的关头挽救了红军和中国共产党，使党中央和红军得以转危为安，开始步入它的成熟时期。遵义会议后，在毛泽东等领导人的指挥下，中央红军四渡赤水，巧渡金沙江，强渡大渡河，飞夺泸定桥，爬雪山，过草地，甩开数十万国民党军队的围追堵截，战胜张国焘的分裂主义，浴血奋战，跋涉两万余里，胜利到达陕北。中国工农红军长征的胜利，是人类历史上的奇迹，整整两年中，转战十四个省，历经重重艰难险阻，保存和锻炼了革命的骨干力量，将中国革命的大本营转移到了陕北，为开展抗日战争、夺取全国胜利创造了条件。

1937年，日本侵略者发动全面侵华战争。在中华民族再一次面临危亡的紧要关头，中国共产党一方面积极促使形成以国共合作为主体的抗日民族统一战线，将西北红军主力和南方各省的红军游击队先后改编为八路军和新四军，开赴抗日前线。另一方面，武装深入敌后，发动广大群众，开展广泛的独立自主的游击战争，抗击了半数以上的日军和绝大部分伪军，并在斗争中发展壮大了人民军队和各抗日根据地。其间，从1941年5月到1945年4月，我们党开展了延安整风运动，这是我们党建设史上的一个伟大创举，它使干部在思想上大大地提高一步，使我们党达到了空前的团结，为夺取抗日战争的胜利奠定了基础。经过八年抗战，中国共产党成长为拥有120余万党员的全国性大党，党领导的人民革命力量得到空前的发展和壮大。

抗日战争胜利后，国内阶级关系急剧变化，中国面临着两种命运、两个前途的历史性抉择。中国共产党审时度势，领导了波澜壮阔的辽沈、淮海、平津三大战役。在这个时候，我们党没有随遇而安，而是本着对历史和人民负责的态度，果断发出“将革命进行到底”的号召，粉碎了各种反动势力企图“划江而治”的阴谋，宣告了中华人民共和国的成立。

新中国成立后，我们党带领全国各族人民战胜了帝国主义在政治、经济、军事上的种种禁运和封锁，开始了社会主义建设新的征程，先后取得了抗美援朝的伟大胜利，战胜了三年自然灾害等，保证了国民经济恢复、社会主义改造和第一个五年计划的顺利实现，并不断探索社会主义建设的规律。“文化大革命”结束后，党领导全国各族人民进行了拨乱反正，我们党廓清迷雾，重焕生机，成功地实现了党的工作重心的转移，开始了改革开放、建立社会主义市场经济新体制的新阶段。十六大以来，我们党沉着应对国际国内各种变化，团结带领全国各族人民按照科学发展观的要求，全面建设小康社会，积极构建社会主义和谐社会，经济建设和社会发展取得了显著成就。

回顾党的历史，我们可以得出三点基本启示：

1. 党的先进性首先要靠先进的思想理论作指导

翻开中国近代史，从鸦片战争到“五四”运动，为了救亡图存，中国人民的反抗斗争从来都没有停止过。但是，由于没有先进思想来武装，所有反对帝国主义、反对封建主义的斗争都以失败而告终。俄国十月革命的隆隆炮声，给中国的先进分子送来了马克思列宁主义，这犹如饥渴之中的甘露，给正在苦闷中摸索、在黑暗中奋争的中国人民指明了一条新的出路。“五四”运动，高举民主和科学的旗帜，为新思想的传播打开了道路。马克思主义同中国工人运动相结合，产生了中国共产党。说到马克思主义，我们就不得不提到《共产党宣言》。19世纪的人类社会，历史事件数不胜数，而《共产党宣言》的问世，恰如晴天霹雳，震惊全球。在20世纪行将结束的时候，英国广播公司在全球范围内搞了一次“千年思想家”网上评选。结果，独占鳌头的是马克思。这说明，即使在150多年过去了的今天，马克思主义仍然具有无可比拟的勃勃生机。所以，从成立那天开始，中国共产党就是以先进的思想理论为指导的党。

在中国共产党成立之初，李大钊、瞿秋白、蔡和森、邓中夏、恽代英等一批革命先驱把红色的种子播进千千万万劳苦大众的心田。正如李大钊在英勇就义前发表的最后一次演讲中所说，我们已经培养了很多的同志，如同红花的种子，撒遍各地！我们深信，共产主义在世界，在中国，必然要取得光荣的胜利。

以毛泽东为代表的中国共产党人，在新民主主义革命和社会主义建设时期，创造性地把马克思列宁主义的普遍原理同中国革命和建设的具体实践相结合，形成了适合中国情况的科学的指导思想——毛泽东思想。她不仅是中国新民主主义革命胜利的记录和对社会主义建设规律的正确认识，而且以其独创性的理论丰富和发展了马克思列宁主义。可以说，没有毛泽东思想，就不会有中国革命的胜利。

党的十一届三中全会以后，以邓小平为核心的党的第二代领导集体，把马克思列宁主义、毛泽东思想创造性地运用在当代中国，围绕改革开放和现代化建设条件，提出了建设一个什么样的党、怎样建设党的问题，即党的建设目标和方向的问题。20 世纪 90 年代以来，中国社会和国际形势都发生了广泛而深刻的变化，给党执政和领导各项事业提出了新的更高要求。新的历史条件下，以江泽民同志为核心的党中央科学总结我们党 80 多年的基本经验，继承和发展了毛泽东思想和邓小平理论，集中全党智慧创立了“三个代表”重要思想。“三个代表”重要思想赋予了党的性质和宗旨、党的指导思想和党的任务以鲜明的时代内涵和时代特征，创造性地回答了新的历史条件下建设什么样的党、怎样建设党这一根本问题，也鲜明地回答了什么是党的先进性、怎样保持党的先进性这一紧迫问题，揭示了党的先进性的本质特征。“三个代表”重要思想为确保我们党在世界形势深刻变化的历史进程中始终走在时代前列，在应对国内外各种风险考验的历史进程中始终成为全国人民的主心骨，在建设有中国特色社会主义的历史进程中始终成为坚强的领导核心，打下了坚实的基础。党的十六大以来，以胡锦涛同志为总书记的党中央根据新形势新阶段发展的要求，作出了树立和落实科学发展观、加强党的执政能力建设、构建社会主义和谐社会等一系列新的加强党的先进性建设的重大决策，为党的建设理论的发展赋予了新的时代内涵，提出了新的要求。

2. 党的先进性是具体的、形象的

“共产党员”，无论在革命、建设还是改革时期，都是一个光荣的称号。它是先锋战士的标志，是高尚人格的体现，是引领无数人们奋发前行的旗帜。

中国共产党成立后领导全国各族人民进行了艰苦卓绝的斗争，几千万革命先烈流血牺牲，实现了中华民族的独立。光毛泽东一家，就有 6 位亲人为党和人民献出了宝贵的生命。大革命失败后的一年时间里，全国就有 30 多万共产党员和革命群众被杀害。抗战开始时，全国只有 4 万党员，而在大革命和土地革命战争期间牺牲和失踪的共产党员，已10倍于此。全国解放前夕，仅有名可查的共产党员烈士就达370万人。

早期工人运动的杰出代表林祥谦、施洋，被毛泽东称赞为“农民运动大王”的彭湃以及刘志丹、方志敏等，都是勇立革命潮头的优秀代表。先烈们用鲜血浇灌革命的种子，唤醒了众多的群众投身革命的洪流。

1927年，大革命失败后，一大批共产党人和革命群众遭到反动派的残酷镇压。在白色恐怖面前，中国共产党人没有被吓倒、被征服。徐特立，一位年过半百的湖南教育家，在反动派狂妄叫嚣“宁可错杀一千，不可放过一个”的危难时刻，毅然主动地加入了中国共产党。陆定一同志后来这样评价：“徐老给我们的教科书，就是他的入党。这本没有文字的教科书，比什么教科书都好，也比什么教科书都重要。”年仅28岁的革命烈士夏明翰于临刑前，挥笔写下了“砍头不要紧，只要主义真，杀了夏明翰，还有后来人”的千古绝唱。我读中学时，语文有篇课文，叫《刑场上的婚礼》，描写了周文雍、陈铁军这对革命伴侣，在广州黄花岗刑场临刑前举行的亘古未有、震撼天地的庄严婚礼。杨开慧、向警予等巾帼英雄，为了追求真理，为了革命的胜利，她们坚贞不屈，大义凛然，同敌人进行坚韧不拔的斗争。

抗日战争爆发后，以共产党人为代表的优秀中华儿女，为捍卫祖国母亲的尊严，用血肉之躯，筑起了一道不可摧毁的钢铁长城。抗日女英雄赵一曼、被誉为“狼牙山五壮士”的马宝玉等，用生命塑造了抗日英雄群体的光辉形象。“抗日民族英雄”马本斋率领的回民支队，使日寇闻风丧胆。左权等数以千万计的中华英烈，用一腔热血，染红了民族解放战争胜利的大旗。

在解放战争中，无数共产党员冲锋陷阵，壮烈牺牲，为中国人民的解放事业立下了不朽的功勋。刘胡兰、董存瑞、张思德等革命先烈用鲜血和生命铺平了通往新中国的道路，他们为人民共和国的雄伟大厦奠定了基石。

新中国成立后，党领导人民在社会主义事业特别是改革开放和现代化建设进程中建立了新的功绩，涌现出大批像焦裕禄、孔繁森、郑培民、任长霞、牛玉儒这样的好党员、好干部，涌现出了无数的英雄模范和先进楷模。最近，我看到一份材料，据有关方面统计，1997 年以来，被授予“全国劳动模范”的 2946 人中，有党员 2594 人，占 88.1%；获得全国“五一”劳动奖章的 5068 人中，有党员 4350 人，占 85.8%。

3. 党的先进性是历史的、动态的

历史的、动态的，就不是与生俱来的，也不是一劳永逸的。世间万事万物并非一成不变，而是瞬息万变，日新月异。100 多年前，孙中山先生就说过：世界潮流，浩浩荡荡，顺之者昌，逆之者亡。顺应了历史的发展潮流，才能兴旺发达；落后于时代，则会日益衰亡。邓小平同志说“要赶上时代”，说的就是这个意思。江泽民同志说：形势逼人，不进则退，说的也是这个意思。胡锦涛总书记讲：一个政党过去先进，不等于现在先进；现在先进，不等于永远先进。

纵观国际共运历史，党丧失先进性，最终失去政权的例子是很多的。20 世纪 80 年代末 90 年代初以来，世界上一些曾经执政多年的大党、老党，特别是苏联、东欧国家共产党先后丧失执政地位，原因很多，从根本上说是这些政党在广大人民群众的心目中丧失了先进性。苏共成立 93 年，执政 74 年，经历了几个坎：在只有 20 万党员的时候取得了十月革命的胜利；到 200 万党员的时候取得了卫国战争的胜利；到 2000 万党员的时候，却交出了政权。20 万、200 万到 2000 万，这一组数据值得我们深深地回味。我体会，一个政党不管资格多老、执政时间多长、过去有多大功绩，犹如逆水行舟，不进则退。

中国共产党的发展壮大也不是一帆风顺的，在我们党的历史上曾出现过严重曲折。建党初期党内出现的右倾投降主义使轰轰烈烈的第一次大革命失败，几乎断送了幼年的中国共产党；王明“左”倾冒险主义造成中央红军第五次反“围剿”的失败，中央红军被迫撤离中央根据地，开始长征；建国后，“文化大革命”也使我们党的建设和社会主义事业遭受了灾难。

但中国共产党在遭受挫折的时候，从来都没有放弃对真理的追求，从来都没有忘记自己的根本宗旨，每次都能够及时总结经验教训，主动地自我纠正错误，总是在革命最危急关头挽救革命挽救党，使中国革命事业化险为夷。

“疾风知劲草，岁寒识松柏。”时代在发展，形势在变化。党的先进性的内涵总是与时代的步伐息息相关，随着时代的发展而内容不断更新。只有保持党的先进性的质的稳定性和内涵的现实性，才能使党的先进性内涵实现与时代性的相互统一，才能使党的肌体充满生机和活力。

中国共产党80多年的历史，是一部艰苦卓绝、波澜壮阔的历史，是一篇不断追求先进性、永远走在时代前列的恢宏诗篇。江泽民同志在建党八十周年时讲道：“我们党领导人民奋斗八十年的峥嵘岁月和光荣业绩，如同一幅逶迤而又气势磅礴、雄浑而又绚丽多彩的画卷，展现在世人面前。”① 进入新世纪新阶段，我们党要带领全国各族人民实现全面建设小康社会的宏伟目标，进而全面实现社会主义现代化建设“三步走”战略，必须与时俱进地赋予党的先进性以新的内涵、新的要求。

二、人民兵工七十多年的辉煌历程和集团公司六年来的改革发展实践，是各级党组织和全体共产党员带领广大职工群众的艰苦创业史

兵器工业是我们党最早领导和创办的工业部门，是我国国防科技的摇篮，是伴随着中国人民的革命和社会主义现代化事业而发展壮大的。从创建初期的锉刀加钳子的简单修复枪械，到抗战时期的土法制造地雷、手榴弹等弹药，再到现在自行研制高科技现代化武器系统，74年来，兵器工业

① 《江泽民文选》第三卷，人民出版社2006年版，第266页。

在党的领导下，在党的事业的感召和激励下，艰苦奋斗，无私奉献，百折不挠，自强不息，秉承富国强军的光荣和梦想，为推翻旧中国、建设社会主义新中国建立了卓越的功勋。

在艰苦的革命战争年代，在老一辈共产党员的带领下，以“中国的保尔”——吴运铎为代表的兵工战士，不怕困难，不怕牺牲，冒着生命的危险，在极端困难的环境下，顽强工作，形成了黄崖洞精神、老兵工传统和“把一切献给党”的兵工追求。

很多人在小学时就读过这样一本书：《把一切献给党》。这就是我们兵工战线的英雄、“中国的保尔”——吴运铎写的。他为了让前线战士用上威力更大的武器，在极其简陋的条件下，冒着生命的危险，百折不挠地进行试验，多次被炸得血肉模糊，他的左手指、手腕被炸掉，左右腿膝盖被炸开，左眼几近失明。然而，就是在这样的情况下，他克服伤残的折磨，以生命著书，书写了“把一切献给党”的兵工奇迹。“把一切献给党”，这是多么慷慨而豪迈呀！展现了人民兵工忠于党、忠于人民的赤胆忠心和敬业报国、服务社会的孜孜追求。

国家级专家、某武器系统总设计师——祝榆生，一个我们非常熟悉而又十分响亮的名字，他不但为我国兵器行业的现代化作出了卓越贡献，而且在生活上几十年如一日严格要求自己，多次谢绝了组织上在住房等方面对他的照顾。最近，当他得知集团公司要特聘他为科技带头人时，又再一次给党组领导写信，予以婉拒，并要求把荣誉让给一线的技术人员。

始于20世纪60年代中期的波澜壮阔的三线建设，至今在座的许多同志都难以忘怀。无数建设者，无怨无悔地来到穷乡僻壤的山沟里，住帐篷，吃咸菜，冒风雨，顶酷暑，斗严寒，饿了啃一口干粮，渴了喝一口凉水，不少共产党员战天斗地，献出了生命，长眠于三线大地。现在，我们还有不少企业仍然地处“三线”地区，三线人“献了青春献终身，献了终身献子孙”，他们用血与汗书写出的艰苦创业的浩然正气，将长存于天地间。

党的十一届三中全会以后，兵器工业坚定不移地贯彻党中央、国务院、中央军委提出的“保军转民”战略方针，积极投身于国防装备现代化和国民经济建设两个主战场，发扬“艰苦奋斗、无私奉献、开拓进取、奋勇拼搏”的人民兵工精神，开始了长达20年的“军转民”的战略结构调整，走出了一条“军民结合、寓军于民”的二次创业之路，无数共产党人在新的征程上谱写了壮丽的篇章。

集团公司成立六年来走过的不平凡历程，我们在座的各位大都亲身参与，往事历历在目。上周，张总的形势报告全面回顾和总结了集团公司组建六年来所取得的辉煌成就。弹指一挥间，我们集团公司发生了历史巨变，不但一举扭转了长期亏损的困难局面，而且初步实现了由“解困型”向“发展型”、由传统兵器向高科技兵器发展的历史性跨越。这些巨大成就铸就了人民兵工新的辉煌，它为我们实现“三步走”战略构想奠定了坚实的基础。这些成就的取得，有党中央对国防军工发展的积极支持，有时代发展的历史机遇，有全系统数十万兵器人的艰苦拼搏，更是我们在以党组书记、总经理马之庚同志为核心的集团公司党组的带领下，10多万名共产党员和5300多个基层党组织充分发挥先锋模范作用和战斗堡垒作用的结晶。

集团公司组建时，全集团有47.6万名职工，20余万离退休职工，由于历史上的种种客观原因，全系统80%以上工业企业处于亏损状态，当年亏损达27.6亿，在岗职工年人均工资不足5000元。1998年底，我当时担任兵总人劳局负责人，第一次带队去某企业考核班子。当时该企业可以说是一片萧条，两万多人的工厂，全年的销售收入仅两个亿，职工一年只发了5个月的工资，整个工厂几乎陷入绝境。这样的企业在当时绝不在少数。前几天，许远明同志报告所描述的某厂当时面临的艰难窘迫和满目凄凉，在我的脑海里久久不能抹去。全集团上下对我们能否走出困境，大都心存疑虑。当时的集团公司党组就是在这么一个情况下临危受命，挑起了带领集团公司冲出困境、求生存、求发展的艰难重担。我记得马总当时说过一句话："作为一名共产党人，中央把这么一副重担交给我们，我们就要有一种不服输、拼一把的精神，就是豁出命去，也要在我们这茬人手上，把兵器带出困境。"在当时，说出这番话，不是戏言，是需要有极大的勇气和胆识的。坚定的理想和信念支撑着集团公司党组一班人的意志和决心。在马总的带领下，党组从定战略、理思路、增信心入手，以发展为突破口，以改革为动力，围绕"保军、转民、解困"三项任务，带领全系统党员、干部和职工，众志成城，知难而进，使集团公司改革发展很快有了一个良好的开端。

集团公司组建不到六年，党组召开了七次工作会议，思路一次比一次清晰，措施一次比一次具体，目标一次比一次明确。正是有了党组坚强有力的领导，有了各级党组织和广大党员的顽强奋斗，集团公司全系统在高新工程研制、战略结构调整、民品专业化重组、军贸业务拓展及海外战略资源开发等方面取得了令人瞩目的成就，全系统各级党组织和广大共产党员在建设有国际竞争力大公司和高科技现代化兵器工业的新征程中，谱写了惊天地、泣鬼神的新篇章，涌现出了一大批可歌可泣的先进人物和先进事迹。他们为了国家的需要，舍小家，顾大家，在党和人民最需要的时候，毅然决然地挺起脊梁，用智慧和汗水展示了兵工战士"艰苦奋斗、无私奉献、把一切献给党"的精神风貌。

军品生产能力调整和困难企业破产关闭，是党中央、国务院为支持集团公司发展而提供的两大优惠政策。推行这两大政策是我们兵器工业建国后第三次重大战略结构调整的需要，倾注了马总等党组领导的心血，来之不易。国家政策下来以后，马总等党组领导带领总部有关部门的同志，一个企业一个企业地开展调查研究，深入做好政策宣传和思想工作，及时解除了一部分干部、职工中的思想顾虑，为这两大政策的顺利实施奠定了坚实的思想基础。在两大政策的实施过程中，集团公司各级党组织和共产党员长期坚持在基层一线，做了大量艰苦细致的工作，有的人一干就是三年、四年。总部破产办和各事业部的许多同志数月不落家，有的家中老小请人照顾。由于时间要求紧，国家政策不完全配套，许多职工不理解，我们总部和破产企业的许多党员干部经常受到围堵，连吃饭、睡觉都难以保障。许多同志带病工作，在企业一蹲就是一个多月，直到问题解决才回家。这些普普通通的共产党员，没有什么惊天动地的豪言壮语，但当党需要他们站出来的时候，二话不说，就挺在最困难的第一线，默默地履行着自己作为一个共产党人的义务和职责。

民品专业化重组和海外战略资源开发是集团公司建设有国际竞争力大公司的两个重大举措，也是以党组书记、总经理马之庚同志为首的集团公司党组，审时度势，前瞻性地作出的两项重大决策。在马总等党组领导的正确决策和亲自推动下，我们不但顺利完成了重车集团、红外集团、夜视公司、硝化棉公司等专业化重组任务，而且在石油、重要矿产等海外战略资源开发方面也取得了一系列成就，兵器工业几代领导人开发海外战略资源的梦想终于成真。在专业化重组过程之中，各级党组织为了集团公司的整体利益，把自己最优良的资产拿出来，组建集团公司主导民品专业化实体。一大批成员单位，为做大做强集团公司主导民品，在党组一声令下，就积极响应，作出了重要贡献。

海外是集团公司重点发展的核心业务之一。但我们的海外市场大多集中在西亚和中东地区，这些地区气候恶劣、条件艰苦，有的甚至战火纷飞。为了扭转两伊战争后海外贸易萎缩的局面，马总等党组领导深入工作第一线，与大家一起研究对策和措施，特别是在一些重大项目谈判和实施的关键时期，马总等党组领导总是亲自出面谈判和协调，保证了一批重大贸易和国际工程的顺利签约和实施。为了争取到这些重大项目，为了祖国的荣誉和集团公司的利益，北方公司一批业务骨干，在这些困难和危险地区，一驻就是几个月。有一名普通的年轻党员，10 年前大学毕业来到北方公司，后来成为公司驻某国总代表。在该国战争一触即发的时刻，为组织抢修特贸产品，不顾个人生命安危，坚守在最危险的前沿阵地，忠于职守，把祖国的利益看得高于一切。

可以说，集团公司组建六年来，我们在以马总为首的党组坚强有力的领导下，在新的历史时期进行了一场艰苦卓绝、挺起脊梁的新的长征。在这六年时间里，我们以大无畏的革命精神和百折不挠、气吞山河的革命气概，战胜了前所未有的困难，顺利实现了“三步走”的第一步目标，吹响了建设有国际竞争力大公司和高科技现代化兵器工业的号角，不但初步摆脱了困境，而且明确了新时期兵器工业发展的方向和目标，奠定了今后长期发展的机制、体制和管理基础。在这场艰苦卓绝、挺起脊梁的新长征中，有的同志积劳成疾，有的同志甚至倒在了自己心爱的岗位上，他们用生命之躯铸就了集团公司改革发展新的丰碑。

在我们集团公司，像这样的典型还有许许多多，全系统成千上万的共产党员，在各自岗位上默默无闻地工作着，我们随时都可以看到为了党的事业、为了集团公司发展而无私奉献的优秀共产党员的身影。

雄关漫道真如铁，气吞山河壮志酬。面对六年来的巨变，不少同志深有感触地说，集团公司组建来的六年，是我们兵器工业历史上发展最快、变化最大的六年。有些事情在六年前想都不敢想，到现在都实现了。回顾人民兵工 74 年特别是集团公司组建 6 年来的发展历程，我们之所以能取得这一系列巨变，我感觉，除了中央的正确领导和关心支持外，关键有两点：

一是以党组书记、总经理马之庚同志为核心的集团公司党组坚强有力的领导和身先士卒的垂范。回顾这六年的历程，从“高新工程”研制到军品能力调整、困难企业破产关闭、民品专业化重组、科技创新、人才队伍建设、军贸发展、海外战略资源开发等等，集团公司改革发展的每一项重大决策，无不倾注和凝聚了以马总为核心的集团公司党组的心血和胆识，同时，在集团公司的每一个单位，在集团公司业务触及的每一个角落，无不留下了马总等党组领导行色匆匆的脚印和背影。

二是各级党组织和广大共产党员牢记宗旨，坚定信念，充分发挥了战斗堡垒作用和先锋模范作用。在“高新工程”以及破产关闭、专业化重组、军贸业务拓展、海外战略资源开发等第一线，战天斗地、挺起脊梁的是我们的各级党组织和广大共产党员；在企业最困难、职工最需要我们的时候，挺起胸膛站出来的也是我们各级党组织和广大共产党员。我最近作过粗略统计，1999 年以来，全系统获得省部级以上劳动模范、全国“五一”劳动奖章获得者和享受政府特贴的 244 人中，党员占 85%；担任“高新工程”主任设计师以上职务的 384 人中，党员占 82%；集团公司级科技带头人和关键技能带头人 371 人中，党员占 75%。

三、新时期集团公司共产党员保持先进性的基本要求

党章指出，中国共产党党员是中国工人阶级的有共产主义觉悟的先锋战士。党员必须履行“八项义务”。党的十六大提出，新形势下共产党员必须成为“三个模范”，即勤奋学习、善于思考的模范；解放思想、与时俱进的模范；勇于实践、锐意创新的模范。中央 20 号文件指出，在新的历史条件下，共产党员保持先进性，就是要自觉学习实践邓小平理论和“三个代表”重要思想，坚定共产主义理想和中国特色社会主义信念，胸怀全局、心系群众，奋发进取、开拓创新，立足岗位、无私奉献，充分发挥先锋模范作用，团结带领广大群众前进，不断为改革开放和社会主义现代化建设作出贡献。胡锦涛总书记在新时期保持共产党员先进性专题报告会上的重要讲话中提出了“六个坚持”的要求。

马总在动员报告中指出，兵器工业不但是国防现代化建设的战略性基础产业，更是党和国家事业的重要组成部分。兵器工业的战略地位和历史使命，是全系统共产党员发挥先锋模范作用的重要阵地。永远保持共产党员先进性，是兵器工业发展的动力之源。

这一段时间，结合先进性教育活动学习培训阶段的总体安排，根据党组和领导小组的部署，办公室先后组织了一系列座谈会，各成员单位党委和总部各支部也组织广大党员进行了深入研讨，围绕我们集团公司新时期共产党员先进性的具体要求和时代特征，大家各抒己见，建言献策，讨论

提出了许多好的意见。初步归纳这些意见，结合我自己的学习体会，在这里，我谈一谈对集团公司各级党组织和不同党员群体先进性具体要求的认识。

（一）对企业基层党组织来说

总体要求是，企业党组织要努力成为贯彻“三个代表”重要思想的组织者、推动者和实践者，成为坚决执行党的方针路线政策，推动企业改革发展稳定的坚强政治核心和战斗堡垒，不断提高企业党组织的创造力、凝聚力和战斗力。

具体要求是“五个坚持”：

第一，坚持党的领导，发挥企业党组织的政治核心作用。企业党组织要在思想上、政治上、行动上与党中央保持高度一致，与集团公司党组保持高度一致，保证好、监督好党和国家方针政策以及集团公司党组决策决定在企业的贯彻执行。

第二，坚持积极探索参与企业重大问题决策的途径和方式。参与企业重大问题决策是企业党组织发挥政治核心作用的基本途径，要坚持和完善“双向进入、交叉任职”的领导体制，规范和完善党组织参与重大问题决策的工作决策的程序和工作机制。党组织对企业重大问题要集体研究，党组织的主张在企业决策中得到充分重视和体现。企业重大决策作出后，党组织要发动全体党员，团结带领广大职工，推动决策的实施。

第三，坚持营造积极向上、健康和谐的企业文化氛围。党组织要加强对企业文化建设的领导，把企业文化建设融入企业管理、思想政治工作和精神文明建设的全过程。企业文化要以爱国奉献为追求，以人本管理为核心，以服务发展为宗旨，以学习创新为动力，体现时代气息，体现健康向上，体现企业特色。

第四，坚持发挥企业工会、共青团等群众组织的作用，把职工群众凝聚在党组织的周围。坚持党建带工建、带团建，充分发挥群众组织联系广大职工群众的桥梁纽带作用，领导和支持群众组织按照法律和各自的章程创造性地开展工作，为企业改革发展稳定大局服务。

第五，坚持构建困难群众救助体系，营造协调、和谐氛围。积极探索完善帮困救助工作机制，落实帮困救助各项措施，帮助困难职工切实解决工作生活上的实际困难，使困难职工逐步走上富裕之路。

（二）对全体共产党员来说

先进性的具体要求主要体现在“六个必须”：

第一，必须坚定信念，矢志不移地为实现“三步走”战略构想而奋斗。马克思17岁时在中学毕业论文中写过这样一段话，“如果我们选择了最能为人类谋福利而劳动的职业，那么，重担就不能把我们压倒，因为这是为大家而献身；那时我们所感到的就不是可怜的、有限的、自私的乐趣，我们的幸福将属于千百万人，我们的事业将默默地、但是永恒地存在下去。面对我们的骨灰，高尚的人们将洒下热泪”。吴运铎说过，“革命理想不是可有可无的点缀品，而是一个人生命的动力，有了理想就等于有了灵魂”。江泽民同志曾向全党同志提了三个问题，“参加革命是为什么？现在当干部应该做什么？将来身后应该留点什么？”这是世界观的问题，是人生观的问题，是理想信念的问题。树立共产主义的理想信念，是共产党人最崇高的追求、最强大的精神支柱。有了这样的理想信念，就有了主心骨，就有了立身处世之纲，站得就高了，看得就远了，心胸就开阔了，对个人的名利得失、地位高低就看得淡了，可谓“会当凌绝顶，一览众山小”。红军爬雪山、过草地，“万水千山只等闲”；八路军、新四军端炮楼、反扫荡，“独有英雄驱虎豹”；人民解放军南征北战、以弱胜强，“横扫千军如卷席”，凭的就是坚定的理想信念，凭的就是“革命理想高于天”。我们全体党员，要坚定共产主义理想和建设中国特色社会主义事业的信念，一是要加强世界观的改造，自觉做到加强理论学习、积极投身社会实践、加强党内生活的锻炼。二是要正确认识世界社会主义发展的曲折历程，坚定走中国特色社会主义道路的信念。三是要正确认识当前反腐败斗争的形势，增强坚持党的领导的信念。四是要积极投身集团公司改革发展事业之中，坚定实现“三步走”战略构想的信心和决心。共产党员在集团公司事业的大舞台上，定能唱出威武雄壮的好戏来。

第二，必须牢记宗旨，诚心诚意地为职工群众谋利益。胡锦涛总书记说，“群众在我们心中有多重，我们在群众心中就有多重。”全心全意为人民服务，是我们党的宗旨，立党为公，执政为民，是我们共产党人的本色。集团公司经过五年多的改革发展，全面完成了“三步走”第一步目标，提前一年实现了“十五”计划，取得了巨大的成就。但我们也要看到，我们的“底子”还比较薄弱，还有部分企业正在实施破产关闭，还有相当数量的下岗职工，离退休职工的生活费并不是很高，仍然有少数职工生活还比较困难。各级党组织和广大党员通过自己的努力使广大职工群众在改革发展中得到实惠的任务还十分艰巨。党员要用先进思想和模范行为代表好、维护好、实现好和发展好最广大人民群众的根本利益，引导、团结和带动广大人民群众为实现党的任务而共同奋斗。全体党员都要深怀爱民之心，恪守为民之责，善谋富民之策，多办利民之事，自觉做到权为民所用，情为民所系，利为民所谋，为群众诚心诚意办实事，尽心竭力解难事，坚持不懈做好事，把实现、维护、发展最广大人民群众根本利益的工作做好、做细、做实。

第三，必须廉洁自律，始终保持艰苦奋斗的作风。60 年前的 1944 年，郭沫若写过一篇文章，叫《甲申三百年祭》。去年也是甲申年，离李自成失败正好 360 年。传说，李自成进京后，以为天下太平，可以尽享富贵，想吃什么就吃什么。农民出身的李自成，最喜欢饺子，于是天天吃饺子。因为当时过年才吃饺子，吃一次就好比过一年，结果几十天就垮台了。如果被胜利冲昏了头脑，不思进取，贪图享乐，就会丢掉江山。毛主席在西柏坡讲过，“因为胜利，党内的骄傲情绪，以功臣自居的情绪，停顿起来不求进步的情绪，贪图享乐不愿再过艰苦生活的情绪，可能生长”，“务必使同志们继续地保持谦虚谨慎、不骄不躁的作风，务必使同志们继续地保持艰苦奋斗的作风”。西柏坡会议后过了 10 天，毛主席领着中央书记处的几位同志一块儿到北京去。临走前毛主席还说了一段意味深长的话，“我们要去进京赶考了”。周总理讲，“我们都应该考试及格，不要退回来”。毛主席接着说，“退回来就失败了，我们一定要考出个好成绩，决不当李自成”。共产党员良好的道德操守、高尚的人格形象、抵御腐朽思想侵蚀的能力是党员先进性的重要体现。广大党员一定要加强党性修养和自律精神，筑起拒腐防变的牢固思想防线，始终坚持讲学习、讲政治、讲正气，始终做到自重、自省、自警、自励，始终保持共产党人的蓬勃朝气、昂扬锐气、浩然正气，永远牢记“两个务必”，谦虚谨慎，艰苦奋斗，永葆共产党人的政治本色。每个党员都要针对自己的工作和思想实际，在改造世界观上下功夫，在保持党的先进性上下功夫，在密切联系群众、永远同人民群众心连心上下功夫，在权力、金钱、美色的诱惑面前保持清醒的头脑，在日益复杂的国内外环境中保持清醒的头脑。

第四，必须勤奋学习，不断提高实践“三个代表”重要思想和科学发展观的本领。实践“三个代表”的核心是“先进”，关键在素质。当今时代，是要求人们终身学习的时代，共产党员要始终站在时代前列，在政治上始终保持清醒和坚定，在发展生产力和推动社会全面进步实践中充分发挥先锋模范作用，就必须把学习作为一种责任，一种精神追求，一种精神境界来认识，来对待，活到老，学到老，孜孜不倦，学而不怠。列宁有句名言：“只有以先进理论为指南的党，才能实现先进战士的作用。”因此，首先要加强理论学习。当前，特别要把马克思主义中国化的最新成果——“三个代表”重要思想学习好、领会好，切实做到真学、真懂、真信、真用。通过学习，提高科学认识和分析形势的能力，提高理论与实际相结合的能力，提高改造主观世界的能力。同时，要努力学习法律、科技、文化、社会、历史等方面的知识，提高参与国际市场竞争和推进高科技兵器工业的业务技能，不断加强知识积累和经验积累，不断提高做好工作的本领。

第五，必须遵守纪律，自觉维护党的团结统一。要严格遵守党的政治纪律和组织纪律，坚持四项基本原则，坚持党的基本理论、基本路线、基本纲领，自觉维护党的团结统一。毛主席讲，“团结就是力量”。小平同志说，“纪律和自由是对立统一的关系，两者是不可分的，缺一不可。我们这么大一个国家，怎样才能团结起来、组织起来呢？一靠理想，二靠纪律。组织起来就有力量。没有理想，没有纪律，就会像旧中国那样一盘散沙，那我们的革命怎么能够成功？我们的建设怎么能够成功？”集团公司全系统各级党组织和广大党员、干部要更加紧密地团结在以胡锦涛同志为总书记的党中央周围，自觉同党中央保持高度一致，不折不扣地贯彻执行党的路线方针政策和集团公司党组的决策。在建设有国际竞争力大公司和高科技现代化兵器工业新的条件下，我们面临着艰巨的战略结构调整和科技产业化、经营规模化的重任，全系统党组织和广大党员是否具有大局意识和全局观念，将随时面临直接考验。

第六，必须立足岗位，努力创造一流业绩。胡锦涛同志提出，在新时期，共产党员保持先进性，充分发挥先锋模范作用，不仅要体现在思想觉悟和精神境界上，而且要体现在带头做好深化改革、扩大开放、促进发展、保持稳定的各项工作中，体现在带动群众为经济发展和社会进步艰苦奋斗、开拓进取的实际行动中。我们的党员大都在一定的岗位上承担着一定的工作任务。我们的工作、我们的业绩同党的事业相连，同党的形象相连，我们的先进性如何发挥、发挥得好不好，大量地反映在本职工作上。立足本职岗位，努力创造一流业绩，是每个党员为共产主义理想和中国特色社会主义事业奋斗的正确途径。我们集团公司的每一个共产党员必须充分认识自己所从事的职业在社会中的地位和作用以及作为一个共产党员在职业工作中应表现出来的表率作用，树立正确的职业道德和职业责任，努力掌握一流的职业技能，在本职岗位上争创一流业绩，为中国特色社会主义大厦添砖加瓦。共产党员唯有奋发向上，开拓创新，不断创造一流业绩，才能无愧于共产党员这个光荣称号。

这里，我还想就集团公司不同群体共产党员先进性的具体要求谈一点认识。

就党员领导人员而言，必须做到政治意识、大局意识、责任意识和市场意识强，坚持国有企业改革发展的正确方向；要科学分析形势，善于根据形势变化不断理清新思路，研究新措施，制定新办法，对工作勤布置、严督促、真落实，不断推动企业发展；要按照科学发展观的要求，坚持以人为本，积极构建和谐企业，善于从整体上谋划和推进企业全面、协调、可持续的发展；要坚持与时俱进，不断提高战略决策、经营管理、市场竞争，推动企业创新、应对复杂局面的能力和水平；要进一步增强全心全意依靠职工群众办企业的宗旨理念。

就总部党员而言，要全面、正确理解和领会中央和国家有关大政方针，善于把集团公司党组的要求分解为具体工作计划和措施，并认真落实；善于调查研究，收集和分析各种信息，随时把握工作质量和进度；善于掌握基层动态，努力使自己的思维方法、管理方法、行为方法密切联系基层实际；要不断提高执行力，凡是组织决定了的事，就能坚决、有效地去执行，并把它办好；要不断提高服务意识，提高工作效率。

就市场营销岗位的党员而言，要准确把握市场需求，及时捕捉市场信息，积极有效地引导企业产品结构调整和技术更新升级；要树立强烈的市场意识、竞争意识和风险意识，灵活高效地参与国际国内市场竞争；要提高服务意识和服务质量，树立良好的企业形象和品牌形象。

就专业技术岗位的党员而言，要善于学习、跟踪世界科技发展和新军事变革动态；积极适应市场需求，不断提高设计水平；不断增强创新意识、团队意识和成本意识；吃苦耐劳，刻苦攻关，甘于奉献。

就专门技能岗位的党员而言，要树立强烈的主人翁责任感和良好的职业道德；要不断学习和掌握先进操作技能和先进设备操作方法；要精心操作，保质保量，指标创优，工作达优，及时高效地完成岗位工作任务；要一专多能，一岗多证，努力成为本专业领域的多面手和操作能手；要勤劳肯干，勇于承担急、难、险、重的工作，以实际行动带动周围群众。

就破产重组企业和下岗人员中的党员而言，要正确理解和积极支持改革，增强脱贫致富和再就业的信心；要带头转变就业观念，提高自主创业、自我发展的能力和本领；要自觉遵纪守法，自觉维护企业稳定。

就离退休职工中的党员而言，要学习了解党和国家的路线方针政策，学习了解集团公司和企业改革发展的大势；要增强全局观念，理解改革，支持改革；要教育和引导子女勤奋敬业，做好本职工作；要影响和带动周围人员，讲究社会公德，遵纪守法，积极参与文明、健康、向上的社会公益活动。

就驻国（境）外工作的党员而言，要忠于党，忠于祖国，忠于事业，恪守民族气节；要讲究礼仪，尊重并自觉遵守驻地民族风俗习惯；要善于捕捉各种商机，及时向集团公司提供信息；要善于学习，兼收并蓄，掌握先进的科学文化知识，提高工作的能力和本领；要敏锐分析和应对外部环境的变化，积极稳妥地驾驭复杂局面。

上述"六个必须"以及八个不同群体党员先进性的特色要求，我这里只是归纳了一些初步的意见，是否反映和概括了在新的历史时期我们兵器工业战线广大党员先进性的具体要求和时代特征，请同志们结合各单位、各部门、各岗位和每个党员的实际，进行充分的讨论。通过反复讨论，集思广益，从而提炼出既符合党章和中央要求，又体现集团公司建设有国际竞争力大公司和高科技现代化兵器工业的时代精神，反映集团公司各部门、各单位以及不同群体党员特征的先进性要求，使广大党员在分析评议时有具体标尺，在整改提高时有明确方向，在企业改革发展中有动力追求，在日常生活中有言行准则。

四、切实抓好先进性教育活动的各项工作，务求取得实实在在的效果

把经常性教育与适当的集中教育结合起来，是我们党加强自身建设、保持先进性的一条重要经验。胡锦涛同志强调，加强党的先进性建设，是

加强和改进党的建设的长期任务和永恒课题。纵观党的历史，每当我们党面临新的历史任务时，党的指导思想与时俱进时，党员队伍状况发生重大变化时，总是善于通过开展集中性的教育活动，在全党提高认识、统一思想，明确任务、凝聚意志，改进作风、严肃纪律，加强组织建设、提高党员素质，进一步增强全党的创造力、凝聚力和战斗力，以更好地团结和带领群众前进。

从延安整风运动到新中国建立后不久的整风运动；从1951年“三反”运动到1953年的整党；从1998年11月至2000年12月的“三讲”到全国农村基层干部“三个代表”重要思想学习教育活动。每一次集中教育活动之后，党的队伍状况都有一个大的改善，党的事业都有一个大的发展。

这次在全党开展的以实践“三个代表”重要思想为主要内容的保持共产党员先进性教育活动，覆盖全党6800多万名党员，其参加人数之多、规模之大，在党的历史上是空前的。可以预见，这次全党开展的保持共产党员先进性教育活动，必将对巩固党的执政地位，提高党的执政能力，完成党的执政使命产生深远影响，在党的建设史上具有十分重要的地位。

集团公司先进性教育活动开展以来，在中央和国资委先进性教育活动小组的领导下，在中央指导协调四组和第54督导组的具体指导督导下，集团公司党组以及各部门、各单位党组织高度重视，广大共产党员以饱满的政治热情，积极参与。目前，先进性教育的各项工作正有条不紊地扎实推进，可以说，开局良好势头不错。但我们也应当看到，随着活动的深入推进，加上集团公司今年科研生产和结构调整的任务十分艰巨，改革发展正处于关键时期，摆在我们面前的工作任务将更加繁重，工作强度和工作难度将会增加不少，希望全系统各级党组织和广大共产党员以时不我待的精神，继续保持旺盛的工作斗志和良好的精神风貌，扎扎实实地深入推进先进性教育活动的各项工作，务求取得实实在在的效果。

首先，各级党员领导人员要进一步发挥好表率作用。党员领导人员带头开展先进性教育活动，是先进性教育活动深入开展、取得实效的关键。

总部各支部书记和成员单位党委书记要切实负起第一责任人的责任，除自己带头学习理论、带头思考问题、带头听取意见、带头查摆问题外，要精心组织、周密安排好本支部和本单位党委学习培训这个集中学习教育活动核心阶段各个环节的工作，使全体党员在正确理解党的路线方针政策上有新的提高，在深入查摆突出问题上有新的突破，在对共产党员先进性要求方面有新的认识。通过学习动员阶段各项工作的扎实推进，为集中学习教育后两个阶段的深入开展奠定坚实的思想基础。在这方面，胡锦涛总书记为我们做出了表率，中央为我们做出了榜样。在我们集团公司，马总就是我们身边的典范。马总不仅带头抓紧自学，带头参加支部学习，带头开展主题实践活动，带头深入基层调查研究，带头召开座谈会听取意见，带头联系实际查摆问题，而且严格要求自己，做到集中学习活动一项不落，并且每个专题都要写出学习体会。各级领导干部要以中央为榜样，以马总为榜样，在先进性教育活动中率先垂范，以高度的政治责任感和饱满的政治热情，带头抓好先进性教育活动，为广大党员做出表率和示范。

第二，要深入组织党员开展先进性要求的大讨论。总部各支部、各成员单位党委和全体党员要紧密联系本部门的工作实际，联系党员的岗位实际，认真对照党章、中发 20 号文件、胡锦涛总书记 1 月 14 日重要讲话中明确的新时期保持共产党员先进性的基本要求，以及马总动员报告、张总形势报告中提出的有关要求，广泛深入地就新世纪、新阶段集团公司不同群体、不同岗位的党员先进性具体要求进行大讨论。能否提炼出既符合党章和中央要求，又体现集团公司建设有国际竞争力大公司和高科技现代化兵器工业的时代精神，反映集团公司党员群体特征的先进性具体要求，是检验我们先进性教育活动第一阶段成效的主要标准。

第三，认真查找党员党性党风方面存在的突出问题，切实做到边学边改。通过学习培训和大讨论，总部各支部、各成员单位党委和全体党员，要从我做起，从现在做起，毫不保留、毫无隐瞒地积极查找自身存在的与先进性要求不适应、不符合的突出问题，并深刻剖析原因。对应该及时改进、当前能够改进的问题，要积极制定整改措施，落实责任人，雷厉风行地积极整改，让职工群众从先进性教育一开始就切实感受到所发生的新变化，要通过边学边改和边查边改，使全体党员受教育，使广大职工得实惠。集团公司先进性教育活动办公室已经提出总部第一批“边学边改”的具体项目，各部门、各支部要迅速行动起来，要像我们抓“高新工程”和结构调整工作那样，切实抓好整改。办公室要组织专门力量检查督促，严格考核。

第四，要切实做到“两不误、两促进”。春节已过，各项工作已经全面展开。先进性教育活动、专项生产和结构调整是我们今年三项重中之重的任务。其中先进性教育活动是摆在当前阶段的第一位工作，总部各支部、各成员单位党委和全体党员，特别是党员领导干部要保持清醒的政治头脑，要坚持统筹兼顾，合理安排，少应酬，多学习，正确、积极地处理好先进性教育活动与做好各项工作的关系，把先进性教育活动的成效体现到促进集团公司改革发展的各项工作中去。

第五，要抓好舆论引导。要充分运用各种媒体，加强宣传引导，营造浓厚的舆论氛围，重点抓好先进性教育活动重大意义，党组织和党员以及党员领导干部中的先进典型、活动经验及其成效的宣传，使活动既扎扎实实，又轰轰烈烈，做到家喻户晓、深入人心。

第六，要加强督促检查和具体指导。集团公司各督导组要切实负起责任，大胆开展工作；要突出工作重点，抓住关键环节，提高督导工作的质量和水平；要严格把关，分类指导，确保活动不走形式，不走过场。

先进性是党的生命线，但先进性不是与生俱来的，也不是一劳永逸的。我们要把党的事业不断推向前进，必须不断保持和发展党的先进性。希望集团公司各级党组织和全体共产党员要进一步提高对先进性教育活动重要性、必要性、紧迫性的认识，以高度的政治责任感和饱满的政治热情，积极投身于这一伟大的实践，坚持不懈地用“三个代表”重要思想武装头脑，牢固树立和落实科学发展观，进一步回答好“为什么而干”、“干一番什么样的事业”和“入党为什么、在党干什么、为党留下什么”等一系列大问题，以我们的实际行动，进一步叫响“共产党员”的牌子，永葆先进性，让鲜红的党旗，在中华大地、在兵器工业永远高高飘扬！

（本文为作者2005年2月在集团公司先进性教育活动中的党课报告）

荣辱观的精神基石

2006年“两会”期间，胡锦涛总书记提出的以“八荣八耻”为主要内容的社会主义荣辱观，是中国传统美德和时代精神的结合，是科学的世界观、人生观、价值观的有机统一，是在科学发展观的指导下将依法治国和以德治国有机结合的产物，对于全面贯彻落实科学发展观、构建社会主义和谐社会将起到重要的推动作用。荣辱观是对荣辱的根本看法，是构建社会主义和谐社会的一个带有根本性的问题。对党员领导干部来讲，坚定正确的理想信念是牢固树立社会主义荣辱观的精神基石。

立人以德为先，修身在正其心。理想信念是立德的基础，有什么样的理想信念，就会有什么样的道德标准，就有什么样的价值观、荣辱观。古往今来，大凡选择了正确的理想信念并为之不懈奋斗者，必然有着正确的价值观和荣辱观，也必然得到人们的尊重和敬仰。明末民族英雄郑成功把收复台湾作为毕生追求的理想和信念，在他看来，任中国领土被分割就是自己的奇耻大辱，实现中华版图一统才是一生最大的光荣，理想和信念的选择决定了他对荣辱的理解和追求。当年，中国工农红军为了民族的独立和解放进行了举世闻名的25000里长征，在饥饿、寒冷、疾病、死亡面前，红军战士们始终保持着高昂的士气和革命乐观主义精神，支撑他们的就是以共产主义理想信念为基石的革命者的荣辱观。孔子曾经说过：“心不在焉，视而不见，听而不闻，食而不知其味。此谓修身在正其心”。修养自身的品德在于端正自己的内心，在于坚定正确的理想信念。如果内心深处有一种矢志不移的理想和信念作为支柱，那么就没有什么身之所“恐惧”、之所“好乐”、之所“忧患”能够影响自己的道德判断和对荣辱的理解。党的好干部牛玉儒把群众再小的事都看作是大事，盲人道上的一根电杆、道路修建时的堵车、特困家庭无钱购买的电视等等，他都会放在心上，而家里亲属找他安排工作，他却一律拒绝。人民的好公仆郑培民一生为群众排忧解难，他在湘西土家族苗族自治州任州委书记时，两年多时间跑遍了全州218个乡镇，住过30多个乡镇，而他妻子的工作单位几十年中只变动过一次。他们把立党为公、执政为民作为自己的理想追求，以服务人民为荣、以背离人民为耻，虽守一世清贫、舍宝贵生命也心中无悔。

理想信念是人们政治信仰和世界观在奋斗目标上的集中体现，也是一个人明是非、辨美丑、识善恶的根本和依据。只有坚定正确的理想信念，才能不断战胜困难，走向成功，才能明是非、知荣辱，成就高尚的人格。相反，倘若没有坚定的理想信念，就会失去奋斗的目标，价值观、荣辱观，就会偏离方向。胡长清、成克杰、马向东等腐败分子，曾经为党的事业做出过贡献，但在金钱、美色的诱惑面前却黑白颠倒、美丑不辨、荣辱不分，滥用人民赋予的权力谋一己之私、贪一时之利、图一时之乐，不以为耻，反以为荣，最终沦为国家和人民的罪人。究其思想根源，最根本的就是丧失了为人民服务的理想信念，丧失了党性和原则。在现实社会中，也有许多荣辱不分、是非混淆的现象，有些人弄虚作假、欺上瞒下；有些人见利忘义、唯利是图；有些人目无法纪、恣意妄为；有些人暴殄天物、骄奢淫逸等等，这些行为在时下许多人眼里不但无可厚非，反而觉得是一种“本事”、一种“能力”。这种善恶倒置、荣辱不分现象的深层次原因，就是一些人在物欲面前丧失了健康向上的理想追求，迷失了人生的坐标和方向，扭曲了生命的价值和意义，一言以蔽之，就是缺乏正确的理想信念，缺乏因正确的理想信念而产生的价值导向和道德判断。美国钢铁大王卡耐基有一句名言：“在巨富中死去是一种耻辱”，因为在他看来，“财富无常而仁德永恒”，饮水思源，回报他人和社会是一种理想和责任，也是一种美德。

新时期树立社会主义荣辱观，关键是要加强理想信念教育，把解决好理想信念问题作为弘扬“八荣八耻”、促进社会风气实现好转的精神基石。胡锦涛总书记曾经指出：“崇高的理想信念，始终是共产党人保持先进性的精神动力。共产党员有了这样的理想信念，就有了立身之本，站得就高了，眼界就宽了，心胸就开阔了，就能自觉为党和人民的事业而奋斗。”作为共产党员和领导干部，要带头树立正确的理想信念，把全心全意为人民服务，自觉践行“三个代表”重要思想，构建社会主义和谐社会作为自己不断努力、不懈奋斗的目标，以坚定理想信念、实现党的宗旨作为自己带头弘扬“八荣八耻”，树立社会主义荣辱观的精神动力和道德基础。

坚定理想信念，弘扬“八荣八耻”，要加强学习，坚定构建社会主义和谐社会的必胜信心。理想信念反映了一个人的思想意识、思想觉悟和精神境界，有什么样的理想信念，就决定了什么样的思想意识、思想觉悟和道德表现。理论上的糊涂，必然导致政治上的动摇和道德上的迷失。马克思列宁主义、毛泽东思想、邓小平理论、“三个代表”重要思想和科学发展观是我党的指导思想和行动指南，也是社会主义荣辱观的理论基础。大力倡导以“八荣八耻”为主要内容的社会主义荣辱观，其根本目的在于弘扬以爱国主义为核心的民族精神和以改革开放为核心的时代精神，加强社会主义道德建设，巩固马克思主义在意识形态领域的指导地位，为全面构建社会主义和谐社会打牢思想基础，营造积极向上的道德和社会氛围。因此，党员领导干部一定要加强理论学习，深刻理解树立社会主义荣辱观与构建社会主义和谐社会的内在联系，明确树立倡导“八荣八耻”的重大现实意义和深远历史意义，坚定构建社会主义和谐社会的必胜的信心，自觉做弘扬以“八荣八耻”为主要内容的社会主义荣辱观的模范和表率。

坚定理想信念，弘扬“八荣八耻”，要牢固树立正确的权力观和业绩观，把“为民、务实、清廉”作为自己为政的理想和追求。党的宗旨是全心全意为人民服务，在全面建设小康社会的新的历史时期，每一个共产党员特别是党员领导干部都面临着各种考验，能不能耐得住艰苦，抗得住诱惑，抵得住人情，管得住小节，能不能过好权力关、金钱关、美色关、人情关，能不能明是非、知荣辱，关键是看能否树立正确的业绩观，兢兢业业、勤勉工作，创造出经得起历史和群众检验的一流业绩，能否倾听群众的呼声、关注群众需要，做到“权为民所用、利为民所谋、情为民所系”，能否一身正气、两袖清风，为人民掌好权、用好权。“富润屋，德润身，心广体胖。”对党员领导干部来讲，树立社会主义荣辱观，就要端正为政的理想，坚定“为民”的信念，常修为政之德、常思贪欲之害，常怀律己之心，将正确的权力观、业绩观作为崇高事业的基础，将高尚的道德作为治国安邦的资格和前提，独善其身、慎修其德，立党为公，执政为民，用自已的崇高理想和坚定信念感染和鼓舞群众，共同为建设小康社会而奋斗。

（本文发表于2006年5月22日《学习时报》）

实事求是必须解决好“认识、方法、勇气”问题

科学发展观是同马克思列宁主义、毛泽东思想、邓小平理论、“三个代表”重要思想一脉相承而又与时俱进的科学体系。其中一脉相承的，就是实事求是。实事求是作为党的思想路线的核心内容，是领导干部必须始终遵循的根本思想方法和工作方法。现结合学习收获和个人思考与实践，就领导干部遵循实事求是问题，谈两个方面的体会。

一、遵循实事求是必须解决好“认识、方法、勇气”三个突出问题

（一）对实事求是的认识问题

“实事求是”最早是描述治学态度的一句中国古语，原文是“修学好古，实事求是”，是东汉著名史学家班固在《汉书·河间献王传》中赞誉河间王刘德治学态度严谨的词语。毛泽东同志汲取了实事求是这一传统思想中的精华，并运用马克思主义的观点作了新的发挥和精辟概括，给它赋予了崭新的哲学内容，并最终确立为我们党的思想路线，成为我们党领导人民取得革命和建设胜利的根本法宝。邓小平同志指出：“过去我们搞革命所取得的一切胜利，是靠实事求是；现在我们要实现四个现代化，同样要靠实事求是。”江泽民同志在党的十六大报告中指出：“坚持党的思想路线，解放思想、实事求是、与时俱进，是我们党坚持先进性和增强创造力

的决定性因素。”胡锦涛同志强调：“坚持一切从实际出发，理论联系实际，实事求是，在实践中检验真理和发展真理，是马克思主义最重要的理论品质。这种与时俱进的理论品质，是马克思主义始终保持蓬勃生命力的关键所在。”因此，对领导干部来讲，在全面建设小康社会、加快推进社会主义现代化的进程中，面对新形势新任务，坚持以实事求是的思想路线来指导自己的行动，对于践行邓小平理论和“三个代表”重要思想，对于落实科学发展观、全面构建和谐社会以及扎扎实实做好各项工作，都具有十分重大而深远的意义。

实事求是是辩证唯物主义的认识路线，有着深刻的科学内涵和丰富的思想外延。毛泽东同志指出：“‘实事’就是客观存在着的一切事物，‘是’就是客观事物的内部联系，即规律性，‘求’就是我们去研究。我们要从国内外、省内外、县内外、区内外的实际情况出发，从其中引出其固有的而不是臆造的规律性，即找出周围事变的内部联系，作为我们行动的向导。”① 这一论断，充分揭示了实事求是的主体、客体及其相互之间的作用关系，深刻点明了做到实事求是的主要环节，即：前提是从实际出发，方法是深入研究，核心是找出规律，目的是指导实践。因此，要想正确认识实事求是，充分把握其科学内涵和思想外延，就要在深入剖析上下一番功夫。从哲学和全面的观点来看，实事求是所隐含的异乎寻常的复杂性，主要在于三个方面。

一是认识依据不同导致“实事”属性具有多重性。由于实事求是所依据的“实事”具有相当的复杂性，所以当认识依据不同（即：大范围的“实事”还是小范围的“实事”）时，“实事”所反映出的客观性往往会有所不同，甚至相互对立。例如，一个新闻记者看到一个社会现象，他要按照新闻真实性的原则进行报道或曝光，但他的上级则认为这一事件在全国大范围上看，不具有代表性，发出去容易造成误导，因此不同意发表。同

---

① 《毛泽东选集》第三卷，人民出版社 1991 年版，第 801 页。

样是一个社会现象，记者认识的依据是小范围的“实事”，而他的上级认识的依据则是大范围的“实事”，结论却大不相同。这充分说明，“实事”本身具有多重属性，当认识的依据不同时，反映出的往往是“实事”的不同属性。

二是认识方式不同导致“是”的形式具有多元性。广谱哲学的广谱存在论认为，人们确定事物的客观性是通过一定的观控方式（即认识方式）实现的，每一种观控方式揭示事物的一定层次、一定侧面的客观性，因而当观控方式改变后，事物将呈现出不同的客观性。例如，在物理学方面对光的本性认识上，在菲涅尔的实验（光的衍射实验）和托马斯·杨的实验（光的干涉实验）下，光呈现出波动性，而在斯托列托夫的实验（光电效应实验）下，光呈现出粒子的特性。又如，在社会科学方面，从阶级分析的角度看，人具有阶级性，而从其他社会学的角度看，则人具有民族、文化等特性。由此可见，当人们对自然界的事物采取不同的观控方式时，往往会认识并求得事物的不同客观性。

三是认识主体不同导致“求”的结论具有多样性。广谱哲学的价值论认为，价值事实是客体的性状及其变化给主体带来的影响，是主体对客体性状做出价值判断（好或坏、对或错、有利或有害等）的依据。在现实社会中，由于认识的主体与“实事”这个客体之间有着不同的关系，所以不同的主体通常会从不同的角度去研究和分析“实事”，或用不同的价值事实对“实事”作出价值判断，所得到的判断结果也会因此而有所不同或者大相径庭。例如，在市场体系中，一个紧缺产品A仅有甲、乙、丙三家企业能够生产，由于企业甲实力雄厚，所以对生产规模进行了扩建，把产量提高到原来的三倍以上。这时，供应A产品原料的企业从自身利益角度进行研究和分析，得出“企业甲扩产必然会消耗更多的原材料，所以是好事”的结论；而企业乙和丙同样是从自身利益角度出发，分析研究企业甲扩产的影响，却得出“企业甲扩大生产规模，必然会影响到我们的市场地位和份额，所以是坏事”的结论。在这里，两类企业之所以对同一个“实事"得出两个截然不同的结论，就是因为认识主体的不同，导致对同一"实事"采取了不同的价值判断依据，因而"求"得了不同的认识结果。

实事求是的复杂性，决定了当认识依据、认识方式、认识主体不同时，实事求是结果也会不尽相同或者千差万别。如果不能充分认识实事求是的这一复杂性，就很容易导致违背实事求是的行为方式。在现实当中，这种违背实事求是的情况，不外乎以下三种：一是对"实事"及其客观属性具有多重性认识不足，导致在实践中要么完全抛开实际搞理论，使理论研究背离实际、失去根基，缺乏指导性；要么仅从一个局域角度看问题，把局部范围的"实事"作为"求是"的唯一依据，而不能站到全局来把握客观事物的全部特性，从而使观点和决策带有很强的片面性，或者以偏概全。二是对"是"及其结果（即事物规律性）具有多元性认识不足，导致在实践中要么只重现象、不重本质，把现象当做决策的全部依据；要么把一方面的规律当做事物的全部规律，对外界条件变化下事物表现出来的不同规律持有抵制心理或反对态度，以至于对事物规律只是一知半解，结果在工作中处处碰壁。三是对"求"及其具有多样性认识不足，导致在实践中要么不开展调查研究，不能具体问题具体分析，只是把表面现象当做内在规律；要么调查研究不深入，只是走马观花或者蜻蜓点水，甚至把个别特性当做群体规律，结果是作风不实、行为鲁莽。因此，领导干部只有用哲学的观点，全面准确地认识和把握实事求是，才能有效克服上述三种错误倾向，从而真正做到实事求是。否则，认识上的问题将会成为阻碍我们遵循实事求是的大敌。

（二）做到实事求是的方法问题

根据辩证唯物论的认识论，做到实事求是是一个由实践、认识到再实践、再认识以至循环无穷的过程，是一个复杂的系统工程。具体到执行层面，做到实事求是主要包括"搞调研、说实情、秉真理、讲民主、抓落实、作总结"六个循序渐进的环节。其中，"搞调研"是做到实事求是的前提；"说实情"和"秉真理"是做到实事求是的核心；"讲民主"和

“抓落实”是做到实事求是的关键；“作总结”的目的是为了进一步升华认识，使认知结果和所得规律更加接近客观实际，进而为再认识和再实践提供理论指导。这六个环节相互依存，缺一不可。只注重一个环节，而忽视其他任何一个环节，都不能很好地做到实事求是。简而言之，领导干部既要乐于实事求是，又要能于实事求是，更要善于实事求是。

一要善于深入开展调查研究。尊重实践、深入实际，是获得真实情况和真知灼见、实现主观和客观统一的基础环节。毛泽东同志指出，“没有调查，就没有发言权”。因此，领导干部每办一件事情，都必须深入基层、深入实际，作周密系统的调查研究，特别是要善于从不同侧面观察和研究事物，全面把握事物的多重客观属性和多元内在规律。同时，领导干部作为组织利益的代表者、群众利益的责任者，还必须从组织和群众两个主体的角度出发，把理论与实践、上级指示与本地本单位实际、组织利益与群众利益紧密联系起来，坚持不唯上、不唯书，只唯实，全面深入地研究事实真相，探究事物本质，挖掘事物规律，从而为我们认识问题、回答问题、解决问题提供重要的依据。

二要善于恰当表达真相和坚持真理。实事求是的一个重要环节，就是在经过充分调查研究并弄清事实真相的基础上，把事物的真相讲出来。讲真相，首先是要讲全面完整的真相，而不是单单讲那些对个人有益的某一方面的真相。当然，在听真相时，也要注意辨别对方所讲真相的全面性和完整性。言常为心声，忠言多逆耳。一方面，领导干部在听取情况汇报和意见反映时，要充分明确“忠言逆耳”的深刻哲理，保持一种“看法一致不忘形，意见相左不动怒”的平和心气，尤其要学会运用辩证唯物主义的武器，对情况和意见进行全面分析和深入加工，进而作出正确的判断和合理的取舍。对于那些暂时没有被自己所掌握和所认识的具体情况、事实真相或内在规律（正确的情况和意见），要敢于放下架子，用虚心的态度去接受，从而对事物作出更加全面的认识，为正确决策提供依据；对于那些不符合实情的汇报和片面的意见，也要用委婉的方式，恰如其分地指出对方在认识上和观点上的偏差与不足，这样既能维护对方讲真话、说实话的热情和积极性，又能帮助对方及时修正错误认识和片面之见。另一方面，在主动汇报情况和反映意见时，特别是在由于种种原因导致事实真相暂时没有被大家所认识的情况下，领导干部既要有足够的勇气把实情说出来、把真相说出来，又要善于运用良好的说话技巧和艺术，用中肯的态度和由衷的言词，逻辑严密、清晰准确地表达出事实真相和内在规律，特别要善于制造愉快的沟通氛围，把握合适的交流时机，选择恰当的汇报环境和谈话场合，让对方能够接受、乐于接受。

三要善于营造良好的民主气氛。发扬民主、交换意见是我们掌握事物本来面目、把握事物全局情况的基础。张闻天同志指出：“领导上要造成让人家愿意讲不同意见的空气”，“使得下面敢于发表不同意见，形成生动活泼、能够自由交换意见的局面。”因此，领导干部做到实事求是，不但要能够发扬民主，努力营造一个良好的民主气氛，形成知无不言、言无不尽、各抒己见的氛围，而且要善于发扬民主，能够对各方意见进行集中、归纳和总结，从而为不断完善对事物真相和规律的认识提供重要借鉴与参考。需要特别指出的是，领导干部一定要从“个人说了算”的圈子里走出来，既要充分相信群众、依靠群众，善于沟通思想、集思广益，敢于抛弃一己之见、一叶之见，勇于舍弃小思想、集成大智慧，又要有足够宽阔的胸怀，容得和鼓励大家把真相和实情说出来，把“心里话”讲出来。

四要善于抓好制度的建设与落实。古人云：“慈于子者不敢绝衣食，慈于身者不敢离法度，慈于方圆者不敢舍规矩”。不论是在落实毛泽东思想、邓小平理论和“三个代表”重要思想的实践中，还是在践行科学发展观和社会主义荣辱观、全面构建和谐社会的过程中，我们都要注重建立遵循实事求是的制度约束机制。特别是对违背实事求是的行为，除了给予坚决的批判和谴责外，更要用好的制度予以约束。邓小平同志指出，“制度好可以使坏人无法任意横行，制度不好可以使好人无法充分做好事，甚至走向反面。”在实践中，我们不但要把通过实事求是所得到的正确规律，以制度形式固化下来，使之成为我们做到实事求是、正确认知世界和有效改造世界的依据，确保我们的事业不再遭受因违背实事求是而导致的挫折，而且要根据问题的具体情况，充分考虑制度的刚性与现实的多样性，把“管根本、管长远”的战略性制度同“管个性、管具体”的战术性办法紧密地结合起来，把刚性执行与柔性管理有效地结合起来，把原则性与灵活性科学地结合起来，切实抓好制度的落实。

五要善于及时总结实践经验。总结经验的实质，就是理论与实践相结合，即在实践的基础上，把感性认识提升到理性认识，再用理性认识的成果去指导实践。在实事求是的过程中，及时总结经验对于进一步升华对事物规律的认识，使认识更加符合实际，更好地指导实践，具有重要的意义。我们党之所以能够带领全国各族人民取得革命、建设和改革的一个又一个胜利，一个重要原因就是善于总结经验，并将其升华为科学理论，用以指导新的实践。因此，每一位领导干部都要学会总结实践经验，特别是在一项工作完成后，要辩证地予以分析和总结，不但要充分肯定成绩，而且要敢于找出不足，尤其是思想、制度和机制层面的不足，特别要实事求是地总结实践中的规律，从而为下一步工作提供借鉴和指导。唯有如此，才能真正符合从认识到实践、再从实践到认识这一循环往复的辩证唯物论的认识论和知行观，才能把理论与实践紧密结合起来，不断提高实事求是的能力。

（三）坚持实事求是的勇气问题

坚持真理、捍卫真理，需要勇气，有时甚至要付出生命。在历史上，有无数志士仁人为了坚持和捍卫真理而同反面势力进行了不屈不挠的斗争，有的付出了血的代价，有的牺牲了自己的生命。16世纪波兰伟大的天文学家尼古拉·哥白尼在创立和坚持“日心说”的过程中，就遭到了反动教会的残酷迫害。后来，布鲁诺为了捍卫和宣传哥白尼的“日心说”，不惧反动教会的淫威，凭着一股科学的大无畏精神，以付出生命的壮举换来了人类在天体认识史上的重大突破。我国的革命烈士夏明翰，为了捍卫马克思主义真理，在英勇就义前写下了“砍头不要紧，只要主义真。杀了夏明翰，还有后来人”这首气壮山河的革命诗句，昭示了一位共产党人的高尚情操，表达了共产党人对“革命必将胜利”的坚定信念，体现了共产党人坚持马克思主义真理的莫大勇气。

中国能有今天的发展，就得益于我们党始终遵循了实事求是的思想路线，并以极大的勇气，及时纠正了发展过程中背离实事求是思想路线的错误。可以说，在十年内乱、百废待兴的历史时刻，如果没有邓小平等老一辈无产阶级革命家的大智大勇，“文化大革命”的错误就不会得到全面清理，改革开放的崭新局面就不会出现；在建设有中国特色社会主义伟大事业的进程中，如果没有邓小平同志带领全党冲破“姓社”还是“姓资”之束缚的勇气，中国也就不可能有今天的繁荣和富强。企业也是一样。在青岛电冰箱厂濒临破产的关键时刻，如果没有张瑞敏带领企业“砸碎有缺陷冰箱”的勇气，就不会有今天海尔这样一个靠质量和服务取胜的世界知名企业。

当前，我国正处在一个伟大变革的时代。党的十六届五中全会指出，“十一五”时期是全面建设小康社会的关键时期，也是改革攻坚的关键时期。我们又站在了一个新的历史起点上。面对前无古人的伟大事业，置身改革发展的大潮，我们难免会遇到一些新问题的困惑、旧思想的束缚和外来势力的干扰。在这种情形下，只有善于坚持实事求是，勇于坚持真理，敢于革除旧思维，敢于抵制不良影响，才能正确解决新问题，不断开创改革开放的新局面。

二、组织人事工作干部更要始终遵循实事求是

领导干部是党的事业的骨干，肩负着党和人民的重托，在全局工作中居于重要地位。同时，领导干部的培养、考察、推荐、选举、任命、管理和激励等，又都是由组织人事工作来实现的。从这个逻辑上讲，各级领导干部能否矢志不渝地以马列主义、毛泽东思想、邓小平理论和“三个代

表”重要思想为指导，以科学发展观为统领，坚持解放思想，实事求是，与时俱进，扎扎实实地做好工作，不但是我们党不断提高执政能力，全面推进党的各项事业和经济社会发展，实现立党为公、执政为民的关键，而且是组织人事工作是否以“实事求是之绳、公道正派之心、德才兼备之则”选干部、用人才的重要体现。因此，组织人事工作始终遵循实事求是尤为必要，更加重要。

组织人事工作能否始终做到实事求是，决定着选人用人的成败，关系到事业发展的大局。组织人事工作要做到实事求是，就必须始终坚持党的组织路线这一根本方针和准则。邓小平同志多次强调：“正确的政治路线要靠正确的组织路线来保证。中国的事情能不能办好，社会主义和改革开放能不能坚持，经济能不能快一点发展起来，国家能不能长治久安，从一定意义上说，关键在人。”① 这条正确的政治路线，从改革、发展和稳定的大局出发，公道正派、公开公正地选好干部、用好人才。

提高组织人事工作水平关键在于组织人事干部。胡锦涛同志强调：“衡量一个组织工作干部是否合格，首先要看他是否公道正派，实事求是。干部群众看组织部门的形象，也是首先看这一条。”因此，组织人事干部在思想和作风上要始终坚持公道正派，始终遵循实事求是，在工作中也要将“人民拥护不拥护、赞成不赞成、高兴不高兴、答应不答应”作为一条重要标准，切实把干部选拔好、配备好，把人才队伍建设好、发展好。

一要坚持用党的干部政策选干部、配班子。选干部、配班子是组织人事工作的核心，是事关全局的重中之重。毛泽东同志强调指出：“政治路线确定之后，干部就是决定的因素”，“中国共产党是在一个几万万人的大民族中领导伟大革命斗争的党，没有多数德才兼备的领导干部，是不能完成其历史任务的。”② 胡锦涛同志指出，“现在我国改革开放和现代化建设已经进入关键时期，要全面贯彻落实科学发展观，实现经济社会全面协调

① 《邓小平文选》第三卷，人民出版社1993年版，第380页。
② 《毛泽东选集》第二卷，人民出版社1991年版，第526页。

可持续发展，关键在于各级领导干部，在于不断提高他们的素质和能力。”① 因此，组织人事干部做到实事求是，必须首先坚定正确的理想信念，树立高度的政治责任感和历史使命感，严格按照“政治上靠得住、工作上有本事、作风上过得硬”的要求，公道正派、公开公正地把那些身体力行“三个代表”重要思想，政治信念清醒坚定，有谋事之策、干事之才、成事之力，在重大关头和各种风浪中经得起考验的干部；把那些能够理论联系实际、密切联系群众、求真务实、埋头苦干、开拓创新、严于律己、清正廉洁，自觉践行社会主义荣辱观，善于领导科学发展，具有高尚品德和人格的干部，选拔到各级领导岗位上来。

二要始终用公道之心与平和之心选对人、用好人。实事求是地选人用人，关键是组织人事工作干部要有一颗公道平和之心，能够正确处理个人利益同大局利益之间的关系，时刻把党、国家、人民利益和事业需要放在第一位。特别是在推选干部和服务干部的过程中，一定要正确看待个人发展同他人发展、组织发展之间的关系，要抱着“只求选好人，不求有所得”的正确心理，保持一种平和的心境，而不能为一己之利而影响了心态平衡；一定要用一颗平常心去培养、选拔领导干部和建设领导班子，并要甘做“干部之家”的“公仆”，甘为干部成长的“阶梯”，甘当人才发展的“土壤”。干部就是旗帜，干部就是榜样。如果不能保持平和的心态，就会失去正确判断干部的标准和选拔干部的原则，就不能实事求是地选拔和使用干部，甚至会发生用人失误、树立错误导向。邓小平同志语重心长地告诫我们：“政治路线确立了，要由人来具体地贯彻执行。由什么样的人来执行，是由赞成党的政治路线的人，还是由不赞成的人，或者是由持中间态度的人来执行，结果不一样。”事实也深刻地证明，用好一个干部可以造福一方百姓，用坏一个干部就会贻害千秋大业。像焦裕禄、孔繁森、牛玉儒等无数优秀干部楷模，为了造福一方百姓而鞠躬尽瘁、死而后

---

① 胡锦涛：《联系实际创新路，加强培训求实效》，载于《人民日报》2006 年 3 月 21 日第一版。

已，深受人民敬仰；但像成克杰、胡长清、王宝森等少数无视党的纪律和人民利益的贪污腐败分子，则给党的事业造成了无法估量的损失，为世人唾弃。因此，组织人事工作干部一定要保持一颗公道平和之心，始终做到“用好的作风选人，选作风好的人”，“实事求是地选干部，选实事求是的干部”，从而树立正确的用人导向。

三要坚持用全局的观念整合和配置好人才资源。整合和配置人才资源是组织人事工作的主要内容，是实现发展目标的基础和保障。古往今来，大凡成就一番事业者，无不是先得其人才，再聚其合力，后成其基业。三国时期的诸葛亮之所以能够用兵如神，不断指挥军队取得战争的胜利，并帮助刘备成就大业，关键就在于他拥有良好的大局观，并善于依据战事之实，从战略和全局高度整合兵力。如今的海尔集团、联想集团、华为集团等国际知名的中国企业，之所以能够在激烈的市场竞争中站稳脚跟，并顺利实现业务和市场的战略扩张，也是以人才资源的全局性整合和配置为保障的。相反，那些不善于从全局进行整合人才资源或不善于从单位实际优化配置人才资源的组织或单位，往往因为人才结构配比不合理、人才效率发挥不充分而导致人员队伍松散、事业发展缓慢，甚至造成人才大量流失，使组织或单位走向濒临解散或倒闭的困境。居高声自远，非是藉秋风。站得高，才能看得远。组织人事工作干部只有牢固树立大局意识和全局观念，牢牢把握人才队伍建设的规律，深明人才队伍建设的要义，养成战略前瞻、系统思维的习惯，才能根据本地本单位的实际，把人才资源整合好，并按照事业发展需要合理优化人才的专业配比、年龄配比和层次配比，有效发挥整个人才队伍的效能，进而实现人的全面发展和组织事业的科学发展，使人才与事业和谐共进、相得益彰。

四要避免个人情感因素对遵循实事求是准则的影响。组织人事工作干部作为“干部之家、人才之家”的公仆，在服务各级领导干部和各类人才的过程中，往往会与他们培养建立起一定的友谊和感情。这样一来，就难免会对组织人事工作干部的选人用人工作带来或多或少的影响，有时甚至会成为遵循实事求是的障碍。同时，作为一个社会人和自然人，组织人事工作干部也同其他个体一样，有着自己一定的情感好恶、性格倾向和价值观判断依据，如若不能正确认识人的这些特点和规律，同样会给遵循实事求是带来不同程度的影响。例如，一位A省籍干部张三具备了管理者的素质和能力，但受成长地域的影响，其性格带有地域普遍性的温和特点，而且行为比较随和。而负责选拔干部的李四则来自S省，性格比较直爽，行动起来雷厉风行，干起工作风风火火。这种性格和成长地域的影响，使得李四对那些与自己有着相同性格的人比较认同，而对那些性格相异的人持有一定看法。于是，李四从个人的情感和价值判断依据出发，认为“张三比较软弱，没有能力”，结果使张三失去提升和发展的机会，导致一位比较优秀的干部人才遭到了埋没。又如，甲是一名组织人事工作干部，负责在某班子的乙、丙、丁三位比较成熟的副职中选拔该单位负责人，由于乙和甲在生活中是要好的朋友，丙和甲认识但不熟悉，而丁则曾就某事和甲发生过争吵，所以甲就想当然地认为“乙这个人不错，于情于理应该提拔；丙表现一般，可提可不提；而丁则素质不高，不能提拔”。结果使得原本素质和能力略胜一筹的丙得不到应有的重用，而且也使得丁对甲“以情取人”的做法产生了很大意见，最终引起整个班子氛围不和谐，工作和事业受到了影响。由此可见，组织人事工作干部必须充分认识自身具有感情色彩并可能会影响到选人用人标准的特点和规律，务必时刻保持头脑清醒、立场坚定，坚持用实事求是的眼光看人，而不是戴着有情感色彩的“有色眼镜”看人。尤其是在事关发展大局的选人用人工作中，一定要把个人感情放到一边，把个人好恶放到一边，坚持用实事求是的准绳来衡量和判断一个人，公公正正地选准、用好每位优秀人才。

下面，再结合兵器工业集团公司干部队伍建设和人才队伍建设的实际，谈两点实践体会。

兴业之根本，要在得干部，重在励其能。兵器工业集团党组高度重视干部队伍建设工作，始终坚持贯彻和落实党的组织路线，在严格按照“四化”标准和“德才兼备”原则为成员单位选干部、配班子的过程中，较好地做到了任人唯贤、实事求是。为加强领导班子管理和建设所推出的系列举措，也较好地遵循了实事求是，充分考虑和结合了干部成长规律和需求特点。例如，为了激励领导干部能“善其事”，我们制定实施了“按岗位量化考核”、“岗位效绩工资制和持股激励制度”、“按企业分类考核领导班子”等一系列符合兵器工业特色和干部特点的新型激励和约束措施。又如，为了促使领导干部能“成其事”，我们按照中央提出的大规模培训干部的要求，从提升素质、强化能力出发，坚持每年组织开展“总经理培训班”、“中青年经营管理人员培训班”等10多个不同级别、不同层次、不同专题的领导干部培训班。再如，根据青年人才的成长特点，通过采用“集中学习、挂职锻炼、外出考察”三段式培训方式，突出加强了对年轻干部和后备干部的培训，并已连续3年开创性地选派了180多名年轻干部分赴青岛、上海、宁波等地区的国有或民营企业，进行为期半年的挂职锻炼，等等。从效果上看，通过实事求是、创新有力的干部培养、选拔和班子建设措施，成功地打造了一支经营管理干部队伍，较好地满足了企业发展的需求，从而为集团公司实现历史性突破和跨越式发展提供了强有力的组织基础和动力保障。

人才支撑事业，事业孕育人才。根据兵器工业集团人才队伍建设的实践，笔者深深体会到：大力推进人才资源的整合与配备，是实现事业发展和进步的重要基础；在人才资源整合配备过程中，只有始终遵循实事求是的思想方法和工作方法，才能符合实际、收到实效。近年来，兵器工业集团之所以能够初步构建一套以“领导干部管理、素质建设工程、人员结构优化、有效激励与约束”为四大“业务子体系”和以“政策研究、信息化建设、中介服务、组织人事劳资系统团队”为四大“支撑子体系”的体系化人才工作机制，并使人力资源开发与管理工作向着系统化、国际化和现代化迈出重要一步，从根本上讲，就是充分考虑了企业发展的特点和实际，根据人才成长的一般规律，对七年来的人才队伍建设实践进行了科学总结，找出并按照其中的普遍性规律，推出了一系列创新性举措。例如，搭建“成员单位级带头人—集团公司级带头人—兵器工业首席专家—国家两院院士”职业发展台阶、推行“3 + X”（3 种固定模式 + 多种灵活模式）选人用人机制和“A + Y”（核心层 + 紧密层）新型用工管理模式等措施，就是根据人才的专业差异、个性取向和事业需求而提出的，目的是为了较好地营造一个人才分类发展和充分施展才华的平台及环境；又如，目前全面启动的“创新团队建设”和“人力资源能力建设”等工作，也是根据人才成长规律和“人才开发必然向着发挥整体效应发展”的规律而采取的一项重要举措，目的也是从进一步激发人才队伍的团队效应和整体效能出发，对人才资源进行全面整合和合理配置。这些举措的实施和推行，给科技创新和事业发展提供了重要的智力基础和人才支撑，使人才队伍建设与事业改革发展更加和谐匹配，从而推动整个人才工作正在由“传统开发”向“现代开发”、由“个体开发”向“整体开发”转变。

欲当大任，须是笃实。领导干部作为紧跟时代的先行者，建设中国特色社会主义事业的模范者，必须高擎实事求是的大旗，当好实事求是的标兵和楷模。我们一定要紧密团结在以胡锦涛同志为总书记的党中央周围，坚持以马克思列宁主义、毛泽东思想、邓小平理论和“三个代表”重要思想为指导，坚持以科学发展观为统领，始终遵循实事求是的思想方法和工作方法，与时俱进，求真务实，开拓进取，在加快推进社会主义现代化、全面建设小康社会、积极构建和谐社会的进程中，不断作出新的贡献！

（本文曾节选刊登于2006 年第 18 期《红旗文稿》上）

只有坚定正确的理想信念才能为正确事业作出贡献

在全党开展以实践“三个代表”重要思想为主要内容的保持共产党员先进性教育活动，是党中央作出的一项重大决策。参加这一活动是每一个党员义不容辞的政治任务。作为集团公司先进性教育活动领导小组副组长和办公室主任，我不但按照党组的要求，积极抓好全系统先进性教育活动的各项工作，而且坚持以一名普通党员的身份，认真学习《保持共产党员先进性教育读本》和《江泽民论加强和改进执政党建设》等内容，重温了《党章》和入党誓词，认真撰写心得体会，积极参加党组中心组和支部组织的集中学习讨论。经过两个月的学习、讨论和思考，我对中央开展这次保持共产党员先进性教育活动的重要性、必要性和紧迫性有了深刻的认识，对“三个代表”重要思想有了进一步的理解，对我党自成立以来，总能与时俱进、勇立时代潮头，团结和带领全国人民取得一次又一次的胜利，铸造一个又一个辉煌的深刻原因有了新的理解。

这次学习对我来讲，的确收获颇多，感受颇深。但结合自己成长和发展的道路进行思考，我觉得这次学习活动让我感触最深的仍然是对理想信念的一些认识。

我出生于20世纪60年代初，在我刚懂事不久就赶上了“文化大革命”。父母被关进了牛棚，年迈的姥姥与我们兄弟姐妹几人相依为命。在这段时间里，我饱尝了生活的艰辛，备尝受歧视的滋味。俗话说，艰难是人生的良师益友。这种磨难在我幼小心灵里打上烙印的同时，也磨炼了我坚忍和不服输的性格，培养了我“己所不欲，勿施于人”的宽容个性。

拨乱反正以后，国家恢复了高考制度，我通过考试顺利进入了大学。此时的我，虽然对党还缺乏全面深刻的认识，但由于自己命运的改变，对党产生了一种朴素的感情和朦胧的向往。在后来的日子里，我积极要求进步。入党、参加工作，在组织的关怀和培养下，我一步一步成长，走到今天。可以说，随着时间的推移和事业的进步，我对党的感情也逐步加深。因为如果没有党的拨乱反正和改革开放政策，我就不可能有机会上大学，更没有机会进入兵器集团。如果没有多年来党组织的精心栽培，就没有我的今天。参加工作以来，尤其是集团公司组建以来，我对工作、对事业投入了几乎全部的热情和精力，把“努力学习、不断创新、追求实效、力争卓越”作为自己工作和行为的准则，把集团公司建设有国际竞争力大公司和高科技现代化兵器工业的“三步走”战略构想作为自己的理想追求。在这一崇高理想信念的感召下，按照党组的要求和部署，我曾带领人力资源部的同志们，在集团公司人才队伍建设和三项制度改革方面作过一些大胆的探索和改革。期间，吃了不少苦，受了不少累，也承受了不少的压力。尤其是在推行集团公司分配制度改革和法人治理结构过程中，曾遭受过一些非议和不理解，有时甚至是人身攻击。在当时的情况下，我也彷徨过、动摇过，脑海中也曾闪现过退却的念头。但每次这种念头出现时，集团公司的战略目标就鞭策着我、感召着我，马总等党组领导强烈的事业心和责任感就感染着我、激励着我。在党组的关怀和支持下，在同志们的热心帮助下，我硬是咬着牙带着大家走了过来，完成了党组交给我的任务。现在回过头来看，如果当时没有一种强烈的信念支撑着，如果缺乏坚忍不拔的意志，看见困难就退缩，遇到委屈就放弃，发现矛盾就灰心，那么当时在人劳工作方面的许多好的设想都会化为泡影，同志们的努力也会白费。

这么多年来，我一直在思考，支撑一个人不懈奋斗、不懈追求的到底是什么？通过参加这次先进性教育活动，通过第一阶段的学习和我这么多年的成长经历，我终于明白了一个道理：理想信念，是一个人、一个政党、一个民族乃至一个国家的精神支柱。只有坚定正确的理想信念，才能不断战胜困难，走向成功，才能为正确的事业作出贡献。相反，倘若没有坚定的理想信念，就会失去奋斗的目标，偏离前进的方向。

邓小平同志指出："过去我们党无论怎样弱小，无论遇到什么困难，一直有强大的战斗力，因为我们有马克思主义和共产主义的信念。有了共同的理想，也就有了铁的纪律。无论过去、现在和将来，这都是我们的真正优势。"① 这是对我们党和中国革命历史经验的深刻总结。

当年，中国工农红军进行25000里长征，天当房、地作床，风餐露宿，野菜充饥，篝火御寒，在饥饿、寒冷、疾病、死亡面前，始终保持高昂的战斗士气，谱写了一曲革命乐观主义的壮丽凯歌。敌人的围追堵截，自然条件的险象环生，党内分裂主义的干扰，都没能阻挡红军胜利地实现战略转移。支撑他的是什么？是马克思主义信念，是共产主义信念，理想信念是红军战胜一切困难和敌人的力量源泉。

在中国革命极端困难的时期，无数革命先烈、志士仁人，抛头颅，洒热血，将自己的青春热血甚至生命洒落在祖国的土地上却无怨无悔。大革命失败后的一年时间里，全国就有30多万共产党员和革命群众被杀害。抗战开始时，全国只有4万党员，而在大革命和土地革命战争期间牺牲和失踪的共产党员，已10倍于此。全国解放前夕，仅有名可查的共产党员烈士就达370万人。

这些人当中，有些人原本过着舒适的日子，有的只要稍稍低头就可以保全性命，但是，他们为了捍卫自己的信念和理想，依然决然地舍弃了自己宝贵的生命。抗日名将吉鸿昌为组织抗日武装，毁家纾难，变卖家产6万元购买枪械。39岁被杀害时留下了"恨不抗日死，留作今日休。国破尚如此，我何惜此头"的豪迈诗篇。他说："能够加入革命队伍，成为一名

---

①《邓小平文选》第三卷，人民出版社1993年版，第144页。

共产党员，能够为我党的主义，为人类的解放而奋斗，这正是我毕生的光荣。”徐特立，一位年过半百的湖南教育家，在1927年大革命失败后，一大批共产党人和革命群众遭到残酷镇压的危难时刻，却毅然主动地加入了中国共产党。支撑他的是什么？也是理想和信念，是对共产主义无比坚定的理想和信念。

理想是人们基于一定的生产力发展水平和社会关系状况而对于社会、人生的未来发展趋势和必然状态的预期、向往和超越性追求。信念是人们对于某种现存的或可能的事物、观念在理智上认同，情感上接受，并以坚强的意志排除干扰，勇于实践这种理论观念，而逐渐在内心形成的一种坚信不疑、矢志追求的精神状态。坚定的信念对事业的发展往往会产生出人意料的推动力。

集团公司组建六年来的实践也无可争辩地印证了这个道理。集团公司组建时，我们全集团有47.6万名职工，20余万离退休职工，全系统80%以上工业企业处于亏损状态，当年亏损达27.6亿，在岗职工人均年工资不足5000元。当时集团公司既无“高新工程”项目，又无具有竞争力的骨干民品，全系统人员多，历史包袱沉重，技术和生产条件落后，可以说是困难重重、举步维艰。但是，在马总的带领下，党组从定战略、理思路、增信心入手，以发展为突破口，以改革为动力，围绕“保军、转民、解困”三项任务，带领全系统党员、干部和职工，众志成城，知难而进。短短的六年时间，集团公司不但一举扭转了长期亏损的困难局面，实现扭亏增盈43.3亿元，而且初步实现了由“解困型”向“发展型”、由传统兵器向高科技兵器发展的历史性跨越。这六年当中，正是实现“三步走”战略构想这一崇高的理想信念，支撑着集团公司党组一班人的意志和决心，正是由于党组制定了正确和鼓舞人心的发展战略，才使得全系统广大干部职工明确了奋斗的方向，坚定了拼搏的信心，从而铸就了人民兵工新的辉煌。

对一个人、一个政党来讲，选择和树立一种信念并非难事，难的是在任何艰难困苦的条件下，都能矢志不移、坚持不懈地为之奋斗，永不放弃、永不动摇、永不言败。

古往今来，有许多人、许多政党也曾经在一种信念的驱使下奋斗过、辉煌过，但当他们面对困难、胜利和诱惑时，或丧失了斗志，或滋生了骄傲情绪，或自毁了信念防线，以至于功败垂成、壮士扼腕。他们所缺乏的不是理想和信念，而是坚定信念所必需的持之以恒的精神和百折不挠的勇气。

明朝末年闯王李自成的农民起义军，势如破竹，所向披靡，一举动摇了明朝的统治，然而当他们进入北京之后，"似乎都沉沦进了过分的陶醉里去了"，"纷纷然，昏昏然"，很快就丧失了信念和斗志，"以为天下就已经太平了的一样"，结果才40天便仓皇出逃。

清朝的八旗兵在"入主中原"的强烈野心驱使下，也曾所向无敌，但由于胜利后贪图享乐，不思进取，一度强大的八旗铁骑变得不堪一击，结果使曾经英雄一时的"八旗子弟"成为浮夸无能的代名词。

蒋介石败走大陆后坦言，他的军队之所以失败，就是因为变成了"无主义、无纪律、无组织、无训练、无灵魂、无根底"的"六无"之军，军人们也已成了"无信仰、无廉耻、无责任、无知识、无生命、无气节"的"六无"军人。

"古之立大事者，不惟有超世之才，亦必有坚韧不拔之志"①。李自成等都曾是一个时代叱咤风云的人物，他们最终失败，不是因为他们没有"超世之才"，而是因为他们缺乏对理想信念始终不渝的韧劲和百折不挠的意志。再回眸我们集团公司组建六年来的奋斗历程，党组一班人之所以能够坚定不移地带领全系统40万干部职工，发展高新技术，培育骨干民品，实现两个历史性跨越，不仅得益于党组的思路清晰，更得益于党组一班人对党的事业的无比忠诚和为之不懈奋斗的"坚忍不拔之志"。

---

① 苏轼：《晁错论》。

目前，集团公司正处在一个十分重要的发展阶段。经过过去几年的发展，集团公司已经初步实现了由解困型向发展型、由传统兵器向高科技兵器的跨越，工作重点也逐步由求生存转移到求发展上来。按照科学发展观的要求，集团公司将重点通过创新发展理念、发展思路和发展模式，提高发展质量，提升核心竞争力，建立持续发展的内在动力机制。目前，我们一方面正积极适应世界新军事变革和军队建设的总要求，加速构建高科技兵器新体系，并按照进一步精干加强主体、做强做大主业的要求，积极推进结构调整，另一方面，按照科学发展观和构建和谐企业的要求，我们又努力推动经济增长方式的转变，积极建设资源节约型企业，积极开拓国际市场、利用国际资源。这对我们集团公司来讲，无疑又是一次新的挑战。不断增强市场意识，提高创新能力，树立和谐发展的理念，不断改进工作作风，是积极适应集团公司发展要求必须重点和迫切解决的问题。

人劳工作作为集团公司中心工作的基础和重要保证，必须积极适应形势的变化和集团公司改革发展的大局，不断创新机制，拓宽思路，坚持以人为本，积极深化和完善各项改革。一方面要积极适应集团公司加速构建高科技兵器新体系的要求，努力探索建立有利于优秀人才脱颖而出和促进技术创新、工艺创新的人才成长和分配机制，体现集团公司快速发展的要求，另一方面，又要从协调发展和以人为本的需要出发，在鼓励创新、促进发展的同时兼顾公平，体现和谐。这对人劳工作来讲是一个全新的课题。目前还有许多问题需要我们研究解决，比如，如何加大对潜在业绩和持续发展能力的考核与激励，促进企业经营管理人员树立科学发展观，处理好当前和长远发展的关系、如何使我们的分配制度既激励贡献、又兼顾公平，如何培养更多更强的复合型人才，如何构建体系化的人才工作新机制以适应集团公司全面协调和可持续发展需要等等。另外，从目前的思想状况看，还存在一些模糊认识，对人劳工作面临的压力和挑战还缺乏清醒的认识。集团公司成立以来，我们以三项制度改革为切入点，以建设现代企业制度为目标，积极推进各项改革并取得了一些成绩。但是我认为，今天我们所面临的困难和压力比昨天要严峻得多。我常常和从事人劳工作的同志们讲，过去我们人劳工作的改革主要是“掸浮尘”的工作，今天我们的攻坚战役才刚刚打响，横在我们面前的难关还有很多很多。所以，作为一名人劳工作者，进一步坚定实现集团公司“三步走”战略构想的信念，继续保持和培养坚忍不拔的意志和吃苦耐劳的工作作风，仍然是我们做好工作、完成党组交给我们光荣使命的重要前提。

胡锦涛同志指出：“崇高的理想信念，始终是共产党人保持先进性的精神动力。共产党员有了这样的理想信念，就有了立身之本，站得就高了，眼界就宽了，心胸就开阔了，就能自觉为党和人民的事业而奋斗。”作为一名共产党员，我将进一步坚定党的信念，牢记党的宗旨，认真履行《党章》规定的党员的“八条义务”，始终牢记锦涛同志提出的“六个坚持”，努力成为“六个先锋”，为集团公司事业的发展不断努力，不懈奋斗，以自己无悔的信念、无悔的人生去奉献无悔的事业！

（本文为作者 2005 年 3 月在先进性教育期间的学习体会）

弘扬真抓实干精神
大兴求真务实之风

胡锦涛总书记在中央纪委第三次全体会议上着重阐述了求真务实这一重要理论命题，集团公司党组要求在全系统大力弘扬求真务实精神、大力提倡真抓实干之风，把加快发展的立足点放到真抓实干上，努力实现集团公司的持续、快速、协调、健康发展。机关党委在总部全体人员范围内发起了开展加强总部作风建设活动，目的就是使大家都能够从思想上、行动上，理解和支持这次活动，切实通过这次活动，把我们的工作作风提高到一个新的水平。

一、深刻认识作风建设在集团公司发展中的重要性和紧迫性

作风事关发展大计。大到一个政党一个国家，小到一个集体一个人，作风是其精神和素质的综合体现，同时也反映其能否有所成就和发展。我党之所以能够壮大和取得发展，其中一个重要的原因就是始终注重作风建设，始终保持求真务实的工作作风。无论是革命战争年代，还是在和平建设时期，从党的第一代领导人毛泽东、第二代领导人邓小平到第三代领导人江泽民，都高度重视作风建设问题。1942 年，毛泽东同志在延安发起了以整顿学风、文风和党风为主要内容的延安整风运动，通过整风运动，使全党同志在思想上大大提高了一步，并且在思想上、组织上、政治上达到了巩固和团结，保证了党的路线、方针政策得以顺利贯彻执行，为抗日战

争和解放战争的胜利奠定了思想基础。以胡锦涛为总书记的新一届中央领导集体，也同样十分关注作风建设问题。在全面建设小康社会的进程中，审时度势地提出了大力弘扬求真务实精神、大兴求真务实之风的作风建设要求。胡锦涛总书记在中纪委第三次全体会议的重要讲话中指出："什么时候求真务实坚持得好，党的组织和党员干部队伍就充满朝气和活力，党和人民的事业就能顺利发展；什么时候求真务实坚持得不好，党的组织和干部队伍就缺乏朝气和活力，党和人民的事业就受到挫折。"① 不难看出，越是在关系党和国家生死存亡或发展的关键时期，我们党就越重视作风建设，把作风建设作为凝聚人心，统一步调，提高战斗力的重要手段。作风建设作为党的建设的重要组成部分，是同党的政治路线紧密联系在一起的。

从集团公司发展的历史阶段来看，虽然我们经过前三年的努力，实现了"扭亏、解困"的第一步战略目标，经济运行质量和效益实现了历史性的突破，高新工程研制攻关取得了决定性的胜利，破产关闭和主辅分离工作大力度推进，步入了良性发展的阶段，但是实现集团公司"三步走"战略，建设高科技现代化的兵器工业，我们还有很长的路要走，还有许多的困难等着我们去解决。比如民品在集团公司全局发展中的战略地位还没有确立；资本结构单一、国有资本"一股独大"等问题依然十分突出；法人治理结构的规范运行、经营机制的转换与创新、管理的精细化还有待于加强等等。可以说，集团公司的发展正进入一个十分重要的时期，改革正进入攻坚阶段。但是，在这样一个关键的时期，我们有些同志却满足于已经取得的成绩，在集团公司第二步战略实施过程中逐渐丧失了进取精神，丧失了创新的斗志。在这种情况下，马总以一个政治家的胆略和气魄，站在集团公司发展全局的高度，敏锐地提出，在全系统大力弘扬求真务实精神、大力提倡真抓实干之风，把加快发展的立足点放到真抓实干上，这是十分及时和必要的。

---

① 胡锦涛：《大力弘扬求真务实精神大兴求真务实之风，开展党风廉政建设和反腐败斗争》，载于《人民日报》2004 年 1 月 13 日第一版。

二、过去四年来的作风建设情况

作风建设已经不是一个新的话题。集团公司组建以来，党组就高度重视作风建设。马总多次在不同场合强调要加强作风建设。2001 年开展“三讲”教育以来，集团公司进一步在总部加强作风和职能建设，积极抓好“三讲”整改措施的落实，使总部机关的工作作风得到明显改进，精神面貌有了较大改观，作风建设收到了良好成效。具体讲，有“六个转变”。

（一）在工作职能上初步实现了由管理型向服务型的转变，员工主动服务的意识进一步增强

过去我们的工作职能是管理企业，集团公司组建后，我们由过去的行政型公司改制成为经营型公司，公司的职能相应发生了根本性的变化，不再是管理企业，而是经营企业。工作职能的改变，就要求总部的职能也必须随之改变，实现由管理向服务的调整。四年多来，我们把职能转变作为转变作风的一项基础性、根本性任务来抓，完成了由行政和事务管理向战略合作、投资经营和资本运营管理的调整，由过去行政隶属关系变成了现在的资产纽带关系和战略伙伴关系。与此同时，总部工作人员的主要工作内容也相应实现了由管理向服务的转变。尤其是近年来，总部多数部门都能够积极面向成员单位，主动服务、热情服务，一些部门和员工积极想办法，主动帮助成员单位解决实际工作中的困难，从根本上消除了总部机关门难进、脸难看、事难办的“衙门作风”，得到了成员单位的广泛好评。

（二）在运转节奏上初步实现了由慢向快的转变，办事程序得到精简和规范，效率逐步得到提高

由于受过去行政机关作风的影响，集团组建初期我们在工作节奏上是低频率的。为积极适应现代企业发展的根本要求和集团公司改革发展的需求，四年来，我们有目的、有针对性地改变过去传统国有企业的工作频率，逐步向国际企业工作节奏标准看齐。四年间，通过加强考核和制度约束，总部的工作节奏逐步发生改变，工作节奏明显加快。同时，通过落实首接责任制、AB 角和一条龙工作制等制度措施，既规范了工作，又缩短了流程，提高了效率。

（三）在工作动力上初步实现了由被动向主动的转变，工作热情和积极性充分调动起来

集团组建以来，通过加强思想教育和实施一系列有效的激励政策，广大干部员工的工作动力不断提高，工作热情和积极性也充分调动起来，各项工作也不断有所创新。通过加强对总部员工的考核选拔和使用，在基本实现“岗适其人、人适其岗”的同时，初步建立了公平竞争、择优使用的动力激发机制，营造了有利于创新工作力的软环境。从目前情况看，现在总部机关办事作风比较扎实，办事态度明显改善，基本从思想上解决了由“要我干”到“我要干”的问题，初步实现了由被动型向主动型的调整和转变。

（四）在工作风气上初步实现了由浅尝辄止型向深入研究型的转变，形式主义现象逐步得到消除

经过几年来的努力，集团公司总部在工作上逐步形成了探索、研究的风气，多数部门能够实事求是，深入研究工作中的深层次问题，有针对性地提出工作思路和工作措施，并严格做好过程控制，追求结果最佳化、效能最大化。这些从这几年集团公司出台的一些制度政策和各部门解决问题的能力和效果就可以看出来。大家普遍反映，现在的总部机关，真正扑下身子做事的多了，浮在面上、浅尝辄止的少了；坚持按照实际情况办事的多了，擅自作主、个人说了算的少了；深入基层搞调研的多了，空说一堆大话、坐言而不起行的少了；实事求是、追求实效的多了，追求形式、注重表面的少了。

（五）在思想作风上初步实现了外束向自律的转变，干部员工队伍素质和勤政廉洁意识得到强化

通过深入进行“三讲”教育学习活动，广大干部员工讲学习、讲政治、讲正气的思想政治素质得到进一步提高。通过不断加强反腐倡廉工作，勤政思想和廉洁意识得到进一步巩固和提高。特别是广大党员干部都能够自觉以党规党纪来严格要求自己，共同维护党员干部的旗帜形象，并在实际工作中做到讲纪律、讲原则、讲奉献。在大是大非面前能够伸张起正义，把握住自己。在与成员单位交往中，坚持不张口要、不伸手拿，能够做到拒收拒送；在工作中，坚持轻车简从，不讲排场，不搞违反党纪国法的行为，基本做到了廉洁自律、勤政为企。这几年，许多部门由于工作需要加班加点，但是没有人因此斤斤计较，考虑个人得失。

（六）在队伍特质上初步实现了由守业型向创业型的转变，办事能力和水平有了较大提高

近年来，随着信息时代和知识经济的到来，我们加强了对知识型员工的培养，建立了一系列培训教育制度，开展了多种形式和内容的学习培训班，不仅在机关营造了讲学习、讲提高的良好风气，而且进一步激发了全体员工学习新知识、增长新才干的兴趣和自觉性。通过形势教育，总部干部员工树立了正确的发展观，从思想上认清了时代发展形势，对学习提出了更高的要求，不断兴起学习新知识和提高新技能的热潮。大家在做好工作的基础上，纷纷利用各种方式开拓自己的知识视野，增长自己的知识才干，办事能力和水平也有了新的提高，总部员工队伍也正在成为一支学习型、知识型、创业型的战略团队。

虽然我们的作风建设工作取得了一定成绩，但也不应一叶障目，不见森林，只看进步，不找差距，既不能忽视面临的严峻形势，更不能抛开集团公司发展而抱着一点进步沾沾自喜，不求进取。应当看到，与自己的过去相比，我们即便取得了一些进步，但与国内国际同行业大公司相比，与建设有国际竞争力大公司和高科技现代化兵器工业的要求相比，与中央关于全面、协调、可持续发展的要求比，我们的作风建设还有不小的差距，还远不能适应现代企业发展的根本要求。尤其是在坚持求真务实、真抓实干上，我们的干部和同志还有需要改进的地方。关于这些表现，马总在党风廉政建设和反腐败工作会议上作了高度概括，主要是：有的不思进取，不用心汲取新知识，不深入思考新问题，仍用生存的旧思维、解困的旧标准评判自己的工作；有的作风不实，抓工作仍停留在开会发文件上，热衷于搞形式主义，做表面文章，工作浮光掠影，不少制度没有得到落实；有的喜欢自吹，做了一点事，就觉得了不起，生怕别人不知道，甚至揽功诿过，伸手要官，向组织讨价还价；有的追名逐利，一事当前，总是先替自己打算，为了一己私利，不择手段，虚报浮夸，骗取名利；有的好大喜功，不进行深入的调查研究，违背市场经济规律，导致决策失误，盲目上项目，造成经济损失；有的妄自尊大，自己说了算，听不得不同意见，不开展自我批评，也不让别人批评，甚至压制批评，使本单位缺乏活力，死气沉沉等。

综观上述六个方面的不良表现，在我们总部干部员工身上，也同样或多或少的存在。有些是苗头倾向，有些则在滋长蔓延；有些是普遍现象，有些则是个别存在；有些是陈疾旧病，有些则是新毒嫩瘤。这些不良现象，不同程度、不同层面、不同范围地存在于总部某些干部和员工的行动当中。不良苗头往往是在潜意识中滋生，从思想缺欠中发芽的。存在薄弱环节的意识形态，对不良思想来讲好比是“牛栏关猫，进出自由”。存在不良现象，说明我们的行为意识还需要进一步规范，我们的自律意识需要进行全面强化，还需要不断加强作风建设。这些问题不及时解决，势必会削弱我们的意志，涣散我们的队伍，贻误我们的事业。

三、站在全局的高度，以求真务实、真抓实干的精神，切实把集团公司总部作风建设的各项工作抓紧抓好

在全党大力弘扬求真务实精神、大兴求真务实之风的时候，在集团公司实现由解困型向发展型跨越的重要时期，马总在这次会议讲话中深刻指出了集团公司目前存在的工作作风方面的不良现象，并站在发展的高度，对加强和改进总部作风提出了明确要求，充分体现了党组对总部作风建设的高度重视和坚定决心。当前，加强总部作风建设，重点是要借全党大力

弘扬求真务实精神、大兴求真务实之风的东风，按照党组提出的各项作风建设部署，特别是马总在几次重要会议上提出的具体要求，重点抓好查摆问题、制定措施、认真整改等关键环节，着力解决影响集团公司改革发展的深层次问题，真正树立求真务实的良好风气，为集团公司实现“三步走”战略构想营造良好的软环境，推动各项工作不断取得新的进步。

（一）加强总部作风建设，必须深刻领会胡锦涛总书记的重要讲话精神，切实把握求真务实的精神实质和丰富内涵

各支部都要积极组织党员干部员工，认真学习胡锦涛总书记在中纪委第三次全体会议上的重要讲话精神。一是研读讲话全文。在充分认识讲话发表背景的基础上，加深对大兴求真务实之风重要性的认识。二是围绕集团公司改革发展的实际正确认识作风建设与中心任务之间的联系，深入领会求真务实的精神实质。三是围绕部门和个人的工作实际正确认识作风建设与全局工作的联系，全面理解求真务实的丰富内涵。同时，按照马总在集团公司党风廉政建设和反腐败工作会议上的讲话要求，进一步加深对集团公司加强作风建设紧迫性的认识，坚定加强作风建设的信心和决心。

（二）加强总部作风建设，必须进一步增强政治敏锐性和大局意识，真正把思想和行动统一到集团公司的战略目标上来

必须清醒地看到，实现集团公司建设有国际竞争力大公司和高科技现代化兵器工业的战略目标，我们还有一段较长的路要走，面临大量艰巨而繁重的工作任务，还需要全系统干部职工的坚持不懈的努力。我们兵器工业集团是国家的战略团队，而总部则是集团公司的首脑，是实现集团公司战略目标的决定性力量。所有员工都必须时刻保持高度的政治敏锐性，始终与党中央保持高度一致，与集团公司党组保持高度一致，胸怀全局，志存高远，站在集团总体的立场上思考问题和开展工作；要进一步提高对集团公司的忠诚度和归属感，树立与集团公司的共同价值观，与集团同呼吸、共命运，荣辱与共。

（三）加强总部作风建设，必须强调照章办事，并在抓制度落实过程中不断求得创新

加强作风建设，仅仅靠思想教育是不够的，还要有规章制度和组织措施作保证。邓小平同志曾深刻指出："领导制度、组织制度问题更带有根本性、全局性、稳定性和长期性"。因此，加强作风建设，制度建设必不可少。各部门要以规范行为、加强监督、有效约束为出发点，抓制定和完善与加强作风建设相关的规章制度和办法措施。制度制定完善后，要一项一项地落实，一项一项地进行落实考核。制度不落实，就等于一张废纸，不起任何作用。同时，在制定完善和落实制度的过程，要用发展的思想和前瞻的思维，结合实际情况，不断有所创新。

（四）加强总部作风建设，必须积极研究和推进企业文化建设，形成有利于加强作风建设和推进工作的文化氛围

企业文化是凝聚精神力量的核心。集团公司党组对企业文化建设提出了明确要求。党群工作部要认真研究集团公司企业文化建设的目标、内容和重点，推进企业文化建设的程序、形式和方法，要尽快拿出建设方案，并力争先在总部营造一个良好凝聚精神力量，改进工作作风的文化氛围，形成讲真话、办实事、动真格、见实效的诚信环境，建立彼此配合、相互合作、共同前进的协作机制，建立一个目标同向、思想一致、行动统一的战斗团队，为实现集团公司"三步走"战略构想提供强大的合力。今后，还要通过在总部取得经验，逐步在全系统推广。

（五）加强总部作风建设，必须加强组织领导和督促检查，确保作风建设取得实实在在的效果

加强和改进作风建设，必须加强组织领导。各单位一把手把作风建设这项工作抓起来，把求真务实的作风抓出来。要按照查找问题、制定措施、落实整改的工作安排，抓好每一个阶段的工作。第一，要找准作风建设上存在的各方面问题。找问题仅用"官僚主义，衙门作风"来概括是不行的，必须找准问题，切中要害，指出具体的表现。在集团公司党风廉政建设和反腐败工作会议上，马总就集团公司领导人员队伍在坚持求真务实问题上存在的六个方面的问题，要我们认真研究分析，这些问题存在于哪些工作中，有哪些隐患，主要原因是什么，整改的突破口在什么地方，要把问题分解和具体到可以整改的事件和工作中，使问题具体化、明朗化、可整改化，并要坚持不做表面文章，不走过场，不搞形式，要下功夫、动真格。第二，要制定切实的整改措施和办法。要针对问题和隐患，一个问题对应一项措施，措施要可行、有效。不能大而化之，笼统片面。要能从根本上解决问题，并能把问题解决彻底。明确措施应该达到的目标，能实行量化的要实行量化。不能实行量化的，要提出评价标准。第三，要在整改落实上取得实效。一步实际行动胜过一打纲领。加强作风建设关键在于落实。而抓好落实，就是要用锲而不舍的精神，一抓到底，抓出实效。

加强作风建设，必须加强监督，必要时要实行责任追究。教育与纪律同等重要，不进行教育，不能从思想上提高认识；不行使纪律，教育也就没有力量。近年来，我们在财务信息失真、党风廉政建设方面都实行了责任追究，在作风建设方面也实施责任追究，在作风建设上我们同样要认真执行纪律，对于办事不求真、作风不务实的人员，在作风建设上造成恶劣影响的人和事要严肃处理，绝不能姑息迁就。

加强作风建设，要按照可持续发展的要求，继续保持好的工作作风。对好的作风要继续坚持，不能顾此失彼，捡了芝麻丢了西瓜。我要强调的有两点：第一，继续坚持首接责任制。对凡到机关办理事务的，首先被询问的工作人员，必须负责解答企业提出的问题，属于自身职责的要依法及时办理；属于其他岗位职责的要热情介绍到相关人员办理；属于外单位职责的要耐心解释，指明去向，使办事者高兴而来，满意而归。第二，继续坚持文明用语、微笑服务。要做到“五个一”，即一张笑脸相迎，一声问候亲切，一把椅子请坐，一腔热情办事，一句文明用语送别。不论在任何时候，不论企业对错，都不允许与来机关办事的人员争吵。三是在减少办事程序、提高工作效率方面，能简化的都要简化，包括各种表格，能精简的精简，能合并的就合并。

作风建设能不能取得实效，很大程度上又取决于领导干部能不能起到率先垂范的作用。领导干部不仅要有真理的力量，也要有人格的力量。榜样就是无声的号令。因此，在作风建设过程中，广大党员干部要以身作则、身先士卒、率先垂范；各支部委员要做好标榜，当好表率，树好旗帜，带领全体党员和广大员工以高度负责的主人翁精神和求真务实的工作态度，把这项事关集团公司大计的作风建设工作抓出成效，为集团公司实现“三步走”战略构想提供坚强的组织保障和作风保障！

（本文是作者2004年在兵器工业集团公司总部作风建设会议上的讲话）

认认真真学习　堂堂正正做人
踏踏实实做事　清清白白做“官”

曾庆红同志在全国组织工作会议的报告中指出：加强新形势下党的建设和组织工作，必须改进方式方法，不断提高工作水平。要把组织工作放在发展这个党执政兴国的第一要务中去谋划，抓组织工作要从中心工作着眼，抓中心工作要充分发挥组织工作的作用。坚持解放思想、实事求是、与时俱进，以改革的精神不断推进党的建设的创新，使党的建设和组织工作体现时代性，把握规律，富于创造性。这就需要我们不断加强学习，熟悉相关的理论和方针政策，以履行好自己的神圣职责。

组织人事部门的同志，特别是领导干部一定要把加强学习提高自身素质作为重要任务来抓。将学识体现在贯彻落实党的路线方针政策和开拓工作新局面上，体现在努力实践“三个代表”的行动上，体现在不断提高自身的思想境界上。在学习中努力做到以下四点：

一、在认认真真学习上，要有新进步

按照“三个代表”的要求，全面加强党的建设，其核心就是要保持党的先进性。只有不断地加强学习，才能跟上时代的步伐，始终保持党的先进性。因此，组织人事部门的同志们，尤其是中青年干部，一定要在认认真真学习上狠下功夫：一要在深入钻研理论上下功夫，始保持政治上的清醒和坚定。要弘扬马克思主义的优良学风，以我们正在做的事情为中心，着眼于马克思主义理论的运用，着眼于对实际问题的理论思考，着眼于新的实践和新的发展，善于对一些事关全局的重大理论问题和现实问题进行深入研究。二是要在更新知识上下功夫，更好地掌握业务知识和技能。我们正处于一个大变革、大发展的时代，新事物层出不穷，新科学、新知识、新观念大量涌现。因此，我们要紧跟时代的潮流和世界前进的步伐，就必须在学好基本理论的同时，不断补充新知识，还要学习本职工作所需的专业知识，不断提高履行岗位职责的能力，努力成为做好本职工作的行家里手。

二、在堂堂正正做人上，要有新境界

怎样做人，是个安身立命的问题。对于一个共产党人，尤其是组织人事工作者来说，如何解决做人问题，不但关乎个人的成长和前途，而且直接影响到他所负责的地区和部门的工作，甚至影响到单位事业发展的大局。毛泽东同志在1940年1月给吴玉章同志六十寿辰的祝词中写道："一个人做点好事并不难，难的是一辈子做好事，不做坏事，一贯的有益于广大群众，一贯的有益于青年，一贯的有益于革命，艰苦奋斗几十年如一日，这才是最难最难的呵。"[①] 希望在座的同志们也认真学习一下，从中受到一些教益，特别是能悟出点共产党人的做人之道，教育我们的干部不断追求新的境界，切实解决好如何做人的问题，努力做人们心目中真正的组织人事工作者。共产党人一要公道正派。要做到公道正派，关键是要过好"私"字这一关。我想一个极端自私的人，其贪婪和吝啬必将使其变得目光短浅；一个大公无私，光明磊落的人，其人格魅力则使他能够团结一切可以团结的力量。全系统组织人事部门的各级领导干部，尤其是中青年干部一定要正确处理好公与私的关系，坚持原则，一身正气，坚决顶住各种歪风邪气，以公心树立正气，以正气凝聚民心。二要胸襟广阔。伟大的事

① 毛泽东：《吴玉章同志六十寿辰祝词》，载于《新华日报》1940年1月24日。

业要有博大的胸怀。一个领导干部如果胸无大志、目光短浅，就不能站在全局的高度看问题办事情，就不会有什么作为；如果心胸狭窄，不能容人、容言、容事，就绝对搞不好团结，甚至众叛亲离，成了孤家寡人。我们的中青年干部肩负着振兴集团公司的历史重任，一定要心胸宽广，志在高远，虚怀若谷，博采众长，善于团结和带领广大群众不断开创工作的新局面。三要谦虚谨慎。常言道，“满招损、谦受益”，养成谦虚谨慎、戒骄戒躁的思想作风，对年轻干部的健康成长十分重要。有的人出了点成绩，就自吹自擂，妄自尊大，这些都是错误的，我们应该经常提醒自己。个人的智慧和力量总是有限的，在工作中，既要充分发挥自己的作用，又要正确估计自己的能力；既要积极工作创造好成绩，又要防止居功自傲。要把成绩和荣誉首先归功于党，归功于人民，归功于集体，在任何时候，都要淡泊名利，戒骄戒躁，永远保持一颗平常心，扎扎实实地干好自己的本职工作。

三、在踏踏实实做事上，要有新成效

事业是干出来的，人才是在实干中锻炼出来的。组织人事工作者要想有所作为，不断进步，就必须切实改进工作作风，踏踏实实做事，坚决克服形式主义和官僚主义，坚持重实际、重实干、重实效。重实际，就是要坚持一切从实际出发，实事求是，这是做好一切工作的基本前提。我们要想真正干一番事业，就必须坚决反对弄虚作假，脱离实际，要牢固树立重实际的观念，想问题、作决策、办事情都要从客观实际出发，努力使自己的思想符合实际，按照客观规律办事，不断在工作中取得新成绩。重实干，就是要树立实践第一的观点，埋头苦干，不尚空谈。现在有些干部不在实干上下功夫，“说功”比“练功”好，“唱功”比“做功”强，讲道理头头是道，就是不行动；讲思路一套又一套，就是不落实；讲经验一条又一条，就是不见效。空谈误国，实干兴邦。作为一个组织人事工作者，特别是年轻干部，要坚决反对光说不练，纸上谈兵，要大力发扬脚踏实地、埋头苦干的工作作风，结合工作实际，努力贯彻党中央和集团公司党组的决策，扎扎实实地解决好关系改革发展稳定全局的各种问题。用实干锻炼自己的意志和才能，用实干为党和人民创造新的业绩，使自己做过的事情，经得起党和群众的检验。

四、在清清白白做“官”上，要有新形象

组织人事工作者，手中握有一定的权力，但大家必须牢记，用好党和人民赋予的权力，是做好工作的关键。清正廉洁是为“官”之道的基本准则，面对各种考验和诱惑，我们一定要牢固树立立党为公、用权为民的权力观，时时刻刻把群众的利益摆在第一位，努力实践全心全意为人民服务的宗旨。一定要警钟长鸣，防微杜渐，做到自重、自省、自警、自励。严格用党的纪律约束自己，无论什么时候都要慎欲，不贪钱财，不贪美色；慎情，不为亲眷、朋友所左右；慎独，加强修养，自觉坚持党性，努力增强拒腐防变能力。要在接受监督上更为主动。加强我们的干部监督，是关心和爱护干部的一条重要途径，有利于防止干部犯错误，有利于年轻同志的健康成长和不断进步。因此，我们要对监督有新的认识，把监督视为自己不断进步的重要保证，树立勇于和乐于接受监督的新形象。

（本文摘自作者在2003 年集团公司组织部长培训班上的讲话）

培养良好的学习、思维和行为习惯
做一名合格的组织人事劳资工作者

习惯，是一种感觉的重复，也是一种方式的延续。在现代社会中，人们对习惯的理解存在着某种差异。从社会的角度看，习惯是一种社会风尚，是一种无形律法，是一个社会控制系统的组成部分。就企业而言，习惯则是一个企业共同的价值理念、共同的行为表现，是企业长期以来形成的一种独特的潜在规则。如果表现在个体身上，习惯就是经过长期的强化和训练而形成的一种心理定势，是一时不易改变的行为和倾向。因此，无论是从社会、企业还是个人的角度看，习惯都反映出一定的价值观念、思维方式和行为特征。

习惯有好坏之分。有人说，“行为养成习惯，习惯影响性格，性格决定命运”。这句话未必就是真理，但良好的习惯的确可以使人意志坚定、奋发图强，不懈努力，最终成就一番事业；而消极的习惯则会让人意志颓废、玩物丧志、临池羡鱼，最终一事无成。因此，习惯也可以理解为一种能力、一种素质。大至一个组织、一个企业，小至一个团队、一个个人，要想在激烈的竞争中立于不败之地，必须培养和形成良好的习惯。

组织人事劳资团队肩负着企业人才队伍建设的光荣使命，时刻处在企业改革发展的最前沿。只有积极适应集团公司建设有国际竞争力大公司和高科技现代化兵器工业的战略要求，全面建设“学习型、互动式”团队，不断调整和创新思维方式和工作模式，培养不断创新的工作精神，营造团结和谐、朝气蓬勃的工作氛围，才能不断适应新形势，迎接新的挑战。建设坚强有力的组织人事劳资团队，要坚持从小事抓起、从平常抓起，着力培养广大组织劳资工作者良好的学习习惯、行为习惯和思维习惯。

学习是获取知识、丰富自己、提高能力的过程。随着社会发展和技术的进步，知识更新的速度日益加快。作为组织人事劳资工作者，只有养成积极主动的学习习惯，努力向书本学，向实践学，向他人学，不断从学习中获得新知识、汲取新营养，才能不断提高自身素质，适应社会和事业的需要，才能更好地投身于企业的改革发展实践之中，真正实现自身价值，做一个对社会有益、对企业有用的人。

学习是没有止境的。古人云，“吾生也有涯，而知也无涯。”毛泽东同志曾经勉励共产党人，要活到老，学到老。江泽民同志也曾教导我们共产党人要学习、学习、再学习。组织人事劳资工作者是企业人力资源开发与管理的指导者和实践者，应该乐于学习、勤于学习、善于学习，通过持续学习、终身学习，不断探索新事物、研究新情况、解决新问题，不断增强为企业服务、为组织服务、为人民服务的素质和本领。

行为是思想和态度的外在表现，是工作和生活中的具体做法或言论。行为不仅反映了一个人的思想和修养，也决定着一个人的工作效果和发展方向。作为组织人事劳资工作者，必须养成良好的行为习惯，通过良好的行为改善我们的工作质量，提高我们的工作效率。

首先要培养严谨的工作态度。细节决定成败，严谨的工作态度是事业进步、企业发展的前提。组织人事劳资工作者是集团公司人才方针政策的执行者和操作者，我们的任务是为广大职工群众提供优质服务，我们的任何工作都直接涉及企业广大员工的切身利益，关系到企业的改革、发展和稳定。因此，必须培养高度负责的敬业精神和严谨细致的工作态度，养成关注细节、精益求精、追求完美的良好习惯。否则，就不是一名合格的组织人事劳资工作者。

其次要培养求真务实的工作作风。解放思想、实事求是，是组织人事劳资工作者必备的工作作风。在工作中，有些同志往往不深入了解实际情况，只简单地听汇报、凭感觉、靠经验去作判断决策，这是一种对事业、对工作极不负责的官僚主义和经验主义作风，危害极大，很容易给企业和组织带来不可挽回的损失。毛泽东同志曾经强调，“没有调查就没有发言权”。组织人事劳资工作者应该自觉成为调查研究的典范、求真务实的典范，要积极开展深入细致的调查研究，掌握第一手的资料，及时发现问题，深入分析问题，有效解决问题。

思维是人们运用大脑对客观事物进行认识、分析的过程。组织人事工作是一项复杂的脑力工作，大到人才战略的制定，小到工作思路的梳理，都离不开艰苦细致的思考和研究。因此，只有养成良好的思维习惯，才能适应日益复杂的新形势、新情况，胜任组织交给我们的神圣职责。

培养良好的思维习惯，一要注意培养前瞻性的思维习惯。古人讲，“凡事预则立，不预则废”。这句话现在对我们仍然具有极强的指导意义。做任何工作，如果不能事先谋划，未雨绸缪，成功的几率就会大打折扣。组织人事工作是一项复杂的工作，尤其是在全面深化“新三项制度”改革的新形势下，我们面临的任务异常艰巨，各种矛盾错综复杂，只有前瞻性地分析人力资源管理的发展趋势和战略需求，预测影响工作的各种因素，预先提出解决问题的工作预案，才能处乱而不惊，游刃有余地开展工作。

二要注意培养关联思考、系统思考的思维模式。系统思维，是在考虑和谋划工作时，不是孤立地、片面地分析问题、看待事物，而是按照普遍联系的观点，充分考虑事物的各个方面，系统构思处理问题的方式方法。这是马克思主义唯物辩证法的基本方法和根本要求，也是组织人事劳资工作者应该掌握的基本功之一。“不谋全局者，不足以谋一域”。在实际工作中，我们要善于着眼整体，总揽全局，站在全局的高度去思考问题、处理问题，善于处理好整体与个体、全部与局部的关系，防止简单地就事论事。

三要培养创新性的思维方式。创造性思维是一种具有创新意义的思维活动，它往往表现为发明新技术、形成新观念，提出新思路。创新是推动社会进步的不竭动力。历史一再证明，一个没有创新激情的民族是没有希望的民族，一个没有创新能力的企业是没有希望的企业，一个没有创新思维的团队也必然是一个平庸的团队。在推动集团公司人才工作实现“四个转变”的过程中，我们面临许多新情况、新问题。很多工作都是第一次，没有现成的经验可以照搬，没有现成的思路可以照抄。必须联系实际，认真研究，不断创新，才能取得成功。

（本文摘自作者2005年4月在集团公司组织人事部门业务专题培训班上的讲话）

追求和谐 反对安逸

2001 年 8 月，我去欧洲参观了西门子、菲亚特等知名企业，给我印象最深的就是那里的员工各司其职，各得其所，工作顺畅，秩序井然，给人一种“安逸”之感。由此联想到我们人力资源部的工作。过去的三年，在党组的正确领导和具体指导下，人力资源部紧紧围绕集团公司第一步发展战略，出台了许多新思路、新举措，取得了一定的成绩。但是，几年下来，大家普遍感到，我们的工作过于忙乱，精神高度紧张，总觉得事情越做越多，要求越来越高，压力越来越大，有时甚至出现浮躁和焦虑。大家都期望能得到一丝安逸。那么，安逸是什么？同志们在工作中希望得到的“安逸”又是什么呢？节前，我们学习了贺国强同志在中央党校第十八期一年制中青年干部培训班学员座谈会上的讲话，其中讲到，“生于忧患，死于安乐”，这是自然界和历史发展的辩证法。讲话告诫我们要居安思危，埋头苦干，艰苦奋斗，励精图治，防止贪图安逸。这样就产生了一个疑问，既然“忧劳兴国，逸豫亡身”，为什么西方某些企业外视安逸，却能够蓬勃发展呢？同志们在工作上刻苦努力，积极进取，追求卓越，为什么还会贪图安逸呢？这是不是一种矛盾？经过一段时间的认真思考，我最终得出了答案。其实，同志们追求和期望的“安逸”并不是拜金主义和享乐主义，不是贪图享受、不思进取，而是以高度的计划性和主动性为前提的和谐。和谐是积极的、顺畅的、自然的、有序的；和谐外视安逸，却内固精神，它与胸无大志、贪图享受、满足现状的安逸有着本质的区别。

安逸是随心所欲、我行我素的，而和谐则是有章可循、有章必循的。

和谐的环境是有序的，是有规则的，保持和谐的前提是，群体中的任何个体都不能随心所欲，就譬如开车，随心所欲只能导致交通堵塞或交通事故，只有人人都自觉遵守交通规则，才能形成和谐有序的行车环境。

安逸是坐享其成、不事劳作的，而和谐则是积极创造、勇于奉献的。在一个和谐的组织中，任何人都不能只顾索取，没有贡献。和谐应该以创造和贡献为基础。欧洲社会之所以“安逸”，正是由于拥有高度发达的工业文明。我们追求自然和谐，必须竭尽全力为组织多做贡献，为事业的发展尽职尽责。

追求安逸的人是自私的、唯我的，而追求和谐的人则是荣誉至上、事业至上的。法国的路易十五贪图安逸，生活腐化，他有一句“名言”，“我死后哪管洪水滔天?”贪图安逸造就了他唯我自私的灵魂。相反，和谐组织中的每一个个体，往往以事业为追求，视荣誉为生命。迪森－克虏伯的员工以他们在上海建设的世界第一条磁悬浮列车线路感到自豪；菲亚特的员工津津乐道的是自己的产品和信誉。他们生活、工作在优越安逸的环境中，但并不以此来炫耀。

安逸必然墨守成规，和谐则要求与时俱进。西方的百年老店，比比皆是。它们之所以能够历经沧桑存活下来并不断发展，就在于不断地与时俱进，开拓创新，在于每一位员工不懈地为之奋斗。西门子最早是生产电报机的一家小企业，但经过不断地开发新产品、开拓新领域，现在已成为国际知名的大型跨国集团；迪森－克虏伯从投资矿山起家，起初并没有先进的技术和经济实力，但凭借几代员工的开拓创新，现在却能够生产出技术水平领先世界的磁悬浮列车，蜚声全球。中国过去的老字号可谓不少，但多因死抱着老祖宗的东西不肯放，因而在日渐激烈的竞争中销声匿迹了。

贪图安逸的人事不关己，而和谐组织中的每一个个体都是高度负责的。贪图安逸，势必拈轻怕重，势必无视责任。而和谐的团队则必须靠高度的组织观念和责任意识来维持。国外的一些知名企业，之所以能够长盛不衰，始终保持组织内部的和谐，离不开每一位员工的尽职尽责。

贪图安逸的人是冷漠的，和谐组织中的个体则是相互关爱、相互帮助的。贪图安逸的人没有一损俱损、一荣俱荣的观念，他们是自私的、唯我的，因而也是冷漠的。相反，一个和谐上进的组织则以关爱和友善作为组织的润滑剂，员工之间的相互配合、相互支持、相互关爱，成为组织保持强大合力的重要支撑。

深刻领会贺国强同志的讲话精神，认真反思我们的工作，仔细品味“安逸”与“和谐”的区别，不难发现，和谐的工作状态和工作氛围，离不开严密的计划性和规范性，离不开高度的自觉性和创新性。规范产生有序，计划防止盲乱，自觉减轻压力，创新求得发展。和谐，靠的是健全有效的规章制度，靠的是同志们的奋发进取、密切协作，而不是靠领导的放任自流和个人的不负责任。不从思想深处把这两个概念区分开，就会陷入“苦海无边，何处是岸”的幽谷进退维艰，就不能放下包袱，轻装上阵。我们今天开“收心会”，大谈“安逸”，就是希望同志们牢记胡锦涛同志在西柏坡重温的毛泽东同志在七届二中全会上提出的两个“务必”，“务必保持谦虚谨慎、不骄不躁的作风，务必保持艰苦奋斗的作风”，脚踏实地、奋发有为地做好我们的工作，不要随心所欲，不要拈轻怕重，不要墨守成规，不要事不关己；要主动出击，勇挑重担，要团结协作，创新开拓，保持平和的心境和开阔的胸怀。只有这样，才能彻底打破精神压力大、思想压力大、疲于奔命的状态，达到和谐的境界。实现这一目标，需要注意以下几点：

（一）要树立强烈的组织观念和法制意识

现在有一股错误的思潮，认为搞市场经济了，就不需要组织观念和组织纪律了。这是十分错误的，没有组织观念，没有铁的纪律，就不能正确区分个人和集体利益，就不能很好地发挥团队和组织的整体合力。任何一个组织都必须有刚性的纪律作为内部约束，和谐的工作氛围来源于员工对组织纪律自觉的遵守。三年来，人力资源部制定了大量的规章制度，目的就是要大家工作有章可循，使我们的工作制度化、规范化、科学化。所以，同志们务必树立强烈的组织观念和法制意识，任何随心所欲、我行我素、有章不循、自成体系的想法和行为，都会贻害我们的事业。

树立强烈的组织观念和法制意识，一要认真遵守已有组织纪律和工作纪律，自觉地用组织纪律规范自己的行为，以工作流程来规范我们的工作。二要主动探索，寻找规律，积累经验，不断对工作加以总结、提炼，根据需要研究和制定新的工作规范和操作规程，将杂乱的工作以书面制度或约定俗成的方式规范下来，归忙乱于有序，理繁杂为顺畅。这样，我们的工作就能在不断的探索中始终处于有序的状态，同志们也能在纷繁复杂的工作中准确找到自己的位置。

（二）要树立强烈的责任意识

树立强烈的责任意识，核心是要主动、全面、负责任地履行好自己的职责。一要主动超前思考问题，站在全局的高度考虑工作。俗话说“不谋全局，不足于谋一隅”，“人无远虑，必有近忧”。没有大局观念，缺乏前瞻思维，只看到眼前和局部的工作，只满足于一时一处的成绩，是不会有大作为的。希望同志们按照组织人事系统团队文化建设的要求，学会站高一层思考问题，善于拔高自己开展工作。战略前瞻、系统构思，这是一种思维方法，也是一种工作态度。二要学会连带思维，用联系的观点思考问题。事物是普遍联系的，孤立地、片面地思考问题、处理问题是不符合客观规律的。我们在开展工作的过程中，要多从外围考虑，善于跟踪和关注事情的全过程，善于多方面、多角度地发现和思考问题。一个制度确立了，就要密切关注它的实际效果；一件工作铺开了，就要倾听各方面的反映；一项措施在制定时，就要尽可能地考虑它可能引发的所有问题，这就是超前思维和关联思考。没有连带思维，就谈不上主动开展工作，更谈不上追求卓越。三要积极探索好的措施和办法。“工欲善其事，必先利其器”。科学的制度和办法是推进工作的重要保证。解决了制度和办法，就解决了“桥”与“路”的问题。集团公司组建三年来，实现了“两个初步”和“两个翻一番”，这些成绩哪些不是在党组领导下不折不扣地贯彻中央精神和执行国家的政策取得的？再看看我们人劳三年的工作，无论是领导班子和领导人员素质的提高，还是法人治理结构的逐步完善，无论是新型分配制度的初步确立，还是下岗分流和再就业工作的稳步推进，哪一件离得开制度和办法？因此，同志们在工作中，一定要善于研究和探索新的思路和办法，敢于打破陈规，敢于突破前人。只要有利于工作的开展，只要有助于我们的事业，什么办法都可以探索，都可以尝试。四要善于控制每一个细节。制度建立了，办法制定了，就要在过程控制上下功夫，在细节上花心思。细节决定成败。许多事情，本来思路是好的，就是因为过程控制不善，最后没有达到预期的结果。这样的教训很多。因此，同志们在工作中，一定要注重细节，做到思想到位、认识到位、控制到位，确保各项工作取得好的效果。五要及时发现问题。做任何工作，都不能为做而做。如果做完了就置之一旁，不闻不问，出现了什么问题还全然不知，这是消极的工作态度，不利于我们的事业。我们要学会发现问题，学会挑毛病。一件工作做完了，听一听各方面的意见，结合变化了的形势，考虑还需要怎样改进。这不是求全责备，而是追求卓越。只有这样，我们的工作才能不断迈向新的高度。

（三）要树立强烈的协作意识

我们所从事的工作是系统工程，我们的团队是有机的组成，而个人的才智总是有限的，因此在工作中靠单打独斗是不行的，必须树立强烈的协作意识，既要充分发挥好自己的作用，又要发挥团队的整体优势。自我陶醉、自我欣赏、自命清高、自我封闭只能危害我们的事业。树立强烈的协作意识，一要为人坦诚。古语说得好，“君子坦荡荡，小人常戚戚”。做人以诚信为本。何谓诚信？简单地说，就是做老实人，说老实话，办老实事。那些当面一套，背后一套，当面不说，背后乱说的人根本谈不上诚信。坦诚，还要有广阔的胸襟。一个人如果心胸狭窄，不能容人、容言、容事，必然搞不好团结，严重时还会众叛亲离，成为孤家寡人。组织人事工作者肩负着特殊使命，应该志存高远、光明磊落、虚怀若谷、坦诚待人，这是做人的根本，也是增进团结的基础。二要相互支持、相互帮助。团结是战胜困难的最大力量。同志们从五湖四海走到一起来，为着一个共同的事业和追求，应该相互提携，相互帮助，相互支持。在帮助中互学互长，在帮助中增进友谊。在这里，我要提醒同志们，个人事业上的成功与同志们之间的相互帮助是统一的。每一个人都有追求事业成功的权利，但这要靠自己的能力和努力，不能沽名钓誉，更不能嫉贤妒能。只有相互扶持、相互配合，通过良好的协作与配合，实现事业上的双赢和多赢，这才是真正的成功。三要相互关心，相互谅解，宽厚待人。人非圣贤，孰能无过？同志们在工作中要正确看待别人的缺点和不足，多一点信任，少一点猜忌；多一点宽容，少一点计较；多一点谅解，少一点指责。当面不说，背后乱说，捕风捉影，无事生非，只能破坏团结，伤害感情，害人害己。四要正确对待晋替升迁和荣辱得失。君子爱财，取之有道。我们都渴望追求事业的成功和成功的喜悦，这是无可厚非的，但如果过分地强调自身的晋替升迁和荣辱得失，那就是贪图私利。淡泊以明志，宁静以致远，同志们通过对事业的追求，使自己的能力得到锻炼，价值得以体现，思想得以升华，事业得以成功，这才是人生最大的收获。

（四）要主动地与时俱进，开拓创新

江泽民同志在十六大报告中精辟地指出："创新是一个民族进步的灵魂"，"实践没有止境，创新也没有止境"。要完成建设有国际竞争力大公司和高科技现代化兵器工业两大历史任务，我们组织人事工作者一定要敢于突破陈规、突破各种传统的束缚，要按照江泽民同志提出的"发展要有新思路，改革要有新突破，开放要有新局面，各项工作要有新举措"的要求，努力探索新的方法和途径，不断追求思路创新、制度创新和工作创新。只有这样，才能使我们的事业永葆青春。

（五）要不断加强学习，提高自身素质

毛泽东同志曾经勉励共产党人，要活到老，学到老。江泽民同志也曾教导我们，要学习、学习、再学习。学习力就是创造力。组织人事系统的每一位同志都应该勤于学习、善于学习，要通过学习，不断提升自己的政治素质和业务素质。“世上无难事，只要肯登攀”，人生活在这个世界上，应该有一点精神，有一种追求进步、永不满足的精神。希望同志们在百忙中抽出时间多学习，把功夫下在学习上，把功夫用在事业上。

建设有国际竞争力大公司和高科技现代化兵器工业两大历史任务给组织人事工作提出了新的要求。今后三年，我们的任务依然十分艰巨。希望人力资源部的每一位同志都能深刻领会和谐与安逸的本质区别，克服麻痹和享乐意识，树立积极进取的思想，不断提高工作的主动性和规范性，始终保持高度协作和锐意创新的精神，积极营造和谐的工作氛围，奋发有为地推进我们的工作，在集团公司人才队伍建设的事业中开拓创新，再创佳绩！

（本文为作者2002年春节后在人力资源部党支部第一次党课上的发言）

辨学论理篇

中国兵器工业集团公司是我国特大型国有重要骨干企业集团。1999年集团组建时，兵器工业集团在十大军工企业集团中，摊子大，员工人数多，人才结构不合理，高层次科技与经营管理骨干人才严重流失。面对种种困境，集团公司党组探索出一条国有企业人力资源管理改革之路，坚定不移地实施"科技领先，人才先行"战略，在全系统推进以考评制度改革为基础、以用人制度改革为核心、以激励制度改革为动力的"新三项制度"改革，实现了国企人力资源管理的转型升级。本刊记者通过对中国兵器工业集团公司党组成员、副总经理樊友山的采访，希望能给那些正在探讨和摸索人力资源改革的国有企业提供一些借鉴和帮助。

"新三项制度"改革

——"兵器航母"的一泓碧水

摸清"家底"定新规

记者： 据我所知，1999年集团组建之初，遇到了很多困难，如历史包袱沉重、企业亏损面广、员工人数多、人才结构不合理等，但经过七年的努力，集团扭转了这一局面，而且初步具备了国际化大公司和高科技兵器工业的发展雏形。您亲身经历了集团公司成长的发展历程，您认为促使集团转变的关键因素是什么？

樊友山： 一定意义上，这个问题可以转化为一个更为普遍的问题，那就是一个企业能够不断进步、不断发展的原动力是什么？对于企业来讲，要想获得成功，依赖的因素很多，如企业领导者的素质、企业的战略定位、企业的研发能力、人才的素质能力等等。但归根结底，能使上述因素发挥作用的最终落脚点还是企业的人力资源战略。我认为，企业人力资源管理必须和企业战略紧密结合起来，从企业经营战略的角度进行一系列的工作，实现战略性的人力资源规划管理。

记者：国有企业人力资源改革面临的环境应该是复杂的，要想彻底颠覆传统的人事管理模式，实现人力资源管理的脱胎换骨并不是一件容易的事。请您谈谈当时集团公司人事制度改革的背景。

樊友山：兵器工业集团公司的前身是中国兵器工业总公司。1999 年集团公司组建后，随着企业改革的不断深入、市场变化的加快以及行业竞争的加剧，现行的人力资源管理对象和内容都发生了许多质的变化，比如：人力资源配置已经由计划安排行政指派，转向市场化选聘和双向选择；企业的员工管理已经由身份管理，转向岗位管理；人力资源使用，已经由凭资历、凭年龄转向以能力和业绩为导向。这些变化依靠传统的人事管理难以应对和解决。即使采取“急救式”的改革措施，也只能解决暂时的矛盾和点线上的问题，无法产生整体效应。如果继续沿用传统的人劳工作那套做法，是很难留住人才的，所以，创新企业的人力资源管理已经迫在眉睫。

基于企业的发展现状以及现代人力资源管理的要求，集团公司提出了“新三项制度”改革。即以新型用人制度改革应对选人问题，以新型考评制度改革解决用人问题，以新型激励制度改革解决人才动力问题，通过这三项改革解决了集团公司人力资源管理中存在的突出矛盾，现在看来，具有很强的针对性和现实意义。

“新”在科学人才观

记者：外界环境的变化以及自身发展的挑战要求企业人力资源管理做

出相应调整，实现战略转型。你们集团提出的“新三项制度”改革究竟“新”在哪里?

樊友山:“新三项制度”改革主要是相对于20世纪90年代初期我国提出的人事制度、分配制度和劳动用工制度这一传统的三项制度改革而言的。与传统的三项制度相比，“新三项制度”改革首先突破了“干部”、“工人”的身份界限，而且它体现了现代企业人力资源开发与管理的基本理念和全国人才工作会议上提出的“鼓励人人都作贡献、人人都能成才”科学的人才观。同时，人才的考评、使用和激励又涵盖了现代企业人力资源管理的主要内容，体现了竞争、择优等市场化、企业化的特点。

记者:请您介绍一下“新三项制度”改革的具体内涵是什么?

樊友山:“新三项制度”改革具体包括考评制度改革、用人制度改革和激励制度改革，这三方面内容是相互作用、互为因果的有机整体。

考评制度改革是基础。考评制度是准确识别人才、合理使用人才、有效激励人才的前提。改革考评制度，就是要健全和完善适应不同企业发展阶段和各类员工岗位责任与贡献特点，以能力和业绩为导向，企业发展绩效与员工岗位工作绩效相衔接的量化考核评价体系，引导各类人才树立正确业绩观，并始终保持一流的工作态度和事业追求。

用人制度改革是核心。改革用人制度就是要不断优化人才配比结构，进一步推行新型选人用人方式，建立和完善多种形式的灵活用工制度，实现人力资源能力与事业发展需要之间余缺自如调剂。

激励制度改革是动力。激励的目的是要充分挖掘人才潜能，最大限度地调动各类人才创业的积极性，要准确把握各类人才的需求特点，整合各类激励手段，以岗位价值为导向，责任、风险和工作业绩相统一，着重加大对领军人物和骨干人才的激励力度，使核心人才的收入待遇具有较强的竞争力，实现分配激励由提高全员平均收入水平向调整收入分配结构的转变。

畅通人才发展渠道

记者：为什么说用人制度改革是“新三项制度”改革的核心？它有没有完成最初期待的目标？

樊友山：用人制度改革是“新三项制度”改革的核心，它的目标是“人适其岗、岗适其人”，“人尽其才、才尽其用”。为完成这个目标，我们着重做了两件事：一是畅通人才发展渠道，解决“千军万马过独木桥”的问题；二是建立以竞争、择优为导向的市场化人才选聘机制，变员工的“身份管理”为“岗位管理”。

近年来，兵器工业集团围绕高科技兵器重大基础技术创新和核心关键技术突破以及高新技术民品规模化、专业化发展的需要，按照集团公司重点发展的领域、分领域、子领域三个层次，打破过去传统的人员工种分类办法，将全系统经营管理、专业技术和专门技能三支人才队伍全部划分到近60个领域、500余个分领域、1300余个子领域之中。这一人才分类体系，不仅对分析预测未来竞争和重点发展领域的人力资源状况、合理确定重点领域人员配比结构都有指导作用，而且为逐步建立起全系统人力资源预算配置调控管理体系、加强人力资源能力建设奠定了较好的基础。

记者：那么，兵器工业集团是如何畅通各类人才发展渠道的？

樊友山：我们主要是通过对人才进行分类管理，实施“两个带头人”制度和“首席专家”制度来畅通人才发展渠道的。

长期以来，兵器工业系统也存在着“干而优则仕”、“技而优则仕”的现象，许多优秀的专业技术人才和技能人才都愿意“走仕途、谋官位”，这种情况很大程度上影响了企业人才队伍的协调、健康发展。为有效解决这一难题，2003年以来，我们在全系统启动实施了集团公司和成员单位两级“科技带头人”和“关键技能带头人”评聘制度。我们的带头人是岗位，而不是荣誉。被评为带头人的人员不仅享受较高的岗位津贴、政治待遇，而且在事业上也有优先发展的机会，比如我们的重点研制项目的总设计师、设计师就优先从科技带头人中产生。

2005年，为解决顶级科技人才发展问题，培养职业型科技领军人才，我们又建立了“中国兵器首席专家制度”。首席专家制度的实施为科技人才的进一步发展确立了职业生涯方向，而且较好地稳定了科技领军人才队伍。应该说，这些制度的实施，有效解决了人才的通道问题，为三类人才的协调发展起到了积极的作用。

记者：看来，畅通人才发展渠道确实要通过积极引导来实现。那么，要建立市场化的人才选聘方式，兵器工业集团在对不同层次人才的选聘和管理上有哪些具体做法？

樊友山：人才如何选用是用人制度改革的重要内容。我们在大力精干员工队伍的同时，积极打破传统用人方式，探索建立了适合兵器工业发展需要的“3+X”选人用人新机制和“骨干类+支撑类”员工管理新模式。

所谓的“3+X”就是刚才谈到的三支队伍的三个层级人员的选用方式，它是从创新人才分类选聘方式和分类管理方式入手推进新型的选聘机制。“3+X”中的“3”是针对三支队伍中三个层级人员的三种选用方式，即：对初级人员全部面向社会公开招聘、对中级人员实行竞争上岗与公开招聘相结合、对高级人员逐步实现职业生涯设计与市场化配置相结合。“X”主要是指对于紧缺的特殊人才采取广泛的项目合作、人才租赁、面向国内外公开招聘等一系列方式。

“骨干类+支撑类”是指根据人才岗位分类和集团公司事业发展需求将员工分为骨干类员工和支撑类员工。对骨干类员工，主要是通过建立事业平台、给予优厚薪酬待遇、定期培训等方式，建立具有一定市场竞争力的管理模式；对支撑类员工，则是通过推行岗位合同管理、强化劳动定额管理等方式，建立起根据任务总量决定用人总量的市场化用人模式。

“多元立体”考评机制

记者：你们集团在推行“新三项制度”改革中是如何解决人才考评这一问题的？

樊友山：俗语说得好：“无规矩不成方圆”。一个组织成员要摆正其在组织中的位置，并做好本职工作，需要明白自己在岗位上的职责、职权、利益是什么，他们更希望自己的业绩与职位晋升和奖惩等实际利益得到组织的准确评价。在考评方面，我们主要是以推进企业分类考评和领导人员考核评价为突破口，以能力和业绩为重点，建立了多元立体的考评机制。具体而言，主要有三个方面。

一是坚持分类考评。针对成员单位基础条件和发展状况，我们将成员单位分为解困型、调整型、发展型和良性发展型，并且依据不同类型，分别制定各个单位的评价指标，并且把指标分类分解到领导班子任期目标中。

二是坚持岗位量化考核。为了调整和改变过去通常在领导人员考评中存在的“有了成绩大家分，有了问题说不清”、“定性评价千篇一律，定量评价标准不一”的状况，全面考评不同类型、不同岗位领导人员的品德、知识、能力和角色贡献，我们将各类领导人员岗位分为出资人代表、企业高管人员、事业单位管理者、党群管理者等四大岗位序列、34类岗位，按照岗位特点建立领导人员思想素质、职业素养、履职能力和工作业绩四类考核评价指标体系，思想素质和职业素养规定了共性要求，履职能力规定了共性要求和特性标准，工作业绩依据岗位职责要求提出了个性化工作目标。

三是强调对考评结果的使用。一方面将考评结果直接同领导班子和领导人员的薪酬挂钩，另一方面，把考评结果作为领导班子调整、领导人员职务升迁的依据。按照规定，领导班子和领导人员个人的薪酬收入基数根据成员单位整体绩效考核结果确定，个人最终收入根据岗位量化考核结果进行兑现。同时，还规定，在成员单位领导班子第一个任期内，本单位所处发展类型各项指标得到优化，业绩比较明显的领导班子及成员，经考核合格者可连任；所处发展类型各项指标改善不大，业绩一般的领导班子及成员，予以谈话提醒或谈话诫勉；所处发展类型主要指标下滑，业绩不佳的领导班子及成员，将视考核情况进行调整或免职。

"多位一体"激励机制

记者：在激励制度改革方面，你们都有哪些做法呢？

樊友山：从集团公司组建开始，我们就一直提倡"凭能力居位、靠业绩取酬"的激励文化。

首先以能力和业绩为核心，建立"双挂钩"的基本分配模式。按照岗位差别，对三支队伍分为四类性质的群体，分别建立和实施了四种不同类型的分配模式。对经营管理人员，主要推行岗位工资＋绩效工资的分配模式；对专业技术人员，主要推行岗位工资＋项目奖励的分配模式；对专门技能人员，主要推行岗位工资＋技能工资或岗位工资＋计件（计时）工资的分配模式；对市场营销人员，主要推行岗位工资＋销售货款回收提成的分配模式。

其次对核心管理团队强化风险意识，实施经营管理责任风险抵押金制度。经营管理者的风险意识直接关系企业的经营发展和集团公司的整体利益。我们坚持将经营管理者每年绩效工资的40%连同任期开始时一次性交纳的风险抵押金一并存入个人专门账户，待任期结束后，根据其个人每年度主要经营责任目标完成情况和任期经济责任审计结果，予以返还或扣减，通过分配制度强化了经营管理者的风险意识。另外，我们对成员单位董事长、总经理、党委书记、监事会主席、总会计师等主要领导人员的薪酬全部纳入集团公司统一考核、统一管理、统一发放，实现了收入透明。

第三，实行“多位一体”薪酬激励机制。所谓的“多位一体”，一是把单位的经营业绩、团队贡献与个人能力业绩结合起来；二是按市场化需求完善薪酬体系，建立多要素参与分配的激励机制，增强薪酬的市场竞争力；三是将人才的即期激励与中长期激励相结合、物质激励与精神激励相结合、工资激励与股权激励、年金激励、保障激励相结合，充分体现分配制度的激励作用。

记者：在薪酬激励机制方面，请您给我们介绍一些典型的事例？

樊友山：例如，集团公司在加大对骨干人才个人奖励的同时，设立了民品规模化经营突出贡献奖、科技创新优秀团队奖和科技发展终身成就奖等荣誉称号，重点表彰和奖励为集团公司改革发展和科技创新做出突出成就的项目团队和个人。2005 年集团公司一次性拿出 600 余万元，对 14 个科技创新项目团队和 158 人进行了表彰。其中，国家某重点项目总师获得集团公司科技发展终身成就奖，一次性奖励 20 万元。

对承担国家重点型号项目研制的科技人员，建立了项目津贴、科技成果产业化收益提成和技术要素、科技创新成果参与分配的制度，其中，拿出不低于科研成果产业化收益的 20%，用于奖励科研成果的主要研制人员；对 20 多家主导和优势民品企业骨干人才试行了持股激励制度。

（此文为《人力资源》杂志对作者的访谈稿，刊登在 2006 年 11 月上半月《人力资源》上）

"新三项制度"促人力资源管理转型

——中国兵器工业集团公司党组成员、副总经理樊友山访谈

经济发展重心转移必然要带来人才工作重心的转变，人才工作机制也只有适应经济发展需求和市场规律才能体现价值并真正发挥作用。在与中国兵器工业集团公司党组成员、副总经理樊友山的交谈中，我仿佛感受到了该集团深化"新三项制度"改革的坚实脚步。目前，"新三项制度"是中国兵器工业集团基于20世纪90年代初期我国施行的人事制度、分配制度和劳动用工制度而提出的以考评、用人和激励制度为主要内容的新型人才工作机制，并以此来促进人力资源管理转型升级，进一步加强人力资源基础能力建设，使人才强国战略落到实处。

用人方式
灵活多样、渠道畅通

据樊友山介绍，在用人制度改革方面，兵器工业集团主要抓了两件事：一是从2003年开始，启动实施了集团公司和成员单位两级科技带头人和关键技能带头人制度。凡被评为科技或技能带头人的，不但享受较高的经济待遇，而且在政治待遇、事业平台等方面也享有一定的优惠政策；二是在人员分类的基础上，建立了"3 + X"人才选聘方式和"骨干类 + 支撑

类”的员工管理模式。

什么是“3+X”？樊总解释说，“3”是针对三支队伍中三个层级人员的三种选用方式，即：初级人员全部面向社会公开招聘、中级人员实行竞争上岗与公开招聘相结合、高级人员逐步实现职业生涯设计与市场化配置相结合。“X”是指以“借脑发展”为主的灵活选人方式，即：对于紧缺或稀缺的特殊人才，广泛采用人才租赁、项目合作、面向国际国内进行公开招聘等。

“骨干类+支撑类”，就是对核心骨干类员工，主要通过建立事业平台、给予优厚薪酬待遇、进行严格绩效管理、组织定期培训等市场化模式进行管控；对支撑类员工，则是通过推行岗位合同管理、规范劳动合同期限、引入人才中介机构、强化劳动定额管理等方式市场化用人模式进行管理。

立体考评
对号入座、有章可循

考评工作是人力资源管理中的一大难点。据樊友山介绍，兵器工业集团在构建考评机制过程中，充分考虑企业所处不同发展阶段、员工不同岗位特点等因素，探索实施了对号入座、有章可循的多元立体考评机制。

兵器工业集团将成员单位分为解困型、调整型、发展型和良性发展型四种类型。依据不同类型，分类提出领导班子任期目标，并严格进行考核评价。为准确反映不同岗位领导人员的角色贡献和工作业绩，集团将各类领导人员岗位分为出资人代表、企业高管人员、事业单位管理者、党群管理者等四大岗位序列、34 类岗位，按照岗位特点建立了领导人员思想素质、职业素养、履职能力和工作业绩四类考核评价指标体系，思想素质和职业素养规定了共性要求，履职能力规定了共性要求和特性标准，工作业绩依据岗位职责要求提出了个性化工作目标。

为促进成员单位在抓好当期经营的同时，提高可持续发展能力，集团在对成员单位领导班子进行年度考核的同时，还加强任期考核。年度考核以当期经营目标为重点，任其考核则以企业发展能力建设状况为重点。

激励制度
体现能力、突出业绩

樊友山介绍说，在激励制度改革中，兵器工业集团始终坚持以能力和业绩为导向，整合各类激励手段，进一步强化激励制度的市场竞争力和在提升企业核心竞争力方面的动力作用。

在实践中，兵器工业集团始终坚持员工收入水平与本单位的整体发展状况和个人业绩贡献"双挂钩"的原则。对经营管理人员，主要推行岗位工资+绩效工资的分配模式；对专业技术人员，主要推行岗位工资+项目奖励的分配模式；对专门技能人员，主要推行岗位工资+技能工资或岗位工资+计件（计时）工资的分配模式；对市场营销人员，主要推行岗位工资+销售货款回收提成的分配模式。

探索建立高层次人才即期激励与中长期激励相结合，物质激励与精神激励相结合，工资激励与股权激励、年金激励、保障激励相结合的"多位一体"的分配体系。比如，在建立成员单位主要经营管理人员岗位绩效工资制，实现统一考核、统一管理、统一发放、收入唯一的基础上，还对部分领导人员建立了补充养老保险，对部分主导和优势民品企业骨干人才试行了持股激励制度，对作出突出贡献的创新性科技骨干人才，授予其"中国兵器首席专家"的称号。

兵器工业集团一直以来不但强调强激励，而且体现严约束。樊友山介绍说，对成员单位主要经营管理者，在建立岗位绩效工资制的同时，坚持将其每年绩效工资的40%连同任期开始时一次性交纳的风险抵押金一并存入个人专门账户，待任期结束后，根据其个人每年度主要经营责任目标完成情况和任期经济责任审计结果，予以返还或扣减，通过分配制度强化了经营管理者的风险意识。

构建人力资源管理新体系，是一项复杂的系统工程，涉及人才工作和改革发展事业的方方面面，不可能一蹴而就。樊友山说，这就需要在推进过程中率先抓好其中的核心与关键环节，以关键机制的构建催生和带动新体系的形成。对此，他们充满信心。

（此文为《中国人事报》对作者的访谈稿，刊登在2006年12月22日《中国人事报》上）

后　记

近年来，在中央的正确领导下，国有企业紧紧抓住国民经济持续快速发展的重要战略机遇，大力实施人才强企战略，积极推进科技创新、体制创新，企业的改革发展取得了长足的进步。中国兵器工业集团作为中央直接掌控的国有重要骨干企业，在以马之庚同志为核心的党组正确领导下，牢固树立科学发展观，始终坚持“科技领先、人才先行”战略，深化改革，成功实现了由“解困型”向“发展型”的战略性转变，正坚定不移地朝着建设有国际竞争力大公司和高科技现代化兵器工业的宏伟目标昂扬奋进。

作为一名在兵器战线上成长起来的干部，我的人生轨迹见证了兵器工业的发展的历程。参加工作至今，尤其是1999年十大军工集团组建以来，中国兵器工业集团公司为我提供了广阔的事业舞台。在集团公司马之庚总经理等领导的大力支持和亲切指导下，我在企业软实力，尤其是人才队伍建设方面进行了不懈的探索，积极创新集团公司人才工作机制。经过数年的艰苦探索，终于使中国兵器工业集团人才工作有了一个比较好的基础，有力地促进了集团公司战略目标的实现。这些年来，我一直有个心愿，希望能将多年来在人才队伍建设、企业文化建设、企业发展能力建设等方面的思考和实践作一些总结，与企业界的同仁进行交流，但总因忙于事务无暇顾及。今年，我有幸参加了中央党校一年制中青年干部培训班的学习，终于有机会结合在党校学习所得，静下心来对近年来在工作实践中的思考和感受进行梳理、总结。现汇集成册，谨定名为《跬步之行——国企软实力的探索》，意为国有企业改革发展任重而道远，我们虽然在人才工作上取得了一些成绩，但在国有企业改革的漫漫征途中也只是迈出了小小一步，尚需不懈努力、不懈探索。以此为书，不求著说立传、成身后之名，只想将自己近年来的一些粗浅想法、不成熟的做法记录下来，与企业界的同仁和朋友交流商榷、取长补短。

本书在编辑出版过程中，得到了国务院发展研究中心陈清泰先生、中国兵器工业集团公司马之庚总经理等领导的关心和指导，也得到了兵器工业集团公司战略办徐东良，人力资源部万晓云、李鹏、彭心国、李珞、邹服进，人力资源开发中心梁冰、徐宝峰、马文生、高峰、高继革等同志的大力协助，在此表示衷心的感谢！

2006 年 12 月 5 日于北京慎思园

策划编辑：柯尊全
责任编辑：安新文
封面设计：肖　辉
责任校对：张　彦

图书在版编目(CIP)数据

跬步之行——国企软实力的探索／樊友山　著.－北京:人民出版社,2007.9
ISBN 978－7－01－006023－1

Ⅰ.跬…　Ⅱ.樊…　Ⅲ.国有企业－企业经济－研究－中国
Ⅳ.F279.241

中国版本图书馆CIP数据核字(2007)第001504号

跬步之行
KUI BU ZHI XING
——国企软实力的探索
樊友山　著

人民出版社 出版发行
(100706　北京朝阳门内大街166号)

北京中文天地文化艺术有限公司排版
北京新魏印刷厂印刷　新华书店经销

2007年1月第1版　2007年9月北京第2次印刷
开本：710毫米×1000毫米　1/16　印张：28.5　插页：4
字数：395千字　印数：3,001－6000册

ISBN 978－7－01－006023－1　定价：48.00元

邮购地址 100706　北京朝阳门内大街166号